MARK
麦客文化

综合防治儿童性侵犯专业指南

龙迪 著

全国百佳图书出版单位

化学工业出版社

·北京·

项目专业顾问团队

张林淑仪女士　　香港资深注册社工。专长保护儿童工作，多年督导与培训前线
　　　　　　　　专业人员调查及与不同界别人员合作处理虐儿案件，包括培训
　　　　　　　　香港特区政府人员合作调查虐儿案件及向儿童证人录取证供。

马绮文博士　　　香港心理学会注册临床心理学家，英国心理学会特许临床心理
　　　　　　　　学家，美国婚姻及家庭治疗协会专业督导。专业领域包括心理
　　　　　　　　创伤及解离治疗、游戏治疗、婚姻及家庭治疗等。

林玉叶博士　　　香港心理学会注册临床心理学家。专业领域为儿童创伤的评估
　　　　　　　　与治疗，并培训香港特区政府人员调查及处理虐儿案件。

陈美霞女士　　香港明爱家庭服务高级督导主任，资深注册社工。致力于推动预防儿童受性侵犯，参与出版不少关于教导预防儿童性侵犯之书刊、训练手册、影音教材及儿童益智棋等。

徐佩宏博士　　香港心理学会注册临床心理学家。曾任职香港特区政府临床心理学家。早年参与研发性罪犯的评估和治疗，其后专责协助刑事调查、培训调查人员处理儿童性侵犯案件等。

尤卓慧女士　　香港心理学会注册临床心理学家。全职辅导工作，主要辅导范畴包括虐儿、伴侣暴力、创伤及精神健康等问题，也提供临床督导。

自序 | **一段历史，无尽感激，一份责任**

龙迪

这部专业指南是许多人共同努力多年的结果，它承载着一段历史、无尽感激和一份责任，为的是还给中国儿童健康快乐成长的权利！

一段历史

2001 年，我在香港中文大学社会工作系马丽庄教授的指导下，把"儿童性侵犯"作为博士论文的研究课题。

2003 年，我循着新闻线索，只身走进北方一个小村庄。那里有六名女孩从小学二年级到五年级在学校遭受班主任老师性侵犯。家长们偶然知情，立即联合报案。当地警方立即拘捕嫌疑人并展开刑事调查。不过，由于那时我们国家尚未建立多部门跨专业协作儿童保护机制和服务体系，工作人员在处理儿童性侵犯案件过程中，缺乏保护儿童安全和保障儿童权益最大化的专业意识和专业能力，导致家长在周围人指指点点的贞洁耻感文化中，把主要精力用在打官司、争赔偿，而当地教育部门则把主要精力用在说服家长放弃赔偿……

六名女孩夹在这些本应保护和照顾她们的成人之间权力抗衡中，得不到疗愈创伤所必需的成人保护和支持，还受到再度伤害。最终，家长和教育部门在赔偿额度上各让一步，打算翻过持续一年紧张备战的一页，可六名女孩疗愈创伤的需要却无人关顾（龙迪，2007[①]）。

2005 年，我完成博士论文后回到北京寻找项目资助，希望培训当地专业人员为六名女孩及其家庭提供疗愈创伤的专业服务。乐施会钟丽珊女士欣然与我一同走访并了解六名女孩及其家长的服务需求。他们都希望"不提那事""开始新的生活""需要时再找你们帮忙"。我们只能尊重家庭的决定！不过，我和丽珊则在这个过程中形成合作共识：通过项目合作，提升国内多部门专业人员的服务能力，为受害儿童及其家庭提供有效的专业支援服务，尽我们同为中国人的一份责任。

2007 年，我们启动第一个合作项目，希望通过对当地相关部门进行干预能力建设，并建立一站式儿童性侵犯干预机制试点，为受性侵犯的儿童及其家庭提供支援服务。然而，我们在培训中却发现，参训者尽管表现出极大的兴趣和需求，但他们对儿童性侵犯现象和儿童身心发展的需要所知甚少，不太可能经过短

[①] 龙迪.2007.性之耻，还是伤之痛——中国家外儿童性侵犯家庭经验探索性研究.桂林：广西师范大学出版社.

期培训就有能力提供有效的专业支援服务。那时，整个社会普遍缺乏对保护儿童免受暴力伤害（包括儿童性侵犯）的基本认识，专业干预能力建设可能需要更长时间。于是，我们决定先写一部内容翔实、有据可依、可读性强的中文专业指南，再配合家长读本和儿童读本，提高后续专业干预能力建设的效率。专业指南的读者来自保护儿童的相关部门，包括民政、妇联、教育、公安、司法、医疗、共青团等。

2008年汶川地震，我受命担任中国科学院心理研究所北川中学心理援助工作站（安心团队）站长。在此后四年多的日子里，我全身心带领团队与北川苦难同行，无力接受丽珊多次发出的立项邀请。直到2012年年底，我们第二个合作项目"防治儿童性侵犯干预手册制作与倡导"正式立项。这部专业指南就是这个项目的成果之一。

无尽感激

本书的完成得益于许多人的贡献！除了我的家人和朋友，我要衷心感谢那些对本书面世做出直接贡献的朋友们。

首先，衷心感谢乐施会提供项目资助。十年来，项目主管钟丽珊女士对我的专业态度和能力的不懈信任和支持，鼓励我在探索防治儿童性侵犯中前行。项目官员邓晓敏小姐的体谅和支持，是我完成写作时不可少的助力。

衷心感谢宋文珍主任、傅小兰所长、赵旭东教授、乔东平教授、刘文利教授、佟丽华主任、陈雪梅女士、郭瑞香女士、卜卫研究员、马丽庄教授！他们在繁忙的工作中抽暇通读书稿，从不同的工作领域/专业角度指引读者善用这部专业指南，给我极大的鼓舞！刘文利教授还接受我的邀请，在附录三介绍"全面性教育课程相关内容"供读者参考。

衷心感谢香港特区政府资深社工张林淑仪女士和四位资深临床心理学家林玉叶博士、马绮文博士、徐佩宏博士、尤卓慧女士，还有香港明爱家庭服务高级督导主任陈美霞女士。他们作为项目专业顾问，从始至终慷慨地贡献处理虐儿事件的专业经验，提供相关资料和部分参考文献，并不厌其烦地多次审核书稿，对每个章节都提供非常细致的修改意见，对我是极大的支持。特别是张林淑仪女士撰写本书初步询问、即时响应、联合调查、跟进服务四章初稿，徐佩宏博士非常仔细地修改我根据他讲课内容撰写的"性侵犯儿童者"一章初稿，弥补了我的专业领域限制，使读者有机会全面了解综合防治儿童性侵犯的专业知识和专业实践。马绮文博士无数次通过 Skype 和邮件即时回应我在写作本书第三章、第四章、第十五章时遇到的困难和疑惑，并多次修改文稿；林玉叶博士在我还不清楚第三章写作方向时利用假期撰写提纲，并为第六章写作提供她的研究论文并提供修改意见，使读者有机会借助书中有限的中文去理解错综复杂的心理创伤现象和治疗服务需求。早在 20 世纪 90 年代，陈美霞女士就在香港明爱开展预防儿童性侵犯工作。她是最早鼓励我在内地开展防治儿童性侵犯工作的专业人士。她不厌其详地为本书第五章和预防篇提供修改意见，还慷慨地赠送香港明爱制作的有关防治儿童性侵犯的全部资料。

衷心感谢钟丽珊女士为本书撰写前言和附录一，用寥寥笔墨勾勒出国际视野和中国视野中的儿童性侵犯现象、本书梗概，以及中国政府签署并承诺保护儿童权利相关国际共识及行动。张雪梅女士（北京青少年法律援助与研究中心研究员）用心编写"关于保护儿童免遭性侵害的法律法规和政策"（详见本书附录二）。相信这些篇章会帮助读者更全面地理解中国开展专业服务的国际背景和国家行动。

衷心感谢我的博士生导师、香港中文大学社会工作系马丽庄教授和我的师妹、复旦大学社会工作系徐文艳老师拨冗通读书稿并提出修改意见，感谢中华女子学院焦健老师为本书第五章提供修改意见。

衷心感谢耿曰美硕士作为项目助理所提供的所有行政支援，她和香港中文大学社会工作系博士研究生唐谭同学一起协助查阅丰富的参考文献，才有了读者眼前这部专业指南所体现的研究基础。

衷心感谢张健老师（中华女子学院）、吴颖（《父母必读》编辑）、谢倩（上海社工）、张冉老师（北京大学教育学院）、张伟伟（公益律师）、吕孝权（公益律师）、贾国鹏（北京理工大学心理咨询师）、曲小军（北大附中心理咨询师）、李楠（心理咨询师）、张雪（心理咨询师）、张莉（中科院心理所应用发展部主任）、姬利敏（中科院心理所项目助理）等朋友在项目初期踊跃参与项目研讨，贡献他们的智慧和热忱。

受邀参与国内多部门、多机构保护儿童免受暴力伤害的相关工作经历，使我不断更新本书目标读者的需求定位和本书内容。这些部门/机构包括：国务院妇女儿童工作委办公室、全国妇联、教育部、公安部、最高检、民政部、团中央、中国儿童少年基金会、中国儿童发展中心、中国妇女发展基金会、联合国儿童基金会、联合国妇女署、农家女、深圳市春风应激干预服务中心、北京市红枫妇女心理咨询服务中心、CCTV、凤凰网、凤凰公益女童保护等。衷心感谢！

衷心感谢化学工业出版社张曼女士和龚风光先生，在防治儿童性侵犯尚未在国内得到广泛关注之时，就欣然与我们同行数载，力求使文本精美、实用，让读者在关注儿童性侵犯这个沉重话题的过程中不那么沉重。

一份责任

在完成《专业指南》《家长指南》和《儿童指南》的过程中，我和许多同行者共同见证了保护儿童免受暴力伤害的专业共识正在中国变成国家行动和转变公众意识的社会行动，我本人也在以往研究的基础上参与到影响国家相关政策法规的行列中。在我看来，中国各部门的专业人员都有责任参与到改变中国儿童遭受暴力伤害的行动中。在这方面，我们需要向国外先行者学习！

美国女性主义精神科医生茱蒂丝·赫曼（Judith Lewis Herman，医学博士）是哈佛大学医学院精神病学临床教授和剑桥医院"暴力受害者项目"培训部主任。她在25年前出版的代表作"Trauma and recovery"（Herman, 1992/1997）[1]一书，

---

[1] Herman, J. L. (1992/1997). Trauma and recovery: the aftermath of violence-from domestic abuse to political terror. *Basic Books*. New York, NY.（中译本《创伤与康复》）

呈现了遭受性暴力和家庭暴力受害者疗愈心理创伤的二十年研究成果和临床经验，被《纽约时报》誉为"自弗洛伊德以来最重要的精神医学著作之一"。

这部开创性著作告诫我们：心理创伤，是人际暴力压迫造成的灾难性影响，不仅是个人心理现象，更是全球普遍存在的社会问题。从这个意义上说，促进遭受暴力伤害的受害者疗愈心理创伤，不仅是专业行动，更是保护人权的社会行动，正在召唤全社会都来关注受压迫者的生活经验，从而迈出促进社会公平正义的坚实步伐。

为此，相关部门专业人员需要具备专业能力，去协助受害者说出曾经无法言说的生命经验，因为"记起并谈论／说出（tell）暴行的真相，既是恢复社会秩序的前提，也是疗愈受害人的先决条件"（Herman, 1992/1997，第 1 页）。

2014 年早春，一个熟悉的名字借助陌生的电子邮箱与我重逢。当年六名女孩之一"慕容"出落成如花似月的美少女，可她美丽的大眼睛却写着忧伤和哀怨，向她信任的"龙姨"诉说十年来成长的艰辛。

她说，伤害不完全来自当年发生的"那件事儿"，而是后来缺乏足够的来自家庭、学校、社区的人际支持。然而，她感到最自豪的是：十年来无论多么痛苦，她都"不让自己学坏"！

她说，每当痛苦绝望的时候，她会翻看"龙姨"当年在村子里给六名女孩照的照片。她对自己说：我生命中曾经遇到过真心关心我的人，我就一定要找到她，让她帮我走出心灵的阴影，做一个对社会有贡献的人……

我期待，这部专业指南能够承载"慕容们"的托付，作为我和更多同行者继续同行的新起点，为中国疗愈童心做出我们各自应有的贡献！

疗愈童心，就是疗愈我们自己！

2017 年 7 月 22 日于北京

前言 | 这本书，为了还儿童快乐成长的权利

钟丽珊　乐施会中国项目部
社会性别与公益组织发展项目主管

《综合防治儿童性侵犯专业指南》得以面世，得益于我们与本书作者龙迪博士的基本共识：儿童性侵犯是长期被忽略的社会问题。成人社会应该采取切实可行的行动，终止儿童性侵犯，还儿童快乐成长的权利！本书从项目立项到面世的整个过程，见证了中国社会走在全球消除针对儿童暴力伤害之路的步伐和努力。

大约十年前，儿童性侵犯案件陆续曝光。受害孩子与家人往往求助无门，不少媒体报道案件的同时也会为受害女童和家庭筹募医疗费用。那时，无论是官方和民间对儿童性侵犯的干预和对受害儿童的支援都十分有限。

于是，我有意识地去探寻潜在的合作伙伴，希望探索防治儿童性侵犯的有效办法。今天，从政府部门到民间社会都开始认识到儿童性侵犯是亟待解决的侵犯儿童权利、危及公共健康的严重社会问题。很多机构开始启动儿童自我保护教育项目。不过，若要从根本上消除儿童性侵犯现象及其所带来的负面影响，各部门专业人员还需要全面、深入、系统地理解国际视野和中国视野中的儿童性侵犯现象，并扎实地掌握有关综合防治儿童性侵犯的专业知识和专业技能，建立保护儿童利益最大化的专业态度。

国际视野中的儿童性侵犯现象

包括儿童性侵犯在内的虐待儿童现象久而远之，早于 100 多年前就有相关的研究和文献记载。然而，虐待儿童的现象却长年并未受到高度关注，儿童性侵犯更是隐蔽，俨然成为不能说的秘密。儿童性侵犯持续发生在世界的不同角落，不断伤害儿童，并给儿童、家庭和社会带来负面影响。

研究儿童性侵犯的社会学家大卫·芬克尔霍（David Finkelhor）早在 1994 年发布的研究显示，自 1980 年始，儿童期受到性侵犯的平均发生率女性为 20%（即每 5 个女性中有 1 个），男性是 5%~10%（即每 10~20 个男性中有 1 个）。受到性侵犯的女孩是男孩的 1.5~3 倍。[1]

世界卫生组织《2014 年全球预防暴力状况报告》[2] 指出，全球范围内每 5 个女童就有一个遭遇性暴力，在某些国家甚至每 3 个女童有一个受到性侵犯。数据与芬克尔霍 20 年前发布的数据一致，并有上升迹象。

联合国儿童基金会 2014 年发布的《隐藏在众目睽睽之下——针对儿童暴

---

[1] Finkelhor, D. (1994). The international epidemiology of child sexual abuse. *Child Abuse & Neglect*, 18: 409—417.

[2] WHO (2014). *2014 Global Status Report on Violence Prevention*, P. 14—15.

力的数据分析》（Hidden in Plain Sight – A Statistical Analysis of Violence Against Children）指出，在参与调查的所有国家中，15~19 岁女童中有约 12% 表示，自己在之前一年受到过性暴力。就全球范围来说，超过 50% 的性侵犯是针对 16 岁以下的女童[1]。以 2000 年为例，估计有 180 万儿童（大部分为女童，也有男童）牵涉制作商业性剥削和儿童虐待影像。每年大约 100 万儿童被逼落入商业性剥削[2]。另有研究指出，高达 80% 的受害者在长大成年后才会披露儿童时期遭受过性侵犯，大部分儿童不会立即披露性侵犯的遭遇[3]。

可见，全球儿童性侵犯发生率和普遍程度甚至高于针对妇女的性暴力，而其曝光率却极低。换言之，实际发生的儿童性侵犯的案件比掌握到的数据还要多，受害儿童的实际数目比已报告的还要高。

儿童性侵犯是对儿童权利的全面侵犯，威胁儿童的人身安全，阻碍儿童生理、心理和社会性各方面的发展，导致多种心理和精神上的伤害。本书第三章将引用大量研究显示，遭受性侵犯给儿童造成不同程度的心理创伤，并影响着儿童人生发展的轨迹，甚至损害其成年后的身心健康。

除了对儿童本身带来伤害外，家庭也会承受很大压力。尤其是在社会支持系统薄弱的社会，儿童的医疗费用、心理创伤复原、生活恢复等，更使儿童及其家庭面临巨大的挑战。

儿童性侵犯违反了儿童权利，冲击着社会责任、社会规范、法律政策和制度。有研究指出，从全球范围来说，儿童性侵犯在经济成本上，需要耗掉全球 GDP 的 2%~8%，主要体现在健康成本、社会服务、司法开支[4]。

需要再次强调的是，无论在哪个国家和文化，儿童性侵犯的实质是对儿童权利的侵犯，损害了儿童的福祉。多年以来，透过《儿童权利公约》《消除对妇女的暴力行为宣言》《消除对妇女一切形式歧视公约》《北京行动纲领》以及最近的

[1] UNFPA (2003). UNFPA and Young People: Imagine 2003. UNFPA, New York.

[2] UNICEF, https://www.unicef.org/media/media_45451.html.

[3] UNICEF (2014). *Hidden in Plain Sigh – statistical analysis*, P. 65—68.

[4] Paola Pereznieto, Andres Montes, Solveig Routier and Lara Langston (2014). The Costs and Economic Impact of Violence Against Children. *Report, Sept 2014, Overseas Development Institute.*

《可持续发展目标》，逐渐让不同国家加深了对儿童性侵犯的理解并达成共识。同时，消除基于性别暴力或消除针对妇女及女童暴力，以及消除不同形式针对儿童的暴力越来越得到更多的关注，形成国际社会的共识趋势。

中国视野中的儿童性侵犯现象

自古以来，儿童性侵犯像是一个禁忌，不揭露、不谈论、有限度的干预。在这种情况下，儿童性侵犯也没有整体全面的数据，现存的调查和研究都是比较片面和零散的。

不过，近期几个调查均指出，每天在媒体曝光的儿童性侵犯案件平均超过一宗[1]。不过，相信实际发生的儿童性侵犯远较媒体曝光更多。

中国儿童少年基金会、北京师范大学社会发展与公共政策学院社会公益研究中心发布的《女童保护研究报告》指出，儿童性侵犯的发生率在 6.7%~21.8% 之间，地区、年龄、性别等因素影响发生率差异。儿童性侵犯的受害人女童较多，侵犯者主要为男性。然而，近年男童遭受性侵犯的案例趋多，侵犯者也出现了女性[2]。

媒体近年揭露所见，恶性儿童性侵犯案件也时有发生，比如说小学老师连环性侵犯学生；小学校长带学生开房、组织女童卖淫、"嫖宿幼女"；农村留守女童或流动女童被邻居强奸等。

2013 年儿童节前夕 20 天内，媒体连续报道了 8 起儿童性侵犯事件。此后，儿童性侵犯事件曝光更多。受害儿童和家庭求助无门、侵犯者逍遥法外的案例也屡见不鲜。儿童性侵犯的普遍性和严重性让政府部门和公众均意识到，儿童性侵犯并不是个别事例，而是一个亟待解决的社会问题。

同年 9 月，教育部、公安部、共青团中央、全国妇联四部门联合颁布了《关

---

[1] 中国少年儿童文化艺术基金会女童保护基金 http://news.xinhuanet.com/legal/2016-06/01/c_1118972861.htm；民生观察 http://www.msguancha.com/a/lanmu2/2015/0422/12261.html.

[2] 安徽致诚公益法律援助与研究中心.2015 年儿童性侵犯案件报告.

于做好预防少年儿童遭受性侵工作的意见》，提出：1）科学做好预防性侵犯教育；2）定期开展隐患摸底排查；3）全面落实中小学日常管理制度；4）管理女生宿舍；5）加强教职员管理；6）保持家校联系；7）妥善处置中小学生性侵犯事件；8）努力营造良好社会环境和舆论氛围；9）构建长效机制，预防儿童性侵犯以及对受性侵犯的儿童及家人提供支援。其中明确了政府部门、学校和家长的责任。

综合防治儿童性侵犯：制止、支援和预防并行

既然消除儿童性侵犯是社会的共识，那么，该怎样做呢？虽说"预防是最好的解决方法"，但国内目前对儿童性侵犯的干预工作主要停留在对儿童开展性教育与自我保护教育。而儿童性侵犯长久存在且持续发生着。只是预防教育根本无法回应受害儿童的处境和需求。此外，儿童有被保护的权利，解决儿童性侵犯的责任在成人。只提高儿童防范意识，不但容易误把防治儿童性侵犯的责任落在儿童肩上，而且对于问题的解决非常有限。因此，解决这个长期的社会问题，需要制止、支援和预防并行。同时，必须强调，成人，尤其是有权力、有资源、有义务保护儿童权利的成人及其所在机构，要承担保护儿童免受性侵犯伤害的责任。

很多儿童性侵犯是长时间多次发生的。由于侵犯者持续控制着被侵犯的儿童，再加上性侵犯通常都是很隐蔽的，他人不容易察觉及发现。因此，必须有外力干预，才能制止儿童性侵犯行为。

受性侵犯的儿童身心受到伤害，需要紧急支援服务，以便确保安全，例如庇护和监护等；还需要医疗支援服务、心理支援服务、法律支援服务等。这些对受害儿童及其家庭的支援服务应该纳入到公共服务，方可支持受侵犯的儿童和家人解决即时的困难。长远来说，受侵犯的儿童不同程度地需要以充权/赋能为目标的创伤治疗，以消除伤痛，恢复生活，重获成长、改变和发展的力量。

在有效制止、支援的前提下，预防才有可能发挥其应有的作用。"预防"的

意思就是从根本上消除儿童性侵犯出现的条件，包括保护儿童安全的硬件设施对儿童友善、防范儿童性侵犯的意识与教育、防治儿童性侵犯的政策法规、尊重儿童和保护儿童的社会共识及文化观念。

综合防治儿童性侵犯需要制止、支援和预防并行的工作策略和行动，包括以下四个方面：

一、政策法规

作为儿童权利公约及多个消除暴力国际公约的缔约国（详见本书附录一），政府要根据公约和国际共识文件的内容和要求，因地制宜地制定或修订国家层面的相应法律条文。法律政策必须以儿童权利和福祉作为最优先的考虑，以保护儿童安全为前提，具有社会性别平等视角，摒除性别陈规定型和偏见，并明确国家、政府各部门、与儿童成长相关的机构、照护者的责任。

由于儿童性侵犯的形式随着社会发展和科技进步而有所改变，相关法律政策也与时俱进，例如，废除嫖宿幼女罪、强奸对象从女性拓宽至不同性别[①]、防范互联网、应用软件等作为性侵犯儿童的渠道等。制定措施落实防治儿童性侵犯的政策法规，并就法律政策的落实进行监测与评估。

二、儿童性侵犯专业介入与支援系统

研究和实务工作经验显示，社会支持系统薄弱的社会，儿童性侵犯更为严重，发生率也更高。儿童性侵犯专业介入与支援系统应以儿童为本，一方面可从儿童生活、成长和权利考虑，另一方面也可以从儿童性侵犯的发生与专业介入过程来考虑。专业介入与支援系统涉及家庭、邻里社区、学校（老师）、社工、医院、教育部门、社会福利机构、公安部门、律师、法院、检察院等多个部门。

支援系统强调以儿童为本的支援服务，服务提供者的意识、观念和工作流程很重要。因此，需要对服务提供者提供专业服务的培训，以及社会性别平等、

---

① 经过多方多年的努力倡导，2015年通过的《刑法修正案（九）》废除了嫖宿幼女罪，相关行为以强奸罪论。同时，猥亵犯罪对象也由"妇女"改为"他人"。

儿童优先、儿童利益最大化等观念意识的培训，避免给儿童造成再度伤害。

三、宣传教育

宣传教育包括宣传防治儿童性侵犯的法律政策，让全社会都知道儿童性侵犯是社会不容许的罪行，同时，改变责怪受害者的观念和舆论。还应该广泛宣传对受侵犯儿童及其家人提供专业支援服务的信息，避免他们求助无门。

目前中国有关儿童性侵犯的教育，主要是针对儿童的性教育，重点放在儿童如何保护自己。然而，在国际社会层面逐渐形成的共识是：性教育并非只是性器官和生殖健康的认识，而是必须包括具有性别平等意识的全面性教育，包括儿童和妇女权利，以及成人和有权力人士和机构的责任。因此，防治儿童性侵犯的教育不能只面向儿童，而是应该面向全社会不同群体。不但教育人们如何防止自己或他人成为被性侵犯的对象，还需要强调和教育人们不要成为儿童性侵犯者。

儿童具有受保护的权利，儿童性侵犯的发生责任在成人，而绝不是儿童。

四、改变默许针对妇女与儿童暴力的文化与制度

社会制度形成包括观念意识、态度行为、风俗习惯、政策法规互为建构与巩固。其他国家防治儿童性侵犯的良好经验都包括了改变社会的性别不平等、赋权儿童等逆转不平等权力关系的策略，同时建立平等、互相尊重、关爱弱势、包容多元、非暴力的社会共识和价值观，这些才是预防和消除儿童性侵犯的长远解决方案。

本书导读

本书的出版是为了回应制止、预防儿童性侵犯和为受害儿童及其家庭支援服务的迫切需求，旨在为综合防治儿童性侵犯在国家政策、专业行动和社会行动方面提供专业指引。本书强调以下三个原则：

第一，儿童权利和福祉为本

成人，是综合防治儿童性侵犯的责任人，尤其是掌握资源和权力的机构中的成人。防治儿童性侵犯的目的是保护儿童应有的权利，还儿童免于暴力的成长环境。因此，在综合防治过程中，原则上要保证儿童权利优先和儿童利益最大化，杜绝再度伤害。

第二，社会性别视角

性别陈规定型与偏见造成并默许儿童性侵犯的蔓延，妨碍性侵犯事件曝光并阻止受害者寻求帮助，比如贞操观、重男轻女、女孩要服从、男主外女主内、责怪性侵犯受害者等。因此，本指南着重贯彻社会性别公正的理念和原则，使之落实到预防、制止和为受害儿童及其家庭提供支援服务的每一个环节，从而转化服务提供者的性别偏见，建立性别平等意识和敏感度。

第三，理论与实用并重

本书的目标读者是综合防治儿童性侵犯的成人实践者，包括各部门的干部、专业助人者（社工、心理治疗师）、学校老师、儿童保护工作人员、律师、警察、法官、检察官等。全书从预防、制止和支援服务三个方面，系统地探讨如何设计和落实综合防治儿童性侵犯的专业行动和社会行动，重点讨论"怎么想（理论）"和"怎么做（实践）"。

全书共分为四个部分。其中，第一篇"认识儿童性侵犯"和第四篇"认识性侵犯者"，帮助读者分别从受害和加害两个角度认识和理解儿童性侵犯现象；第二篇"预防儿童性侵犯"和第三篇"专业支援服务"则从实际工作的需要出发，试图分别从事先预防和事后专业介入的角度，提供贯彻理念原则又实用可行的专业指引。

除了这本专业指南之外，本系列还将陆续出版综合防治儿童性侵犯的《家长指南》和《儿童指南》，与本书配合使用。

本书作者龙迪博士是中国第一部儿童性侵犯个案研究著作[①]的作者。认识她的时候，她刚完成在香港中文大学社会工作系的博士论文。我们在防治儿童性侵犯的理念、价值观和策略方法都很一致，并一直合作至今，这本专业指南就是我们最新的合作成果之一。

非洲有句谚语："养育一个儿童需要全村的力量。"希望本书的出版能够帮助建立并完善多部门跨专业的介入从各个环节发挥作用，以恰当、有效的专业方法，预防和制止儿童性侵犯现象，并支援受影响的儿童及其家人疗愈创伤。

希望本书成为我们与读者的共识：促进综合防治儿童性侵犯，就是还儿童快乐成长的权利！

---

① 龙迪.2007.性之耻，还是伤之痛——中国家外儿童性侵犯家庭经验探索性研究.桂林：广西师范大学出版社.

序一 | 走上儿童保护最后一公里

宋文珍　国务院妇女儿童工作委员会办公室副主任

对每一个孩子而言，性侵犯无疑是众多伤害中最严重的伤害之一。伸向孩子的魔掌为很多儿童本该幸福的童年笼罩上了罪恶的阴影，无论受侵害的程度轻重，几乎都会影响孩子一生。社会在愤怒的同时，都在寻找防治儿童性侵犯的良策。期待中，龙迪博士的专业指南面世了。这本我国第一部基于丰富文献和实践经验的专著，系统介绍了如何科学理性地认识儿童性侵犯，如何准确、得当地预防和处置儿童性侵犯，这与我国正在推进的加强儿童保护顶层设计、编实和筑牢儿童保护体系网底的目标规划是一致的。

儿童保护工作一直受到党和政府的高度重视。我们国家通过颁布、实施和修订一系列法律法规和政策文件，通过将儿童保护纳入国民经济和社会发展的规划中，通过颁布和实施儿童发展纲要，以及通过建立多部门的协调机制等措施，不断改善和优化儿童受保护的社会和政策环境。

法律和政策的生命力在于实施，而实施的主战场在基层。长期以来，我国基层儿童保护和服务存在诸多问题和挑战，例如，儿童保护机制不健全；社区儿童保护服务资源匮乏，服务手段单一，对家庭监护指导和支持力度不足，对一些儿童保护的突发问题不敏感、突发事件应对不及时等，在一定程度上影响了儿童保护工作的顺利推进。为此，各部门正形成合力，创新机制，从以下四个方面设计和规划基层儿童保护和服务体系。

首先，建立基层儿童保护工作机制。明确乡镇政府（街道办事处）、村（社区）儿童保护和服务工作职能，成立儿童保护办公室或建立儿童保护联席会议机制，配备专职儿童社工或儿童权益（福利）监察员，负责辖区内儿童保护和服务的具体工作。

其次，建立以村（社区）为基础的儿童服务体系。依托村（社区），整合社区资源，建立并运行村（社区）服务平台，提供家庭养育和监护指导等基本服务。

再次，强化家庭监护和学校教育，让家长知道如何保护孩子，让孩子学会如何自我保护。依托城乡社区公共服务设施、教育机构和儿童之家等，指导家长掌握养育孩子的知识和技能，正确履行监护责任。同时在学校开展安全和性教育，让儿童掌握预防性侵犯的知识和技能，学会自我保护。

最后，建立并运行村（社区）困境儿童和受侵犯儿童的发现报告、调查评估、应急处置、帮扶救助机制。筛查、跟踪高风险儿童和家庭、困境儿童和家庭，建立名册，制定实施服务计划和措施，实行一对一的精准救助、支持和服务；落实强制报告制度，及时受理和转介报告儿童暴力伤害或疑似案件并协助调查处理，对受暴力伤害的儿童及其家庭给予紧急安置、救助。

以上四方面工作的每个环节都离不开专业人员。特别是面对儿童保护工作复杂化、服务多样化的新形势，更需要专业的社工、心理咨询师和社会组织提供专业化、精细化和个性化的服务。相信龙迪博士的这部专业指南能够积极引领儿童保护工作者专业能力提升，把最后一公里的儿童保护专业服务精准、及时地递送到每个中国儿童和家庭。

序二 | 不是口号，而是必须实现的目标

傅小兰（博士）　中国科学院心理研究所所长，研究员，博士生导师
中国科学院大学心理学系主任
中国心理学会候任理事长、秘书长

我受邀为龙迪教授这部新作写序，先睹为快。在逐字逐句阅读中，我不仅学习到很多相关的专业知识，内心也深受触动。

正如书中反复强调，儿童性侵犯是一种全面侵犯儿童权利、危害公共健康的暴力行为，是普遍存在的全球性社会问题。在心理层面，儿童性侵犯是针对儿童的人际暴力造成的心理创伤事件，它不仅严重威胁儿童的身心安全，而且还会破坏儿童的身心发展，造成不同程度的身心伤害，并对家庭和社会造成极大的负面影响。因此，"成人社会应该采取切实可行的行动，终止儿童性侵犯，还儿童快乐成长的权利"决不应只是一句口号，而要成为国家必须实现的目标。我欣慰地看到，这部专业指南将为我国实现这一目标提供专业指引！

中国科学院心理研究所于 2014 年成立"保护儿童及家庭心理支援中心"（现更名为"保护儿童及家庭研究服务中心"），作为贯彻落实《中国儿童发展纲要（2011—2020 年）》提出"禁止对儿童实施一切形式的暴力"这一主要目标而采取的专业行动。这部专业指南是龙迪教授作为中心主任完成的、"中心"成立后第一本专著，目的是为后续助人专业培训提供多部门跨专业的专业读本，从而为我国建立科学化、专业化、落地生根的保护儿童专业支援服务体系发挥应有的作用。

龙迪教授的专业精神、专业知识和专业技能，一直令我十分敬佩和赞叹。多年来，她善用自己拥有医学、心理学和社会工作等多专业训练背景的优势，深入中国苦难现场，投身灾后心理援助、儿童性侵犯专业干预、疗愈童年创伤和建设友善家庭等社会服务、专业培训和学术研究。2016 年年初，龙迪教授荣获"2015 年度女科技工作者社会服务奖"，成为该奖项全国首批 8 名获奖科技工作者之一。我衷心祝福她在中国保护儿童免受暴力伤害的工作中做出更多的专业贡献！

序三 | 综合防治儿童暴力的专业指引

陈雪梅　儿童保护专员

联合国儿童基金会驻中国办事处

龙迪老师曾经担任联合国儿童基金会和全国妇联反对针对儿童暴力合作项目的伦理专家。但我对龙迪老师更深入的了解其实是通过她在 2007 年出版的博士论文《性之耻，还是伤之痛——中国家外儿童性侵犯家庭经验探索性研究》一书。这本专著是中国内地第一个儿童性侵犯的社会工作研究文本，让我对受害儿童遭受的创伤和困境有了非常深刻的认识，尤其是书中呈现受害儿童及其家人长期经受的痛苦、挣扎、无助，甚至是绝望，给人带来巨大的冲击。十年前，当儿童性侵犯还是一个多数人刻意回避的话题时，龙迪老师就用触动人心的案例研究唤起社会各界对儿童性侵犯问题的关注，以及对预防和干预性侵犯必要性的认识。时至今日，这本专著仍被视为国内关于性侵犯最严谨的质性研究，其专业理念和实务工作技巧也是儿童保护工作同行们学习和借鉴的典范。

现在很欣喜地看到龙迪老师又一力作《综合防治儿童性侵犯专业指南》付梓出版。在这十年中，我们共同见证了中国在防治儿童性侵犯这一领域的发展和突破。特别是近三年来，我们亲历了国家相关法律法规的出台和完善，对受害儿童的关爱和救助服务以及对儿童自我保护教育和宣传都有了很大的进展。于此同时，我们在开展工作的过程中也深深感受到，综合防治儿童性侵犯无论是体系建设还是服务提供还处于起步阶段，都存在着不少空白。例如，缺乏有效的工作机制，预防性的早期干预和支持服务尚未受到充分重视，对受害儿童的干预很多时候仅限于经济补偿，工作人员的专业素质和服务能力普遍偏低等。

龙老师的《综合防治儿童性侵犯专业指南》为如何系统地弥补这些空白提供了专业理念和实务技术的指引。《指南》结合了儿童权利和性别视角，诠释了儿童权利各相关责任人如何全面防治性侵犯，即着力政策法规的出台和有效落实；着力提高公众的正确认识，改变不良文化和社会观念；着力为儿童创造安全的生活环境，支持监护人，提高和改善家庭生活条件；着力建立发现报告机制，提供专业化的危机干预和支援服务；提高儿童自我保护能力等。

这部专著出版之时，正值联合国刚刚启动了《2030可持续发展议程》。议程专门把"保护儿童不受一切形式的暴力侵害"设立为一项具体目标。在未来的十五年里，各国将制定规划，采取措施对包括儿童性侵犯在内的儿童暴力进行综合防治，以落实这一目标。我们期待并相信龙迪老师这部专著和后续专业行动将为此做出更多的专业贡献。

序四 | 打破儿童性侵犯的"沉默文化"

赵旭东（医学博士、教授） 中国心理卫生协会副理事长暨心理治疗与心理咨询
专委会主任委员
中华医学会心身医学分会副主任委员
世界心理治疗学会副主席

儿童性侵问题，在我们东方社会中长期被淹没在所谓"沉默文化"里。现象存在，后果严重，但大家要么视而不见，要么讳莫如深，很少有人正视问题，更缺乏有针对性的政策法规、学术理论和相应的专业介入方法及技术手段。

精神科医生、心理治疗师、心理咨询师及社会工作者，经常要处理与儿童性侵犯相关的临床问题。例如，儿童少年期的焦虑障碍、强迫障碍、急性创伤反应、亲子关系问题，有些家庭的婚姻问题，以及成年期的各种轻重程度不同的精神障碍，包括各种神经症性障碍及分离性障碍、创伤后应激障碍、使用精神活性物质所致的精神和行为障碍、人格障碍、心身疾病，甚至精神病性障碍。在精神医学和心理学领域，有关早年创伤与心理健康关系的文献可以说早已汗牛充栋，其中与性相关的论述是最重要的内容之一。但是，我国临床工作者面对这些已经作为严重后果出现的临床问题，却好似"亡羊补牢"，处理起来事倍功半，往往有为时已晚、无力回天之感。

龙迪博士的这本专业指南，是我国第一部基于丰富文献和实践经验而有系统地介绍儿童性侵犯问题的专著。其最大特点体现在以下几方面：

1. 全面科学。性侵犯问题是涉及多方面、多维度的复杂社会问题，以前的文献如同盲人摸象，有关举措各吹各打。本书将不同领域的理论和实践有机串

联，形成系统论述，提出整体策略。

2.强调重在预防，将工作重点提前。为了控制、减少性侵犯者实施性侵犯行为，社会干预的位点和时机要提前，责任设置及追究也要提前，这样才能高效地减少性侵犯事件的发生。

3.儿童利益最大化压倒一切，打破"沉默文化"。针对来源于传统文化和现实社会的陈规陋俗，作者从多个角度将其作为促发性侵犯行为、妨碍发现和处置案情且不利于帮助受害人，甚至可能加重创伤的社会文化环境因素，进行了详细分析和理性批判。

4.实用、可操作的社会化及人性化服务。性侵犯问题的应对和处理不仅仅是医学、心理学、社会工作等某个专业的事务，而是与国家的法制建设、社会治理、民生事业密切相关。所以，在这部《专业指南》中，作者介绍了在操作层面上如何将社会治理与技术举措结合起来，提升社会管理的科学化和专业化水平，同时让专业人员能够在更好的社会协调机制中，在系统思维、关系—资源取向的指导下，发挥更大的专业功能，提供更有效的专业服务。

非常期盼这部著作早日惠及广大读者，为我国儿童心理健康促进做出应有的贡献。

序五 | 一部填补空白的专业工具书

乔东平（哲学博士）　北京师范大学教授，博士生导师
　　　　　　　　　社会发展与公共政策学院副院长

龙迪教授作为内地最早出版儿童性侵犯研究专著的著名学者，已经在这个领域研究和服务多年，经验丰富。我荣幸地受邀为她的新书《综合防治儿童性侵犯专业指南》写序，先睹为快，受益匪浅。

我和龙迪相识于20世纪80年代末，相聚于21世纪的香港。那时，她在香港中文大学读博，研究儿童性侵犯问题；我在香港理工大学读博，研究中西方不同社会文化情境下对儿童虐待的认识问题。我们共同为中国儿童的幸福而努力。

儿童性侵犯作为一个社会问题和研究主题在西方引起关注是20世纪70至80年代，而在我国引起政府、社会和学界的广泛关注只是近几年的事情。很多发达国家和地区有儿童虐待的详细统计数据，可以监测不同形式儿童虐待（包括儿童性侵犯）的发生率和变化趋势，研究成果丰硕，干预服务多样。而我国尚没有儿童虐待的统计数据，公众多是通过不断增多的媒体报道了解儿童性侵犯这一隐秘现象，而媒体曝光的案例仅是冰山一角。我国对儿童性侵犯的研究不足，从该书引用的文献大多是英文文献可见一斑。我国防治儿童性侵犯的专业服务仍很有限，受害儿童及其家人长期无助，儿童不仅受到侵犯者的伤害，还可能因为周围人甚至家人"责备受害者"的倾向而受到再度伤害。如果受害儿童得不

到支持和专业服务，可能终生带着"耻感"生活，不再信任与侵犯者具有某种相同特征的人，甚至不再相信社会，影响儿童的身心健康和未来发展。相反，有效的服务可以减少或转化性侵犯对儿童造成的负面影响。

如何正确认识儿童性侵犯并进行专业的干预服务？我国的儿童保护工作者一直苦于缺乏专业指引的工具书。龙迪教授这部著作弥补了这个空白，令人欣喜！该书的特点和贡献体现在以下四个方面：

第一，全面性、系统性。作者从理论到实践对儿童性侵犯及其防治进行了全面系统的阐述，包括儿童性侵犯的工作定义、不同理论视角、受害者和侵犯者的特征、侵犯者的操控手段、性侵犯对儿童的影响和长期后果、造成不同影响和后果的影响因素、发生儿童性侵犯的风险因素/机制与保护因素/机制等，使读者对儿童性侵犯有一个全景式的了解。

第二，批判性、反思性。作者针对人们对儿童性侵犯的迷思、刻板印象和公众态度进行反思性批判，建构了新的观念和态度，如儿童性侵犯不一定有身体伤害，心理创伤不一定立即表现出来，没有使用武力和威胁也是性侵犯，发生性侵犯不是受害儿童的责任，性侵犯者可能是任何人包括熟人和人们印象中的"好人"，男孩也可能受到性侵犯等，使读者对儿童性侵犯有全新的认识。

第三，实操性、指导性。作者系统地阐述了预防和干预儿童性侵犯的理念、理论基础、思路、方向、原则、服务内容、服务方法、预防策略、步骤、技巧、评估、程序、组织以及多部门跨专业协作的综合服务实施。我国在防治儿童虐待，特别是儿童性侵犯方面尚处于探索阶段，本书为正在提供服务或者准备提供服务的机构提供了清晰的"专业支援服务"指引，使专业人员有能力帮助成人及早发现和制止儿童性侵犯，及早为受害儿童及其家庭提供有效的专业支援服务。

第四，循证性、理论性。本书以证据为基础，回顾了国内外40多年有关儿童性侵犯的研究成果，引用了大量的研究文献作为依据，体现了作者深厚的理论和研究功底，这不仅有助于读者全面了解本领域的研究现状，为以后的研究提供大量文献资料，而且有助于为各种干预方案提供理论基础和实证依据。

近年来，我国政府出台或修订了一系列与防治、惩处儿童性侵犯相关的政策法律，显示对处理儿童性侵犯问题的重视。

例如，2006年和2012年修订的《未成年人保护法》第41条均明确规定"禁止对未成年人实施性侵害。"

2013年，最高人民法院、最高人民检察院、公安部、司法部联合发布《关于依法惩治性侵害未成年人犯罪的意见》（法发〔2013〕12号），这是我国目前对儿童性侵犯比较全面的专门规定。

2014年12月，最高人民法院、最高人民检察院、公安部、民政部联合发布《关于依法处理监护人侵害未成年人权益行为若干问题的意见》（法发〔2014〕24号），规定人民法院可以判决撤销监护人资格的第一条是"性侵害、出卖、遗弃、虐待、暴力伤害未成年人，严重损害未成年人身心健康的"，而且法院"一般不得判决恢复其监护人资格"。

2015年，《刑法修正案（九）》第237条把猥亵罪的对象从女性扩展到包括男性，受性侵害的男童也能得到刑法的保护。

2016年，国务院发布《关于加强农村留守儿童关爱保护工作的意见》（国发〔2016〕13号），强调"帮助儿童增强防范不法侵害的意识"，性侵犯正是不法侵害之一。

这些政策法律说明，防范儿童性侵犯的专业服务刻不容缓。龙迪教授这本书的出版恰逢其时。

从儿童保护的视角来看，儿童的安全是第一位的，防治儿童虐待是国际社会儿童保护的核心。虽然不同国家对儿童虐待的界定和干预有其社会文化特点，但是也有一些共同的经验值得借鉴。本书体现了国际经验与本土实践的结合，是一本十分专业的防治儿童虐待的工具书。它的出版必将有助于唤起我国社会各界对儿童性侵犯问题的更多关注，促进国家和社会为儿童及其家庭提供更有效的专业支援服务，进一步强化成人的保护责任及行动力。

序六 | **预防儿童性侵犯的专业指南**

刘文利（哲学博士） 北京师范大学中国基础教育质量监测协同创新中心教授，
博士生导师
北京师范大学儿童性教育课题负责人
《珍爱生命——小学生性健康教育读本》主编

喜见龙迪老师的著作《综合防治儿童性侵犯专业指南》即将出版。我与龙
老师相识也是因为在预防儿童性侵犯专业领域中交流思想、参加会议、编写手
册。这部著作倾注了龙老师对儿童权利的高度关注，对受性侵犯儿童的慈悲之
心，还有强烈的专业责任感，是我读到的国内全面、深入论述预防儿童性侵犯和
专业支援服务的权威著作，是一本难得的好书。

我特别认同本书阐述的一个非常鲜明的观点，即性教育并不仅仅是单纯对性
器官和生殖健康的认识，而是包括了性别平等、儿童权利、女性权利的教育内
容；预防儿童性侵犯，不仅仅是对儿童进行性教育，而是面向全社会的所有群体
进行保护儿童的预防教育，同时家庭、学校、公权力部门、社会机构都需要承担
责任。我们需要付诸行动的，不仅是加强学校性教育，还要在全社会建立一种
自由、尊重、平等、多元、关爱弱势、非暴力的价值观、社会文化和制度。

这部专业指南帮助读者澄清许多关于儿童性侵犯的认识误区，特别强调了儿
童性侵犯是对儿童权利的侵犯，是暴力犯罪；成年人与儿童之间发生的任何性活
动都是对儿童身心健康和发展的极大危害；对儿童的性侵犯，不仅包括传统意义
上破坏处女膜的性活动，还包括其他身体接触的性活动、非身体接触的性活动和
互联网（涉）性活动；儿童性侵犯不一定都造成身体伤害，也不一定都留下身
体证据；男孩和女孩都有可能遭受性侵犯；性侵犯者可能是异性，也可能是同

性……我相信，这些信息无论对儿童，还是对性教育工作者和父母，都是至关重要的信息。

这部专业指南充分肯定了学校开展全面性教育对预防儿童性侵犯所发挥的重要作用。从国际已有的经验看，基于学校课程的性教育是预防儿童性侵犯的主要形式和有效方法。学校是实施性教育的主体，教育对象是学生，由受过专业训练的学校教师或校外专业人员根据学生的年龄阶段特点，开展预防教育活动，内容不仅包括与性、性保护、性健康有关的知识，还包括相关技能，并着力培养学生自由、尊重、平等、多元、关怀等价值观。我们课题组长期在幼儿园、小学和中学开展性教育实践。我们深刻地认识到，全面性教育可以帮助儿童提升自我保护意识，增长保护技能，降低受害风险。

相信这部专业指南一定会成为广大教师、父母、儿童工作领域的专业人员保护儿童免受性侵犯的专业指引。

序七 | 倡导性别平等、尊重儿童权利

郭瑞香　项目协调员

联合国妇女署

　　非常荣幸拜读了龙迪老师的《综合防治儿童性侵犯专业指南》一书。 这部权威的专业工具指南带着一份沉甸甸的爱与责任，必将为推动提高中国对受害儿童及家庭专业服务水平做出重要贡献！

　　针对儿童的性侵犯直接危害了儿童的生存权和发展权，这类犯罪总是发生在不平等的权力关系中，它具有明显的性别特征：绝大多数受害者是女童，而性暴力侵犯者中 90% 为男性，且多为受害者身边熟识的成年人。

　　鉴于防治儿童性暴力的复杂性，政府和各方社会力量需要协调和采取有效的行动。 例如，动员家长、监护人、教育者、儿童保护工作者和专业支援服务者全面参与，建立健全综合防治儿童性暴力机制和多部门合作的社会支持网络；将针对儿童性暴力问题的研究、政策和立法的推动与工作实践紧密联系起来；在处理诸如多元性别和人权等概念时保持文化敏感性；为学生提供赋权式的全面性教育，包括性别平等教育；制定学校政策和进行课程整合，大力开展教师能力建设和强化学生的参与度等。 这其中，性别平等教育尤为重要，包括对传统性别观念进行批判性思考、鼓励积极的男性气质，从而促进在家庭、社区和校园建立文明与健康的人际关系。

　　本书以翔实的权威文献和作者的亲身实践为基础，从理论到实践，以儿童权

利为本和社会性别敏感的视角，运用保护与赋权并举的思路，为读者提供了充分的相关专业知识和综合防治儿童性侵犯的应对技巧。本书倡导性别平等和尊重儿童权利，着力促进建立平等、尊重、多元、包容和非暴力的社会共识和价值观，着力消除针对儿童，尤其是针对女童的暴力伤害，特别是性侵犯。

中国需要这本权威性的专业工具书。这本书可以指导社会各界共同应对针对儿童，特别是针对女童的性暴力，进而有助于中国实现推动性别平等和尊重儿童权利的国际承诺，与国际社会一起建立更有效的预防与干预机制，终结一切形式的针对妇女和女童的暴力，让每一个儿童都能够生活在没有暴力的蓝天之下。

推荐语

认识龙迪的时候，她是中国青年报"青春热线"心理咨询专业督导。近20年之后，她献出了这本《综合防治儿童性侵犯专业指南》，我有幸成为这本书的第一批读者。最珍贵的是：这里面融合了大量的中国本土的经验研究，读到每一个细节，如儿童披露的困境，都会想起她在田野与儿童一起工作的情景……终于，在我们防治儿童性侵犯最需要专业的时候，我们有了一本针对中国国情的专业指南。

不仅在于具有实践基础的专业性，龙迪的专业还建立在儿童权利和性别公正的基础上。她正是在儿童权利和性别公正的框架内来理解和处置儿童性侵犯，颠覆了诸多关于儿童性侵犯的社会迷思。所以，不仅是心理咨询的专业人员，所有儿童工作者都应该读读这本书，因为有一个儿童被侵犯，我们的社会就应该给予治愈，儿童利益最大化的儿童保护机制就应该得到审视和重建。龙迪使用"专业支援服务"代替惯常使用的"专业干预"代表着一种话语转向，终于在这里，儿童成为被支援的主体，而不是强力干预的对象。这本书还提醒我们，每个人的想法和行为都可能成为侵犯者的"帮凶"，但我们每个人也有可能成为儿童的保护者。为此，我们需要改变自己，真正具有儿童权利敏感和社会性别敏感，才能成为儿童的有效保护者。

—————— 卜卫

中国社会科学院新闻与传播研究所研究员

媒介传播与青少年发展研究中心主任

尽管 2013 年 10 月最高法院牵头就办理儿童性侵案件发布了专门政策，但从实践来看，很多基层司法机关办案人员、政府相关部门工作人员、办案律师都还不够专业。龙迪教授专注研究儿童性侵问题多年，是中国研究这一问题屈指可数的优秀专家。相信这本专业指南将为办理儿童性侵案件提供务实有效的指导。所以，真诚向大家推荐。

———————— 佟丽华

北京青少年法律援助与研究中心主任

中华全国律师协会未成年人保护专业委员会主任

一如既往，龙迪教授以她跨专业的敏锐眼光，深厚的学术根基，流畅的文字，深入浅出地探讨我国预防和干预儿童性侵犯的现况及其运行机制。这本书是全社会关心儿童福祉、维护儿童权益人士的必读指南。

———————— 马丽庄

香港中文大学社会工作系教授

美国婚姻及家庭治疗协会临床院士、专业督导

目 录

第一篇
认识儿童性侵犯

近年来，儿童性侵犯现象借助媒体报道在中国社会逐渐浮出水面。然而，人们对于儿童性侵犯现象的认识却不一定准确。例如，儿童性侵犯"一定会造成身体伤害""没有身体证据，就不可能发生性侵犯""如果儿童拒绝或反抗，性侵犯就不会发生""性侵犯造成的伤害主要是处女膜的损坏""男孩不可能受到性侵犯""侵犯者主要是陌生人"……这些误解很容易演化成责备受害者的公众态度和专业话语，不利于有效地防治儿童性侵犯。

在本篇，我们将以权威文献为依据，从定义、迷思与事实、负面影响、风险机制、披露与识别五个方面，协助读者深入、系统地认识儿童性侵犯现象，作为"预防儿童性侵犯"和"专业支援服务"的知识基础。

第一章

什么是"儿童性侵犯"

"儿童性侵犯"的定义是特定文化背景下的社会建构。不同国家、不同地域、不同文化对于"儿童性侵犯"的界定有所不同,并随当地的社会规范和公众意识而改变。

自 20 世纪 70 年代美国女性主义运动让"儿童性侵犯"现象浮出水面以来,全球 40 多年综合防治儿童性侵犯的研究和实践表明,在不平等的权力关系中,当有权势的一方以性的方式操控、利用儿童的身体来满足一己之需时,即使没有造成明显的身体损伤,儿童也将会在两人之间的秘密关系中受到极大的心理伤害。危害儿童身心健康及发展的所有性活动都属于儿童性侵犯行为。

第一节 定 义

综合防治儿童性侵犯通常会涉及儿童性侵犯的"法律定义"和"工作定义"。两种定义用途不同。

一、法律定义

法律定义,是指我国《刑法》规定的性犯罪行为(针对儿童),包括强奸、猥亵,引诱、容留、介绍儿童卖淫,组织 / 强迫儿童卖淫,以及向儿童传播淫秽物品等危害儿童身心健康／发展的行为。详见本书附录二。

司法部门以法律定义作为定罪标准，衡量犯罪嫌疑人是否犯罪及犯罪程度。因此，从法律层面界定儿童性侵犯行为，要非常清楚地界定犯罪行为，以便量刑定罪，并平衡考虑保护犯罪嫌疑人应有的基本人权。

二、工作定义

工作定义，是从保护儿童免受性侵犯伤害的角度来界定性侵犯儿童的行为，其范围不仅包括《刑法》规定的性犯罪行为，还包括《刑法》中没有规定但是侵犯儿童权利、危害儿童身心健康及发展、与性有关的行为。

工作定义主要用于专业人员辨识儿童性侵犯现象，从而确定预防和专业支援服务的工作范围和有关儿童性侵犯的研究范畴。

儿童保护部门和社会服务部门需要根据儿童性侵犯的工作定义进行服务需求评估，包括：需要阻止哪些性行为的发生，才能避免危害儿童身心健康与发展？受害儿童及其家庭是否需要专业支援服务？需要怎样的服务？何时需要？……专业人员将根据评估结果提供相应的专业服务。

本书关注的重点是儿童性侵犯的工作定义。有关儿童性侵犯的中国法律定义以及相关的政策法规参阅本书附录二。

三、权威工作定义的解读

下面，我们选取三个有代表性的权威工作定义，解读其中的核心含义，从而提出本书使用的工作定义。

世界卫生组织（WHO）对于"儿童性侵犯"的工作定义是：

> 使尚未发育成熟的儿童参与其不能完全理解，或无法表达知情同意，或违反法律，或触犯社会禁忌的性活动。对儿童进行性侵犯的人可能是成人，也可能是年龄较大或相对比较成熟的其他儿童；他们相对于受害者在责任、义务或能力方面处于优势地位（Kung EG et al., 2002[1]；WHO, 2014[2]）。

[1] Kung EG et al., eds. (2002). *World report on violence and health*. Geneva, World Health Organization.

[2] WHO (2014). Child maltreatment, *http://www.who.int/mediacentre/factsheets/fs150/en/*

该定义试图概括世界各地的儿童性侵犯现象，因而没有规定性侵犯的具体行为，但着重强调，儿童性侵犯的核心是滥用权力差异侵犯儿童权利。

香港社会福利署提出的"儿童性侵犯"工作定义类似 WHO 所提出的定义。所不同的是，前者对侵犯者的身份和性侵犯的行为方式有比较具体的说明，即：

> 牵涉儿童的非法性活动（例如强奸、口交），或儿童不能做出知情同意的性活动，包括直接或间接对儿童做出性方面的利用或侵犯（例如制作色情物品）。性侵犯可能发生在家中或其他地方，侵犯者可能是儿童的父母、照顾者、其他成人甚至其他儿童，侵犯行为可以个别或有组织的方式进行。性侵犯包括以奖赏或其他方式引诱儿童加以侵犯，侵犯者可能是儿童认识的人或是陌生人（香港社会福利署，2015[1]）。

国务院妇女儿童工作委员会办公室 2014 年颁布的《儿童暴力伤害预防与处置工作指引》把"儿童性侵犯"定义为：

> 既包括违反儿童的意志强行对其实施性行为，也包括在儿童不知情或者没有达到性自主的年龄、不具备理解能力的情况下对其实施与性有关的行为……可以是《刑法》规定的性犯罪行为，也可以是《刑法》没有规定但是侵害儿童性权利、危害其身心健康的行为，如已满十四周岁不满十八周岁男童被猥亵、女童自愿与他人发生性关系而受到伤害的情形等。

该定义还具体说明了针对儿童的性犯罪行为"主要包括强奸、猥亵，引诱、容留、介绍儿童卖淫，组织、强迫儿童卖淫以及向儿童传播淫秽物品等危害儿童身心健康的行为（国务院妇女儿童工作委员会办公室，2014[2]）"。

该定义与 WHO 定义一致的部分是，把"儿童无法表达知情同意"放在首位，特别强调儿童性侵犯"也可以包括《刑法》没有规定但是侵害儿童性权利、危害其身心健康的行为"，体现了我们国家的社会进步——以儿童权利为基础来定义"儿童性侵犯"。依据这样的定义来开展综合防治儿童性侵犯的工作，可以使更大范围的儿童享受到制度保护。

[1] 香港社会福利署 .2015. 处理虐待儿童个案程序指引 . 香港社会福利署 .
[2] 国务院妇女儿童工作委员会办公室 .2014. 儿童暴力伤害预防与处置工作指引 . 中国妇女出版社 .

　　然而，该定义在界定性侵犯的具体行为时，比较多地使用法律定性的词汇，不太适合用于教育公众识别儿童性侵犯的具体行为，也有可能使受害儿童及其家庭感到被标签化、污名化，从而增加他们的耻辱感。

　　为此，本书综合上述权威定义的精髓，并结合国际有关儿童性侵犯的研究文献，提出以下工作定义。

四、本书的工作定义

（一）工作定义

　　儿童性侵犯是指成人，或较年长的儿童，或虽然年幼但有权势的儿童，通过武力、哄骗、讨好、物质利诱或其他方式，与另一名儿童卷入对方不能做出知情同意的性活动或性交往。侵犯者利用儿童作为性工具，满足自己的性需要或其他需要。侵犯者可能是儿童熟悉、信任的人，甚至就是家人，也可能是陌生人。

　　根据《联合国儿童权利公约》[①]，"儿童"是指18岁以下的任何人，包括人们平常所说的"儿童"和"青少年"。这意味着18岁以下的任何人都需要成人提供保护。

　　"性活动或性交往"包括身体接触的性行为、非身体接触的性行为，以及通过互联网进行的性交往或性活动。

　　身体接触的性侵犯行为包括：

- ◯ 触摸 / 亲吻儿童的隐私部位，无论是在衣服里，还是在衣服外，都属于性侵犯行为。"隐私部位"是指内裤、背心遮盖的身体部位，特别是生殖器（女孩的会阴，男孩的阴茎或睾丸）、肛门、乳房等处。
- ◯ 让儿童触摸别人的隐私部位。
- ◯ 与儿童玩性游戏（比如"脱裤子"）。
- ◯ 把物品或手指、舌头、阴茎等放入儿童的会阴、阴道、口腔、肛门等。
- ◯ 强迫儿童与动物进行性活动。

---

① 联合国.1989.联合儿童权利公约.纽约.

◯ 强迫儿童性交易。

……

非身体接触的性侵犯行为包括：

◯ 向儿童暴露生殖器；

◯ 要求儿童暴露生殖器；

◯ 鼓动或强迫儿童自慰，或观看别人自慰；

◯ 鼓动儿童露体，或做性动作；

◯ 鼓动儿童做出性行为；

◯ 让儿童与别人性交往；

◯ 引诱或强迫儿童观看或制作色情图片、书刊或影像；

◯ 给儿童拍裸体照，或做出有性含义的体态；

◯ 引诱或强迫儿童观看成人的性活动（在现场或用科技手段）；

◯ 在儿童不知情的情况下，偷看儿童洗澡、上厕所、换衣服。

……

互联网性交往或性活动，是一种随着互联网发展而出现的性侵犯新形式，是指通过互联网对儿童进行非身体接触的性侵犯，或与儿童建立信任关系，从而在线下实施性侵犯的行为（Mitchell et al., 2005[1]；Ong, 2005[2]），包括：

◯ 向儿童传递色情图片和影像；

◯ 在线对儿童进行性诱惑；

◯ 要求儿童在镜头前脱衣服、露体、做出不雅动作，或者把这些过程摄录下来，制作色情图片和影像，保留或在网上传播；

◯ 利用儿童的色情图片和影像威胁儿童外出见面，强迫儿童发生性行为，或做出其他的性剥削行为。

……

[1] Mitchell, K. J., Finkelhor, D. & Wolak, J. (2005). The internet and family acquaintance sexual abuse. *Child Maltreatment,* 10 (1), 49—60.

[2] Ong, B. (2005). Internet sex crimes against children: Hong Kong's response. *International Review of Law Computers and Technology*, 20 (1 & 2), 187—200.

（二）性侵犯行为的共通特点

1.儿童性侵犯发生在不平等的权力关系中，其本质是侵犯儿童权利、危害公共健康的暴力行为，甚至是暴力犯罪；

2.儿童性侵犯所造成的伤害，本质上是一种心理伤害，而不是父权社会规定的处女膜损坏，也不一定有看得见的身体损伤。

（三）用词说明

本书全书使用"性侵犯"一词，而不是"性虐待""性侵害"或"性伤害"，目的是避免使用"虐待"或"侵害"等字眼让人们误以为"只有造成看得见的身体损伤（包括处女膜破损）的性行为才算性侵犯"。研究表明，大多数受到性侵犯的儿童并没有身体损伤，甚至没有身体表征。"性侵犯"一词强调：不要忽视性侵犯造成的伤害本质上是侵犯儿童权利而造成无形的心理伤害，从而使那些遭受性侵犯的男孩和处女膜没有破损的女孩能够及时得到法律保护和专业支援服务。

另外，本书工作定义使用日常用语来具体描述儿童性侵犯的种种行为，目的是帮助任何人（包括儿童）容易准确地识别、描述性侵犯行为，方便（儿童本人）披露、（第三方）揭发和举报儿童性侵犯事件。

第二节 为什么这些行为也是性侵犯

强调女性"贞洁"的社会文化倾向于用"处女膜"的状态来界定儿童性侵犯的行为，这会大大缩窄受保护儿童的范围。倡导儿童权利的国际共识和相关研究结论告诉我们：任何人在不平等的权力关系中与儿童发生的所有性活动，都会危害儿童的身心健康及发展，都属于儿童性侵犯行为。

一、没有身体接触的性活动，也是性侵犯

任何人在不平等的权力关系中与儿童进行没有身体接触的性活动，虽然不一定违法，但会给儿童造成心理伤害（详见本书第三章）。此外，如果非身体接触的性活动没有及时得到制止，很容易演变成身体接触的性活动，包括体腔插入的性行为。

二、没有武力/威胁的性活动，也是性侵犯

任何人利用权力、年龄、体格和成熟程度的权威地位，哄骗和利诱儿童参与性活动，都会使儿童在权力关系不平等的秘密关系中受到心理操控，而且无法拒绝或被迫就范。因此，没有武力/威胁的性活动也可能是违背儿童个人意愿的暴力行为，也会给儿童造成心理伤害。

三、儿童同意的性活动，也可能是性侵犯

儿童因心智尚未成熟，需要依赖成人的照顾和保护。他们卷入自己不能完全理解的性活动，或因不具备相关知识，或因心理创伤状态做出的屈服反应而同意的性活动，或因发育程度限制而无法知情同意的性活动，都属于"不能做出知情同意"的情况。因此，与法定知情同意年龄以下的儿童，以及法定年龄以上且18岁以下但心智未成熟的儿童进行任何性活动，无论儿童是否愿意，都属于儿童性侵犯。即使儿童为了换取零食、礼物或金钱而向侵犯者表示同意参与性活动，也不能认为该儿童已经做出"知情同意"。这样的性活动也属于性侵犯（香港社会福利署，2015 ）。

四、儿童之间进行的性活动，也可能是性侵犯

儿童在成长过程中出于好奇，会探索自己及别人的身体，甚至观看、触摸自己或别人的生殖器官；也可能会运用自己和别人的身体，尝试新的社会角色和与别人的关系。比如幼儿园的儿童在"医生与病人"的游戏中，"医生"要求"病人"脱衣服检查身体……这些涉性活动如果不是强制的，并且符合特定年龄发展阶段的特点，就属于儿童之间的性探索游戏，是正常的。不过，正常的性探索游戏不一定都是健康的。需要制止那些不恰当的、不符合社交礼仪的性探索游戏。

然而，如果参与涉性活动的儿童双方存在明显的年龄差异、身心发育差异、身材差异、权力差异，或一方在性活动中对另一方使用欺骗、强制、威胁或武力，就属于儿童性侵犯行为。这是因为：

1.有权势的一方利用权威地位，会对年幼、身材弱小、权势低下的儿童构成威胁，从而强制儿童参与性活动；

2. 在强制下发生的性活动都会危害儿童的身心健康及发展。儿童对儿童施加强制力所造成的心理伤害，并不亚于成人对儿童施加强制力所造成的伤害。

不过，兄妹乱伦虽然可能不涉及强制，甚至是双方同意的，但是，由于破坏社会禁忌，也应该包括在儿童性侵犯行为的范围之内。

五、女性强制儿童卷入的任何性活动，也是性侵犯

女性，在传统的性别角色规定中始终是"母亲"和"照顾者"的温柔形象，再加上父权文化的贞操观缩窄了"性侵犯"行为的范围——只限于男性强迫女性性交（处女膜破损）。于是，人们会误以为，女性不可能对儿童造成性伤害。事实上，在权力不平等的秘密关系中，女性强制或哄骗儿童参与性活动，可能会给儿童身心健康及发展带来更大的伤害，尤其对男孩造成更大的心理伤害。

传统性别角色规定的理想女性形象是"照顾者"，因此，由女性施加的性侵犯行为很容易显得较为合法、合理，周围人和儿童本人很容易缺乏识别和防范女性性侵犯的意识，而且比较容易不相信儿童受到女性性侵犯的事实。

另一方面，受到性侵犯的男童可能会感到极为羞辱。由于受到女性施加的性侵犯很容易破坏父权文化规定的男性"硬汉"形象，导致男童更不愿意揭发性侵犯事件。

本章小结

有关儿童性侵犯定义的国际共识告诉我们，衡量某个（涉）性活动是否属于儿童性侵犯行为的主要标准是：**这个行为是否会危害儿童的身心健康及发展**。全球 40 多年的研究结果表明：

1. 本质上，儿童性侵犯是一种侵犯儿童权利、危害公共健康的暴力行为，甚至是暴力犯罪；

2. 成人与儿童之间发生的任何性活动都会危害儿童身心健康及发展；

3. 发生在儿童之间的性活动中，只要双方在地位、年龄、体格、特权和身心发展等方面存在明显的差异，或者一方在性活动中使用欺骗、强制、武力或威胁手段，即使主动发起性活动的一方是儿童，甚至其年龄略小于被动受害的那个儿童，也会危害权势低下的儿童的身心健康及发展。

可见，属于儿童性侵犯的"性活动"不仅包括传统意义上破坏处女膜的性活动，还包括其他身体接触的性活动、非身体接触的性活动和互联网（涉）性活动。

儿童性侵犯不一定会造成身体伤害，也不一定留下身体证据。但是，没有物证、通过医学检查没有发现身体证据，并不等于性侵犯事件没有发生。

男孩和女孩都有可能受到性侵犯。男人和女人、成年人和未成年人都有可能成为性侵犯者。

儿童性侵犯事件总是发生在不平等的权力关系中，永远不是受害儿童的错，而是侵犯者的错，因为是侵犯者选择对儿童做出性侵犯行为。受害儿童不需要为性侵犯的发生承担任何责任！

第二章

迷思与事实

　　借助媒体或影视作品呈现的极端案例来了解儿童性侵犯现象，难免形成不准确的刻板印象。例如，"儿童性侵犯只是少数极端事件""我的孩子不会受到性侵犯""好孩子不会受到性侵犯""男孩子不可能受到性侵犯""侵犯者主要是丑陋的、可怕的陌生人""让孩子留在家里就可以避免受到性侵犯""所有性侵犯者都会使用暴力""性侵犯一定会使处女膜破损"……这些刻板印象有可能形成责备受害者的偏见，也容易使成人忽视儿童受到的伤害，妨碍制定有效的预防措施和提供专业支援服务。本章将根据全球相关研究结果达成的国际共识，澄清有关儿童性侵犯现象的迷思。

第一节　儿童性侵犯：不是少数极端事件

　　全球 40 多年的研究表明，儿童性侵犯是一个全球普遍存在的、侵犯儿童权利的重大社会问题，也是各国面临的公共健康问题，给相当多的不同性别、种族、文化、宗教、地域、社会经济地位的儿童及其家人、社区造成广泛的负面影响。

　　四项新近针对全球儿童性侵犯普遍程度的综合分析显示，人口中 8%~30% 的女性、3%~17% 的男性在 18 岁之前受到过性侵犯（Barth et al., 2013[①]；

---

① Barth, J., Bermetz, L., Heim, E., Trelle, S., Tonia, T. (2013). The current prevalence of child sexual abuse worldwide: a systematic review and meta-analysis. *International Journal Public Health,* 58, 469—483.

Stoltenborgh et al., 2011[①]; Pereda et al., 2009[②]; Putnam, 2003[③])。女性受害者是男性受害者的 2 至 3 倍（Barth et al., 2013[④]）。其中，被强制性交的女孩为 9%，男孩为 3%（Barth et al., 2013[④]）。

世界卫生组织《2014 年全球预防暴力状况报告》指出，全球范围内每 5 名女性中就有 1 名、每 13 名男性中就有 1 名在 18 岁之前受到过性侵犯。在某些国家甚至每 3 名女童有 1 名受性侵犯（WHO, 2014[⑤]）。一项来自 22 个国家 65 个儿童性侵犯普遍程度研究的综合分析表明：每 5 名女性和每 12 名男性中各有 1 人在 18 岁之前受到过某种形式的性侵犯（Pereda et al., 2009[③]）。回顾 20 世纪 80 年代至 90 年代的权威研究数据显示，受到儿童侵犯的女性为 1/4~1/3，男性为 1/10~1/7（Finkelhor, 1994;[⑥] Bolen, 2001[⑦]）。

上述数据或许可以说明，全球 40 多年综合防治儿童性侵犯的举措虽有成效，但儿童性侵犯现象仍在全球范围普遍存在。

中国目前尚缺乏权威统计数据，但有限的数字业已表明：在中国，儿童性侵犯现象并不像人们想象般是"少数极端事件"。一项对中国 6 省市 6 所普通高校 2508 名大学生的回顾性调查研究结果显示，24.8% 女生和 17.6% 男生报告在 16 岁之前经历过性侵犯（陈晶琦、韩萍、连光利，Dunne，2010[⑧]）。广东省妇联和检察院调查 2008~2011 年检察机关公诉部门受理的案件发现，在 18 岁以下的女童案件中，涉及性侵犯的案件竟然高达 75.34%（杨世强、王映，2012[⑨]）。

尽管由于研究者对于儿童性侵犯的定义、样本、收集和分析资料的方法不

① Stoltenborgh, M., van IJzendoorn, M. H., Euser, E. M., & Bakersmans-Kranenburg, M. J. (2011). A global perspective on child sexual abuse: Meta-analysis of prevanlence around the world. *Child Maltreatment,* 16, 79—101.

② Putnam, F. W. (2003). Ten-year research update review: Child Sexual Abuse. *Journal of the American Academy of Child & Adolescent Psychiatry,* 42 (3), 269—278.

③ Pereda, N., Guilera, G., Forns, M., & Gomez-Benito, J. (2009). The prevalence of child sexual abuse in community and student samples: A meta-analysis. *Clinical Psychology Review,* 29 (4), 328—338. Doi: 10.1016/j.cpr.2009.02.007

④ Barth, J., Bermetz, L., Heim, E., Trelle, S., Tonia, T. (2013). The current prevalence of child sexual abuse worldwide: a systematic review and meta-analysis. *International Journal Public Health,* 58, 469—483.

⑤ WHO (2014). 2014 *Global Status Report on Violence Prevention,* P. 14—15

⑥ Finkelhor, D. (1989). The international epidemiology of child sexual abuse. *Child Abuse & Neglect,* 18, 409—417. doi:10.1016/0145-2134 (94) 90026-4.

⑦ Bolen, R. M. (2001). *Child sexual abuse: its scope and our failure.* Kluwer Academic, Plenum Publishers, New York.

⑧ 陈晶琦，韩萍，连光利，Dunne. P. 2012. 中国 6 省市 2508 名大学生儿童期性虐待经历回顾调查. 中华流行病学杂志.2010.31 (8): 866—869.

⑨ 杨世强，王映.2012.女童遭受性侵害情况的调研报告.

同，估计儿童性侵犯的普遍程度会有偏差，但所有研究都显示：儿童性侵犯普遍存在的事实远超出人们的想象！而且无论是官方报告数据，还是社区人口调查数据，任何普遍程度的数字都极有可能低估儿童性侵犯实际发生的情况。这是因为：（1）大多数受害儿童缺乏明显、特异的体征，难以识别；（2）大多数案件没有报案，也没有向第三方披露，甚至一部分受害者终生都不说出来；（3）大多数侵犯者没有被起诉或逮捕。

此外，互联网儿童性侵犯近年来备受国际社会关注。英国儿童性剥削和性侵犯风险评估的结果显示：随着互联网蔓延式发展，目前三分之一以上的世界人口联接互联网，大大增加了儿童遭受互联网性侵犯的可能性（CEOP, 2013[1]）。一项来自瑞士的调查显示，82% 的 9~11 岁儿童和 95% 的 12~16 岁青少年使用互联网，其中 32% 的儿童受到网络性教唆和性诱惑（Shannon, 2006[2]）。美国青少年在线伤害调查显示，七分之一的青少年在互联网中被教唆、诱惑参与性活动，三分之一的青少年被迫观看与"性"相关的信息（Wolak, Mitchell & Finkelhor, 2006[3]）。通过互联网呈现性诱惑和接触色情影像，有可能使儿童遭受性侵犯（Dombrowski et al., 2007[4]）。英国儿童性剥削和性侵犯风险评估的结果显示，在互联网性剥削儿童的个案中，13~14 岁的儿童所占比例最高，为 35%；其中 6.8% 的儿童接受对方邀请，下线会面（CEOP, 2013[1]）。

尽管此处未能引述有关中国的权威数据，但近年来互联网在中国迅猛发展的现实和屡见报道的网络性侵犯事件，让我们同样不能小看互联网儿童性侵犯现象。

儿童性侵犯研究领域久负盛名的美国社会学家大卫·芬克霍尔（David Finkelhor, 1984[5]）早在三十多年前告诫人们：以为儿童性侵犯现象罕见于某种文化的看法，通常是错误的！即使采用最保守的统计估算，儿童性侵犯的普遍率仍远远超出根据官方接到的举报所推论出的数字。时至今日，这个告诫依然有效。

---

[1] Child Exploitation and Online Protection Centre. (2013). *Threat Assessment of Child Sexual Exploitation and Abuse*.

[2] Shannon, D. (2008).Online sexual grooming in Sweden – online and offline sex offenses against children as described in Swedish police data. *Journal of Scandinavian Studies in Criminology and Crime Prevention*, 9, 160—180.

[3] Wolk, J., Mitchell, K., & Finkelhor, D. (2006). *Online victimization of youth: five years later*. Crime Against Children Research Center.

[4] Dombrowski, S. C., Gischlar, K. L., & Durst, T. (2007). Safeguarding young people from cyber pornography and cyber sexual predation: A major dilemma of the Internet. *Child Abuse Review*, 16, 153—170.

[5] Finkelhor, D. (ed.) (1984). *Child sexual abuse: New theory and research* (PP. 12—32). New York: Free Press.

因此，每一个关心儿童身心健康发展的成人都有必要牢记：儿童性侵犯是全球普遍存在的、侵犯儿童权利、危害公共健康的重大社会问题。不同性别、不同种族、不同文化、不同宗教、不同地域、不同社会经济地位的儿童及其家庭都有可能会受到性侵犯造成的负面影响。综合防治儿童性侵犯需要调动整个社会采取有效的策略和措施。因为每一个儿童都需要得到成人的保护，包括你的孩子、我的孩子、他 / 她的孩子！

第二节　谁有可能受到性侵犯

实际上，任何儿童都有可能受到性侵犯——大到青少年，小到出生数月的婴儿，而且在种族、文化和家庭社会经济地位等方面没有显著差异。因此，绝对不能说，儿童受到性侵犯是因为她 / 他"学习差""调皮捣乱""性格缺陷""品行问题"……也不能说，"男孩子不可能受到性侵犯"。任何男孩和女孩都有机会受到性侵犯。其中，残障儿童遭受性侵犯的风险更高。

不过，全球权威数据无一例外地显示，受到性侵犯的女童在人口中的比率远远高于受害男童在人口中的比率。女性受害者是男性受害者的 2 至 3 倍（Barth et al., 2013[①]）。这种明显的性别差异不分社会经济地位、年代、地域、种族、文化、城乡、健康家庭还是"功能失调家庭"……这些现象说明，有效预防儿童性侵犯不能忽视社会性别这个重要因素。

另外，性侵犯会发生在哪些时间和地点？其实，儿童性侵犯并不是只发生在夜晚或僻静的地方，而是有可能发生在一天当中的任何时间、任何地点，包括家里、学校、工地、电梯间、商场等。侵犯者有机会单独接触孩子的时间和地点，就有可能发生儿童性侵犯。

[①] Barth, J., Bermetz, L., Heim, E., Trelle, S., Tonia, T. (2013).The current prevalence of child sexual abuse worldwide: a systematic review and meta-analysis. *International Journal Public Health,* 58, 469—483.

第三节 侵犯者是什么样的人

在一般人的印象中，侵犯者主要是陌生人——有着"坏人"模样的成年男性。这实在是很大的误解！其实，性侵犯者可能是任何人——不分身份、地位、年龄、性别、种族、宗教信仰和性取向等。

实际上，我们无法根据身份和外表识别出性侵犯儿童的人。性侵犯者可能很有魅力，甚至是人们印象中的"大好人"。他们似乎乐于助人，讨人喜欢。他们可能有正当的职业，可能有渊博的学识，可能参与公益活动或慈善事业，可能已婚并有自己的孩子，可能有很高的社会威望……有的人甚至还会深受家长和儿童的信任和喜爱。

国内外相关研究显示（Finkelhor, 2008[①]；中华社会求助基金会儿童安全基金，2014[②]），大多数性侵犯者是儿童认识、熟悉或信任的人，甚至就是儿童的家人。也就是说，父母、继父母、亲戚、兄弟姐妹、朋友或朋友的家人、保姆、邻居、家人的朋友、老师、教练、网友、心理咨询师、医护人员、义工、宗教人士及其他有机会接触儿童的工作人员都有可能成为儿童性侵犯者。美国社区人口调查结果显示，70%~90%以上的性侵犯者是儿童认识并信任的人，30%~40%的儿童被家人性侵犯（Finkelhor, 2008[①]）。儿童遭受家人性侵犯通常不容易被发现，儿童也很难主动说出来，性侵犯因而得以长期存在。因此，综合防治儿童性侵犯的预防措施不能只防范陌生人，而是应该高度重视儿童身边人做出性侵犯行为的可能性，及早发现和及早介入，尽最大努力阻止或制止性侵犯事件的发生。

一个值得特别关注的现象是，相当多比率的性侵犯者是未成年人，年龄甚至比受害儿童年龄还小。英国儿童及青年人全国代表性样本调查显示，34%的侵犯者是成人，29%~50%的侵犯者是17岁以下的儿童及青少年（Radford et al., 2011[③]）。美国社区人口调查的结果显示：40%性侵犯6岁以下儿童的侵犯者是18岁以下的少年犯（Finkelhor, 2008[①]）。我国广东省妇联和检察院女童性侵犯情况调查也发现，20周岁以下和50周岁以上的侵犯者居多（杨世强、王映，

---

① Finkelhor, D. (2008). *Childhood victimization* (PP. 56, 59). Oxford University Press.

② 中华社会求助基金会儿童安全基金女童保护公益项目 .2014. 2014 年儿童防性侵教育及性侵儿童案件统计报告 .

③ Radford, L., Corral, S., Bradley, C., Fisher, H., Bassett, C., Howatt, N., & Collishaw, S. (2011). Child abuse and neglect in the UK today. NSPCC. Available from: *http://www.nspcc.org.uk/childstudy*.

2012①）。这些数据告诉我们：综合防治儿童性侵犯的措施还应该包括如何预防、识别和制止由未成年人施加的性侵犯。

另外，绝大多数的性侵犯者是男性。这再一次说明，社会性别是产生儿童性侵犯现象不可忽视的重要影响因素。因此，综合防治儿童性侵犯的有效措施离不开转变男尊女卑、歧视女性等父权家族制文化观念。

需要特别说明的是，侵犯者可能是异性，也可能是同性；可能是一个人，也可能是一伙人；甚至可能是跨地区的网友。要想更多地了解有关性侵犯者，请参阅本书第十六章。

第四节　侵犯者的操控手段

侵犯者通常利用种种威逼利诱手段获取儿童和家长的信任，使照顾者疏于防范，以便对儿童进行心理操控。大多数侵犯者会迫使儿童相信：儿童对于性侵犯的发生负有责任。由于大多数性侵犯者是儿童认识、熟悉甚至信任的人，因此，侵犯者有机会隔断儿童与其他人的联系，把儿童长期封锁在孤立、隐秘、操控的性侵犯关系中，比较容易达到性侵犯儿童的目的。

一、借故接近

侵犯者为了接近儿童，可能会表现出特殊关照儿童及其家长。不过，这些做法并不是基于对儿童的爱，而是为了达到性侵犯儿童的目的。

侵犯者可能会利用权威身份所赋予的权力地位（如老师、校长、教练、警察、父母及其他家人、心理咨询师、医生、义工、宗教人士等），以"好人"的姿态给儿童以特殊关照和待遇，让儿童感到自己受关注、有特权。例如，侵犯者可能会显得比其他人更了解儿童的喜好，经常给儿童送礼物、给钱、给分数、给特权，利用业余时间给儿童补习功课、陪着玩、陪着聊天、帮忙解决困难等。

为了接近儿童，侵犯者还可能会以"好人"的姿态博取家长的信任。例如，利用做儿童工作的专业身份和权威为儿童提供帮助，带儿童参加各种有趣的活动

---

① 杨世强，王映 .2012.女童遭受性侵害情况的调研报告 .

等。捕捉到单亲母亲担心孩子缺乏父爱和稳定的家庭生活等，侵犯者可能会趁机卖力地填补空缺的"父亲"角色，名正言顺地单独接近儿童。

如果侵犯者是儿童的家人，就更容易利用长期接触儿童的天然便利条件接近儿童。例如，以照顾儿童为名，让自己看起来像个疼爱孩子的"模范父母"或亲属，使其他家人或家外人不容易察觉到家里正在发生性侵犯。

陌生人侵犯者则可能会以问路或求助为由，以金钱/零食/礼物引诱，冒充警察/医生身份等多种方式接近儿童。

二、破坏界限

侵犯者可能会破坏儿童的"身体界限"。例如，他们可能会经常当着家长的面，故意合情合理地触碰儿童身体的非隐私部位（如头、脸、肩、背等），让儿童误以为，家长允许并授权侵犯者任意触碰自己的身体。侵犯者随后会在其他时间借故触碰儿童身体的隐私部位，使儿童误以为这种触碰都是应该被接受的。

如果侵犯者是家人，更有便利条件合情合理地打破儿童的"身体界限"。他们可能会经常装作无意地在儿童面前露体，或者在儿童上厕所、换衣服、洗澡时装作不经意地闯入，让儿童以为这是很普通的事；或者借换衣服、盖被子之机触摸儿童的生殖器官……让儿童误以为所有家庭都发生类似的事情，因而没有意识到遭受性侵犯，或者即使意识到也不敢披露。

三、孤立隔离

侵犯者通常会制造各种机会把儿童与其他人隔离开来，让儿童只能与侵犯者单独在一起。

侵犯者通常会用各种借口与儿童单独在一起，或者制造或利用私密空间来达到与儿童单独在一起的目的。例如，单独邀请儿童参加有趣的活动，放学后把儿童单独留下"补习功课"，带儿童单独外出，单独开车接送儿童，单独和儿童聊天、打电话、玩游戏、看录像，问一些私人问题，儿童生病时单独照顾……

侵犯者还可能会隔离儿童与照顾者/保护者的接触，甚至利用家庭矛盾把儿童隔离开来。例如，经常当众嘲笑儿童的缺点，制造儿童与家长、同伴、老师的矛盾；或者给儿童特殊待遇，让儿童以为自己与别人不同，而不愿意与同伴接触；或者给儿童好处，让全家人都觉得侵犯者偏心，逐渐切断与儿童的接触……

四、心理操控

侵犯者可能会利用威逼利诱手段，对孤立无援的儿童进行心理操控，让儿童感到内疚、自责、羞耻、恐惧，甚至对侵犯者产生情感依赖。这样做的目的是让儿童合作、保密，使性侵犯持续发生。儿童受到心理操控后更容易相信自己对性侵犯的发生负有责任，因而不敢把受到性侵犯的经历告诉别人。

侵犯者可能会利用儿童对"性"好奇的天性，对他们讲与性有关的笑话，给他们看色情图片或影像，和他们玩性游戏，甚至自慰、性交。侵犯者可能会说："大人的世界都是这样的，这样做是正常的""每个孩子都需要这样的性教育""相爱的人都会这么做""所有的爸爸/妈妈都会对自己的孩子做这样的事""老师这样做是表示对学生有爱"……他们还会找机会在儿童面前换衣服、上厕所、在儿童面前做成人之间的亲昵动作等……

侵犯者利用这类说法和做法使性侵犯行为正常化、合理化，干扰儿童对"性侵犯行为是错误的"判断能力，特别是年幼的儿童。如果侵犯者是家人，或者是儿童或家长信赖的人，那么儿童更难以拒绝这类说法和做法。

侵犯者也可能会贼喊捉贼，表现出对性侵犯深恶痛绝的"正义感"，使年幼的儿童无法相信，侵犯者对自己所做出的行为正是性侵犯行为。例如，侵犯者可能会对儿童说"性侵犯孩子的人真是缺德，应该枪毙"，或是"性侵犯小孩子是天下最恶劣的事"等。

侵犯者还会用其他方法让儿童感到，儿童对于性侵犯的发生负有责任。比如，侵犯者可能会说：发生性侵犯是惩罚儿童做错事；是儿童引诱侵犯者做出性行为等。

侵犯者还可能会利用儿童善良的天性，向儿童"装可怜"，骗取儿童的同情心，儿童甚至想要保护侵犯者。例如，侵犯者可能让儿童觉得：侵犯者的生活悲惨，要靠儿童拯救；与儿童发生性行为给侵犯者带来安慰、快乐和希望；只有这个儿童才能理解和保护侵犯者；如果儿童说出去，就是"不够意思"，对不起侵犯者，或者使侵犯者受苦等。

如果侵犯者是儿童的父母，则更方便对儿童进行心理操控。即使有人怀疑可能发生性侵犯，也会因为"清官难断家务事"而无人深究。

五、武力／威胁

侵犯者可能还会利用武力或威胁，迫使儿童接受性侵犯行为，并合作保守秘密。

侵犯者可能会经常打儿童。他们也可能会告诉儿童：性侵犯是两人之间的秘密，不能告诉任何人；就算说出去，也没有人会相信他们；儿童会因此受到惩罚，例如侵犯者会收回礼物和特权等好处，不给饭吃；会伤害或杀死儿童本人、家人、宠物及儿童所爱的人等；父母或儿童所关心的人会感到失望、生气、伤心、受伤，还会惩罚儿童；会影响自己和家庭的名誉……

值得一提的是，性侵犯者并不总是动用武力，因为他们利用权威身份和地位对儿童进行心理操控，就足以让儿童就范。不过，即使不用武力，对儿童做出的性行为也会给儿童造成心理伤害，也是儿童性侵犯！

六、受到性侵犯的儿童不一定有身体伤害

首先，正如我们在工作定义中所提到的，有些性侵犯行为没有武力，甚至没有身体接触。国外研究显示，很多受到性侵犯的儿童并没有任何身体表征，大约三分之一以上受到性侵犯的儿童甚至没有任何症状（Heger et al., 2002[①]）。因此，即使儿童没有出现身体受伤的表征，也不等于没有受到性侵犯。

其次，即使儿童受到体腔插入或强迫性交，在进行身体检查时看不到处女膜曾受到损害或破损，也是很常见的。这可能是因为儿童身体组织的复原力比较强；或者性侵犯事件已过比较长的时间，儿童处女膜受伤处已复原。另一个可能是，儿童处于发育时期，其处女膜组织比较柔软，再加上性侵犯者没有动用武力。

另外，儿童处女膜损坏，也不能说明一定发生过性侵犯事件。有时，剧烈的运动也有可能弄伤处女膜，例如参加自行车比赛等。因此，处女膜受损只能是儿童性侵犯的一个佐证，并不能作为判断性侵犯是否发生的主要依据。

---

① Heger A, Ticson L, Velasquez O, Bernier R. (2002). Children referred for possible sexual abuse: Medical findings in 2384 children. *Child Abuse & Neglect*, 26: 645—659.

本章小结

———— ·❧· ————

　　本章用国际共识的研究事实澄清人们普遍存在的对于儿童性侵犯现象的迷思。专业人员在针对儿童性侵犯开展预防教育、专业支援服务和学术研究时，需要善用上述知识，避免"责备受害者"和"责备家庭"，坚守保护儿童权利、倡导儿童利益最大化的伦理立场，即无论儿童性侵犯事件是怎样发生的，无论是在哪里发生的，都不是受害儿童的错，而是侵犯者的错！儿童性侵犯事件的全部责任应该由侵犯者承担！

第三章

负面影响：受害儿童及成年幸存者

儿童性侵犯，是一个人在童年不幸遭遇的、由人际暴力造成的心理创伤事件，它连同身体虐待、情绪虐待、疏忽照顾一起同属于虐待儿童，它给儿童及其家庭带来错综复杂的负面影响。如果不能尽快停止儿童性侵犯事件，如果儿童及其家庭不能及时得到足够有效的社会支持，这些负面影响及其所造成的长期后果可能会延续到成年，严重地损害儿童及成年幸存者的身心健康。因此，专业人员必须全面、深入地理解性侵犯如何对儿童及其家庭造成复杂多样的心理伤害，进而准确地理解他们的个别化服务需求，以便有能力帮助他们转化创伤经验，以免出现长期后果。

性侵犯在个人层面给儿童造成的负面影响主要体现在身心健康及发展受到不同程度的干扰和破坏。在这一章，我们将从相关的研究结论、心理创伤理论视角、长期后果和影响因素四个方面，带领读者系统地认识性侵犯如何在个人层面给受害儿童及成年幸存者造成身心伤害。在下一章，我们将重点讨论儿童性侵犯在家庭层面造成的负面影响。

第一节　相关的研究结论

全球 40 多年的研究表明，儿童性侵犯是导致儿童、青少年或成年幸存者出

现情绪问题、行为问题、学业 / 职业问题、人际关系问题和健康问题的重大风
险因素（Kendall-Tackett, Williams and Finkelhor, 1993[1]; Maniglio, 2009[2]; Chartier,
Walker, & Naimark, 2007[3]），主要表现为增加精神病症的风险、出现干扰身心健
康和发展的长期后果以及各种创伤反应。不过，并非每个受害儿童都会出现临
床症状。没有出现临床症状的儿童并非没有受到伤害。

一、增加出现精神病症的风险

遭受性侵犯的儿童比没有遭受性侵犯的儿童更容易出现严重、持久、并发
的精神病症，包括创伤后应激障碍（post traumatic stress disorder, PTSD）、抑
郁、焦虑、强迫症、行为问题、性行为问题、自我伤害或自杀、解离障碍、身
份解离障碍、边缘人格障碍、进食障碍、酗酒和精神活性物质依赖。如果受
害儿童不能及时从家庭、学校、社区得到人际支持，这些病症可能会持续到
成年后，从而严重地破坏成年幸存者的生存、发展和享受生活的能力（Kendall-
Tackett, 2012[4]; Beitchman et al., 1992[5]; Briere & Elliott, 2003[6]; Daigneaulta,
Héberta, McDuff, 2009[7]; Friedrich, 1993[8]; Mannarino & Chen, 1996[9]; Cutajar et al.,

[1] Kendall-Tackett, K. A., Williams, L. M., & Finkelhor, D. (1993). Impact of sexual abuse on children: A review and synthesis of recent empirical studies. *Psychological bulletin,* 113, 163—180.

[2] Maniglio, R, (2009). The impact of child sexual abuse on health: A systematic review of reviews. *Clinical Psychology Review,* 29, 647—657.

[3] Chartier, M., Walker, J., & Naimark, B. (2007). Childhood abuse, adult health, and health care utilization: Results from a representative community sample. *American Journal Epidemiology,* 165 (9), 1031—1038.

[4] Kendall-Tackett, K. (2012). The long-term health effects of child sexual abuse.In P. Goodyear-Brown (Ed.), *Handbook of child sexual abuse: Identification, assessment, and treatment.* (pp. 49—67). Hoboken, NJ: Wiley Press.

[5] Beitchman, J. H., Zucker, K., Hood, J. E., DaCosta, G. A., Akman, D., & Cassavia, E. (1992). A review of long-term effects of child sexual abuse. *Child Abuse & Neglect,* 16, 101—118.

[6] Briere, J., & Elliott, D. M. (2003). Prevalence and psychological sequelae of self-reported childhood physical and sexual abuse in a general population sample of man and women. *Child Abuse & Neglect,* 27, 1205—1222.

[7] Daigneaulta, I., Héberta, M., & McDuff, P. (2009). Men's and women's childhood sexual abuse and victimization in adult partner relationships: A study of risk factors. *Child Abuse & Neglect,* 33, 638—647.

[8] Friedrich, W. N. (1993). Sexual victimization and sexual behavior in children: A review of recent literature. *Chile Abuse & Neglect,* 17, 59—66.

[9] Mannarino, A. P., & Cohen, J. A. (1996). Family-related at variables and psychological symptom formation in sexually abused girls. *Journal of Child Sexual Abuse,* 5, 105—120.

2010[1]; Putman, 2003[2]; Van Gerko et al., 2005[3]; Noll, Trickett & Putnam, 2003[4] ），甚至还有可能由受害者变成加害者。有研究表明，大约 65% 恋童癖患者在童年受到过性侵犯（Schwartz, 1994[5]）。

二、出现干扰身心发展的长期后果

有关童年创伤的神经生物学及流行病学的研究显示，幼年受虐经历（包括儿童性侵犯）可能会给儿童的脑发育和脑功能带来持久的负面影响，干扰儿童在情绪、行为、认知、社交（社会性）和身体健康等多方面的发展（Anda et al., 2006[6]; Perry, 2008[7]; Perry & Polard, 1998[8]; Spinazzola, Blaustein, & van der Kolk, 2005[9]; van der Kolk, 2001[10], 2006[11] ），其心理病理表现几乎囊括了美国精神医学会颁布的《精神障碍诊断及统计手册》（*DSM-IV*）中全部精神病症诊断（Anda et

[1] Cutajar, M. C., Mullen, E. P., Ogloff, J. R. P., Thomas, S. D., Wells, D. L., Spataro, J. (2010). Psychopathology in a large cohort of sexually abused children followed up to 43 years. *Child Abuse & Neglect*, 34, 813—822.

[2] Putman, F. W. (2003). Ten-year research update review: Child sexual abuse. *Journal of American Academy of Child & Adolescent Psychiatry*, 42, 269—278.

[3] Van Gerko K., Hughes, M. L., Hamill, M., & Waller, G. (2005). Reported childhood sexual abuse and eating-disordered cognition and behaviors. *Child Abuse & Neglect*, 29, 375—382.

[4] Noll, J. G., Trickett, P. K., & Putnam, F. W. (2003). A Prospective Investigation of the Impact of Childhood Sexual Abuse on the Development of Sexuality. *Journal of Consulting and Clinical Psychology*, 71 (3), 575—586.

[5] Schwartz, H.L. (1994). From Dissociation to Negotiation: A Relational Psychoanalytic Perspective on Multiple Personality Disorder. *Psychoanalytic Psychology*, 11, 189—231.

[6] Anda, R. F., Felitti, V. j., Bremner, J. D., Walker, J. D., Whitefield, C., Perry, B. D., & Giles, W. H. (2006). The enduring effects of abuse and related adverse experiences in childhood; a convergence of neurobiology and epidemiology. *European Archves of Psychiatry and Clinical Neoriscience*, 256 (3), 174—186.

[7] Perry, B. (2008). Child maltreatment: The role of abuse and neglect in developmental pathology. In T. P. Beauchaine & S. P. Henshaw (Eds.), *Textbook of child and adolescent psychopathology* (pp, 93—128). Hoboken, NJ: John Wiley & Sons.

[8] Perry B., & Polard, R. (1998). Homeostasis, stress, trauma, and adaptation: A neuro-developmental view of childhood trauma. *Child and Adolescent Psychiatric Clinics of North America*, 7 (1), 33—51.

[9] Spinazzola, J., Blaustein, M., & van der Kolk, B. A. (2005), Posttraumatic stress disorder treatment outcome research: The study of unrepresented samples? *Journal of Traumatic Stress*, 18 (5),425—436.

[10] van der Kolk, B. A. (2001). The assessment and treatment of complex PTSD. In R. Yehuda (Ed.), *Traumatic Stress*. Washington, DC: American Psychiatric Press.

[11] van der Kolk, B. A. (2006). Clinical complications of neuroscience research in PTSD. *Annals of the New York Academy of Science*, 1071 (IV), 277—293.

al., 2006[1]; Perry, 2008[2]）。

三、创伤反应的性别差异

性侵犯负面影响儿童身心发展的严重程度并没有明显的性别差异，不过，在症状表现形式上却呈现一定的性别差异（Yancey & Hansen, 2010[3]）。

女孩更倾向于表现内化症状（例如，抑郁、焦虑、自杀倾向、进食障碍等），男孩更倾向于表现外化症状（例如，愤怒、攻击行为、性发泄行为等）。

男孩在性发展方面受到的影响似乎大于女孩。例如，男孩比女孩更害怕性侵犯经历会改变自己的性取向（同性恋），怀疑自己的性别身份，对自己的性发展感到恐惧。

男孩比女孩更不容易相信别人，更不容易主动披露性侵犯，更不愿意接受心理治疗。

四、创伤反应的年龄特征

性侵犯给儿童造成的心理创伤反应呈现一定的年龄特征，如下。

1. 学前儿童：常见的表现包括 PTSD 症状（例如焦虑、噩梦）和偏差性行为（懂得与年龄不相符的性知识或性兴趣、喜欢谈论性话题、用玩偶做性游戏、频繁自慰、当众有性含义地抚摸别人的身体、脱别人的衣服等）。

2. 学龄儿童：常见的表现包括恐惧、学习困难、行为问题（攻击行为、多动行为、偏差性行为、退缩行为、倒退行为）。

3. 青少年：常见的表现包括抑郁、自伤/自杀行为、离家出走、滥用精神活性物质、违法行为等。

---

[1] Anda, R. F., Felitti, V. j., Bremner, J. D., Walker, J. D., Whitefield, C., Perry, B. D., & Giles, W. H. (2006). The enduring effects of abuse and related adverse experiences in childhood; a convergence of neurobiology and epidemiology. *European Archves of Psychiatry and Clinical Neoriscience*, 256 (3), 174—186.

[2] Perry, B. (2008). Child maltreatment: The role of abuse and neglect in developmental pathology. In T. P. Beauchaine & S. P. Henshaw (Eds.), *Textbook of child and adolescent psychopathology* (pp. 93—128). Hoboken, NJ: John Wiley & Sons.

[3] Yancey, C. T. and Hansen, D. J (2010). Relationship of personal, familial, and abuse-specific factors with outcome following childhood sexual abuse. *Aggression and Violent Behavior,* 15, 410—421.

五、心理创伤不一定立即表现出来

不过，儿童性侵犯的负面影响并不总是在性侵犯期间或之后立即明显地表现出来。研究表明，大约20%~40%遭受性侵犯的儿童并没有出现精神症状（Kendall-Tackett, Williams & Finkelhor, 1993[1]; Finkelhor, 1995[2]）。然而，这并不意味着"没症状，就没伤害"。受害儿童没有立即出现负面影响，除了他们具有足够的抗逆力或受到比较轻微的性侵犯外，还可能受到以下因素的影响。例如：

1. 照顾者拒绝承认发生家内性侵犯，因而否认孩子出现症状。或者照顾者因个人能力有限或亲子关系不良而无法识别孩子的症状。

2. 儿童本人由于心智发展尚未成熟，或者受到创伤经历的影响，导致他们无法准确地觉察、识别和用语言表达自己的内心世界（感受和认知）。有些儿童为了保护自己还会否认自己的感受。

3. 研究的评估工具不能准确地检测出儿童所受到的伤害，因为儿童受到的心理伤害并不在研究者测量的范围之内。

4. 创伤反应的"沉睡效应"。童年创伤的负面影响可能会暂时潜伏下来，在数年之后甚至成年之后才显现出来，特别是当他们经历其他压力事件产生类似的失控感时，或者在他们成年后建立亲密关系和做父母方面遇到挑战时。详见本章第三节。

研究还显示，三个重要的转化因素可以减少或消除性侵犯对儿童个人层面的负面影响，即受害儿童在披露性侵犯后，（1）能够得到来自家长或照顾者的相信、情绪支持和保护行动；（2）能够及时得到有效的专业支援（治疗）服务；（3）儿童本人能够认识到发生性侵犯是侵犯者的责任，而不是自己的错（Yancey & Hansen, 2010[3]; Kendall-Tackett, Williams & Finkelhor, 1993[1]; Finkelhor & Berliner, 1995[4]）。

[1] Kendall-Tackett, K. A., Williams, L. M., & Finkelhor, D. (1993). Impact of sexual abuse on children: A review and synthesis of recent empirical studies. *Psychological bulletin,* 113, 163—180.

[2] Finkelhor, D. (1995). The victimization of children: A developmental perspective. *American Journal of Orthopsychiatry,* 65 (2), 177—193.

[3] Yancey, C. T. & Hansen, D. J. (2010). Relationship of personal, familial, and abuse-specific factors with outcome following childhood sexual abuse. *Aggression and Violent Behavior*, 15, 410—421.

[4] Finkelhor, D., and Berliner, L. (1995). Research on the treatment of sexually abused children. *Journal of the American Academy of Child and Adolescent Psychiatry,* 34, 1408—1423.

可见，万一儿童不幸遭受性侵犯，如果成人社会能够及时、有效地创造疗伤止痛的条件，可以转化性侵犯给儿童造成的负面影响，从而防止出现长期后果。

第二节　心理创伤理论视角

从 20 世纪 80 年代起，全球儿童性侵犯的研究者开始从**心理创伤理论视角**去理解性侵犯给儿童造成的心理伤害，即儿童性侵犯作为一种心理创伤事件，如何通过引发身心压力反应而造成多层面的情绪伤口。

在 1980 年以前，研究文献主要用精神症状来代表性侵犯对儿童造成的负面影响，即由精神科医生运用医学模式的症状诊断，对乱伦受害儿童和童年遭受乱伦的成年幸存者进行临床观察和症状描述。例如，美国精神科医生萨米特（Summit, 1983[①]）把前人临床观察到的乱伦受害者的精神症状归纳为**儿童性侵犯调适症候群**（the child sexual abuse accommodation syndrome），提出儿童性侵犯事件的三种情境特征（保密及无助、陷阱及调整、披露及翻供）导致儿童为了活下去而不得不习得一些异常的或极端的求生技能，因而表现出多种问题行为和精神症状。该模式强调：正是性侵犯情境导致儿童出现"异常/极端"行为。不过，该模式因其过于简单而无法说明性侵犯所造成的多样化负面影响。

1980 年以后，PTSD 被引入 DSM 诊断标准，研究者开始把"儿童性侵犯"当作一种"创伤事件"，并从心理创伤角度去理解性侵犯对儿童身心健康及发展造成的负面影响，在减少对受害儿童污名化和妖魔化的同时，力图为受害儿童提供有针对性的治疗方向/目标。不过，随着对童年创伤事件的认识不断深入和丰富，研究者后来在理解性侵犯对儿童造成的心理创伤时，不再只是限于 PTSD 诊断标准，还增加了关系视角、发展视角和神经生物学视角。

一、儿童性侵犯的创伤性质

儿童遭受性侵犯，相当于经历一场灾难！这场灾难可能是一次性的，也可能反复多次持续多年。因此，作为一种童年创伤事件，性侵犯对受害儿童造成的

[①]　Summit, R., (1983). The child sexual abuse accommodation syndrome. *Child Abuse and Neglect,* 2, 177—193.

负面影响是极其复杂的，不仅包括 PTSD（人身安全受到威胁所造成的），而且还包括背叛创伤或关系创伤（信任受到背叛所造成的）。如果儿童从年幼就开始长期遭受性侵犯或其他形式的虐待，其身心发展将会受到严重的干扰或破坏，从而造成长期后果。

可见，我们在理解性侵犯给儿童造成心理伤害的复杂性时，需要综合考虑"创伤视角""关系视角""发展视角"和"神经生物学的改变"。

（一）表现为 PTSD 的心理创伤

在研究文献中，有关儿童性侵犯造成心理创伤的最常见诊断是 PTSD（Berliner & Elliott, 2002[1]; Kendall-Tackett, Williams & Finkelhor, 1993[2]; McLeer, et al., 1992[3]; Putman, 2003; Ruggiero, McLeer & Dixon, 2000[4]）！

研究显示，受到性侵犯的儿童比遭受其他虐待形式的儿童及遭受非虐待创伤事件的儿童，出现 PTSD 症状的比率更高（Deblinger et al., 1989[5]; Dubner & Motta, 1999[6]）。绝大多数受过性侵犯的儿童都会出现 PTSD 的某些症状（McLeer, et al., 1992; McLeer, et al., 1998[7]; Wolfe, Gentile & Wolfe, 1989[8]）。

根据美国精神医学会《精神障碍诊断及统计手册》（*DSM-IV-TR*）（APA, 2000[9]），PTSD 的三组核心症状包括：创伤记忆入侵（闪回）、回避一切唤起创

---

[1] Berliner, L., & Elliott, D. (2002). Sexual abuse of children. In J. E. B. Myers, L. Berliner, J. Briere, C. T. Hendrix, C. Jenny, T.A. Reid (Eds.), *The APSAC handbook of child maltreatment* (2nd ed.). Los Aangeles, CS:Sage.

[2] Kendall-Tackett, K. A., Williams, L. M., &Finkelhor, D. (1993). Impact of sexual abuse on children: A review and synthesis of recent empirical studies. *Psychological bulletin*, 113, 163—180.

[3] McLeer, S. V., Debilinger, E., Henry, D., & Orvaschel, H. (1992). Sexually abused children at high risk for posttraumatic stress disorder. *Journal of pediatric health care,* 14, 93—102.

[4] Ruggiero, K. J., McLeer, S. V., & Dixon, J. F. (2000). Sexual abuse characteristics associated with survivor pathology, *Child Abuse & Neglect,* 24, 951—964.

[5] Deblinger, E., McLeer, S. V., Atkins, M. S., Ralphe, D., & Foa, E. (1989). Posttraumatic stress in sexually abused, physically abused, and nonabused children, *Child Abuse &Neglect,* 13, 403—408.

[6] Dubner, A. E., & Motta, R. W. (1999). Sexually and physically abused foster care children and posttraumatic stress disorder. *Journal of Consulting and Clinical Psychology,* 67, 367—373.

[7] McLeer, S. V., Dixon, J. F., Henry, D., Ruggiero, K., Escovitz, K., Niedda, T., & Schplle, R. (1998). Psychopathology in non-clinically referred sexually abused children. *Journal of the American Academy of Child &Adolescent Psychiatry,* 37, 1326—1333.

[8] Wolfe, V. V., Gentile, C., & Wolfe, D. A. (1989). The impact of sexual abuse on children: A PTSD formulation. *Behavior Therapy.* 20, 215—228.

[9] American Psychiatric Association (APA). (2000). *Diagnostic and statistical manual of mental disorders (4th ed.).* Washington, DC: Author.

伤事件记忆的人、事、物 / 情绪麻木、过度生理唤起（过高警觉、睡眠困难、易激惹、集中注意力困难）。其核心情绪是恐惧和焦虑。其中，能够产生 PTSD 的"创伤事件"是指：

（造成）死亡或身体严重损伤的急性事件，或者受到死亡威胁或身体损伤威胁的事件，或者对个人身体完整性构成威胁的其他事件；或者目睹涉及死亡和损伤的事件，或者目睹威胁其他人身体完整性的事件；或者得知某位家庭成员或其他亲近的人所经历的意外死亡或暴力死亡、受到严重伤害，或者受到死亡威胁或损伤威胁（手册第 463 页）。

也就是说，导致 PTSD 的创伤事件主要是威胁生命安全和身体完整性的急性压力事件。可见，PTSD 比较适合用于理解儿童在受到身体暴力或武力 / 威胁的背景下遭受性侵犯所造成的心理创伤。

然而，并不是所有受到性侵犯的儿童都受到身体暴力或武力 / 威胁。因此，并不能说明 PTSD 是儿童性侵犯造成的全部心理创伤表现。

研究表明，只有三分之一左右受到性侵犯的儿童符合 PTSD 的诊断标准（Berliner & Elliott, 2002[1]; Ruggiero, McLeer & Dixon, 2000[2]）。也就是说，将近三分之二的受害儿童并不符合 PTSD 诊断标准。这说明使用 PTSD 诊断标准来理解儿童性侵犯造成的负面影响有很大的局限性（Schmid, Petermann & Fegert, 2013[3]）。

第一，PTSD 诊断标准的主要依据是成人对自己主观症状的语言描述。而这对于语言发展尚未成熟的儿童来说将是一个极大的挑战。当儿童无法用成人理解的语言表达自己的主观感受时，很容易被认为是"没症状"。如果把"没症状"等同于"没伤害"，那么，将近三分之二的受害儿童很可能会因为不符合 PTSD 诊断标准而失去得到专业支援服务疗愈创伤的机会。调查人员也可能会因此得出错误的结论。

[1] Berliner, L., & Elliott, D. (2002). Sexual abuse of children. In J. E. B. Myers, L. Berliner, J. Briere, C. T. Hendrix, C. Jenny, T.A. Reid (Eds.), *the APSAC handbook of child maltreatment* (2nd ed.). Los Aangeles, CS:Sage.

[2] Ruggiero, K., McLeer, S., & Dixon, J. (2000). Sexual abuse characteristics associated with survivor psychopathology. *Child Abuse & Neglect,* 24 (7), 951—964.

[3] Schmid, M., Petermann, F., & Fegert, J. M. (2013). Developmental trauma disorder: pros and cons of including formal criteria in the psychiatric diagnostic systems. BMC Psychiatry, 13:3, *http://www.biomedcentral.com/1471-244X/13/3*

第二，PTSD 诊断标准主要是运用医学模式来理解成人遭遇威胁生命的单一创伤事件（例如自然灾害、交通事故、陌生人强奸等）所造成的个人精神病症，并没有考虑到性侵犯给儿童造成的心理创伤具有鲜明的关系特征和发展特征。

事实上，儿童性侵犯通常并不是儿童生命中单一的创伤事件，而是与多种创伤事件同时存在的，是在一系列反复出现、长期持续的人际暴力背景下发生的。性侵犯事件不一定会威胁到儿童的生命安全或身体完整性，但通常会破坏儿童对自己、对他人、对世界的信任，形成不安全依附，并受到多重风险因素的影响，例如儿童遭受性侵犯时的年龄（Widom, 1999[1]; D'Andrea et al., 2012[2]）、父母患有精神病症、家庭生活条件恶劣、家庭社会孤立等（Finkelhor, Ormrod & Turner, 2007[3]; Finkelhor, Ormrod & Turner, 2009[4]）。

因此，我们在理解性侵犯对儿童身心发展的负面影响时，需要充分考虑儿童生活的生态环境中人际支持系统的影响（关系视角），以及儿童身心发展需要的影响（发展视角）（Ma & Yau, 2011[5]）。

（二）背叛创伤

即使儿童性侵犯发生在"爱"的关系中，也会因背叛信任而给儿童造成心理创伤，即"背叛创伤"（betrayal trauma）（Freyd, 1996）[6] 或"关系创伤"（relational trauma）（Sheinberg & Fraenkel, 2001）[7]。

侵犯者通常会利用家长、老师、亲属、朋友等权威身份对儿童示好或给予特殊待遇，让儿童感到被关心、被注意、有感情，甚至把性侵犯当作是关爱自己的

---

[1] Widom, C. S. (1999). Posttraumatic stress disorder in abused and neglected children grown up. *American Journal Psychiatry,* 156 (8), 1223—1229.

[2] D'Andrea, W., Ford, J., Stolbach, B., Spinazzola, J., van der Kolk, B. A. (2012). Understanding interpersonal trauma in children: why we need a developmentally appropriate trauma diagnosis. *American Journal Orthopsychiatry, 82 (2),* 187—200.

[3] Finkelhor, D., Ormrod, R. K., Turner, H. A. (2007). Poly-victimization: a neglected component in child victimization. *Child Abuse & Neglect,* 31 (1), 7—26.

[4] Finkelhor, D., Ormrod, R. K., Turner, H. A. (2009). Lifetime assessment of polyvictimization in a national sample of children and youth. *Child Abuse & Neglect,* 33 (7), 403—411.

[5] Ma, E. Y., and Yau, D. (2011). Working with familial child sexual abuse: A family-based relational approach. In Kitty, Wu., Catherine, S. Tang and Eugenie Y. Leung (ed.). *Healing trauma: A professional guide.* Hong Kong: Hong Kong University Press.

[6] Freyd, J. J. (1996). Betrayal trauma: *The logic of forgetting childhood abuse.* Cambridge, MA: Harvard University Press.

[7] Sheinberg, M. & Fraenkel, P. (2001). *The relational trauma of incest: A family-based approach to treatment.* The Guilford Press.

表现。随着年龄增长，儿童逐渐明白：自己一直信赖的、对自己"好"的那个人对自己做过的事实际上是性侵犯。他们会因此感到自己对那个人的信任受到背叛。当有感情与性侵犯、爱与痛交织在一起时，背叛创伤就会变得更加复杂，从而产生一系列不同于 PTSD 的症状。

例如，儿童不再信任那些声称给自己爱或照顾的人，不再相信自己对事情的判断（例如：发生过什么、什么是恰当的、什么是不恰当的），也不知道是否应该倾听自己内心的真实感受。如果儿童在受到性侵犯时出现性反应或性快感，他/她可能会感到更加迷惘，以为这表示自己想要被性侵犯。他/她甚至感到自己的身体背叛了自己（Sanderson, 2006[1]）。

有研究者（Sheinberg & Fraenkel, 2001[2]）在治疗乱伦家庭的临床经验基础上提出"关系创伤"这一概念，认为家人性侵犯是一种关系创伤。这种创伤破坏了儿童与家人建立的依附关系，使儿童感到家人出卖了自己对于家庭安全的信任，导致他们对家人以及自己与家人的关系产生情绪困扰和忠诚两难，促使他们在发展过程中形成负面的自我看法，破坏或干扰他们建立并发展互信关系的能力。

背叛创伤带来的内心混乱会给受害儿童带来短期或长期的破坏性后果。例如，因信任背叛产生多疑、恐惧、内心矛盾、内疚、羞耻等复杂情绪可能会阻止儿童向那些有可能帮助自己的人寻求帮助。儿童为了掩盖自己的羞耻和内疚，会竭力把自己隐藏起来。他们可能会回避同伴，避免亲近其他成人，唯恐泄密。这种离群索居的孤独感和孤单感很容易强化儿童的恐惧，使儿童更加依赖侵犯者，因而陷入持续遭受性侵犯的危险处境中（Sanderson, 2006[1]）。

（三）发展期创伤障碍/病症

当侵犯者是儿童熟悉、信任且关系密切的成人，甚至就是本该保护、照顾儿童的家人或老师时，儿童很有可能长期、反复地遭受性侵犯和/或其他形式的虐待，甚至与主要照顾者的依附关系受到破坏，再加上发生性侵犯的关系过程具有隐秘性、强制性、操控性和羞耻感，儿童正常的身心发展将会受到严重的干扰或

---

① Sanderson, C. (2006). *Counselling Adult Survivors of Child Sexual Abuse (Third Edition)*. Jessica Kingsley Publishers, London and Philadelphia.

② Sheinberg, M. & Fraenkel, P. (2001). *The relational trauma of incest: A family-based approach to treatment*. The Guilford Press.

破坏，从而导致出现长期后果，即发展期创伤障碍 / 病症（developmental trauma disorder, DTD）（van der Kolk, 2005[1]）。

发展期创伤障碍 / 病症的症状表现不同于 PTSD，主要是儿童调节内在状态的能力受到严重的损害，表现在情绪调节失调（不能调节情绪，不能容忍极端的情绪状态，例如恐惧、愤怒、羞耻等；不容易从这些极端的情绪状态中恢复过来，例如长时间发脾气）、生理功能失调（例如睡眠、进食、排泄、生长失调）、行为失调（例如攻击行为、性行为问题）、认知失调（例如注意力集中困难、学习困难、难以应对压力）、人际关系失调等。除此之外，儿童对他人、对世界的信任受到破坏，形成负面自我感。

如果没有得到有效治疗，发展期创伤障碍 / 病症还会延续到成年，演变成各种身心病症（Cloitre et al., 2009[2]; D'Andrea et al., 2012[3]; De Bellis, 2001[4]; Euser et al., 2010[5]; Scheeringa et al, 2003[6]; Van der Kolk et al., 2009[7]）。详见本章第三节。

二、创伤生成动力模式

那么，性侵犯经历如何使儿童出现上述心理创伤表现呢？研究者（Finkelhor & Browne, 1985[8]）根据广泛的文献回顾和临床观察，提出创伤生成动力模式（the

[1] van der Kolk, B. A. (2005): Developmental Trauma Disorder: Toward a rational diagnosis for children with complex trauma histories. *Psychiatric Annual,* 35 (5), 401—408.

[2] Cloitre, M., Stolbach, B. C., Herman, J. L., Kolk, B. V., Pynoos, R., Wang, J., Petkova, E. (2009). A developmental approach to complex PTSD: Childhood and adult cumulative trauma as predictors of symptom complexity. *Journal Trauma Stress,* 22 (5), 399—408.

[3] D'Andrea, W., Ford, J., Stolbach, B., Spinazzola, J., van der Kolk, B. A. (2012). Understanding interpersonal trauma in children: why we need a developmentally appropriate trauma diagnosis. *American Journal Orthopsychiatry,* 82 (2), 187—200.

[4] De Bellis, M., D. (2001). Developmental traumatology: the psychobiological development of maltreated children and its implications for research, treatment, and policy. *Developmental Psychopathology,* 13 (3), 539—564.

[5] Euser, E. M., van Ijzendoorn, M., Prinzie, P., Bakermans-Kranenburg, M. J. (2010). The Prevalence of Child Maltreatment in the Netherlands. *Child Maltreatment,* 15 (1), 5—17.

[6] Scheeringa, M. S., Zeanah, C. H., Myers, L., Putnam, F. W. (2003). New findings on alternative criteria for PTSD in preschool children. *Journal American Academy of Child & Adolescent Psychiatry,* 42 (5), 561—570.

[7] Van der Kolk, B. A, Pynoos R. S, Cicchetti, D, Cloitre. M, D'Andrea, W., Ford, J.D,,Lieberman, A. F., Putnam, F. W., Saxe, G., Spinazzola J, Stolbach, B. C., Teicher, M. (2009). Proposal to include a developmental trauma disorder diagnosis for children and adolescents in DSM-V; *http://www.traumacenter.org/announcements/DTD_papers_Oct_09.pdf.*

[8] Finkelhor, D. & Browne, A. (1985). The traumatic impact of child sexual abuse: A conceptualization. *Journal of Orthopsychiatry,* 55 (4), 530—541.

traumagenic dynamics model），至今仍广为应用。该理论模式指出，理解性侵犯对儿童造成的负面影响，必须考虑性侵犯关系过程的影响。侵犯者利用种种威逼利诱手段操控儿童，对他们做出性侵犯行为，因而产生四种核心创伤要素：性创伤、背叛感、耻辱感和无力感 / 无能感。这四种核心创伤要素相互作用，从而形成创伤生成动力模式。

（一）性创伤

性创伤（traumatic sexualization）是指侵犯者做出的性侵犯行为使儿童形成扭曲的性态度和性观念，做出不符合其年龄发展阶段、扭曲人际关系的性行为，从而干扰儿童正常的性发展。性创伤是儿童遭受性侵犯的特征表现，不同于身体虐待和情绪虐待的创伤表现。

例如，他们可能会把性接触与感情混为一谈，用性行为去交换感情、关注、特权和礼物；可能会把性行为当作操控他人、满足自己需要的手段；可能会对性活动有恐惧记忆，甚至到了适龄年龄仍回避亲密关系与性；可能会重复做出与年龄不相符的性行为或攻击性的性行为；可能会害怕与别人身体接触；可能会感到身体疼痛，感到害怕、不安和困扰；可能会建立扭曲的身体形象；可能会掩饰自己所有的感受，失去与自己的真情实感保持接触等。

（二）背叛感

当儿童发现自己原本信赖和依靠、本应照顾和保护自己的人却在伤害、欺骗、操控自己，或者家人知道发生性侵犯后却不愿意或没能力相信或保护自己时，就会感到被出卖，即受到"背叛创伤"或"关系创伤"。受害者可能在发生性侵犯当时就感到被出卖，也可能在多年以后才感到被出卖。

因感到自己被出卖，会使儿童不再信任其他人乃至整个世界。他们可能不相信世界是安全的，不相信自己可以依靠任何人。他们可能会认为：这个世界是危险的、不可信的；这个世界出卖我、遗弃我；我不能信任任何人；男人都是不可信的；就连妈妈也是不值得信任的……如果侵犯者就是儿童信任的人，特别是家人、老师、亲友等，儿童就更容易感受到强烈的背叛感（betrayal）。

使儿童产生背叛感的情况包括：遭受家人或亲友性侵犯；最初以为性侵犯是爱后来明白是性侵犯；披露后家人不相信、不肯定、不保护、不支持，儿童受到责备、惩罚、排斥，甚至被赶出家门；儿童曾告知家人，家人没听到、没反应、不相信，使儿童再次遭受性侵犯等。

感到被出卖，是一种无法承受的丧失感，包括失去童年、失去受保护的感觉、失去一种信任关系等。这种丧失感会造成危害严重的后果。例如，由于恐惧再次被人背叛，有的儿童会退出所有的亲近关系，有的儿童会变得依赖和黏人。受害儿童可能会难以判断他人是否值得信任。更为严重的是，受害儿童甚至会开始不信任自己，也不信任自己的感受（Sanderson, 2006[①]）。

（三）耻辱感

受到性侵犯的儿童可能会感到自己有"受过性侵犯"的标记，感到"每个人都会欺负我"。即使儿童不理解所发生的事情，他们也会暗暗地感到羞耻，感到自己有错。特别是当儿童感到遭受性侵犯是自己的责任时，例如"我有错""我道德败坏"等，他们更为此感到羞耻和内疚，有可能内化成自我形象的一部分。

耻辱感（stigmatization）主要是由侵犯者造成的。侵犯者会责备、贬低儿童，做出鬼鬼祟祟的举动，或要求儿童保密等，这些都会让儿童觉得发生性侵犯是自己的错，因而感到内疚、自责、羞耻。

周围人的反应也会增加儿童的耻辱感。例如，儿童在披露前后听到或感到家人、周围人和制度对自己抱有负面态度或做出负面反应；或者其他人在儿童说出性侵犯经历后做出激烈的反应等。

研究显示：耻辱感将严重地影响受害儿童日后的生活适应，特别是失去自尊感导致形成负面的自我形象和负面的沟通方式，阻碍他们建立自我效能感和自我价值感，阻碍他们建立相互支持的人际关系。有的儿童还会出现自我伤害行为，例如自杀、割腕等（Feiring, Taska & Lewis, 1998[②]; Feiring, Miller-Johnson & Cleland, 2007[③]; Feiring, Simon & Cleland, 2009[④]）。

---

① Sanderson, C. (2006). *Counselling Adult Survivors of Child Sexual Abuse (Third Edition)*. Jessica Kingsley Publishers, London and Philadelphia.

② Feiring, C., Taska, L., & Lewis, M. (1998). The role of shame and attributional style in children's and adolescents' adaptation to sexual abuse. *Child Maltreatment, 3*, 129—142.

③ Feiring, C., Miller-Johnson, S., & Cleland, C. M. (2007). Potential pathways from stigmatization and internalizing symptoms to delinquency in sexually abused youth. *Child Maltreatment, 12*, 220—232.

④ Feiring, C, Simon, V. A., & Cleland, C. M. (2009). Childhood sexual abuse, stigmatization, internalizing symptoms, and development of sexual difficulties and dating aggression. *Journal of Consulting and Clinical Psychology, 77*, 127—137.

（四）无力感／无能感

在性侵犯的关系中，儿童被迫或被骗进行性活动，无法有效地抵制性侵犯的发生。侵犯者通常反复违背儿童的意愿，侵犯儿童的个人空间和身体界限，让儿童感到自己无法阻止性侵犯的发生，从而破坏了儿童的自我效能感，使儿童感到无力或无能（powerlessness/disempowerment），失去自我掌控感。

放大儿童无力感／无能感的情况包括：侵犯者利用权威地位和身份，采取强制、利诱、威胁或武力手段实施性侵犯；儿童抗拒性侵犯的努力反复失败；儿童对受到性侵犯及其后果感到恐惧；儿童认为无法让成人理解或相信性侵犯正在发生；儿童认为披露性侵犯会带来承受不了的后果等。

持续的无能感／无力感会导致儿童出现恐惧、焦虑、创伤记忆入侵和噩梦。随着年龄的增长，他们可能会感到自己在任何情况下都无法保护自己或做出改变。被动受害的感觉可能会使某些受害儿童更容易遭受多种形式的虐待，包括身体虐待、情绪虐待、疏忽照顾等。另外，有些儿童可能还会通过攻击他人或欺凌同伴让自己重获掌控感。

可见，上述每一个核心创伤要素都会负面影响受害儿童的情绪、认知和行为的发展。这些核心创伤要素如果不能及时得到转化，就极有可能演变成长期的心理困难、心身病症和人际关系问题。详见本章第三节。

三、神经生物学的改变

儿童心理创伤的症状有其神经生物学基础。脑科学研究发现，儿童性侵犯导致儿童脑发育和神经调节功能失调，使儿童的自我调节能力受到不同程度的干扰或破坏，包括情绪调节、身体调节、认知调节、行为调节和关系调节。儿童受到性侵犯的年龄越小，其脑神经系统受到的负面影响越大（Gaskill and Perry, 2012[①]）。下面，我们先简要地回顾人脑结构和功能，然后详细介绍性侵犯作为一种人际暴力创伤事件导致儿童自我调节功能失调的神经生物学机制。

---

① Gaskill, R. L. and Perry, B. (2012). Child sexual abuse, traumatic experiences, and their impact on the developing brain. In P. Goodyear-Brown (Ed.), *Handbook of child sexual abuse: Identification, assessment and treatment* (pp. 29—47). Hoboken, NJ: Wiley Press.

（一）人脑的结构和功能

人脑的结构和功能非常复杂。为了方便理解，我们把人脑简化为"存活脑"和"学习脑"。在正常情况下，"存活脑"和"学习脑"相互配合，整合个人与环境互动的经验，执行全脑功能。

1. 存活脑

"存活脑"由脑干和边缘系统组成，是比较原始的部分。由于存活脑位于人脑的下端，有人形象地称之为"楼下脑"（Siegel., 2011[①]）。"存活脑"负责执行基本生命功能（例如呼吸、心率、血压）、动物本能反应（例如反射动作、逃跑或反抗），以及伴有身体反应的原始情绪（例如愤怒、恐惧）。

"存活脑"并没有思考或学习的功能，它只是一个预先设定程序的自动调节器，负责维持身体的正常运作，并在面对危险时做出使自己活下去的身体反应，包括反抗、逃跑或僵住不动。

来自身体内在环境或外在环境的感觉信息由末梢神经系统传递到脊髓，进入"存活脑"，经过初步加工传递给"学习脑"做出有意识的判断，或者通过感觉联想形成不能有意识觉察、无法用语言表达的"身体状态记忆"，激活"存活脑"的警报系统，从而即刻做出不加思考的反射反应（Perry, 2006[②]）。

身体状态记忆和即刻做出的反射反应，对于人在面对生命威胁时能存活下来具有重要的意义。不过，长期遭受心理创伤的经历使人的情绪反应过度活跃，因此，这个人即使在安全的环境中也会做出猛烈的情绪反应，因而不仅消耗心理能量和生理能量，而且很难建立良好的人际关系，无法适应安全环境下的正常生活（Perry, 2006[②]）。

2. 学习脑

"学习脑"主要是指大脑前额叶皮质，是功能比较进化的部分。由于学习脑位于人脑的顶端，有人形象地称之为"楼上脑"（Siegel., 2011[①]）。

与"存活脑"相比，"学习脑"发育较晚较慢，不过，功能更高级、更复杂。其主要功能是，接收"存活脑"传递的神经冲动（信息），经过精细地思考（想象、计划、分析和综合），形成有意识的记忆和情绪感觉，从而有意识地调节错

---

① Siegel, D. J. (2011). *The whole-brain child*. New York: Bantam books trade paperbacks.

② Perry, B. (2006). Applying principles of neurodevelopment to clinical work with maltreated and traumatized children. In N. B. Webb (ed.), *Working with traumatized youth in child welfare*. New York, NY: Guilford Press.

综复杂的思维和情绪，执行复杂的认知功能，包括整合感觉动作信息、注意力、记忆、调节生理反应、语言沟通能力等。

长期遭受心理创伤的经历会使人的大脑不能正常运作，难以进行理性思考，经常缺乏反思、用不计后果的冲动行为去缓解猛烈的情绪。

3. 全脑功能

儿童与环境互动的经验促使各个脑区发育和成熟。随着年龄增长，儿童全脑功能的运作变得更加精细、高效，逐渐展现出里程碑式的新技能。到了青春期，脑功能变得更加完整（Lehrer, 2009[1]）。各脑区内部及彼此之间相互连结，形成庞大的神经网络，使信息广泛传递成为可能。信息被感知、被加工、被整合，并进入其他脑区，执行各种身心功能。

在正常条件下，"学习脑"可以通过符号化的认知功能，根据当下情境的要求，调节不由自主的反射动作，纠正比较原始的"存活脑"冲动（van der Kolk, 2006[2]），从而使个人能够成功地处理人际关系和生存环境，大大提升人的存活能力。

然而，当安全受到威胁时，"学习脑"就变成了一个微不足道的器官。这时，调节生理反应和情绪反应的"存活脑"被激活，不等"学习脑"做出更详细的分析和判断，就关闭并接管"学习脑"的功能，并动员整个身体不加思考地立即做出自我保护的防御反应：或反抗，或逃跑，或僵住不动（van der Kolk, 2006[2]）。

（二）人际暴力创伤导致自我调节功能失调的神经机制

有研究者（Levine, 1997[3]）曾指出，人对创伤事件做出的创伤反应发生在人的神经系统内部。当人的神经系统对创伤事件做出的反应超过了人的自我保护防卫能力的限度时，神经系统就会失去复原力，从而出现极度无助的感觉。由于神经系统无法自动地恢复平衡状态，因此，困在其中的相关能量不能被接触、被释放、被转化，就会出现导致情绪伤口的身心反应。

可见，儿童在长期遭受人际暴力（包括性侵犯）背景下反复接触负面情绪

[1] Lehrer, J. (2009). *How we decide.* Boston, MA: Mariner Books.

[2] van der Kolk, B. (2006). Clinical implications of neuroscience research in PTSD. *Annals of the New York Academy of Science*, 1071 (IV), 277—293.

[3] Levine, P. A. (1997). *Waking the tiger: Healing trauma.* Berkeley: North Atlantic Press.

刺激时，会形成经典条件反射。于是，即使在安全的环境中，那些与创伤无关的感觉刺激也可能成为创伤的提示，引发"存活脑"无意识地产生创伤联想，例如一次目光接触、一个微笑、一种气味、一个姿势等（Perry, 2006[1]; van der Kolk, 2006[2]）。于是，"存活脑"频频发出警报信号，进一步激发恐惧反应，导致生理系统的警觉增加，生理状态迅速改变，人就无法善用"学习脑"的高级认知功能。

生理系统的警觉激发了与创伤有关的记忆，与创伤有关的记忆又反过来进一步激发生理上的压力反应，从而产生并维持创伤反应，出现 PTSD 症状：创伤记忆入侵、持续地回避与创伤有关的刺激或反应麻木、过度活跃反应（过度唤起、过高警觉、惊恐反应、睡眠困难、易烦躁、焦虑和多动等）。

长期遭受性侵犯使儿童长期处于压力情境中，导致反复激活压力反应的神经机制。如果性侵犯不停止，儿童没有机会依靠外在环境的支持来建立自我支持。于是，这些症状经过反复激活，很容易使脑—神经系统只对创伤经验做出反应，却没有能力对于正常生活做出恰当的反应，从而导致儿童的自我调节能力失调，表现在情绪调节失调、身体调节失调、认知调节失调、行为调节失调和人际关系调节失调（Perry & Szalavitz, 2006[3]; Hooper et al., 2006[4]; Perry, 2006, 2008[5]; van der Kolk, 2006[6]）。如果儿童不能及时得到有效的专业支援服务，这些自我调节失调将延续到成年，造成长期后果。详见本章第三节。

---

[1] Perry, B. (2006). Applying principles of neurodevelopment to clinical work with maltreated and traumatized children. In N. B. Webb (ed.), *Working with traumatized youth in child welfare*. New York, NY: Guilford Press.

[2] van der Kolk, B. (2006). Clinical implications of neuroscience research in PTSD. *Annals of the New York Academy of Science*, 1071 (IV), 277—293.

[3] Perry B. & Szalavitz, M. (2006). *The boy who was raised as a dog: And other stories from a psychiatrist's notebook.* New York, NY: Basic Books.

[4] Hooper, J. W., Spinazzola, J., Simpson, W. B., & van der Kolk, B. A. (2006). Preliminary evidence of parasympathetic influence on vassal heart rate in posttraumatic stress disorder. *Journal of Psychsomatic Research*, 60, 83—90.

[5] Perry, B. (2008). Child maltreatment: The role of abuse and neglect in developmental pathology. In T. P., Beauchaine & S. P. Henshaw (Eds.), *Textbook of child and adolescent psychopathology* (pp. 93—128). Hoboken, NJ: John Wiley & Sons.

[6] van der Kolk, B. (2006). Clinical implications of neuroscience research in PTSD. *Annals of the New York Academy of Science*, 1071 (IV), 277—293.

第三节　长期后果

如前所述，如果儿童长期遭受性侵犯，并且不能及时从可信赖的成人那里得到足够有效的保护、照顾和支持，上述负面影响就很可能会演变成**发展期创伤障碍 / 病症**（Developmental Trauma Disorder, DTD），造成长期身心伤害的后果，甚至延续到成年，从而持久、深远地改变幸存者的人生轨迹。

例如，成年幸存者可能会在学业 / 职业、人际关系、婚姻与性、做父母等方面遇到不同程度的困难（Anda et al., 2006; Perry, 2006; Perry & Pollard, 1998[1]）；在健康方面容易患有躯体疾病，并出现多种到精神科寻诊的病症；甚至卷入受害或加害的人际关系，导致反复受害或违法犯罪（Maniglio, 2009[2]; Putnam, 2003[3]）。专业人员若想帮助受害儿童及其有童年创伤经历（包括性侵犯）的父母疗愈创伤，必须全面深入地了解这些长期后果的演变和表现。

发展期创伤障碍 / 病症的诊断标准考虑到儿童在日常生活中遭受人际暴力创伤对其身心发展的影响，强调造成发展期创伤障碍 / 病症的创伤事件具有长期人际暴力的特点，即儿童或青少年经历或目睹多种或持久的逆境事件至少一年，包括：（1）亲身经历或目睹反复出现且情节严重的人际暴力；（2）应得的保护和照顾受到严重的破坏，包括反复更换主要照顾者、反复与主要照顾者分离，或者遭受照顾者施加的严重且持久的情绪虐待等（D'Andrea et al., 2012[4]; Euser et al., 2010[5]; Scheeringa et al, 2003[6]; van der Kolk, 2005[7]）。

按照这个诊断标准，长期遭受儿童性侵犯的经历符合导致发展期创伤障碍 /

[1] Perry B., & Polard, R. (1998). Homeostasis, stress, trauma, and adaptation: A neurodevelopmental view of childhood trauma. *Child and Adolescent Psychiatric Clinics of North America,* 7 (1), 33—51.

[2] Maniglio, R, (2009). The impact of child sexual abuse on health: A systematic review of reviews. *Clinical Psychology Review,* 29, 647—657.

[3] Putman, F. W. (2003). Ten-year research update review: Child sexual abuse. *Journal of American Academy of Child & Adolescent Psychiatry,* 42, 269—278.

[4] D'Andrea, W., Ford, J., Stolbach, B., Spinazzola, J., van der Kolk, B. A. (2012). Understanding interpersonal trauma in children: why we need a developmentally appropriate trauma diagnosis. *American Journal Orthopsychiatry,* 82 (2), 187—200.

[5] Euser, E. M., van Ijzendoorn, M., Prinzie, P., Bakermans-Kranenburg, M. J. (2010). The Prevalence of Child Maltreatment in the Netherlands. *Child Maltreatment,* 15 (1), 5—17.

[6] Scheeringa, M. S., Zeanah, C. H., Myers, L., Putnam, F. W. (2003). New findings on alternative criteria for PTSD in preschool children. *Journal American Academy of Child & Adolescent Psychiatry,* 42 (5), 561—570.

[7] van der Kolk, B. A. (2005): Developmental Trauma Disorder: Toward a rational diagnosis for children with complex trauma histories. *Psychiatric Annual,* 35 (5), 401—408.

病症的创伤事件特点，即侵犯者通常是儿童熟悉、信任的成人，方便操控儿童就范和保密，很容易使性侵犯长期存在并涉及信任背叛，而且儿童很难及时得到帮助。因此，我们在考虑儿童性侵犯可能造成的长期后果时，可以运用发展期创伤障碍/病症的诊断标准，从威胁安全和背叛信任两个角度来考虑。也就是说，儿童长期反复遭受性侵犯后，其安全持续受到威胁，其信任持续受到背叛，从而造成发展期创伤障碍/病症。其表现在以下三个方面：形成不安全依附、自我感损毁、自我调节失调（情绪失调、行为失调、性行为问题、身体失调和神经认知功能失调）。这些创伤反应相互影响，持续损害受害者适应生活的能力（Sanderson, 2006[1]）。

一、依附关系损害与人际关系困难

儿童在与外在世界的互动中逐步建立起对自己、对他人和对世界的看法。从背叛信任的角度来看，性侵犯从根本上背叛了儿童对他人的信任，因而产生围绕依附关系损害造成的背叛创伤，导致儿童改变对他人、对世界、对安全的看法，从而损害儿童社会交往的能力，出现人际关系困难，并增加再次受害（revictimization）的风险。

（一）童年依附关系的损害

依附关系是指一个人与他人建立可信赖、能依靠的情感联系。这是人类与生俱来的基本需要之一。婴儿在出生后第一年，通过与主要照顾者的互动来建立其对人的基本信任，形成安全依附。失去或有可能失去依附对象都会引起婴幼儿不安。人在遇到压力时（例如痛苦、生病、饥饿、陌生感或恐惧等），依附需要就会被激发出来（Bowlby, 1969[2]）。

儿童需要通过安全依附得到安慰、安抚和乐趣，从而为他们提供探索世界的安全基地和面对危险的避风港。儿童只有从依附关系中获得足够的安全感，才有能力调节情绪，形成关于自己、他人和世界的正面看法（即内在运作模式），并在亲密与自主之间做出平衡（Bowlby, 1969[2]）。也就是说，生命早期形成的依附关系模式是儿童日后建立所有人际关系的模板，是儿童应对和表达各种情绪

① Sanderson, C. (2006).The impact and long-term effects of child sexual abuse on adult survivors. In C. Sanderson., *Counselling Adult Survivors of Child Sexual Abuse (Third Edition)*. Jessica Kingsley Publishers, London and Philadelphia.

② Bowlby, J. (1969). *Attachment and love: Vol.1.Attachment.* New York: Basic Book.

的最初训练，是儿童健康发展的安全条件。早期形成的依附关系模式也会随着新的成长经验而改变（Blaustein and Kinniburgh, 2010[1]）。

然而，长期、反复、持续遭受性侵犯会干扰儿童建立安全依附，出现两类不安全依附模式，即紊乱型（焦虑矛盾型）和回避型（Ma & Li, 2014[2]）。受害儿童在很多时候不能保护自己免受伤害，会感到无助无望，就很难有心力去理解他人，因而会产生各种偏差的自我防卫，从而破坏人际关系。

1. 紊乱型（焦虑矛盾型）依附模式对人际关系的破坏

对于那些受到父母（照顾者）性侵犯的儿童来说，他们的依附对象既是避难所，同时也是危险的来源。他们渴求得到父母（照顾者）的保护和安慰，可是父母（照顾者）又是伤害他们、让他们恐惧的人。这种信任与背叛、安全与恐惧的两难境况使儿童对父母（照顾者）在认知上和情绪上都感到困惑不解。他们找不到有效方法去满足自己对于保护和情绪安抚的需要。在没有选择的情况下，只能继续依附加害者。

持续、强烈的愤怒和恐惧情绪使他们容易用激烈的方式发泄情绪，例如：用肢体或语言攻击别人；做出有问题的性行为和反社会行为；部分儿童随着年龄的增长可能会在人际关系中操控别人，以便保护自己免于在未来被出卖，从而导致人际关系问题，甚至成为加害者去触犯法律。紊乱型依附模式大大增加了儿童日后产生严重心理问题的风险。

2. 回避型依附模式对人际关系的破坏

如果父母（照顾者）持续地拒绝让儿童表达不安，并且不理会、不回应、不接受儿童表达情绪，儿童就容易形成回避型依附模式。

儿童从这样的经验懂得：当自己遇到困扰时，不可能从依附对象那里得到关注、安慰和陪伴，依附对象也不可能协助自己安抚情绪。于是，他们只能淡化依附需要，克制自己不表达愤怒和不安，忽略或否定自己的情感需要。

由于形孤影单、缺乏支持，这些儿童通常与人保持距离，表现出冷淡、不合群，很容易受人欺负而反复受害。

---

[1] Blaustein, M. E. and Kinniburgh, M. K. (2010). *Treating traumatic stress in children and adolescents: How to foster resilience through attachment, self-regulation, and competency*. New York: The Guilford Press.

[2] Ma, E. Y.& Li, F. W. (2014). Developmental Trauma and Its Correlates: A Study of Chinese Children With Repeated Familial Physical and Sexual Abuse in Hong Kong. *Journal of traumatic stress*, 27 (4), 454—460.

另外，儿童做出偏差自我防卫行为很容易破坏亲子依附，导致儿童很难从亲子依附关系中得到支持和保护，甚至还会受到惩罚，从而进一步强化他/她的不安全感和不信任感。

依附关系长期受到干扰和破坏，将会深远地负面影响儿童的自我调节能力（情绪、认知、行为和身体），这些又反过来进一步破坏他们建立和维持人际关系的能力，进而干扰和破坏儿童的人格发展。

（二）成年后的人际困难

如果受害儿童在童年期和青少年时期没有机会得到足够有效的人际支持和治疗，不安全的依附模式可能就会持续地影响他们成年后的生活，甚至干扰或破坏他们养育和管教子女的能力，从而影响子女的依附模式。

1. 趋避矛盾的依附需要

由于形成不安全的依附模式，受害者既渴望依附，又惧怕依附。也就是说，他们渴望有人陪伴自己，同时又需要与人保持距离。他们不能信任别人，而且害怕与人亲近。在他们看来，与人亲近是危险的，而不是温暖、关怀或滋养。他们因害怕自己再次受害或被拒绝、被遗弃而停止与人交往，从而感到孤立、疏离或孤独。

另外，儿童性侵犯造成的疏离感、羞耻感、肮脏感很容易导致成年幸存者想要隐身，远离他人。他们没有归属感，觉得自己和别人不一样，从而自我孤立（例如停止与人交往，或拒绝建立亲密关系），或者通过强迫社交或四处建立亲密关系而过分补偿。随着年龄的增长，趋避矛盾的依附需要不仅表现在成年幸存者一般的社交关系中，也表现在他们的伴侣关系、与自己子女的关系或与自己父母的关系中（Sanderson, 2006[①]）。

2. 保持界限遇到困难

这是儿童性侵犯造成的长期严重后果之一。儿童在遭受性侵犯期间，其身体界限、自我界限不断受到侵犯，甚至经历着角色颠倒。例如，儿童被强制要求顺从地满足侵犯者的需要而不是儿童自己的需要；被强制要求保守秘密，以此来保护侵犯者。随着年龄的增长，他们在与人相处中很难保持清晰的身体界限和关系界限，不能保护自己，也不懂得尊重别人的界限，由此产生很多人际关系

① Sanderson, C. (2006).The impact and long-term effects of child sexual abuse on adult survivors. In C. Sanderson., *Counselling Adult Survivors of Child Sexual Abuse (Third Edition)*. Jessica Kingsley Publishers, London and Philadelphia.

的问题。

例如，受到性侵犯的儿童可能会拒绝正常的身体接触，也可能会不适切地触摸别人的身体来表达亲近。

有些成年幸存者渴望感情亲近，但又害怕并排斥亲密关系。缺乏亲密关系导致空虚感，他们渴望被拥抱但又不许别人触碰。有的成年幸存者迷恋把毛皮、丝绸、毛巾当作触觉刺激，有的甚至用宠物来满足自己对抚触的需要，以便获得安全感。他们认为动物不会伤害他们，因此，只有向动物表达爱和感情时才会感到安全（Sanderson, 2006[①]）。

在与人相处时，他们可能没有自我。他们的自我只有成为别人的一部分才能运作起来，导致他们在独立自主方面遇到困难。他们由于害怕被人拒绝、遗弃或惩罚，可能会过分地顺应别人，甚至屈从别人。他们可能很难拒绝别人的要求，却常常否定或放弃自己的需要，或者害怕表露自己的脆弱和需要（Sanderson, 2006[①]）。

很多幸存者感到自己对别人负有责任，并过多地承担照顾别人的角色。照顾别人的行为模式可能会持续终生，一方面可能会导致他们即使病了、老了，也不允许自己接受别人的照顾；另一方面，还可能会陷入受虐待或受剥削的人际关系之中，导致反复受害（Sanderson, 2006[①]）。

另外，有些成年幸存者可能会在人际关系中重现性侵犯关系中的权力操控模式。他们害怕被人操控，担心自己被打败，因而不对别人投入感情。他们还可能会害怕运用权力，因为他们坚信，运用权力会使自己就像侵犯者一样。他们会在掌控权力方面出现困难，导致他们在人际关系中变得被动和屈从（Sanderson, 2006[①]）。

3. 影响做父母的能力

童年遭受性侵犯的经历还会影响他们成年后做父母的能力。例如，很多成年幸存者害怕要孩子（尽管他们渴望要孩子），因为他们怀疑自己做父母的能力，担心自己不能保护孩子免受性侵犯（Sanderson, 2006[①]）。

有的幸存者与孩子缺乏清楚的关系界限，因而过分保护孩子，特别是与自己同性别的孩子。为了保护孩子，他们尽可能守着孩子寸步不离。他们并没有意

---

① Sanderson, C. (2006).The impact and long-term effects of child sexual abuse on adult survivors. In C. Sanderson., *Counselling Adult Survivors of Child Sexual Abuse (Third Edition)*. Jessica Kingsley Publishers, London and Philadelphia.

识到，这样做反而使孩子容易受伤害，因为孩子没有机会学习恰当的社交技巧、自我保护和入世生活的能力。他们甚至害怕自己的孩子有可能会性侵犯其他孩子……这些做法反而容易削弱他们做父母的能力，并引发亲子冲突（Sanderson, 2006[①]）。

如果不能得到及时有效的治疗，成年幸存者最终可能真的会虐待自己的孩子，或者不履行养育义务。做父母的失败又会导致他们感受内心最深的哀伤——失去做父母的能力、失去未来、失去生命意义。

二、自我感损毁与认知扭曲

自我感被损毁，是儿童性侵犯造成的另一个长期严重后果。

一般来说，儿童是在与环境互动的经验中逐步建立起对自己的看法。而逐渐形成完整统一的自我感，是儿童身心健康发展必不可少的养分。也就是说，如果儿童感到自己有能力对这个世界施加影响，感到自己有选择，感到自己的未来有希望，感到自己是一个有价值的人……就有助于形成稳定的自我价值感和自我效能感，从而建立完整、统一的自我体验、自我记忆和自我表达，形成完整的人格结构，并有能力在与他人相处中保持清晰、弹性的关系界限。

然而，长期遭受性侵犯的经历会严重摧毁儿童的自我感，形成负面自我认知，导致儿童低自尊、低自信，缺乏自我效能感和自我价值感。如果不能及时得到纠正，这种负面的自我感就会一直延续到成年。

（一）自我感如何被损毁

在性侵犯经历中，侵犯者通常对儿童进行心理操控，并做出性侵犯行为，违背儿童的意志，背叛儿童的信任。儿童在不平等的权力关系中根本无法有效地阻止性侵犯的发生。他们背负性侵犯造成的核心创伤要素（性创伤、背叛感、耻辱感和无力感/无能感），很容易在内心深处产生自我挫败感，特别是感到自己无力、无能、无价值。他们不得不用被强加的受害者身份取代真实的自我。如果儿童在非常年幼时遭受性侵犯，就更容易形成碎片化的自我感，即人格结构

---

① Sanderson, C. (2006).The impact and long-term effects of child sexual abuse on adult survivors. In C. Sanderson., *Counselling Adult Survivors of Child Sexual Abuse (Third Edition)*. Jessica Kingsley Publishers, London and Philadelphia.

解离（Van der Hart et al., 2006 [①]）。

除此之外，性侵犯经历可能还会不同程度地干扰或破坏儿童的神经生理调节功能，使儿童的多种生理功能受限或紊乱。生理功能调节失调又会反过来干扰儿童形成完整统一的自我感。家人、周围人和专业人员在披露性侵犯后对儿童做出的负面反应也会增加儿童的羞愧感、内疚感和绝望感，从而强化儿童对自己的负面看法。

儿童对自己的负面看法将损害儿童的自尊感、自我价值感、自我效能感和解决问题的能力，强化儿童出现恐惧、焦虑（噩梦、过高警觉、黏人行为和躯体症状）、抑郁、绝望等症状，表现为情绪失调、课业学习困难、问题行为、自毁自伤自杀、离家出走等问题。而这些问题又会进一步强化儿童对自己的负面看法，增加儿童的劣等感。

（二）自我感损毁的后果

童年时长期遭受性侵犯的成年幸存者经常会感到碎片化的自我分离，缺乏自我价值感，即使和很多人在一起也会感到自己好像是"心理孤儿"。他们通常会从侵犯者的角度看待自己、看待他人、看待世界，对自己、对世界、对未来有根深蒂固的负面看法。于是，他们与自己疏离，也与别人疏离，并且需要依赖别人的眼光来看待自己，缺乏必要的自我肯定。这样，不仅导致他们情绪起伏、抑郁和绝望，而且还将影响他们的人际关系。

1. 扭曲的自我观

扭曲的自我观体现在受害者形成关于自我的错误假设和信念，不能准确地评价性侵犯事件的成因，因而导致错误归因。例如：认为自己是"烂货""次品"，是满足别人的性工具；认为自己活该受到性侵犯，受到性侵犯是自己的错，意味着自己是个坏孩子；认为自己对于性侵犯的发生负有责任，因为"自己有错""没有拒绝"；认为自己对性侵犯"有性反应"或"有好的感受"，就说明自己想要性侵犯，或者是同性恋；认为性侵犯是对自己的惩罚；认为自己和别人不一样，坏事总会发生在自己身上……

披露后周围人的负面反应也会增加儿童的错误归因。例如，认为自己不应

① Van der Hart, O., Nijenhuis, E. R. S., & Steele, K. (2006). *the haunted self: Structural dissociation and the treatment of Chronic fraumatizafion*. New York: Norton

该说出去，让一家人不高兴；认为是自己拆散了家庭，让爸爸坐牢，或毁了哥哥；认为每个人都会知道自己的事，自己以后很难活下去；认为没有人真心在乎自己，没有人愿意帮助自己；认为自己永远不可能过上正常生活，因为世界就是一个弱肉强食的地方……

这些扭曲的自我观会增加受害儿童或成年幸存者自责、内疚和羞耻，导致他们否认自己的需要和感受。许多成年幸存者被迫过分补偿去满足别人的需要，却忽视自己的需要，从而变得过度负责，很容易陷入受害关系而持续遭受虐待和剥削。

2. 扭曲的现实观

受到性侵犯的经历不仅改变了儿童对自己的看法，还会彻底改变儿童关于他人和世界的信念和假设。因为性侵犯带来的教训是：不是每个人都值得信任，即使那些本应信任的人也不值得信任。这些信念其实对儿童有一定的保护作用，可以促使他们学会评估信任的风险。不过，如果这些负面信念走向极端，就会形成错误归因。

例如，成年幸存者自童年始，就倾向于认为，世界是一个充满危险和威胁、极不安全、不可预测的地方——只有伤害，没有公平正义；人与人之间没有信任、没有帮助，因此不能信任任何人……这些信念可能会使他们倾向于不相信社会制度会保护自己免受伤害，总是担心自己未来还会遭受性侵犯。即使性侵犯已结束很长时间，他们仍会有这样那样的担心。

成年幸存者根据这些错误归因做出的行为反应不仅大大地损耗他们的身心能量，而且还会严重破坏他们建立和维持良好人际关系的能力。

3. 损害人际交往能力

对自己、对世界的认知扭曲不可避免地会损害受害儿童或成年幸存者的人际交往能力。如前所述，他们通常缺乏必要的界限感，缺乏能力反对或阻止别人企图操控或伤害自己的行为，因此很容易卷入对自己不利的人际关系并反复受害。有些受害儿童或成年幸存者还可能会通过操控和支配别人来补偿自己的劣等感。

4. 内心深处的失落感

自我感的毁坏不可避免地导致受害儿童或成年幸存者在内心深处产生失落感，甚至对人生产生深深的幻灭感。这是因为遭受性侵犯经历本身就意味着受害儿童或成年幸存者失去很多，不仅包括实际的丧失，还包括象征性的丧失，例如，感到失去自我（失去自我效能感和自我价值感）、失去对自己的信任、失去对他人的信任、失去对自己身体的信任、失去童贞、失去童年、失去父母（家人性侵犯）、失去理想父母、失去自主（掌控权力）、失去感官享受、失去对性的自我发现、失去活在世上的安全感、失去身体表达、失去身心健康、失去亲密关系、失去生命的活力、失去生命的意义……于是，他们既渴望好事发生，又害怕失去（Sanderson, 2006 [1]）。长期生活在重重心理矛盾之中，可能会消耗他们的心理能量和生理能量。

三、情绪调节失调

情绪调节是一种能力，即一个人有能力监测、评价和纠正自己的情绪反应，从而适应生活环境，实现个人目标（Tompson, 1994 [2]）。遭受性侵犯的儿童及成年幸存者由于形成不安全的依附模式，很少有机会感受到自己有能力与别人建立安全联结或得到别人抚慰。他们通常不知道如何以适切的方式对自己的情绪做出反应，因此，很容易用极端的方式表达承受不了的猛烈情绪。例如，用攻击行为和性行为表达愤怒，用自伤行为表达忧伤等。如果儿童在脑神经发育关键期一直处于情绪调节失调的状态，那么他们的压力调节机制和认知推理能力将会受到严重的干扰和破坏。如果没有及时得到有效的治疗，那么即使他们脱离了受虐环境或受虐关系，也仍会沿用不适切的应对方式去处理心理压力或解决人际关系问题，直到成年（Ma & Li, 2014 [3]）。

（一）情绪调节如何受到干扰和破坏

遭受性侵犯的经历通常会导致儿童产生难以承受的猛烈情绪。如前所述，绝大多数受害儿童是在不情愿、被强制、被要求守密、孤立无援的情况下受到性侵犯的。他们通常感到，性侵犯的发生是无法掌控、不可预测。为了活下去，

---

[1] Sanderson, C. (2006).The impact and long-term effects of child sexual abuse on adult survivors. In C. Sanderson., *Counselling Adult Survivors of Child Sexual Abuse (Third Edition).* Jessica Kingsley Publishers, London and Philadelphia.

[2] Tompson, R. A. (1994). Emotion regulation: A theme in search of definition. *Monographs of the Society for Research in Child Development,* 59 (2/3), 25—52.doi: 10.2307/1166137

[3] Ma, E. Y. and Li, F. W. (2014). Developmental trauma and its correlates: A study of Chinese children with repeated familial physical and sexual abuse in Hong Kong. *Journal of Traumatic Stress,* 27, 454—460.

他们需要持续地处于警觉状态，时刻准备应对随时都可能会发生的性侵犯。这些经历都有可能会导致儿童长期过高警觉和过度反应，从而干扰或破坏他们的情绪调节能力，产生猛烈的原始情绪（例如愤怒和恐惧）。这些猛烈的原始情绪又会进一步干扰和破坏他们的情绪调节能力。

除此之外，性侵犯使儿童过早地卷入与成人的性活动和奇怪的性侵犯关系，可能会导致儿童产生一系列相互矛盾、难以理解、无法承受的复杂感受，特别是羞耻、内疚等情绪。而侵犯者通常不会安慰儿童，儿童也没有机会学会自我安抚。于是，儿童只能在没有任何外在安慰的条件下，独自面对那些相互矛盾、难以理解、无法承受的复杂情绪。他们处于尚未发展成熟的年龄阶段，根本无法处理那些复杂的感受（不能容忍、无法表达、无法安抚）。猛烈的情绪反应和不稳定的生理状态导致儿童在以下两种极端状态下起伏不定：或者根本没有感受；或者感受过于激烈以至做出伤害自己或他人的行为。

（二）情绪调节失调的后果

情绪调节失调常常引发原始的自我防御机制，例如麻木、身心分离及其他精神症状，从而干扰儿童记忆的加工、存储和巩固，导致记忆碎片化，影响儿童正常的心身发展和生活运作（Sanderson, 2006[①]）。

1. 愤怒的影响

儿童或青少年可能会用攻击行为去发泄无法承受的、猛烈的愤怒情绪。例如，他们可能会攻击别人、破坏财物，甚至纵火或其他犯罪；也可能会做出自我破坏的行为，例如自毁自伤、进食障碍、依赖酒精和滥用精神活性物质，或者试图破坏生活中美好的事物，甚至企图自杀或做出自杀行为。

很多成年幸存者因害怕强烈的愤怒情绪，可能会通过过分顺从、讨好、有求必应等方式压抑自己的愤怒。他们以为，如果允许自己表达承受不了的愤怒情绪，就会伤害自己或他人。因此，他们从不直接表达真实感受，而是以被动攻击的方式消极抵抗。

2. 羞耻感的影响

羞耻感与儿童性侵犯的发生密切相关。即使年幼儿童并不理解性侵犯的含

---

① Sanderson, C. (2006).The impact and long-term effects of child sexual abuse on adult survivors. In C. Sanderson., *Counselling Adult Survivors of Child Sexual Abuse (Third Edition).* Jessica Kingsley Publishers, London and Philadelphia.

义，但等到他们长大明白后，仍会对性侵犯经历感到羞耻，也会对自己这个人感到羞耻。这些羞耻感可能会导致他们感到自己被玷污，是肮脏的。他们可能会厌恶/憎恨自己，感到自己本质上不是个好人。

这种羞耻感常常伴有长期的内疚感。无处不在的内疚感使成年幸存者让自己对别人承担过多的责任，几乎无法拒绝别人的要求，却一直拒绝自己，无视自己的需要。

3. 焦虑的影响

焦虑情绪也通常与儿童性侵犯发生有关，是受害儿童或成年幸存者感到不安全的真实写照。他们的焦虑情绪不是指向特定的人和事，而是弥漫在生活的方方面面。他们总是感到，世界是一个充满危险的地方。如果儿童在披露性侵犯后不能及时得到足够的相信、保护和支持，那么，世界对于他们来说也的确是危险的！对于成年幸存者来说，强烈的焦虑情绪可能会导致他们想起性侵犯经历时出现惊恐反应。他们可能容易抑郁，甚至想要自杀。

4. 恐惧的影响

遭受性侵犯的儿童或成年幸存者通常会感到害怕。是围绕性侵犯经历的创伤记忆令他们感到恐惧。

如果恐惧情绪与遭受性侵犯的记忆建立起条件反射，那么某个场合或人物可能会挑起儿童或成年幸存者的创伤记忆。努力回避激起性侵犯创伤记忆的触发物，通常是儿童或成年幸存者缓解情绪的常用方法。他们会主动回避某些情境或人物，让自己麻木，压抑自己的情绪，酗酒或使用精神活性物质，做出自我伤害行为和危险行为。不过，这些回避行为也会造成新的问题，例如自我孤立、自我疏离、人际关系困难、身心健康受到威胁、反复受害等，从而增加他们的恐惧。

受害儿童或成年幸存者常常害怕再次受害，害怕陷入永不停止的性侵犯。增加他们恐惧的还包括：身心健康状况不良，缺乏安全感，不信任自己，无法与别人建立亲近关系，精神崩溃等。

5. 无力感/无能感的影响

如前所述，无力感/无能感，是性侵犯给受害儿童和成年幸存者造成的核心创伤之一。如果缺乏足够的人际支持，成年幸存者可能会在生活中的各个方面都体验到无力感/无能感。

他们可能会感到无法掌控自己的生活，或者感到生活没有选择。他们可能在运用权力获得掌控感方面遇到困难。一方面，由于害怕像侵犯者那样滥用权力，有些成年幸存者无法善用权力资源；另一方面，有些幸存者因坚信自己不可战胜而变得过分操控和固执，以此过分补偿缺乏掌控的无力感。

为了补偿无力感，幸存者还会用各种方法试图控制自己的身体，因为这个身体曾受到性侵犯而背叛自己！幸存者还会限制并控制自己的情绪，唯恐被承受不了的情绪所伤害。有些幸存者还会把这种控制的需要延伸到别人身上，变得固执，在人际交往中控制别人。

无力感 / 无能感的另一个表现是，成年幸存者看到性侵犯给自己造成的长期后果，被内心深处的失败感所消耗，觉得自己不足、不完美。为了补偿这种失败感，他们一直努力变得完美，却没有意识到：追寻完美并不是自己的真实需要，而是被失败感沾染出来的。失败感导致幸存者放弃并回避与世界和他人保持接触。他们总是用高标准要求自己、证明自己。他们常常在事业上成功，却在亲密关系中无法运作。因为他们的安全地带是"做事"（doing）而不是"临在"（being/presence）。

通常，受害儿童及成年幸存者情绪失调导致多种负面情绪同时存在，使得情绪失调更加复杂。

四、行为调节失调与行为问题

一般来说，人类所有的行为主要是为了达到以下两个目的：一是寻求安全，回避危险（反抗、逃跑、僵住不动）；二是满足需要。很多受害儿童和成年幸存者通常会表现出多种问题行为，例如：性行为问题、攻击行为、多动行为、自我破坏行为（自伤、自杀、厌食和暴食）等。支配这些行为的驱动力包括：回避痛苦的情绪；恢复自己的掌控感和控制感（Gil, 2006[①]）。我们可以把这些问题行为看作是受害儿童和成年幸存者用来处理自己承受不了的猛烈情绪和生理反应的结果，与儿童对性侵犯经历的情绪反应和认知反应密切相关。

（一）受害儿童的问题行为

问题行为的增加有可能是儿童受到性侵犯的直接后果。例如，他们变得过

---

① Gil, E. (2006). *Helping abused and traumatized children : integrating directive and nondirective approaches*. New York: The Guilford Press.

高警觉，无法有效地调节情绪，通常会通过发脾气、勃然大怒等过度反应来发泄猛烈的愤怒情绪。愤怒情绪的背后是强烈的不公平感，也是对公平正义的诉求。

很多条件可能会产生并维持儿童的不公平感，例如：遭受性侵犯的经历本身；没有及时得到保护；披露后家人和周围人做出负面反应、家庭破裂、被安置寄养照顾，或者在司法程序中受到伤害等。这些都有可能导致儿童极端愤怒，并借助问题行为来发泄情绪。有的受害儿童还会在外过夜、离家出走，增加反复受害的机会。

不过，受害儿童的问题行为增加不一定都是性侵犯的直接后果，也有可能是因为受到严厉的管教或父母管教不一致。孩子受到性侵犯，可能会削弱有些父母管教子女的能力。很多受害儿童还会同时受到其他形式的暴力伤害，例如身体虐待、情绪虐待、疏忽照顾、家庭暴力、校园欺凌或社区暴力等。这些都有可能导致儿童产生问题行为。

（二）成年幸存者的问题行为

童年性侵犯经历有可能导致成年幸存者产生长期的问题行为。女性成年幸存者更倾向于因精神病症而经常到精神科寻诊。男性成年幸存者则倾向于反复出现攻击行为、暴力行为，甚至违法犯罪。这些发泄行为反映了幸存者无法处理内心的痛苦。这些痛苦甚至无法用语言表达！

与受害儿童相似，成年幸存者可能会通过问题行为发泄与性侵犯有关的愤怒情绪。当他们（通常为女性）把愤怒指向自己时，就容易做出自我破坏行为和自我伤害行为。有的人则通过对别人施加暴力，来补偿自己的脆弱感和无助感。有的人甚至为了克服自己的创伤反应而与侵犯者认同，并用攻击行为和虐待行为控制他人。

常见于成年幸存者的另一类发泄行为是强迫行为，包括核查、计数、洗手、强迫思维，甚至是严重的强迫症。幸存者通常用强迫行为使自己感到对所处环境有掌控感，从而回避各种承受不了的危险感受（Sanderson, 2006[1]）。

自伤、自毁、自残行为通常与儿童性侵犯经历有关。这些行为通常始于青春期，并持续到成年。成年幸存者常见的自伤行为包括缺乏自我照顾、伤害自

---

[1] Sanderson, C. (2006).The impact and long-term effects of child sexual abuse on adult survivors. In C. Sanderson., *Counselling Adult Survivors of Child Sexual Abuse (Third Edition)*. Jessica Kingsley Publishers, London and Philadelphia.

己、割腕等。与儿童性侵犯有关的自毁行为包括自杀观念和自杀企图、进食障碍、滥用酒精和精神活性物质及其他成瘾行为。很多成年幸存者只是在痛苦中挣扎，却无法摒弃自我破坏行为。

五、性创伤与性行为问题

性创伤，是儿童性侵犯特有的长期后果。与遭受身体虐待、情绪虐待和疏忽照顾的儿童相比，遭受性侵犯的儿童较多出现性行为问题（Adams et al., 1995[1]; Cosentino et al., 1995[2]; Friedrich et al., 1997[3]; Kendall- Tackett et al., 1993[4]）。大约三分之一受到性侵犯的儿童表现出性行为问题（Friedrich, 1993[5]）。儿童尚未到性成熟的年龄阶段就过早地接触成人的性活动，导致他们性反应刺激过度，使儿童无法承载和处理自己的性感受，从而产生对性的迷茫和困惑，甚至增加成年后出现性功能困难的可能性。

（一）受害儿童的性行为问题

性行为问题包括各种不寻常的、与特定年龄发展阶段不相符的（涉）性行为（Friedrich, 2001[6]），例如：知道与年龄发展阶段不相符的性知识；表现出与年龄阶段不相符的性兴趣和性好奇；热衷于性话题或满嘴"脏话"；当众脱衣服或自慰；当众脱别人的衣服；强制触摸同伴的隐私部位；做出攻击性的性行为等。这些性行为问题通常与其他行为问题同时存在。

受害儿童出现性行为问题，一方面反映了性创伤所造成的强迫性重复，另一方面也表示儿童正在把性当作人际交往的工具，反映了他们在人际关系中缺乏健

① Adams, J., McClellan, J., Douglass, D., Mc Curry, C., & Storck, M. (1995). Sexually inappropriate behaviors in seriously mentally ill children and adolescents. *Child Abuse and Neglect,* 19, 555—568.

② Cosentino, C. E., Meyer-Bahlburg, H. F. L., Alpert, J. L., Weinberg, S. L., & Gaines, R. (1995). Sexual behavior problems and psychopathology symptoms in sexually abused girls. *Journal of the American Academy of Child and Adolescent Psychiatry,* 34, 1033—1042.

③ Friedrich, W. N., Jaworski, T. M., Huxsahl, J. E., & Bengtson, B. S. (1997). Dissociative and sexual behaviors n children and adolescents with sexual abuse and psychiatric histories. *Journal of Interpersonal violence,* 12, 155—171.

④ Kendall-Tackett, K. A., Williams, L. M., & Finkelhor, D. (1993). Impact of sexual abuse on children: A review and synthesis of recent empirical studies. *Psychological bulletin,* 113, 163—180.

⑤ Friedrich, W. N. (1993). Sexual victimization and sexual behavior in children: A review of recent literature. *Child Abuse and Neglect,* 17, 59—66.

⑥ Friedrich, W. N. (2001). *Psychological assessment of sexually abused children and their families.* Thousand Oaks, CA:Sage.

康的关系界限和自我身份感。

性侵犯的经历有可能使儿童认为，自己在人际关系中的身份就是性工具，只有通过性才能维持与别人的关系。这些对性的扭曲认知会阻碍儿童日后建立健康的亲密关系，甚至导致他们产生随便的性态度和性行为。

有的受害儿童会在性侵犯过程中体验到性快感，可能会习惯地把性当作一种自我安慰的方法。有的受害儿童可能会把性行为当作获取同伴或成人注意的方法。对于那些很少有机会或技巧满足需要的有困扰的孩子来说，即使自己的性行为引来负面关注也是重要的。

有的受害儿童可能会用性行为攻击他人，以发泄承受不了的激烈情绪。不过，儿童出现攻击性的性行为不一定都与性侵犯直接相关，也与家庭生活背景有关。例如：儿童有机会看到成人之间的性行为而模仿；家人之间经常公开做出带有性含义的身体接触；存在家庭暴力或体罚等。

受到性侵犯的经历还有可能导致青少年出现有危险的性行为，例如较早有性经验、出现随便的性行为、有多个性伴侣、增加女孩在青少年期怀孕的风险、流产、性传播疾病等。这些有危险的性行为很容易增加儿童再次受到性侵犯的风险。消除这些性行为问题的有效方法，就是及时制止性侵犯，并为受害儿童提供充足有效的家庭支持和专业支援服务（Friedrich, 2001[①]）。

（二）成年幸存者的性行为问题

成年幸存者出现与性侵犯有关的性方面长期后果，主要是由于在性活动和负面情绪及负面记忆之间建立了条件反射，从而使性成为突出的生命议题（Sanderson, 2006[②]）。

成年幸存者曾在性发育尚未成熟的童年过早地接触性刺激，很容易把性和性行为当作建构人格和建立身份的核心原则。例如，他们可能会把自己看作是性工具，认为性能力是自己的唯一价值。他们可能难以理解自己的性别身份、性取向、性行为，把性等同于爱与情，以为产生性反应就意味着表达或得到关爱。

性侵犯使身体接触和感情亲近都具有性的含义，有的人还会伴有身体疼痛或

---

① Friedrich, W. N. (2001). *Psychological assessment of sexually abused children and their families*. Thousand Oaks, CA:Sage.

② Sanderson, C. (2006).The impact and long-term effects of child sexual abuse on adult survivors. In C. Sanderson., *Counselling Adult Survivors of Child Sexual Abuse (Third Edition)*. Jessica Kingsley Publishers, London and Philadelphia.

情绪痛苦，可能会导致成年幸存者厌恶性，恐惧亲密关系，甚至对自己的任何性感受都感到羞耻，进而导致性功能障碍和人际关系困难。

与此相反，有些成年幸存者的性活动变得过度活跃。他们可能热衷于性活动，例如强迫自慰、性滥交和性交易等。不过，对于他们来说，性活动不过是身体通过条件反射进行的机械活动。他们无法有意识地从性行为中体验到愉悦和联结的满足感，过度活跃的性活动反而会强化他们的羞耻感。

有些成年幸存者可能会把性等同于攻击，他们可能会做出性虐待行为，或者想要性侵犯别人，包括性侵犯儿童。他们可能会用侵犯者的眼光盯着儿童，激起自己可能会成为儿童性侵犯者的恐惧。在大多数情况下，成年幸存者比较注意保护儿童安全。不过，对儿童过于警觉也会唤起他们的性反应。成年幸存者可能会发现，自己会被儿童性吸引并产生性反应。尽管研究者相信，受到性侵犯的男性比女性更容易性侵犯儿童，但目前尚不清楚受到性侵犯的儿童成年后会性侵犯其他儿童的比例。

六、生理功能失调与心身疾病

如前所述，儿童受到性侵犯时的恐惧情绪会导致身体防卫反应，例如僵住不动、肌张力增加等。他们时刻备战，不能放松，在极端情况下还会发展出偏差的身体防卫机能。例如：将自己与整个性侵犯的经历隔离开；或者改变自己身体的感觉，包括对痛觉的敏感度下降；或拒绝生长等（Finkelhor, 1995[1]）。有些受害儿童比同龄人矮小，严重的还会停止生长发育。他们可能在晚上不能放松，例如出现肌肉紧张、无法入睡或反复噩梦、失眠、夜磨牙等。有些受害儿童可能还会出现进食障碍、排泄障碍、躯体症状（腹痛、头痛）和倒退行为（尿床、啃指甲）。

生理功能调节失调使身体处于持续警觉的超负荷状态，可能会影响内分泌系统的心理生理运作，表现为长期疲劳、厌倦、缺乏活力等。很多幸存者还会反复诉说身体不适（非器质性改变），例如骨盆痛、乳房痛、咽喉痛。这些具有象

---

[1] Finkelhor, D. (1995). The victimization of children: A developmental perspective. *American Journal of Orthopsychiatry*, 65 (2), 177—193.

征意义的身体不适可能代表着这些身体部位常被性侵犯（Sanderson, 2006[①]）。

生理功能调节失调的表现可能会持续到成年。很多成年幸存者害怕放松或运动。对他们来说，放松和运动所带来的身心联结导致释放所压抑的激烈情绪。他们无法调节这些承受不了的情绪（Sanderson, 2006[①]）。

长期激活的身体压力反应损耗着成年幸存者的免疫系统，使他们容易感染，经常出现头疼、湿疹、胃病等躯体反应或病症（Maniglio, 2009[②]）。

七、认知功能失调

受害儿童可能会时刻感受到由恐惧引发的复杂生理反应、情绪困扰和行为表现，严重影响儿童"学习脑"的认知功能发展（注意力、记忆力、分析能力、语言能力和解决问题能力）。他们可能无法理解这一切身心反应是怎么来的，也无法用语言表达复杂情绪，通常跟不上学校的课业学习。

如果儿童在三岁之前遭受过性侵犯，就会严重地干扰他们的脑发育，导致神经系统的生物学改变和损害，特别是无法整合自己的感受、想法和经验，干扰记忆的形成、巩固、存储和提取，可能会导致记忆缺失。因此，有些成年幸存者会出现创伤记忆入侵、幻觉（记忆碎片），甚至妄想，以为自己患有精神病。不过，他们通常不愿意讨论这些症状，害怕被要求接受精神科治疗。如果他们曾有接受精神科服务的不愉快经历，就更会拒绝接受治疗。由于害怕被贴标签或被评判，因此他们在寻求心理支援专业服务时可能对治疗师有疑心，不情愿谈自己的经验（Sanderson, 2006[①]）。

八、激发幸存者心理创伤反应的生活事件

上述负面影响和长期后果可能会潜伏下来。当受害儿童或成年幸存者遭遇某些生活事件时，可能会表现出来。例如：

1. 成年幸存者开始建立成人关系，特别是进入受虐关系或者伴侣披露性侵犯的经历时；

---

① Sanderson, C. (2006).The impact and long-term effects of child sexual abuse on adult survivors. In C. Sanderson., *Counselling Adult Survivors of Child Sexual Abuse (Third Edition)*. Jessica Kingsley Publishers, London and Philadelphia.

② Maniglio, R, (2009). The impact of child sexual abuse on health: A systematic review of reviews. *Clinical Psychology Review*, 29, 647—657.

2. 受害儿童或成年幸存者继续有机会接触侵犯者，或侵犯者继续与儿童的家人接触；

3. 某位家人披露儿童性侵犯；

4. 侵犯者患绝症或临终；

5. 侵犯者和没有性侵犯的父母分居或离婚；

6. 成年幸存者打算要孩子的想法激起与性侵犯有关的恐惧；

7. 成年幸存者怀孕或生孩子后，特别是孩子与成年幸存者同性别时；

8. 成年幸存者的孩子到了幸存者曾受性侵犯的年龄，而且侵犯者在孩子的生活中出现，幸存者承受不了对孩子不安全的恐惧；

9. 成年幸存者发现自己的孩子被同一侵犯者或其家人性侵犯；

10. 幸存者处在与性侵犯类似的处境中，例如遭受家庭暴力；

11. 成年后遭遇实际的丧失或象征性丧失，例如某个重要家人去世、流产、死产、终止妊娠、结束一般重要关系、生病、失业等；

12. 成年幸存者接受妇产科检查和诊疗；

13. 幸存者接触描写 / 刻画儿童性侵犯的电视节目、广播节目、电影、戏剧、图书、杂志、报纸、网页等；

14. 幸存者从事专业助人工作或参加社会服务时，服务对象披露童年曾遭受性侵犯的经历时；

15. 幸存者参加研讨儿童虐待、性侵犯或家庭暴力等专业培训或研讨时。

第四节　影响因素

性侵犯给儿童及成年幸存者造成的负面影响和长期后果存在着巨大的个体差异，受多种复杂因素的交互影响。如前所述，研究显示，并不是所有遭受性侵犯的儿童及成年幸存者都出现同样的精神症状和行为反应，也不是所有受害儿童都会出现长期后果。其主要影响因素包括以下三大类：（1）儿童受到性侵犯的背景特点；（2）披露后儿童能否得到足够的环境支持（家庭系统和家外系统）；（3）儿童的内在心理资源。其中，受害儿童在披露后能够及时从家庭、学校、社区获得有效的人际支持，进而发挥抗逆力去自我疗愈和自我修复，是转化负面影响的重要因素（Kendall-Tackett, Williams & Finkelhor, 1993[①]; Finkelhor & Berliner, 1995[②]; Putnam, 2003[③]; DuMont, Widom & Czaja, 2007[④]; Hecht & Hansen, 2001[⑤]; McClure et al., 2008[⑥]）。

在儿童性侵犯研究文献中，所谓"抗逆力"（resilience）也有人翻译成"复原力"或"修复力"，是指"一个人应对人生困境和挑战的能力"（Moen & Erickson, 1995[⑦]），表现为儿童"没有出现符合诊断标准的精神症状"或"能够充分掌握特定发展阶段的任务"（Kaplan, 2005[⑧]）。

英国研究者（Marriott, et al., 2014[⑨]）和德国研究者（Domhardt, 2014[⑩]）分别对 50 篇（1991—2010 年）和 37 篇（1993—2013 年）在英语、法语、德语同行评审的专业期刊上发表的有关儿童性侵犯抗逆力研究（包括追踪研究）进行综合分析，以便探索哪些保护因素可以减少性侵犯对儿童造成的负面影响并促使儿童疗愈创伤。美国研究者（Yancey & Hansen, 2010[⑪]）的文献综述则着重回顾哪些风险因素会增加性侵犯对儿童造成的负面影响。另外，还有研究者

① Kendall-Tackett, K. A., Williams, L. M., & Finkelhor, D. (1993). Impact of sexual abuse on children: A review and synthesis of recent empirical studies. *Psychological bulletin*, 113, 163—180.

② Finkelhor, D., & Berliner, L. (1995). Research on the treatment of sexually abused children: A review and recommendations. *Journal of the Adolescent Psychiatry,* 34, 408—1423.

③ Putnam, F. (2003). Ten-year research update review: Child sexual abuse. *Journal of the American Academy of Child & Adolescent Psychiatry,* 42, 269—278.

④ DuMont, K., Widom, C., & Czaja, S. (2007). Predictors of resilience in abused and neglected children grown-up: The role of individual and neighborhood characteristics. *Child Abuse & Neglect,* 31 (3), 255—274.

⑤ Hecht, D., & Hansen, D. (2001). The environment of child maltreatment: Contextual factors and the development of psychopathology. *Aggression and Violent Behavior,* 6, 433—457.

⑥ McClure, F., Chavez, D., Agars, M., Peacock, M., & Matosian, A. (2008). Resilience in sexually abused women: Risk and protective factors. *Journal of Family Violence,* 23 (2), 81—88.

⑦ Moen, P., & Erickson, M. (1995). Linked lives: A transgenerational approach to resilience. In P. Moen, G. Elder, & K. Lüscher (Eds.), *Examining lives in context: Perspectives on the ecology of human development* (pp. 169—210). Washington, DC: American Psychological Association.

⑧ Kaplan H. B. (2004). Understanding the concept of resilience. In S. Goldstein, B. Brooks (eds). *Handbook of resilience in children* (pp. 39—47). Kluwer Academic/Plenum Publishers: New York.

⑨ Marriott, C., Hamilton-Giachritsis, C., & Harrop, C. (2014). Factors Promoting Resilience Following Childhood Sexual Abuse: A Structured, Narrative Review of the Literature. *Child Abuse Review Vol.* 23: 17—34.

⑩ Domhardt, M., Mönunzer, A., Fegert, J. M., and Goldbeck, L. (2014). Resilience in Survivors of Child Sexual Abuse: A Systematic Review of the Literature. *Trauma, Violence & Abuse,* 1—18. *DOI: 10.1177/1524838014557288 tva.sagepub.com*

⑪ Yancey, C. T., & Hansen, D. J. (2010). Relationship of personal, familial, and abuse-specific factors with outcome following childhood sexual abuse. *Aggression and Violent Behavior,* 15, 410—421.

（Sanderson, 2006[1]）从治疗成年幸存者的相关临床经验，讨论相关的保护因素和风险因素。下面，我们将综合以上研究结果，讨论前述的三大类影响因素。

一、儿童受到性侵犯的背景

每个儿童受到性侵犯的背景各不相同。这里所说的"背景"，不仅是指与性侵犯事件相关的特征，还包括儿童在遭受性侵犯前、中、后的生活背景。

（一）与性侵犯事件相关的特征

这类特征包括儿童开始遭受性侵犯的年龄、性活动类型、是否涉及身体暴力、武力强制和威胁、性侵犯的持续时间和频繁程度、侵犯者与儿童之间的关系、侵犯者的年龄及性别等。

1. 儿童首次遭受性侵犯的年龄

有关儿童开始遭受性侵犯时的年龄影响呈现不一致的结果。有的研究显示，年幼的儿童天真幼稚，通常不会像青少年那样明白性侵犯的文化含义，不容易产生强烈的羞耻感，因此，可以减轻性侵犯造成的负面影响（Yancey & Hansen, 2010[2]）。

不过，另有研究显示，儿童开始遭受性侵犯的年龄越小，性侵犯经历越有可能影响脑发育和脑功能，因此，心理创伤越严重。特别是人在三岁之前正处于大脑发育的关键期，如果性侵犯从那时开始，并持续覆盖多个发展阶段，就越有可能干扰或改变儿童对身份、记忆或意识的整合功能，出现人格解离。儿童因无法忍受性侵犯造成的压力反应而建立的心理防卫机制，会阻碍他们发展心理效能和社交能力（Putnam, 1985[3]; Sanderson, 2006[1]）。

一般来说，年幼的儿童比较容易受到家人性侵犯。家人性侵犯的特点是儿童与侵犯者关系密切，长期受到性侵犯，或会受到武力强制和威胁，无法独立自

① Sanderson, C. (2006). The impact and long-term effects of child sexual abuse on adult survivors. In C. Sanderson (2006). *Counselling Adult Survivors of Child Sexual Abuse (Third Edition)* (pp. 40—53). Jessica Kingsley Publishers, London and Philadelphia.

② Yancey, C. T., & Hansen, D. J. (2010). Relationship of personal, familial, and abuse-specific factors with outcome following childhood sexual abuse. *Aggression and Violent Behavior,* 15, 410—421.

③ Putnam, F.W. (1985). Dissociation as a Response to Extreme Trauma. In R.P. Kluft (ed.) *Childhood Antecedents of Multiple Personality*. Washington, DC: American Psychiatric Press.

主地从家外系统获得支持。这些都会增加儿童受到负面影响的严重程度。

此外，年幼的儿童语言表达能力尚未成熟，一般难以用成人明白的语言说出自己受到的身心影响，成人可能会以为"没事"而未能及时提供足够的情绪支持和照顾，也会增加负面影响的严重程度。

性侵犯对"大孩子"也同样会导致负面影响。随着年龄增长，儿童逐渐明白有关性的文化含义和禁忌。他们可能会对遭受性侵犯的经历感到羞耻，认为自己对性侵犯的发生负有责任。他们可能会责备自己没有拒绝性侵犯，或者没有及时说出来，或者认为自己没有反抗就是想要受到性侵犯。如果他们在性侵犯过程中感受到性快感或性高潮，那么可能还会相信自己想要受到性侵犯，并由此产生强烈的内疚感和羞耻感。他们难以理解身体上的性反应主要是体内荷尔蒙的作用，并不意味自己喜欢或享受性侵犯。于是，他们感到双重背叛：不仅感到被侵犯者背叛，还感到被自己的身体背叛（Sanderson, 2006[1]）。

2. 性活动类型

一般来说，口腔、阴道、肛门等体腔插入的性活动被认为是特别严重的性侵犯，非身体接触的性活动（露体、色情资料和说性笑话）被认为是不太严重的性侵犯（Kendall-Tackett, Williams & Finkelhor 1993[2]）。

有关性活动类型的影响也呈现不一致的研究结果。其中，共识性的研究结论是：性活动类型本身并不能预测性侵犯造成创伤的严重程度，需要同时考虑其他因素。例如，如果儿童在性侵犯过程中受到身体暴力、武力强制或威胁，其受到负面影响的严重程度就会增加。另外，儿童受性侵犯的年龄、儿童对性侵犯的反应，以及儿童对性侵犯经历所赋予的意义等，都会影响负面影响的严重程度。

3. 身体暴力、武力强制或威胁

侵犯者在性侵犯过程中是否对儿童施加身体暴力、武力强制或威胁，会从不同方向影响性侵犯造成的负面影响（Sanderson, 2006[1]）。

一方面，身体暴力、武力强制或威胁（包括性变态和性虐待）使儿童的身心

---

[1] Sanderson, C. (2006). The impact and long-term effects of child sexual abuse on adult survivors. In C. Sanderson (2006). *Counselling Adult Survivors of Child Sexual Abuse (Third Edition)* (pp. 40—53). Jessica Kingsley Publishers, London and Philadelphia.

[2] Kendall-Tackett, K. A., Williams, L. M., & Finkelhor, D. (1993). Impact of sexual abuse on children: A review and synthesis of recent empirical studies. *Psychological Bulletin*, 113, 164—180.

安全和身体完整性受到威胁，导致儿童出现 PTSD 症状的风险增加，从而增加儿童行为困扰的严重程度。

另一方面，侵犯者在性侵犯中对儿童施加身体暴力、武力强制或威胁，使儿童更倾向于认为侵犯者是错的，从而减少他们的负面自我归因和自责。

不过，如果儿童在性侵犯经历之外还遭受身体暴力，则更容易使性侵犯隐秘起来，因为儿童最首要的任务是活下去，可能顾不上理会性侵犯。

4. 持续时间和频繁程度

早期研究呈现相互矛盾的结果。有的研究显示，儿童越是长时间频繁地遭受性侵犯，其受到的负面影响越大，心理创伤就越严重（Russell, 1986[1]; Tsai & Wagner, 1978[2]）。而另一些研究却显示，儿童受到性侵犯的时间越长，其受到的心理创伤越小。这可能是因为儿童接受"性侵犯是正常的"而不再质疑。不过，这种"正常化"也可能是一种习得性无助的表现（Courtois, 1979[3]）。

有研究者（Terr, 1991[4], 1994[5]）曾区分两种类型的心理创伤及其影响，有助于我们理解性侵犯持续时间和频繁程度的复杂影响。

Ⅰ型创伤是由单一的、不同寻常的突发事件导致的，伴有激烈的压力反应，出现以恐惧、焦虑为核心情绪的 PTSD 症状。受害儿童比较容易回忆起这类创伤事件。如果他们能够谈论所经历的创伤事件，就会比较容易整合创伤经历，而不会使记忆受到严重的干扰。

Ⅱ型创伤是由长期反复多次遭受多重创伤事件导致的。儿童在隐秘的情况下遭受自己熟悉、信任的人施加身体虐待、情绪虐待、性侵犯和疏忽照顾均属这种情况。Ⅱ型心理创伤损害儿童的身心发展（即发展期创伤障碍/病症），导致复杂深远的长期后果。

儿童为了摆脱童年难以承受的恐惧，发展出大量的防御机制，以便让自己忘记创伤经验，从而淡化创伤记忆带来的痛苦（Gil, 1988[6]）。其中一个常见的方

① Russell, D.E.H. (1986) *The Secret Trauma: Incest in the Lives of Girls and Women*. New York: Basic Books.

② Tsai, M. andWagner, N. N. (1978). Therapy Groups for Women Sexually Molested as Children. *Archives of Sexual Behaviour* 7 (5), 417—427.

③ Courtois, C.A. (1979). Characteristics of a Volunteer Sample of AdultWomen who Experienced Incest in Childhood and Adolescence. *Dissertation Abstracts International*, 40A, 3194A—3195A.

④ Terr, L. C. (1991). Childhood traumas: an outline and overview. *American Journal of Psychiatry*, 148 (1), 10—20.

⑤ Terr, L.C. (1994). *Unchained Memories*. New York: Basic Books.

⑥ Gil, E. (1988) *Treatment of Adult Survivors of Childhood Abuse*. Walnut Creek, CA: Launch Press.

法就是解离，即把感受 / 情绪从记忆中隔离出去，假装性侵犯没有发生。他们无法说出创伤经验，就也无法整合创伤记忆（Van der Hart et al., 2006[1]）。也就是说，儿童多受一次性侵犯，就会多出现一次人格解离的机会。

可见，儿童越是频繁地遭受性侵犯，就会越多地出现解离和失忆，从而逐渐变成习惯性反应。以后，当他们面对其他无法承受的感受和经验时，也会沿用解离的应对方式，因而干扰他们有效地应对没有性侵犯的生活现实（Sanderson, 2006[2]）。

研究也证实，如果儿童长期、频繁地遭受性侵犯，并在性侵犯过程中受到身体暴力、武力强制或威胁，就更容易出现精神症状、行为问题和自杀倾向（Beitchman et al., 1991[3]; Fergusson et al., 1996[4]）。

5. 侵犯者与儿童之间的关系

早期研究表明，侵犯者与儿童之间的血缘关系越近，性侵犯对儿童的负面影响就越严重（Anderson et al., 1981[5]; Friedrich et al., 1986[6]）。然而，衡量关系远近的标准不应该只靠"血缘远近"这个标签，还要考虑侵犯者与儿童之间的实际关系质量、彼此亲近程度、双方对关系的投入程度，以及儿童对侵犯者的依附程度。关键是，儿童在多大程度上感到侵犯者背叛了自己的信任（Sanderson, 2006[2]）。

一般来说，侵犯者与儿童的关系越亲近，性侵犯对儿童的负面影响越严重。关系亲近的侵犯者通常包括儿童的家人、老师、家人的朋友，以及其他哄骗儿童多年的成人。亲近的人导致负面影响严重，不仅是因为儿童的信任受到严重的

---

[1] Van der Hart, O., Nijenhuis, E. R. S., & Steele, K. (2006). *the haunted self: Structural dissociation and the treatment of chronic fraumatizafion.* New York: Norton

[2] Sanderson, C. (2006). The impact and long-term effects of child sexual abuse on adult survivors. In C. Sanderson (2006). *Counselling Adult Survivors of Child Sexual Abuse (Third Edition)* (pp. 40—53). Jessica Kingsley Publishers, London and Philadelphia.

[3] Beitchman, J. H., Zucker, K. J., Hood, J. E., DaCosta, G. A., & Akman, D. (1991). A review of the short-term effects of child sexual abuse. *Child Abuse & Neglect,* 15, 537—556.

[4] Fergusson, D. M., Lynskey, M. T., & Horwood, L. J. (1996). Childhood sexual abuse and psychiatric disorder in young adulthood: II. Psychiatric outcome of childhood sexual abuse. *Journal of the American Academy of Child and Adolescent Psychiatry,* 34, 1365—1374.

[5] Anderson, S.C., Bach, C.M. and Griffith, S. (1981). Psychological Sequelae of Intrafamilial Victims of Sexual Abuse. *Child Abuse and Neglect* 5, 407—411.

[6] Friedrich,W.N., Beilke, R.L. and Urquiza, A.Y. (1986). Behaviour Problems in Sexually Abused Young Children. *Journal of Paediatric Psychology,* 11, 47—57.

破坏，而且还因为侵犯者更容易接近儿童，更有机会长期隐秘、频繁地实施严重的性侵犯，也更方便使用武力强制或威胁的手段操控儿童（Finkelhor, 1995[1]；Kendall-Tackett et al., 1993）。

亲子乱伦使得家庭支持功能不能正常运作，导致儿童遭受性侵犯后无法得到健康的家庭支持和家外环境的正面影响，因此，给儿童的伤害更严重、更持久、更深远（Sheinberg & Fraenkel, 2001[2]）。

6. 侵犯者的年龄及性别

年龄 早期研究显示，侵犯者越年长，越会导致儿童出现心理创伤（Finkelhor, 1979[3]；Fromuth, 1993[4]）。不过，另一项经典研究发现，如果侵犯者在 26 岁以下或 50 岁以上，给儿童造成的创伤程度就会较低（Russell, 1986[5]）。然而，随着儿童对于其他儿童实施性侵犯的报道增加，未成年人性侵犯其他儿童的现象需要得到全社会的高度重视！

一般来说，如果侵犯者是儿童或青少年或年轻人，受害儿童或青少年有时很难区分双方进行的性活动究竟是你情我愿的性尝试，还是儿童性侵犯。因为文化普遍接受的是，大孩子或同龄人搂抱低龄儿童是同伴亲密的表现。因此，受害者更容易因此感到，自己是发生性侵犯的起因（Sanderson, 2006[6]）。如果侵犯者年龄比受害儿童年龄小，受害儿童就更容易感到自己对性侵犯的发生负有责任。儿童受到未成年人性侵犯不容易被发现、被相信，因而更容易使儿童性侵犯长期、频繁地发生，从而造成严重的负面影响和长期后果。

性别 长期以来，人们普遍认为性侵犯儿童者无一例外是男性。从 20 世纪80 年代至今，这一主流论述开始改变。澳大利亚、英国和美国的官方数据显示，

[1] Finkelhor, D. (1995). The victimization of children: A developmental perspective. *American Journal of Orthopsychiatry*, 65, 176—193.

[2] Sheinberg, M. & Fraenkel, P. (2001). *The relational trauma of incest: A family-based approach to treatment.* The Guilford Press.

[3] Finkelhor, D. (1979). What's Wrong with Sex between Adults and Children? Ethics and the Problem of Sexual Abuse. *American Journal of Orthopsychiatry*, 49, 692—697.

[4] Fromuth, M.E. (1993). The Relationship of Childhood Sexual Abuse with Later Psychological and Sexual Adjustment. *American Journal of Orthopsychiatry*, 63, 136—141.

[5] Russell, D.E.H. (1986). *The Secret Trauma: Incest in the Lives of Girls and Women*. New York: Basic Books.

[6] Sanderson, C. (2006). The impact and long-term effects of child sexual abuse on adult survivors. In C. Sanderson (2006). *Counselling Adult Survivors of Child Sexual Abuse (Third Edition)* (pp. 40—53). Jessica Kingsley Publishers, London and Philadelphia.

男童遭受性侵犯的比率显著增加（Krugman, 1986[1]）。而女性侵犯者占所有强奸和性骚扰被捕者的比率从 1994 年的 1% 上升到 1997 年的 8%（Green & Kaplan, 1994[2]; Vandiver & Walker, 2002[3]）。

在人们一般的观念中，女性对儿童的性侵犯比较可以被接受。性别刻板印象的文化期望规定，女性在养育孩子中扮演着照顾者的角色，因此即使女性利用儿童满足自己的性需要，也会被认为没有严重的伤害。人们鼓励儿童信任女性，教导儿童在遇到危险时寻求女性帮助是最安全的，例如母亲、女教师、女医生/护士、女性亲属等。然而有研究却表明，如果儿童性侵犯者是女性，则将会对儿童造成更严重的负面影响（Tsopelas, Tsetsou & Douzenis, 2011[4]; Sanderson, 2006[5]）。

一方面，女性侵犯者利用说服或心理强制手段诱使儿童参与性活动，儿童更加无法拒绝。即使儿童说出受到女性的性侵犯，也不容易被相信，使得性侵犯得以长期存在。

另一方面，儿童不能从女性那里得到保护和关怀，反而受到伤害，更容易使儿童产生强烈的背叛感和被遗弃感。

研究文献显示，被女性性侵犯的男童受到的伤害更严重。因为在性别刻板印象的文化期望中，男性应该在性关系中处于主动和支配地位，因此理应享受与女性性交的殊荣。然而，在性侵犯关系中，男童感到被女性操控，可能会严重损害他作为男性的自我形象，甚至怀疑自己的性取向。他们更倾向于担心没有人会相信自己受到性侵犯。这种担心在现实中通常是合理的！因周围人不相信，导致受害男童不敢说，增加了性侵犯持续发生的可能性（Tsopelas et al., 2012[6];

[1] Krugman, R. (1986). Recognition of sexual abuse in children. *Pediatrics in Review,* 8 (1), 25—39.

[2] Green, A. H., & Kaplan, M. S. (1994). Psychiatric impairment and childhood victimization experiences in female child molesters. *Journal of the Academy of Child and Adolescent Psychiatry,* 33, 954—961.

[3] Vandiver, D. M., & Walker, J. T. (2002). Female sex offenders: An overview and analysis of 40 cases. *Criminal Justice Review,* 27 (Part 2), 284—300.

[4] Tsopelas, C., Tsetsou, S., & Douzenis, A. (2011). Review on female sexual offenders: Findings about profile and personality. *International Journal of Law and Psychiatry,* 34, 122—126.

[5] Sanderson, C. (2006). The impact and long-term effects of child sexual abuse on adult survivors. In C. Sanderson (2006). *Counselling Adult Survivors of Child Sexual Abuse (Third Edition)* (pp. 40—53). Jessica Kingsley Publishers, London and Philadelphia.

[6] Tsopelas,C., Tsetsou, S., Ntounas, P., Douzenis, A. (2012). Female perpetrators of sexual abuse of minors: What are the consequences for the victims? *International Journal of Law and Psychiatry,* 35, 305—310.

Sanderson, 2006[1]）。

（二）儿童的生活背景

儿童在遭受性侵犯前、中、后的生活背景也会是产生负面影响的影响因素。

研究显示，性侵犯很少是发生在儿童生命中的唯一创伤事件，常常是与其他童年创伤事件共存（Dong et al., 2004[2]; Finkelhor, 2008[3]; Finkelhor, Ormrod & Tuiner, 2009[4]），特别是身体虐待、情绪虐待、疏忽照顾等人际暴力创伤事件。毫无疑问，儿童同时遭受多重创伤事件会增加性侵犯造成的负面影响和长期后果。

除此之外，有创伤风险的家庭环境不能给儿童提供必要的保护、照顾和支持，也会大大地增加性侵犯造成负面影响的严重程度。例如：父/母长期患病（精神或身体）、酗酒、吸毒、犯法等；父母婚姻失和、离婚、家庭冲突、家庭暴力、儿童被寄养等（Gaskill & Perry, 2012[5]; Finkelhor, 2008[6]; Friedrich, 2001[7]）。

因此，帮助儿童疗愈创伤不能只考虑受到性侵犯这一个因素，还要处理儿童遭受的其他创伤事件所造成的心理创伤，同时提升家庭支持功能。有关家庭支持的影响因素详见本书第四章。

二、儿童的心理资源

儿童本人对于遭受性侵犯经历的认知方式是调节性侵犯负面影响的重要心理资源，包括归因方式、应对方式、意义建构和身心发展状况。需要特别指出的

[1] Sanderson, C. (2006). The impact and long-term effects of child sexual abuse on adult survivors. In C. Sanderson (2006). *Counselling Adult Survivors of Child Sexual Abuse (Third Edition)* (pp. 40—53). Jessica Kingsley Publishers, London and Philadelphia.

[2] Dong , M., Anda, R. F., Felitti, V. J., Dube, S. R., Williamson, D. F.,Thompson, T. J., et al. (2004). The interrelatedness of multiple forms of childhood abuse, neglect, and household dysfunction. *Child Abuse & Neglect,* 28, 430—438.

[3] Finkelhor, D. (2008). *Childhood victimization: Violence, crime, and abuse in the lives of young people.* Now York: Oxford University.

[4] Finkelhor, D., Ormrod, R., & Tuiner, H. A. (2009). Lifetime assessment of poly-victimization in a national sample of children and youth. *Child Abuse & Neglect,* 33, 403—411.

[5] Gaskill, R. L., and Perry, B. (2012). Child sexual abuse, Traumatic experiences, and their impact on the developing brain. In P., Goodyear-Brown (Ed.). *Handbook of child sexual abuse: Identification, Assessment and treatment* (pp. 29—30). Hoboken, NJ: Wiley Press.

[6] Finkelhor, D. (2008). *Childhood victimization.* Oxford university press.

[7] Friedrich, W. N. (2001). *Psychological assessment of sexually abused children and their families.* Thousand Oaks, CA: Sage.

是，儿童个人的内在心理资源具有明显的人际特征，是在儿童与重要他人的互动关系中培养出来的，因此，不可避免地受到来自家庭、学校和社区支持的影响。

（一）归因方式

研究显示，受害儿童的归因方式对于性侵犯给儿童造成的负面影响，相当于性侵犯事件本身造成的影响（Kolke, Brown & Berliner, 2002[①]; Feiring, Taska & Chen, 2002[②]）。

儿童通常会对发生性侵犯有负面的自我归因，例如："发生性侵犯是因为自己做了什么 / 没做什么""发生性侵犯是因为我不够聪明，未能阻止这件事发生"等。这些归因与他们出现 PTSD 症状相关。如果儿童因受到性侵犯而感到自责或羞愧，披露一年后就更容易出现内化症状。由于儿童相信，受到性侵犯是自己的错误和责任，因此，他们更容易延迟披露性侵犯，甚至不披露（Feiring, Taska & Lewis, 1998a[③]）。

而那些表现出抗逆力的受害儿童则认为：自己生命中发生的负面事件是外在因素造成的（例如侵犯者），是可以改变的；性侵犯经历只是生命经验的一部分，但不是全部。他们对未来比较乐观（Liem et al., 1997[④]）。

（二）应对方式

研究表明，受到性侵犯的儿童主动处理过去经验（例如表达情绪、主动寻求人际支持、主动寻求改变、主动解决性侵犯引致的问题）与心理功能增强呈正相关，而逃避行为和自虐行为则与心理功能损害呈正相关（Feiring, Taska & Lewis, 1998b[⑤]; Chaffin, Wherry & Dykman, 1997[⑥]）。

[①] Kolko, D. J., Brown, E. J., & Berliner, L. (2002). Children's perceptions of their abusive experience: Measurement and preliminary findings. *Child Maltreatment*, 7, 42—55.

[②] Feiring, C., Taska, L., & Chen, K. (2002). Trying to understand why horrible things happen: Attribution, shame, and symptom development following sexual abuse. *Child Maltreatment*, 7, 26—41.

[③] Feiring, C., Taska, L., & Lewis, M. (1998a). The role of shame and attributional style in children's and adolescent's adaptation to sexual abuse. *Child Maltreatment*, 3, 129—142.

[④] Liem, J. H., James, J. B., O'Toole, J. G., & Boudewyn, A. C. (1997). Assessing resilience in adults with histories of childhood sexual abuse. *American Journal of Orthopsychiatry*, 67, 594—606.

[⑤] Feiring, C., Taska, L. S., & Lewis, M. (1998b). Social support and children's and adolescents' adaptation to sexual abuse. *Journal of Interpersonal Violence*, 13, 240—260.

[⑥] Chaffin, M., Wherry, J. N., and Dykman, R. (1997). School age children's coping with sexual abuse: Abuse stresses and symptoms associated with four coping strategies. *Child Abuse & Neglect*, 21, 227—240.

　　然而，大多数受害儿童并不能主动处理遭受性侵犯的经验。他们被迫保密和沉默也会增加负面影响。侵犯者恐吓儿童说出去要承担可怕的后果；儿童担心说出来没人相信，担心自己受到责备和惩罚。他们感到害怕、尴尬和内疚，为受到性侵犯感到羞耻，甚至想要保护侵犯者。

　　实际上，有关性侵犯的禁忌并不是性活动本身，而是不能说出来。告诉值得信任的成人并及时得到足够的支持和保护，对儿童处理性侵犯经历有正面影响。

（三）意义建构

　　受害儿童如何看待遭受性侵犯这一事件，会影响性侵犯造成的负面后果。负面自我归因会增加儿童的羞耻感、内疚感和自我背叛感，从而增加自我否定的创伤反应。

　　针对童年受到性侵犯的成年女性幸存者的质性研究表明，有抗逆力的幸存者能够把性侵犯经验整合到自己的人生经验中，而不再有强烈的痛苦情绪。她们用多种方法帮助自己重新理解和建构遭受性侵犯的意义，甚至有强大的内心力量原谅侵犯者。这些方法包括心理治疗、创意写作、绘画等（Bogar et al., 2006[1]）。

（四）身心发展状况

　　研究发现，性侵犯给残障儿童造成的负面影响与没有残障的儿童相似，只是前者会表现出更严重的行为问题（攻击行为、自虐行为），并极度回避与人交往。而且有智障的女孩比男孩更容易受到性侵犯（Balogh et al., 2001[2]）。另外，由于残障儿童受到性侵犯后身体机能和认知能力减退，再加上心理资源有限，更容易反复受害（Mansell, Sobsey & Moskal, 1998[3]）。

---

[1] Bogar, C. B., Hulse-Killacky, D. (2006). Resiliency determinants and resiliency processes among female adult survivors of childhood sexual abuse. *Journal of Counseling and Development*, 84 (3), 318—327.

[2] Balogh, R., Bretherton, K., Whibley, S., Berney, T., Graham, S., & Richold, P. (2001). Sexual abuse in children and adolescents with intellectual isability. *Journal of Intellectual Disabilities Research*, 45, 194—202.

[3] Mansell, S., Sobsey, D., & Moskal, R. (1998). Clinical findings among sexually abused children with and without developmental disabilities. *Mental Retardation*, 36, 12—22.

三、来自家庭系统的人际支持

广泛的实证研究表明：性侵犯是否会给儿童造成严重的负面影响和长期后果，不仅取决于性侵犯事件本身，还取决于儿童在性侵犯被披露后是否得到足够的人际支持。有时，人际支持甚至比性侵犯事件本身更能影响受害儿童的未来发展。其中，来自家庭系统的人际支持是儿童在披露性侵犯后需要得到的最重要的人际支持。

一般来说，10 岁以下的儿童主要需要没有参与性侵犯的父母 / 照顾者提供人际支持；而 10 岁以上的青少年除了父母 / 照顾者之外，还需要从朋友和同伴那里得到人际支持（Deblinger, Steer & Lippman, 1999[1]）。不过，同伴支持也会带来较大的心理困扰（Feiring, Taska & Lewis, 1998b[2]），因此，家庭支持必不可少。

（一）披露后父母的反应

研究显示，儿童性侵犯被披露后，父母的反应比性侵犯事件本身更能影响受害儿童的心理健康（Coohey & O'Leary, 2008[3]; Tremblay, Herbert & Piche, 1999[4]; Elliott & Carnes, 2001[5]）。受害儿童在披露后能否得到父母或照顾者的信任、保护和支持，将极大地影响儿童的心理创伤修复（Cohen & Mannarino, 1996[6], 1998[7]; Deblinger, Lippmann & Steer, 1996[8]）。

一般来说，来自父母的支持越大，受害儿童出现行为困难和情绪困难就越

---

[1] Deblinger, E., Steer, R., & Lippman, J. (1999). Maternal factors associated with sexually abused children's psychosocial adjustment. *Child Maltreatment*, 4, 13—20.

[2] Feiring, C., Taska, L. S., & Lewis, M. (1998b). Social support and children's and adolescents'adaptation to sexual abuse. *Journal of Interpersonal Violence*, 13, 240—260.

[3] Coohey, C., & O'Leary, P. (2008). Mothers'protection of their children after discovering they have been sexually abused: An information-processing perspective. *Child Abuse & Neglect*, 32, 245—259.

[4] Tremblay, C., Herbert, M., & Piche, C. (1999). Coping strategies and social support as mediators of consequences in child sexual abuse victims. *Child Abuse & Neglect,* 23, 929—945.

[5] Elliott, A. N., & Carnes, C. N. (2001). Reactions of nonoffending parents to the sexual abuse of their child: A review of the literature. *Child Maltreatment,* 6, 314—331.

[6] Cohen, J. A., & Mannarino, A. P. (1996). A treatment outcome study for sexually abused preschool children: Initial findings. *Journal of the American Academy of Child & Adolescent Psychiatry*, 35, 42—50.

[7] Cohen, J. A., & Mannarino, A. P. (1998). Interventions childhood traumatic grief: A pilot study. *Journal of the American Academy of Child & Adolescent Psychiatry,* 43, 1225—1233.

[8] Deblinger, E., Lippmann, J., & Steer, R. (1996). Sexually abused children suffering posttraumatic stress symptoms: Initial treatment outcome findings. *Child Maltreatment,* 1, 310—321.

少。甚至有研究显示，父母支持是预测儿童受到性侵犯后是否有抗逆力的最恰当的指标（Spaccarelli & Kim, 1995[1]）。

有关抗逆力的研究表明，儿童的抗逆力与他们是否感受到来自父母的支持和理解相关（Romans et al., 1995[2]）。其中，有助于减少性侵犯给受害儿童造成负面影响的因素包括：披露后能够及早地得到照顾者的情绪支持（Rosenthal, Feiring, & Taska, 2003[3]）；感受到来自父亲的支持（Daignault & Hebert, 2009[4]）；感受到来自双亲的支持（Feiring, Taska & Lewis, 1998[5]; Tremblay, Hebert & Piche, 1999[6]）；感受到来自成人的关心（Chandy, Blum & Resnick, 1996a[7], 1996b[8]）等。

（二）稳定的家庭生活环境

另外，稳定的家庭生活也是减少性侵犯给儿童造成负面影响的重要条件。这是儿童性侵犯领域中关于抗逆力研究的研究者们得出的一致结论（Morriott et al., 2014[9]）。

"稳定的家庭生活"主要包括：与亲生父母生活在一起（Chandy, Blum & Resnick, 1996a[10]）；至少有一位父母或承担照顾责任的成人一直在儿童身边提供

[1] Spaccarelli, S., & Kim, S. (1995). Resilience criteria and factors associated with resilience in sexually abused girls. *Child Abuse & Neglect, 19,* 1171—1182.

[2] Romans, S. E.,Martin, J. L., Anderson, J. C., O'Shea, M. L., & Mullen, P. E. (1995). Factors that mediate between child sexual abuse and adult psychological outcome. *Psychological Medicine, 25,* 127—142.

[3] Rosenthal, S., Feiring, C., & Taska, L. (2003). Emotional support and adjustment over a year's time following sexual abuse discovery. *Child Abuse & Neglect,* 27, 641—661.

[4] Daignault, I. V., & Hebert, M. (2009). Profiles of school adaptation: Social, behavioral and academic functioning in sexually abused girls. *Child Abuse & Neglect,* 33, 102—115.

[5] Feiring, C., Taska, L. S., & Lewis, M. (1998). Social support and children's and adolescents' adaptation to sexual abuse. *Journal of Interpersonal Violence, 13,* 240—260.

[6] Tremblay, C., Hebert, M., & Piche, C. (1999). Coping strategies and social support as mediators of consequences in child sexual abuse victims. *Child Abuse & Neglect,* 23, 929—945.

[7] Chandy, J. M., Blum, R. W., & Resnick, M. D. (1996a). Female adolescents with a history of sexual abuse: Risk outcome and protective factors. *Journal of Interpersonal Violence,* 11, 503—518.

[8] Chandy, J. M., Blum, R. W., & Resnick, M. D. (1996b). History of sexual abuse and parental alcohol misuse: Risk, outcomes and protective factors in adolescents. *Child & Adolescent Social Work Journal,* 13, 411—432.

[9] Marriott, C., Hamilton-Giachritsis, C., & Harrop, C. (2014). Factors Promoting Resilience Following Childhood Sexual Abuse: A Structured, Narrative Review of the Literature. *Child Abuse Review Vol. 23:* 17—34.

[10] Chandy, J. M., Blum, R. W., & Resnick, M. D. (1996a). Female adolescents with a history of sexual abuse: Risk outcome and protective factors. *Journal of Interpersonal Violence,* 11, 503—518.

稳定的照顾，并且不频繁更换照顾者（Herrenkohl, Herrenkohl & Egolf, 1994[1]）；不会频繁地搬家、转学（DuMont, Widom & Czaja, 2007[2]）；家庭未经历诸如离婚、家人去世、家人患病等压力事件（DuMont, Widom & Czaja, 2007[2]）。

相反，如果受害儿童不能从家庭中得到满足自己需要的条件，就会感到家庭不和睦，并认为自己的社交能力低（Mannarino & Cohen, 1996[3]）。家庭冲突、父母酗酒、吸毒、犯罪、家庭秘密（例如婚外情）、家庭功能失调（家庭暴力、虐待儿童），都会增加受害儿童出现严重心理创伤的风险（Hebert et al., 2006[4]）。

（三）正面管教

研究发现，促使缓解受害青少年负面情绪的因素还包括：父母运用正面管教方法（例如恰当地运用设定限制和赞扬）；儿童感到被母亲接纳；儿童与母亲建立正面的情感联结等（Vural et al., 2012[5]；Leon et al., 2008[6]）。

研究还显示，如果父母用拒绝态度，或用增加孩子内疚和羞耻的方式管教，受害儿童就会出现更多的 PTSD 症状和外化症状（Deblinger et al., 1997[7]）。

（四）兄弟姐妹的影响

与没有参与性侵犯的兄弟姐妹的交往，也会影响受害儿童的压力反应和创伤反应。一般来说，兄弟姐妹会相互支持，他们通过一起玩耍等交往方式处理一些使他们不安的感受和想法。不过，兄弟姐妹之间的关系与家长对待孩子的态度密切相关。例如，家长是否偏爱某个孩子、如何处理兄弟姐妹之间的关系等

---

[1] Herrenkohl, E. C., Herrenkohl, R. R. & Egolf, B. (1994). Resilient early school-age children from maltreating homes: Outcomes in late adolescence. *The American Journal of Orthopsychiatry,* 64, 301—309.

[2] DuMont, K. A., Widom, C. S. & Czaja (2007). Predictors of resilience in abused and neglected children grown up: The role of individual and neighbourhood characteristics. *Child Abuse & Neglect,* 31, 255—274.

[3] Mannarino, A. P., & Cohen, J. A. (1996). Family-related variables and psychological symptom formation in sexually abused girls. *Journal of Child Sexual Abuse,* 5, 105—120.

[4] Hebert, M., Tremblay, C., Parent, N., Daignault, I. V., & Piche, C. (2006). Correlates of behavioral outcomes in sexually abused children. *Journal of Family Violence,* 21, 287—299.

[5] Vural, P., Hafizoglu, S., Tutkmen, N., Eren, B., & Buykuysal, C. (2012). Perceived parental acceptance/rejection and psychopathology in a group of sexually abused children/adolescents. *Medicinski Flasnik,* 9, 363—369.

[6] Leon, S. C., Ragsdale, B., Miller, S. A., & Spacarelli, S. (2008). Trauma resilience among youth in substitute care demonstrating sexual behavior problems. *Child Abuse & Neglect,* 32, 67—81.

[7] Deblinger, E., Taub, B., Maedel, A. B., Lippmann, J., & Stauffer, L. B. (1997). Psychosocial factors predicting parent reported symptomatology in sexually abused children. *Journal of Child Sexual Abuse, 6,* 35—49.

（Finkelhor et. al., 2005[1]）。

四、来自家外系统的人际支持

在儿童性侵犯研究领域中，有关家外系统人际支持的研究非常有限。不过，这些有限的研究已清楚地显示，儿童的同伴、学校、社区以及专业支援服务等家外人际支持系统也是增强受害儿童抗逆力的重要因素。

（一）同伴友谊

由于性侵犯的关系破坏了儿童对成人的信任，因此，同伴友谊对于受害儿童修复创伤就显得非常重要。

研究发现，受害儿童与同伴朋友或同龄亲属讨论自己的难处，从而感到友谊能够帮到自己，可以增强他们的抗逆力（Chandy, Blum & Resnick, 1996a[2]）。

英国研究者（Marriott et al, 2014）综合分析8个追踪研究，其中5个追踪研究显示，有信赖、能交心的人际关系（同伴或亲属）使受害儿童能够部分地消除性侵犯造成的情绪痛苦，并促使他们建立人际信任，有助于改变他们对性侵犯发生的负面归因和对自己的负面看法（Daigneault, Hebert & Tourigny, 2007[3]; Kia-Keating, Sorsoli & Grossman, 2010[4]）。

不过，让友谊发挥人际支持的作用需要合适的时机。研究发现，对10岁以下的儿童来说，披露后立即给予同伴支持最为有效（Dufour and Nadeau, 2001[5]）。而对于青少年来说，披露后立即给予同伴支持未必有效，因为这样可能会激发他们过高警觉，担心别人看不起自己（Feiring, Taska & Lewis, 1998[6]）。

[1] Finkelhor, D., Ormrod, R., Turner, H., & Hambym, S. L. (2005). The victimization of children and youth: A comprehensive, national survey. *Child Maltreatment,* 10, 5—25.

[2] Chandy, J. M., Blum, R. W., & Resnick, M. D. (1996a). Female adolescents with a history of sexual abuse: Risk outcome and protective factors. *Journal of Interpersonal Violence*, 11, 503—518.

[3] Daigneault, I., Hebert, M., & Tourigny, M. (2007). Personal and interpersonal characteristics related to resilient developmental pathways of sexually abused adolescents. *Child and Adolescent Psychiatric Clinics of North America* 16, 415—434.

[4] Kia-Keating, M., Sorsoli, L., & Grossman, F. K. (2010). Relational challenges and recovery processes in male survivors of childhood sexual abuse. *Journal of Interpersonal Violence* 25 (4), 666—683.

[5] Dufour, M. H., & Nadeau, L. (2001). Sexual abuse: a comparison between resilient victims and drug addicted victims. *Violence and Victims,* 16, 655—672.

[6] Feiring, C., Taska, L. S., & Lewis, M. (1998). Social support and children's and adolescents'adaptation to sexual abuse. *Journal of Interpersonal Violence*, 13, 240—260.

（二）学校生活及受教育经历

综合分析多个追踪研究（Marriott et al., 2014[1]）和质性研究（Domhardt et. al., 2014[2]）结果显示，受害儿童的抗逆力与学校生活或受教育经历的正面经验呈正相关。学校生活和受教育经历的正面经验包括：与学校里的成人建立良好的关系（例如老师、校医、心理老师等）、学业成绩优良、完成学业、对自己的未来发展有正面的规划、对学校有正面的感受、较多参加学校活动、感到学校环境安全且压力不大等。

需要说明的是，智力似乎是成功克服性侵犯造成负面影响的一个必要条件，但只有智力这个条件是远远不够的（Herrenkohl et al., 1994[3]）。儿童在学业上的成功可以使他们暂时从性侵犯现实及其他生活困境中抽离出来，但学业成就并不是良好的生活适应所必需的条件，也不是首要条件。一项对童年受到性侵犯的成年女性幸存者的研究显示，那些有抗逆力的幸存者受教育程度高的比例偏低（Jonzon and Lindblad, 2006[4]）。

（三）社区支持

英国研究者（Marriott et al., 2014）和德国研究者（Domhardt et al., 2014）综合分析多个研究结果显示，来自社区层面的人际支持与受害儿童的抗逆能力密切相关，包括：感受到社区里的成人关心自己；感受到来自同伴的正面影响；感受到社会服务机构个案工作员的支持等。

另外，参加社团活动或社区活动（例如体育运动、民族活动等），可以促使受害儿童感受到社群支持，进而增强自信，化解负面情绪。

（四）专业支援服务

研究表明，及时得到有效的专业支援服务有助于受害儿童修复心理创伤，从

[1] Marriott, C., Hamilton-Giachritsis, C., & Harrop, C. (2014). Factors Promoting Resilience Following Childhood Sexual Abuse: A Structured, Narrative Review of the Literature. *Child Abuse Review Vol. 23*: 17—34.

[2] Domhardt, M., Mönzer, A., Fegert, J. M., and Goldbeck, L. (2014). Resilience in Survivors of Child Sexual Abuse: A Systematic Review of the Literature. *Trauma, Violence & Abuse,* 1—18. *DOI: 10.1177/1524838014557288 tva.sagepub.com*

[3] Herrenkohl, E. C., Herrenkohl, R. P., Egolf, B. (1994). Resilient early school-age children from maltreating homes: Outcomes in late adolescence. *The American Journal of Orthopsychiatry,* 64, 301—309.

[4] Jonzon, E., Lindblad, F. (2006). Risk factors and protective factors in relation to subjective health among adult female victims of child sexual abuse. *Child Abuse & Neglect,* 30 (2): 127—143.

而预防或减少性侵犯对儿童发展造成的长期后果（Baker, Tanis & Rice, 2001[1]; Putnam, 2003[2]; Swenson & Hanson, 1998[3]）。提供专业支援服务的最佳时机是在披露性侵犯后立即启动（Dufour & Nadeau, 2001[4]）。10岁以下的儿童更容易感受到专业支援服务有帮助。而对于青少年来说，专业人员则需要更多的时间、技巧和耐心，因为这些青少年容易把接受专业服务看作是对自己的歧视，可能会激发他们的过高警觉（Feiring, Taska & Lewis, 1998[5]）。

研究还显示，受害儿童有机会对一位正面支持自己的成人开诚布公地谈论受性侵犯的经历，对于修复创伤非常必要，这是非常重要的疗愈元素（Gilgun, 1990[6]）。这个人可以是治疗师，也可以是父母，或生活中其他成人。无论采用哪一种治疗方法，都包括这些重要的技巧：允许儿童谈论有关性侵犯、有关自己、有关侵犯者的话题；纠正促使儿童自责、内疚和羞耻的负面归因（Friedrich et al., 1988[7]）。

广泛的实证研究业已证实：聚焦创伤的认知行为疗法（Trauma-focused cognitive behavioral therapy, TF-CBT）能够有效地减少PTSD症状和抑郁、焦虑等内化症状，纠正与儿童性侵犯相关的负面归因和信念，并改善行为问题（Deblinger, Stauffer & Steer, 2001[8]; Elliott & Carnes, 2001[9]; Forbes et al.,

[1] Baker, J. N., Tanis, H. J., & Rice, J. B. (2001). Including siblings in the treatment of child sexual abuse. *Journal of Child Sexual Abuse*, 10, 1—16.

[2] Putnam, F. W. (2003). Ten-year research update review: Child sexual abuse. *Journal of American Academy of Child & Adolescent Psychiatry*, 42, 269—278.

[3] Swenson, C. C., & Hanson, R. F. (1998). Sexual abuse of children: Assessment, research, and treatment. In J. R. Lutzker (Ed.), *Handbook of child abuse research and treatment* (pp. 475—499). New York: Plenum.

[4] Dufour, M. H., & Nadeau, L. (2001). Sexual abuse: a comparison between resilient victims and drug addicted victims. *Violence and Victims*, 16, 655—672.

[5] Feiring, C., Taska, L. S., & Lewis, M. (1998). Social support and children's and adolescents'adaptation to sexual abuse. *Journal of Interpersonal Violence*, 13, 240—260.

[6] Gilgun (1990). Factors mediating the effects of childhood maltreatment. The sexually abused male. In M. Hunter (Ed.), *Prevalence, impact, and treatment*, Vol. 1. (pp. 177—190), Lexington, England: Lexington Books.

[7] Friedrich, W. N., Berliner, L., Urquiza, A. J., & Beilke, R. L. (1988). Brief diagnostic group treatment of sexually abused boys. *Journal of Interpersonal Violence*, 3, 331—343.

[8] Deblinger, E., Stauffer, L. B., & Steer, R. (2001). Comparative efficacies of supportive and cognitive-behavioral group therapies for young children who have been sexually abused and their non-offending mothers. *Child Maltreatment*, 6, 332—343.

[9] Elliott, A. N., & Carnes, C. N. (2001). Reactions of nonoffending parents to the sexual abuse of their child: A review of the literature. *Child Maltreatment*, 6, 314—331.

2003[1]; Corcoran & Phillai, 2008[2])。与只治疗受害儿童的方法相比，让照顾者参与到针对受害儿童的治疗过程，不仅有助于减轻儿童症状，还可以更有效地减轻性侵犯对照顾者造成的情绪困扰，从而提升他们为受害儿童提供情绪支持和正面管教的能力（Cohen et al., 2004[3] ）。

不过，TF-CBT 对于长期遭受性侵犯并 / 或遭受多重暴力创伤事件的儿童疗效有限。一项针对香港儿童（9 至 12 岁）的研究表明，与对照组相比，长期遭受性侵犯或身体虐待的儿童其创伤表现并不是 PTSD，而是形成不安全依附（回避型和紊乱型）、情绪调节失调、认知调节失调（对负面事件进行负面的个人归因，对于人际关系有负面看法，相信未来自己仍会受害）、社交适应困难（攻击行为、退缩行为、低自尊）（Ma, & Li, 2014[4] ）。其中，依附，是理解长期性侵犯对儿童生活影响的重要因素（Cook et al., 2005[5]; Courtois, 2004[6]; van der Kolk, 2002[7] ）。

例如，紊乱型依附与儿童及青少年出现情绪困扰和行为问题呈正相关（Allen, Hauser, & Borman-Spurrell, 1996[8] ）。而安全依附是减轻童年受虐导致成年后适应问题的重要调节因素（Aspelmier, Elliott & Smith, 2007[9]; Muller,

[1] Forbes, F., Duffy, J. C., Mok, J., & Lemvig, J. (2003). Early intervention service for nonabusing parents of victims of child sexual abuse. *British Journal of Psychiatry*, 183, 66—72.

[2] Corcoran, J., & Pillai, V. (2008). A meta-analysis of parent-involved treatment for child sexual abuse. *Research on Social Work Practice*, 18, 453—464.

[3] Cohen, J. A., Deblinger, E., Mannarino, A. P., & Steer, R. A. (2004). A multisite, randomized controlled trial for children with sexual abuse-related PTSD symptoms. *Journal of the American Academy of Child and Adolescent Psychiatry*, 43, 393—402.

[4] Ma, E. & Li, F. W. S. (2014). Developmental trauma and its correlates: A study of Chinese children with repeated familial physical and sexual abuse in Hong Kong. *Journal of Traumatic Stress*, 27, 454—460.

[5] Cook, A., Spinazzola, J., Ford, J., Lanktree, C., Blaustein, M., Cloitre, M., van der Kolk, B. (2005). Complex trauma in children and adolescents. *Psychiatric Annals*, 35, 390—398.

[6] Courtois, C. A. (2004). Complex trauma, complex reactions: Assessment and treatment. *Psychotherapy: Theory, Research, Practice, Training*, 41, 412—425. doi: 10.1037/0033-3204.41.4.412

[7] van der Kolk, B. A. (2002). The assessment and treatment of complex PTSD. In R. Yehuda (Ed.), *Treating trauma survivors with PTSD* (pp. 127—156). Washington, DC: American Psychiatric Association.

[8] Allen, J. P., Hauser, S. T., & Borman-Spurrell, E. (1996). Attachment theory as a framework for understanding sequelae of severe adolescent psychopathology: An 11-year follow-up study. *Journal of Consulting and Clinical Psychology*, 64, 254—263. doi: 10.1037/0022-006X.64.2.254

[9] Aspelmeier, J. E., Elliott, A. N., & Smith, C. H. (2007). Childhood sexual abuse, attachment, and trauma symptoms in college females: The moderating role of attachment. *Child Abuse & Neglect*, 31, 549—566. doi: 10.1016/j.chiabu.2006.12.002

Gragtmans, & Baker, 2008[1]）。

有研究者（Ma, & Li, 2014[2]）建议，治疗 PTSD 的 TF-CBT 并不是治疗长期受虐儿童的有效方法。而增加儿童依附安全程度，提高儿童情绪调节能力，才是改善长期受虐（包括受到性侵犯）儿童行为问题和社交问题的主要方法。在治疗长期遭受性侵犯的儿童时，专业支援服务的核心要素应该包括：培育安全依附（对可信赖的成人）；学习情绪调节技巧；增加正面的自我感（自我价值感和自我效能感）（Blaustein & Kinniburgh, 2011[3]; Ma & Li, 2014[4]）。可见，长期遭受暴力伤害（包括性侵犯）的儿童疗愈创伤，需要得到足够的人际支持，特别是来自家庭、学校和专业支援服务的人际支持。

不过，如果儿童在披露后没有出现精神症状或没有受到严重的负面影响，那么至少也要接受小组形式的心理教育服务，目的是转变儿童对性侵犯的错误看法和负面原因，提升自我支持，减少他们再次受害的可能性（Saywitz et al., 2000[5]）。

① Muller, R. T., Gragtmans, K., & Baker, R. (2008). Childhood physical abuse, attachment, and adult social support: Test of a mediational model. *Canadian Journal of Behavioral Science*, 40, 80—89. doi:10.1037/0008-400X.40.2.80

② Ma, E. & Li, F. W. S. (2014). Developmental trauma and its correlates: A study of Chinese children with repeated familial physical and sexual abuse in Hong Kong. *Journal of Traumatic Stress,* 27, 454—460.

③ Blaustein, M. E., & Kinniburgh, K. M. (2011). *Treating traumatic stress in children and adolescents.* New York: The Guilford Press.

④ Ma, E. & Li, F. W. S. (2014). Developmental trauma and its correlates: A study of Chinese children with repeated familial physical and sexual abuse in Hong Kong. *Journal of Traumatic Stress,* 27, 454—460.

⑤ Saywitz, K. J., Mannarino, A. P., Berliner, L., & Cohen, J. (2000). Treatment for sexually abused children and adolescents. *American Psychologist*, 55, 1040—1049.

本章小结

———◆◇◆———

儿童性侵犯在个人层面造成的负面影响错综复杂，根本没有简单的答案！然而，在中国社会，围绕贞洁观念建构的贞洁耻感使人们容易简单化地误解性侵犯对受害儿童造成的伤害（龙迪，2007[①]）。

第一种误解是，如果儿童只受到非身体接触或非体腔插入的性侵犯，或者儿童没有出现看得见的身体伤害，或者侵犯者没有使用武力和威胁，或者年幼的儿童尚不明白性的含义，就没有伤害。

第二种误解是，性侵犯给儿童造成的伤害取决于周围人的评价。如果别人不知道、不议论，受害儿童就会慢慢淡忘，就不会有伤害。

第三种误解是，儿童只要受过性侵犯，一辈子就毁了。

这些误解很容易妨碍家长、老师和专业人员准确理解受害儿童疗伤止痛的需要，因而无法采取有效行动去预防性侵犯发生，去转化性侵犯造成的负面影响和长期后果。

的确，性侵犯给儿童造成的负面影响包含"性"的要素。不过，儿童遭受的心理创伤主要是由"非性"要素造成的。因此，我们在理解性侵犯给儿童造成的负面影响时，不能仅仅关注"性"的内容，而要关注儿童遭受暴力伤害的全部心理创伤经历/经验。

在本章，我们透过系统地回顾全球40多年相关研究成果，不难发现：本质上，性侵犯给儿童造成的伤害是心理伤害。即使是非身体接触的性侵犯经历也会给儿童造成不同程度的心理/心灵伤害。这是因为绝大多数儿童性侵犯事件都是在侵犯者违背儿童意愿、强制儿童的情况下发生的，都会使儿童感到不安、困扰，乃至痛苦！

作为一种复杂的心理创伤事件，性侵犯给儿童造成的心理创伤是多样的、复杂的，不仅包括PTSD（人身安全和身体完整性受到破坏或威胁），还包括背叛创伤（信任被出卖）、关系创伤（重要关系被破坏），以及发展期创伤（干扰和

---

① 龙迪.2007.性之耻，还是伤之痛——中国家外儿童性侵犯家庭经验探索性研究.桂林：广西师范大学出版社.

破坏儿童完成三个发展任务，即：人际信任受到破坏，导致未能建立对他人和世界的信任；自我调节功能受到损害，导致在情绪、行为、认知、生理和人际关系调节方面失调；自我感被毁坏，导致未能建立自我价值感和自我效能感），严重者还会导致儿童的神经系统的生物学改变。

名目繁多的精神症状和问题行为正是受害者用于处理承受不了的创伤情绪的替代工具。正是侵犯者的性侵犯行为造成了受害者伤人伤己的创伤反应。儿童遭受性侵犯所出现的所有症状和行为都不是他们的错，也不是他们的耻，而是他们的伤和痛！他们需要我们成人的保护、抚慰和抚育，而不是指责、羞辱和遗弃！

我们成人社会通过预防来动员全社会尽最大努力阻止儿童性侵犯的发生，是彻底消除上述负面影响的根本措施。为此，综合防治儿童性侵犯的立法、策略、措施和行动应该包括阻止/制止儿童性侵犯工作定义中涵盖的所有行为，即不仅包括体腔插入的性侵犯行为，还包括其他身体接触和非身体接触的性侵犯行为，甚至包括互联网性侵犯行为。

性侵犯给儿童造成的负面影响并不是完全由性侵犯事件本身决定的，还受到很多复杂因素的影响，例如：我们成人社会是否能够立即采取有效行动，及时制止性侵犯事件继续发生，还给儿童安全的成长环境？儿童在披露性侵犯后是否能够尽快从家庭、学校、社区和处理儿童性侵犯事件相关的部门专业人员（警察、检察官/法官、社工、临床心理学家、医护人员）那里得到足够的信任、支持和保护？我们成人社会的保护行动和专业支援服务是否能够切实地保护并培育儿童的内在心理资源？

如果我们能对上述三个问题做出肯定的回答，就能减少甚至消除受害儿童受到性侵犯负面影响的伤害！

为此，特别需要从国家层面建立多部门跨专业协作的联动工作机制，及早识别、及早发现、及早介入，以便针对儿童及其家庭个别化服务需求开展多样化的专业支援服务。

有效的专业支援服务应以"保证儿童安全，停止性侵犯继续发生，预防儿童再次受害"为首要目标，所有的专业行为都应该充分体现儿童权利优先、儿童利益最大化和性别平等公正的观念和原则。

有效的专业支援服务还需要支持家长及整个家庭提升帮助儿童疗愈创伤的能力。

在下一章，我们将重点讨论儿童性侵犯给家庭造成的负面影响。

第四章

负面影响：受害家庭

童年遭受性侵犯的经历不仅对受害儿童的身心健康及发展造成负面影响，而且也使整个家庭遭受创伤。得知自家孩子遭受性侵犯后，整个家庭通常会经历一系列家庭危机，每个家庭成员和家庭关系都会受到不同程度的负面影响，有可能削弱家庭整体支持功能。如果儿童受到家人或亲属性侵犯，整个家庭受到的负面影响就会更加复杂。我们已从本书第三章中了解到，受害儿童在披露性侵犯后能否得到来自家庭的支持，是影响其创伤疗愈的重要因素。因此，有效的专业支援服务需要理解儿童性侵犯给整个家庭造成的负面影响，以便及时评估并有效回应家庭层面的服务需求。

第一节　家庭成员的负面影响

相对于性侵犯给受害儿童造成负面影响的研究，早期有关受害家庭的研究数量较少，而且绝大多数相关研究是以父女乱伦家庭中的母亲为研究对象。不过，有限的家庭研究业已表明，孩子遭受性侵犯的事实会对每个家庭成员产生不同的负面影响，从而削弱家庭支持功能。

一、家长的挣扎

大多数家长得知自家孩子遭受性侵犯后，就像经历丧亲事件一样经受灾难性打击。他们可能会经历类似丧亲的五个阶段，包括震惊、否认（不相信）、愤怒、悲伤和决定解决。有些家长会出现与受害儿童相似的创伤反应，包括PTSD。在缺乏支持的情况下，家长很难相信孩子，很难为孩子提供情绪支持和保护行动。他们在不确知后果的情况下必须迅速做出一系列重大决定，例如：是否要相信孩子？是否采取行动？需要采取哪些行动？是否报案？应该让谁知道？……因而可能会无力照顾孩子的需要（NCH，2001[1]；龙迪，2007[2]）。

发现子女遭受性侵犯，还可能会触发父母本人童年创伤经历造成的情绪伤口，特别是激发母亲童年遭受性侵犯的创伤记忆，引发哀伤反应，也会削弱家长相信、支持、保护和照顾受害儿童的能力（Bolen & Lamb, 2007[3]; Hiebert-Murphy, 1998[4]）。

贞洁观念仍普遍存在于21世纪的中国社会，表现出鲜明的性别双重标准，通过周围人的"闲话"和"舆论"变成一家人的贞洁耻感，在很大程度上增加了家长在处理儿童性侵犯事件时的内心挣扎和情绪困扰。周围人不友善的态度和缺乏支持的响应制度更使家长们普遍坚信并担忧女儿遭受性侵犯的经历会通过影响她的"名声"而破坏她未来的婚姻和对自己的看法，并有损整个家族的脸面。由贞洁耻感支撑的内心挣扎容易使家长为了面子而否认和忽视孩子的创伤反应，并通过制造秘密而放弃疗愈创伤的努力，演变成一家人的"面子创伤"（龙迪，2007[2]）。

另外，家庭在披露后通常还会面临许多实际生活的改变/困难，让家长承受更多的压力。例如：卷入司法程序；因披露性侵犯而失去伴侣，失去收入所带来经济困难、住房困难、转学搬家、职业改变等；因亲友站在侵犯者一边而失

---

[1] NCH Children and Families Project (2001). *Creating a Safe Place: Helping Children and Families Recover from Child Sexual Abuse.* London and New York: Jessica Kingsley Publishers.

[2] 龙迪.2007. 性之耻，还是伤之痛——中国家外儿童性侵犯家庭经验探索性研究. 桂林：广西师范大学出版社.

[3] Bolen, R. M., & Lamb, J. L. (2007). Parental support and outcome in sexually abused children. *Journal of Child Sexual Abuse*, 16 (2), 33—54.

[4] Hiebert-Murphy, D. (1998). Emotional distress among mothers whose children have been sexually abused: The role of a history of child sexual abuse, social support and coping. *Child Abuse& Neglect*, 22, 715—728.

去支持；因承受别人冷漠和羞辱的态度而感到孤单等（Elliott & Carnes, 2001[1]）。中国农村家庭"为了少听流言蜚语，就要换个环境"，却支付不起经济成本（龙迪，2007[2]）。

20 世纪 80 年代之前，有关家内儿童性侵犯的文献很少讨论侵犯者的责任，却时常指责母亲对女儿受到性侵犯负有间接责任——因为她没有及时发现性侵犯，因为她没有满足丈夫性需要而导致"家庭功能失调"（family dysfunction）。哈佛大学医学院精神科女医生（Judith Herman, 1992/ 1997[3]）从女性主义视角批评这样简单化说明父女乱伦发生的原因，正在表达"责备母亲"的态度，并隐含着父权家长制的假设：满足男性需要是女性的主要责任，是家庭功能运作良好的标志。

实际上，如果子女受到性侵犯，母亲常常是被遗忘的受害者，她们的需要常常不被承认，得不到满足（NCH, 2001[4]）。特别是当侵犯者就是孩子的父亲时，母亲更是要面对矛盾重重的复杂情感和关系（Sheinberg & Fraenkel, 2001[5]）。例如：

她怎样做才能既保护受性侵犯的孩子，又保护她的其他孩子和其他家人？

她可能会犹豫是否报案：害怕侵犯者报复，担心报案后会带来更多的伤害。

如果报案后家人性侵犯得到证实，侵犯者被捕，她怎么告诉家里其他与侵犯者感情好的孩子而不让他们太受伤？

如果侵犯者就是父亲，一家人怎么面对可能失去家庭经济支柱的生活困境？

她可能还会担心，一旦扩展家庭、邻居、学校和社区都知道性侵犯事件，她和女儿乃至全家怎样面对别人的指指点点。

她可能对受性侵犯的孩子和侵犯者都有感情，不知道要相信哪一个，要支持哪一个。她要如何平衡自己做妻子和做母亲的身份？

---

[1] Elliott, A. N., & Carnes, C. N. (2001). Reactions of nonoffending parents to the sexual abuse of their child: A review of the literature. *Child Maltreatment, 6*, 314—331.

[2] 龙迪 .2007. 性之耻，还是伤之痛——中国家外儿童性侵犯家庭经验探索性研究 . 桂林：广西师范大学出版社 .

[3] Herman, J. L. (1992/ 1997). *Trauma and recovery: The aftermath of violence.* New York: Basic Books.

[4] NCH Children and Families Project (2001). *Creating a Safe Place: Helping Children and Families Recover from Child Sexual Abuse.* London and New York: Jessica Kingsley Publishers.

[5] Sheinberg, M. & Fraenkel, P. (2001). *The relational trauma of incest: A family-based approach to treatment.* The Guilford Press.

她要如何看待那个伤害子女、背叛全家信任的婚姻伴侣？她要如何处理对他的愤怒、恐惧和情感依赖？

她要如何看待受到性侵犯的孩子——是责备她，还是真的把她当作受害者或幸存者？她可能会对孩子生气，因为孩子没有及时说出性侵犯，或者孩子选择对别人说而不是对自己说，或者孩子说出性侵犯的结果后家庭破裂等。

她怎么看待自己做母亲的身份？她可能会因为性侵犯发生、自己却没有及时发现和阻止而感到愧疚、自责和无力。她可能会为孩子的未来担忧。她可能会因为处理不了孩子的情绪问题和行为问题而失去做母亲的信心。

她要如何看待她的婚姻？婚姻伴侣竟然是性侵犯孩子的人！这段婚姻究竟是基于爱和信任，还是基于谎言和背叛？

她要如何看待自己的家？曾有的好品质和好时光被蒙上这恐怖的阴影，可能令她羞愧难当。

孩子受到性侵犯还可能会挑起她的童年创伤记忆（包括性侵犯），创伤反应使她无力关注孩子的感受和需要，甚至因为无力处理孩子的情绪行为问题而惩罚孩子并内疚自责……

实际上，母亲和孩子一样，都在经历创伤经验，并且受到侵犯者的操控，有的母亲甚至还受到侵犯者的身体暴力和心理虐待（NCH，2001[①]）。

如果专业支援服务的关注点只是放在儿童和侵犯者身上，就会使母亲感到被忽视。如果专业人员表现出"责备母亲"的态度，就会增加母亲的内疚感，使母亲以为自己对于性侵犯的发生负有责任，在最需要支持时却受到孤立和羞辱（NCH，2001[①]）。因此，专业人员需要理解母亲的困境，并提供相应的专业支援服务。

二、对家庭支持的负面影响

研究显示，父母在披露性侵犯后的情绪困扰及应对能力都会影响他们在披露后为受害儿童提供情绪支持和保护行动的能力。例如，父母体验到自己无法处理的激烈情绪时，或者出现 PTSD、抑郁和焦虑等精神症状时，不仅不能给孩子

---

① NCH Children and Families Project (2001). *Creating a Safe Place: Helping Children and Families Recover from Child Sexual Abuse*. London and New York: Jessica Kingsley Publishers.

提供保护和支持，反而还会因性侵犯发生和披露带来的后果而指责孩子（Davis, 1995[①]；Mannarino & Cohen, 1996[②]；McCourt & Peel, 1998[③]；龙迪，2007[④]）。

当父母因无法面对性侵犯事件而发生家庭冲突时，当父母有强烈的贞洁耻感、看重成人权威时，就不容易相信孩子。父母不相信孩子，就很难给孩子提供有效的情绪支持和保护行动（Davis, 1995[①]；Deblinger, Steer & Lippmann, 1999[⑤]；龙迪，2007[④]）。

受到家人性侵犯的儿童更不容易得到家人的相信、情绪支持和保护行动，特别是当侵犯者就是父母或父母身份的人时。另一方父母通常不太容易相信孩子的指控，反而会为了保护侵犯者而指责、孤立受害儿童（Manion et al., 1996[⑥]）。他们可能甚至会因为害怕失去经济支柱或失去完整家庭，而选择保全家庭、牺牲孩子，甚至选择继续保守秘密，导致孩子继续受到性侵犯。如果监护人与侵犯者感情亲近，就更不容易为受害儿童提供支持和保护（Fischer & McDonald, 1998[⑦]）。

另外，子女披露性侵犯有可能会挑起父母本人的童年创伤记忆，特别是那些童年遭受性侵犯的创伤记忆。父母有可能因此而拒绝承认自己的孩子受到性侵犯。不过，这些父母也可能会因为自己曾有类似经历而更能将心比心地理解孩子的感受，或更希望教给孩子如何自我保护（Baker, 2001[⑧]）。

研究还显示，那些有能力为受害儿童提供情绪支持的照顾者其特点之一，就是能够从家内成人和家外系统中得到人际支持。例如，他们感到有支持（能与

① Davis, M. G. (1995). Parental distress and ability to cope following disclosure of extrafamilial sexual abuse. *Child Abuse & Neglect*, 19, 399—408.

② Mannarino, A. P., & Cohen, J. A. (1996). Family-related variables and psychological symptom formation in sexually abused girls. *Journal of Child Sexual Abuse*, 5, 105—120.

③ McCourt, J., & Peel, J. C. F. (1998). The effects of child sexual abuse on the protecting parent (s): Identifying a counseling response. *Counseling Psychology Quarterly*, 11, 283—300.

④ 龙迪.2007.性之耻，还是伤之痛——中国家外儿童性侵犯家庭经验探索性研究.桂林：广西师范大学出版社.

⑤ Deblinger, E., Steer, B., & Lippmann, J. (1999). Maternal factors associated with sexually abused children's psychosocial adjustment. *Child Maltreatment*, 4, 13—20.

⑥ Manion, I. G., McIntyre, J., Firestone, P., Ligezinska, M., Ensom, R., & Wells, G. (1996). Secondary traumatization in parents following the disclosure of extrafamilial child sexual abuse: Initial effects. *Child Abuse & Neglect*, 20, 1095—1109.

⑦ Fischer, D. G., & McDonald, W. L. (1998). Characteristics of intrafamilial and extrafamilial child sexual abuse. *Child Abuse & Neglect*, 22, 915—929.

⑧ Baker, L. J. (2001). Multigenerational sexual abuse: A cognitive developmental approach to understanding mothers in treatment. *Journal of Adult Development*, 8, 51—59.

其他监护人轮流照顾孩子，感到能够得到来自家外的社会支持）；感到有资源（减轻经济压力）。如果监护人感到有支持，那么也会配合司法程序和寄养照顾安置。

三、对兄弟姐妹的负面影响

这里的"兄弟姐妹"是指没有做出性侵犯行为的兄弟姐妹。有关性侵犯对于兄弟姐妹的影响研究很少。不过，少数研究和临床经验表明，由于兄弟姐妹与受害儿童共享家庭的情绪资源（父母的关注、支持和保护）和物质资源，因此，他们无疑也会受到性侵犯的负面影响（Baker, Tanis & Rice, 2001[1]; Grosz, Kempe, & Kelly, 1999[2]）。

例如，对于受害儿童的兄弟姐妹来说，知道或目睹过性侵犯事件本身就是一种创伤事件，就有可能产生心理困扰。例如，他们可能会因自己没有及时说出来而感到内疚和自责，或者担心类似的事情将发生在自己身上，或者不知道如何面对家人之间的关系改变等。另外，披露后，他们也要和全家共同面对众多改变，例如参与调查、家庭收入降低、搬家、转学；他们可能会越来越感到孤立、羞耻、耻辱；年幼的孩子可能无法理解为何突然失去作为侵犯者的那个家人。

兄弟姐妹同样需要心理支持，但家长和专业人员有可能会把全部关注力放在受害儿童身上，使他们很少得到足够的关注（Baker, Tanis & Rice, 2001[1]）。

第二节　对家人负面影响的创伤机制

那么，为什么儿童性侵犯事件会对家人产生个人层面的负面影响呢？家庭创伤领域的专家曾提出"交叉感染效应"（chiasmal effects）这一概念，认为某个家庭成员的心理创伤会感染到整个家庭。家人作为支持者，在努力帮助受害的家人时，不可避免地会受到受害者的行为、情绪和态度的影响，从而间接地遭受心

---

① Baker, J. N., Tanis, H. J., & Rice, J. B. (2001). Including siblings in the treatment of child sexual abuse. *Journal of Child Sexual Abuse,* 10, 1—16.

② Grosz, C. A., Kempe, R. S., & Kelly, M. (1999). Extrafamilial sexual abuse treatment for child victims and their families. *Child Abuse & Neglect*, 24, 9—23.

理创伤，甚至其创伤反应与受害者的创伤反应相似（Figley & Kiser, 2013[①]）。从家庭生态系统理论视角来看，家人的负面影响不可避免地受到家外系统的影响，例如邻居、社区、学校、儿童保护制度、社会文化等。

本书第三章所介绍的"创伤生成动力模式"（Finkelhor & Browne, 1985[②]）主要用于分析性侵犯给儿童造成复杂的创伤，并不特别指向家庭成员，不过，有的服务项目用该理论比较清晰地理解没有参与性侵犯的家庭成员的创伤反应（NCH, 2001[③]）。因此，我们尝试借助该理论，结合一项中国家外儿童性侵犯家庭经验的质性研究结果（龙迪，2007[④]），分析中国儿童遭受性侵犯对家人负面影响的可能机制。

一、性创伤

在处理性侵犯事件及其所带来的负面影响过程中，性，不可避免地成为家庭无法回避的话题，甚至是主要议题。这种改变会冲击甚至颠覆家长和兄弟姐妹的性态度和价值观，并由此产生创伤反应（龙迪，2007[④]）。

如果侵犯者是家人，整个家庭都会受到性创伤的影响。例如，如果大女儿指控父亲性侵犯自己，小女儿可能会担心自己也会受到性侵犯，儿子可能会担心自己长大后会变成性侵犯者。母亲不得不接受的事实是，与自己生活多年的丈夫竟然与自己的孩子有性关系（NCH, 2001[③]）。这意味着母亲对受害女儿的态度从"惩罚丈夫外遇的对象"切换到"保护受到伤害的女儿"，需要面对多么艰难的挑战！

即使侵犯者是家外人，家人也会受到性创伤的影响。例如，没有受到性侵犯的孩子可能会因为害怕受到性侵犯而要求父母寸步不离，或不敢出门；家长或孩子改变了对性及性别身份的看法等。

另外，得知自己的孩子遭受性侵犯，也有可能引发家长本人的性创伤。例

① Figley, C. R. & Kiser, L. J (2013). *Helping traumatized families*. New York: Routledge.

② Finkelhor, D. & Browne, A. (1985). The traumatic impact of child sexual abuse: A conceptualization. *Journal of Orthopsychiatry*, 55 (4), 530—541.

③ NCH Children and Families Project (2001). *Creating a Safe Place: Helping Children and Families Recover from Child Sexual Abuse*. London and New York: Jessica Kingsley Publishers.

④ 龙迪. 2007. 性之耻，还是伤之痛——中国家外儿童性侵犯家庭经验探索性研究. 桂林：广西师范大学出版社.

如，激发家长本人童年遭受性侵犯的记忆，仿佛自己再次受到性侵犯，因而很难区分自己的创伤经历和孩子的创伤经验。

二、背叛创伤

儿童性侵犯被披露后，家人也会受到"背叛创伤"，即感到自己的信任受到背叛。对于家人来说，信任的背叛不仅来自侵犯者，也可能来自家外系统——儿童保护制度和周围人的反应，甚至来自受害儿童本人。强烈的背叛感通常会表现为愤怒情绪，负面影响家长对儿童的态度和行动。

侵犯者通常是家庭熟悉、信任的人。因此，无论侵犯者是家里人还是家外人，受害儿童的家人都会感到，侵犯者背叛了他们的信任。

也就是说，家人和受害儿童一样，都可能会受到"关系创伤"（relational trauma）（Sheinberg & Fraenkel, 2001[①]）。家人性侵犯从根本上背叛了儿童及未参与性侵犯的家人对家庭安全感的信任，还会打碎一家人曾经以为"自己生活在一个快乐正常的家庭"的信念。没有参与性侵犯的父母、伴侣、兄弟姐妹，甚至爷爷奶奶姥姥姥爷都可能会感到，自己"一直生活在谎言中"。他们可能因此而不再信任家人，甚至也不信任其他人、不敢结婚等。

如果侵犯者是家人信任的老师、教练、邻居、亲友，甚至是宗教人士，那么家长同样会感到信任受到背叛。这种背叛感导致的愤怒情绪不仅指向侵犯者本人，还会指向家庭、学校、教育机构、社区、宗教团体等。如果缺乏完善的儿童保护制度，不能及时对披露儿童性侵犯做出有效的回应（终止性侵犯的发生），不能消除性侵犯对儿童及其家人造成的负面影响，家人由背叛创伤导致的愤怒情绪会被放大，阻碍家长为受害儿童提供情绪支持和保护行动。

例如，家长得知孩子长期遭受班主任老师性侵犯后，感到老师和学校都背叛了自己的信任。他们说："咱把孩子交给你学校了，老师就跟爹妈一样，是第二个家长，咱一百个放心嘛！老师怎么能做这样的事？！""学校是教书育人的地方，是最放心、最安全的地方，怎么能出这种事儿？你校长就用这样的老师？都两三年了，你们学校老师怎么一点儿都没发现？"而相关的职能部门未能及时站

---

① Sheinberg, M. & Fraenkel, P. (2001). *The relational trauma of incest: A family-based approach to treatment*. The Guilford Press.

在受害儿童及家庭的立场保护他们的利益，没有及时采取有效行动去严惩侵犯者、消除受害儿童及其家庭受到的负面影响，会更加激起家长们的愤怒情绪（龙迪，2007[①]）。

披露后，周围人的负面反应也会增加家长的背叛创伤。例如，邻里乡亲为侵犯者说话；责备受害儿童；让自家孩子孤立受害儿童，认为受害儿童不是好孩子，等等（龙迪，2007[①]）。

上述信任背叛所产生的愤怒情绪是一把双刃剑。一方面，可以激发家长一致对外、为孩子讨回公道、保护孩子的愿望和行动；另一方面，家长在缺乏制度支持的情况下，很容易把关注点只放在借用媒体或法律手段"讨回公道"（惩罚侵犯者、获得经济赔偿等），会激发更强烈的愤怒情绪，因而无法保证有足够的心力为孩子提供有效的情绪支持和保护行动（龙迪，2007[①]）。

家长的背叛感也可能来自受害儿童本人。例如，家长通常会抱怨孩子没有及时告诉父母受性侵犯的经历，或者孩子最先告诉别人而不是家长等。这种背叛感有可能促使家长对受害儿童产生愤怒情绪，他们可能会因此责备孩子，甚至惩罚孩子，从而增加孩子的创伤反应，并破坏亲子关系（龙迪，2007[①]）。

三、耻辱感

因儿童性侵犯事件的发生而感到羞耻，形成稳定、广泛的负面内在归因，从而产生强烈的负面自我评价和羞耻感（Feiring, Taska & Lewis, 1998[②]）。这种耻辱感并不是受害儿童独有的，还会影响到整个家庭，特别是家长。家长如何看待性侵犯事件的性质，如何看待受害儿童表现出来的性创伤行为，如何看待披露后周围人的反应等，都有可能强化家长的羞耻感，从而破坏家长为受害儿童提供情绪支持和保护行动的能力。

进入 21 世纪，中国乡村社会仍普遍存在处女贞洁观念，认为女孩的贞洁是头等大事；女孩守贞洁就是为未来的婆家守本分，就是对父母尽孝。于是，孩子受到性侵犯的经历可能会成为受害儿童及其家庭的耻辱标记。一方面，对于

---

① 龙迪.2007.性之耻，还是伤之痛——中国家外儿童性侵犯家庭经验探索性研究.桂林：广西师范大学出版社.

② Feiring, C., Taska, L., & Lewis, M. (1998). The role of shame and attributional style in children's and adolescents' adaptation to sexual abuse. *Child Maltreatment*, 3, 129—142.

受害儿童来说，"失身不如砍头"，受到性侵犯就是"一辈子不能抹掉的污点"；另一方面，对于整个家庭来说，是"不光彩的事"，是"见不得人的寒碜事"，是"难以启齿的丑闻""名声不好听"。周围人的"闲话"把这种处女贞洁观念变成女儿的"名声"和家长的"脸面"，形成一家人的贞洁耻感，导致面子创伤（龙迪，2007[①]）。

在"家丑不可外扬"的文化观念影响下，受害儿童的家长可能会普遍担心，"这事儿传出去"不仅影响家长的脸面，更会影响女儿未来的婚姻（"长大找不到好对象"）。家长们可能会因孩子受到性侵犯而感到"没脸见人""抬不起头""脸上无光""比别人矮半截"。如果听到周围人对此"说闲话"，家长就会"脸红""不好意思"，感到"像侮辱人似的""有地缝都能钻进去"（龙迪，2007[①]）。

渐渐地，家长头脑中的贞洁耻感可能会变成责备受害者、责备家庭的逻辑。例如，家长可能会不自觉地把性侵犯经历说成是"受害儿童和侵犯者做的事""家里出现这种丑闻"等。而贞洁耻感所要求的语言贞洁使得家长没有恰当的词汇和受害儿童讨论性侵犯的创伤经验（龙迪，2007[①]）。

制度和周围人的反应也会影响家长的贞洁耻感。例如，披露自家孩子遭受老师性侵犯后，当地尚未设立专门的儿童保护部门去主动承担责任（终止性侵犯的发生；让侵犯者承担法律责任；为受害儿童及其家庭提供支援服务，以便消除性侵犯给他们造成的负面影响等），而地方教育部门却要求家长承认校方没责任、保证永不上告，而且地方法院不予立案，家长还受到工作人员的推诿和挖苦等。不仅如此，受害儿童连同他们的家人还会受到亲友和邻里的指指点点、冷嘲热讽，以及孤立和威胁……这些来自家外系统的负面反应使家长们感到"找不到说理的地方""受到人格侮辱""心理不平衡"。于是，他们为了挽回名声和脸面并证明自己"有理""清白"，而转向借助媒体和法律途径"讨公道""讨说法"，继续忽略受害儿童疗伤止痛的需要（龙迪，2007[①]）。

另外，家长为了保住女孩的"名声"和家族的"面子"而"不想把事儿整大"，可能会选择私了，使侵犯者逍遥法外。他们还会相信"没人说，就没有影响"，因而会选择刻意遗忘，特别是禁止一家人谈论与性侵犯经历相关的话题，

---

① 龙迪.2007.性之耻，还是伤之痛——中国家外儿童性侵犯家庭经验探索性研究.桂林：广西师范大学出版社.

使受害儿童及其家人没有机会处理各自复杂的情绪或感受（龙迪，2007[①]）。

受害儿童的性创伤行为和家长童年遭受性侵犯的创伤记忆，也可能会触及家长的性禁忌底线，增加家长的贞洁耻感。例如，孩子谈论与性或性侵犯有关的话题，或者当众做出有性含义的动作，可能会使家长感到羞耻和愤怒。他们为孩子未来担心的同时，也会体罚或责骂孩子，增加孩子的创伤反应（龙迪，2007[①]）。

四、无力感／无能感

家长的无力感／无能感主要来自无法及时消除性侵犯给受害儿童及其家庭造成的负面影响，感到自己做父母失职。

强烈的贞洁耻感似乎锁定了受害儿童不可更改、令人绝望的未来，使家长感到无能为力。例如，家长可能会觉得没有希望，因为"孩子没法救了""这辈子就算完了"（龙迪，2007[①]）。

除此之外，增加家长的无力感／无能感的因素还包括：对孩子或其他家人出现的创伤反应长期束手无策；不能及时得到资源和社会支持；不能及时解决生活困境等。另外，在处理儿童性侵犯事件过程中，家庭的隐私被侵犯，私密的家庭生活成为公众公开谈论的话题，也会增加家长的无力感（龙迪，2007[①]）。

第三节　关系层面的负面影响

家庭功能运作的核心是家庭内部的关系过程。所谓关系过程，是指家人之间长期以特定的角色进行互动，形成双边（或多边）子系统，包括成人伴侣子系统、成人管教或照顾子系统、亲子子系统，以及兄弟姐妹子系统等。根据家庭系统理论，每个子系统都有效地联合运作，才能让家庭作为一个整体有效地发挥功能（Figley & Kiser, 2013[②]）。

显然，孩子遭受性侵犯作为一个创伤事件，将会使整个家庭经历诸多无法掌控的重大改变，特别是家人之间关系的改变、家庭与学校或社区关系的改变，从

---

① 龙迪.2007.性之耻，还是伤之痛——中国家外儿童性侵犯家庭经验探索性研究.桂林：广西师范大学出版社.

② Figley, C. R. & Kiser, L. J (2013). Helping traumatized families. New York: Routledge.

而改变家内多个子系统的运作功能，可能使双边关系过程和多边关系过程受到负面影响，从而增加家庭复原的难度和复杂性。主要体现在夫妻关系、养育方式与亲子关系、兄弟姐妹关系。

一、夫妻关系

在大多数双父母家庭中，夫妻关系常常是稳固家庭功能的锚。面对创伤时，健康的夫妻关系可以相互支持，成为共同面对创伤经历的力量源泉。然而，如果夫妻不能沟通与创伤相关的话题，特别是对于"事件发生的性质""为何发生""如何处理"这三个方面有不一致的认识，夫妻之间互动就会经常出现冲突和相互指责。这些负面互动不仅消耗一家人的心理能量和生理能量，还可能会导致家庭暴力、分居或离婚（Felson & Outlaw, 2007[①]）。

研究显示，30位英国父母在孩子遭受家外性侵犯被披露初期都出现过婚姻问题，原有的婚姻冲突加剧（Davis, 1995[②]）。中国父母在处理受害儿童创伤反应的行为问题时不能达成共识与合作，会增加夫妻之间的隔阂及冲突。而贞洁耻感的社会文化、缺乏支持的家外系统、沿用传统的性别角色分工等，都有可能破坏夫妻之间相互支持与合作，或强化原有的关系冲突和隔阂（龙迪，2007[③]）。

二、养育方式与亲子关系

儿童经历创伤事件，特别是经历人际暴力创伤事件（家庭暴力和虐待儿童），会从根本上改变亲子关系。

如果性侵犯者是家长，亲子之间的依附关系就会不可避免地遭到破坏。在这种情况下，作为侵犯者的家长不可能为儿童提供支持和保护。而没有参与性侵犯的家长会出于左右为难，使得亲子关系变得反复无常、前后矛盾、无法信任，可能无法给受害儿童提供支持和保护（Sheinberg & Fraenkel, 2001[④]）。这时

① Felson, R., & Outlaw, M. (2007). The control motive and marital violence. *Violence and Victims, 22* (4), 387—407.
② Davies, M. G. (1995). Parental distress and ability to cope following disclosure of extrafamilial sexual abuse. *Child Abuse & Neglect, 19*, 399—408.
③ 龙迪 .2007. 性之耻，还是伤之痛——中国家外儿童性侵犯家庭经验探索性研究 . 桂林：广西师范大学出版社 .
④ Sheinberg, M. & Fraenkel, P. (2001). *The relational trauma of incest: A family-based approach to treatment.* The Guilford Press.

需要给儿童进行家外安置。

显然，孩子遭受性侵犯会改变父母的养育方式和亲子关系。即使在正常情况下，养育子女也要求父母付出相当多的努力、心理能量和生理能量。孩子受到性侵犯后，整个家庭处于高压状态。家长在重负之下消耗心理能量和生理能量，他们不当的养育方式可能会给亲子双方都造成痛苦。

例如，家长可能无法对孩子做出亲切、温暖、敏锐的反应，缺乏对孩子的关注和支持。他们可能会因为内疚而迁就孩子，并放弃合理的要求和界限，同时又会因愤怒而要求孩子绝对服从家长权威，从而对受害儿童反应过度，甚至是严厉的教训和惩罚。有时，家长为了纠正性侵犯给受害儿童造成的行为问题（性创伤行为、攻击行为、多动行为），可能会激发亲子冲突。中国家长"重视物质满足和身体照顾，忽视心理满足和精神关怀"的养育方式，也增加了家长为受害儿童提供足够的情绪支持的难度（龙迪，2007[①]）。

如果家长本人患有 PTSD，那么那些症状可能会干扰家长照顾孩子。如果家长出现回避症状，就很难和受害儿童及家人一起处理创伤经验。

如果家长长期有睡眠问题，或者有抑郁或创伤记忆入侵等症状，就难以安排家庭的日常生活，不能给孩子提供安全稳定的生活环境。

如果侵犯者和受害者互为兄弟姐妹，那么父母可能会在自责中变得紧张、脆弱。他们要同时支持和保护作为受害者和侵犯者的两个孩子。这是非常不容易的！

三、兄弟姐妹子系统

披露儿童性侵犯后，兄弟姐妹之间的关系也会受到负面影响。如果侵犯者是家人，那么没有受到性侵犯的兄弟姐妹受父母的影响，可能会怨恨受害儿童使侵犯者离家、拆散家庭，他们甚至为侵犯者辩护。受害儿童很难从兄弟姐妹子系统中得到情绪支持，可能还会受到伤害。如果兄弟姐妹是侵犯者，那么兄弟姐妹之间的信任背叛需要很多条件才能得以修复。

---

① 龙迪.2007.性之耻，还是伤之痛——中国家外儿童性侵犯家庭经验探索性研究.桂林：广西师范大学出版社.

四、亲友关系

儿童性侵犯也会给亲友关系带来负面影响。例如，如果性侵犯者是亲友，那么家庭的亲属和朋友有可能会分为两个阵营：其中一派相信孩子，和孩子站在一起，为孩子提供情绪支持和保护行动；另一派可能不相信孩子，甚至为侵犯者辩护，并责备受害儿童。家庭关系的裂痕可能会持续很多年，甚至永远无法修复。以前看重的关系可能遭到破坏，给整个家庭增加额外的压力。家长和受害儿童在最需要帮助的时候却不再能够借助于以前的人际支持。

另外，如果长女受到亲戚性侵犯，年幼的弟弟可能会感到非常困惑，不能理解为何父母不再让自己去叔叔家串门。父母也会感到无法对孩子实话实说。

就这样，父母陷入自责和各种混乱的成人关系之中，可能会变得紧张、脆弱，从而削弱他们为受害儿童提供情绪支持和保护行动的能力。

本章小结

在本章，我们从家庭生态系统理论视角来理解儿童性侵犯在家庭层面造成的负面影响。我们看到，儿童性侵犯不仅给受害儿童带来负面影响，也波及整个家庭，即每个家人都可能受到创伤，每个关系都可能受到破坏；父权家长制下的贞洁耻感文化观念建构的面子创伤，容易使家长忽视受害儿童修复创伤的真实需要，也容易建构出"责备受害者"和"责备母亲"的公众态度，进一步削弱家庭为受害儿童提供情绪支持和保护行动的能力。因此，专业支援服务不能只是关注儿童个人层面的服务需求，还要评估并回应整个家庭的服务需求，即支援每个家人和家庭中的每个关系的服务需求，从而提升家庭保护和支援受害儿童疗愈创伤的能力。

提供专业支援服务的专业人员需要有能力挑战"责备受害者"和"责备母亲"的公众态度，和漠视儿童权利、男尊女卑的文化观念，帮助整个家庭转化贞洁耻感。

第五章

促使儿童性侵犯发生的风险机制

如果缺乏对儿童性侵犯现象的全面了解，很有可能会把发生性侵犯的责任归因于儿童的某些个人特征——例如性别、性格、身材、衣着、行为举止等，却忽视了儿童缺乏成人保护的社会现实。就连心理治疗领域的泰斗西格蒙德·弗洛伊德也曾在其著作中表示：女性诉说童年性侵犯的经验，并不是真实发生的，而是女儿有歇斯底里的幻想或引诱父亲的欲望（Herman, 1992/1997[1]）。"责备受害者"的专业话语很容易强化"发生性侵犯是受害儿童的责任"的公众态度，很可能成为侵犯者逃脱罪责的理由和成人推卸保护责任的借口。

显而易见，儿童受到性侵犯，就是因为他/她的身边出现了想要对他/她做出性侵犯行为的那个人。也就是说，正是侵犯者对于缺乏成人保护的儿童做出性侵犯行为，才使儿童性侵犯得以发生！因此，把责任推到儿童身上是不公平的，也是不应该的。在理解促使发生儿童性侵犯的风险因素/机制时，我们需要同时考虑加害风险和受害风险这两方面的因素，即哪些因素/机制促使一个人对儿童做出性侵犯行为？哪些因素/机制削弱了儿童应得的保护，从而使侵犯者有机会接近儿童并实施性侵犯？

此外，儿童性侵犯现象具有明显的性别特征。全球40多年的研究表明，儿童性侵犯的大多数受害者是女童，而大多数侵犯者是成年男性，其中相当多的侵

---

[1] Herman, J. (1992/ 1997). *Trauma and recovery*. Basic Books. New York: NY.

犯者是儿童认识的成人，甚至就是儿童的家人（Barth et al., 2013[1]; Stoltenborgh et al., 2011[2]; Pereda et al., 2009[3]; Putnam, 2003[4]）。因此，我们在讨论促使儿童性侵犯发生的风险因素 / 机制时，不能忽视父权家长制下存在的性别关系权力不平等、成人漠视儿童权利的社会现实和文化观念。正如有研究者（Finkelhor, 1984[5], 2008[6]）所指出的那样：任何鼓励或容忍性别关系权力不平等、漠视儿童权利、容忍暴力的社会态度和文化观念都会成为潜在侵犯者削弱自制力的合理借口，而且还会促使人们对儿童性侵犯的发生视而不见，从而增加儿童性侵犯发生的风险。

在本章，我们将综合相关研究结果（Ramíreza, Pinzón-Rondónb & Boteroc, 2011[7]; MacMillana et al., 2013[8]; Davies & Jones, 2013[9]; Meinck et al., 2015[10]; Plummera & Njuguna, 2009[11]），从加害风险、受害风险、社会环境及文化观念三个方面，首先探讨促使儿童性侵犯发生的风险因素，然后进一步分析这些风险因素如何相互影响演化成加害 – 受害的核心风险机制。

---

[1] Barth, J., Bermetz, L., Heim, E., Trelle, S., Tonia, T. (2013). The current prevalence of child sexual abuse worldwide: a systematic review and meta-analysis. *International Journal Public Health,* 58, 469—483.

[2] Stoltenborgh, M., van IJzendoorn, M. H., Euser, E. M., & Bakersmans-Kranenburg, M. J. (2011). A global perspective on child sexual abuse: Meta-analysis of prevanlence around the world. *Child Maltreatment,* 16, 79—101.

[3] Pereda, N., Guilera, G., Forns, M., & Gomez-Benito, J. (2009). The prevalence of child sexual abuse in community and student samples: A meta-analysis. *Clinical Psychology Review,* 29 (4), 328—338. Doi: 10.1016/j.cpr.2009.02.007

[4] Putnam, F. W. (2003). Ten-year research update review: Child Sexual Abuse. *Journal of the American Academy of Child & Adolescent Psychiatry,* 42 (3), 269—278.

[5] Finkelhor, D. (1984). *Child Sexual Abuse: New Theory and Research.* New York: Free Press.

[6] Finkelhor, D. (2008). *Childhood victimization* (PP. 56, 59). Oxford University Press.

[7] Ramíreza, C, Pinzón-Rondónb, A. M., Boteroc, J. C. (2011). Contextual predictive factors of child sexual abuse: The role of parent-child interaction, *Child Abuse & Neglect,* 35, 1022—1031.

[8] MacMillana, H. L., Tanakaa, M., Dukua, E., Vaillancourta, T., Boylea, M. H., (2013). Child physical and sexual abuse in a community sample of young adults: Results from the Ontario Child Health Study. *Child Abuse & Neglect,* 37, 14—21.

[9] Davies, E. A., Jones, A. C. (2013). Risk factors in child sexual abuse. *Journal of Forensic and Legal Medicine,* 20, 146—150.

[10] Meinck, F., Cluver, L.D., Boyes, M. E., and Mhlongo, E. L., (2015). Risk and Protective Factors for Physical and Sexual Abuse of Children and Adolescents in Africa: A Review and Implications for Practice. *Trauma, violence, & abuse,* 16 (1), 81—107.

[11] Plummera, C. A. & Njuguna, W. (2009). Cultural protective and risk factors: Professional perspectives about child sexual abuse in Kenya. *Child Abuse & Neglect,* 33, 524—532.

第一节 加害风险因素

是什么使一个人对儿童做出性侵犯行为？有关性侵犯者的研究帮助我们从加害者的角度去理解产生加害行为的风险因素。所谓"风险因素"，是指增加或促使儿童性侵犯发生的风险因素，但并不一定是导致性侵犯发生的直接原因。

有研究者（Whitakera et al, 2008[①]）回顾 89 个在 1990~2003 年期间发表的、有关性侵犯儿童者的研究，比较性侵犯儿童者、性侵犯成人者和非性犯罪者之间的风险因素差异，发现偏差性兴趣/性行为、支持性侵犯儿童的认知/态度，是侵犯者针对儿童做出性侵犯行为的最大风险因素。有研究者（Houtepen, et al., 2014[②]）回顾有关侵犯者观看儿童色情资料的研究文献，发现许多侵犯者都有多方面的心理问题。侵犯者的个人层面风险因素主要包括两个方面：一是与犯罪行为相关的个人特征，二是与性偏差/性幻想相关的个人特征。还有研究者（Neutze,et al., 2012[③]）对 345 名自述曾经性侵犯过儿童、符合 *DSM-IV-TR* 诊断标准中"恋童癖患者"或性反常行为者的社区样本进行风险因素的研究，发现侵犯者个人层面的风险因素主要包括：性偏好、性的自我调节失调、支持性侵犯的认知、各种社交 – 情感缺陷。

综合以上三个近期研究的结果，我们把加害风险因素归纳为以下四个方面：性偏好、容忍性侵犯儿童的认知/态度、心理困难和环境因素。

一、性偏好/性偏差

成人对儿童产生性兴趣，是性侵犯儿童者区别于其他犯罪者最主要的风险因素。他们常常沉迷于性，通过频繁自慰、观看儿童色情图片/影像/表演、利用互联网进行性活动等多种方式刺激自己对儿童的性幻想，强化利用儿童满足性需要的恋童倾向。相关内容详见本书第 16 章"认识性侵犯儿童者"。

---

① Whitakera, D., Lea, D., Hanson, R. K. L., Bakerg, C. K., McMahonc, P. M., Ryand, G., Kleine, A., Ricef,D. D. (2008). Risk factors for the perpetration of child sexual abuse: A review and meta-analysis. *Child Abuse & Neglect*, 32, 529—548.

② Houtepen, J. A. B. M., Sijtsema, J. J., & Bogaerts, S. (2014). From child pornography offending to child sexual abuse: A review of child pornography offender characteristics and risks for cross-over. *Aggression and Violent Behavior*, 19, 466—473.

③ Neutze, J., Grundmann, D., Scherner,G., Beier, K. M. (2012). Undetected and detected child sexual abuse and child pornography offenders. *International Journal of Law and Psychiatry*, 35, 168—175.

因此，降低发生儿童性侵犯的风险，需要阻止有恋童倾向的成人接近／接触儿童，并及早发现、及早矫治偏差性行为。

二、容忍性侵犯行为的认知／态度

侵犯者对性侵犯行为持有容忍、支持的态度（认知扭曲），是继"性偏好／性偏差"之后的第二大风险因素。这些扭曲的认知／态度合理化侵犯者与儿童发生性行为，淡化侵犯者的责任，从而促使他们解除自己的自制力，对受害者缺乏同情心／共情，因而增加儿童性侵犯发生的风险（详见本书第十六章）。

因此，需要在公众教育和治疗性侵犯者的过程中加进改变有关儿童性侵犯的错误认知／态度的内容，力求降低发生儿童性侵犯行为和侵犯者再犯的风险。

三、心理问题

研究发现，性侵犯者与其他罪犯一样，存在很多心理问题，包括：反社会人格障碍（表现为暴力、违规、推脱责任、缺乏同情心、对女性有敌意）、情绪问题（例如抑郁、低自尊、冲动、孤独）、滥用精神活性物质／酒精、人际关系困难等。

他们可能缺乏能力与别人建立亲近、信任的关系，缺乏良好的社交技巧，在同龄人的社会关系中感到自卑、孤独、无能，于是，想要从与儿童的性交往中获得权力感、权威感、全能感和掌控感，因而增加发生儿童性侵犯的风险。

另一个一致的研究结论是，一个人童年遭受性侵犯，是成年后成为性侵犯儿童者的重要风险因素。不过，童年受到性侵犯的经历并不是唯一重要的因素，因为大多数侵犯者并不是性侵犯受害者，而大多数受害者也没有成为侵犯者。

因此，降低发生儿童性侵犯的风险，需要广泛开展心理健康教育和服务，协助人们转化心理困难，建立健康的社会支持系统，从而通过正常的、社会接受的方式满足自己的合理需要，包括性需要。

四、环境因素

从生态系统的角度来看，上述侵犯者个人层面的风险因素与其生活环境密切相关，包括个人过去的成长环境和当下的生活处境。

过去的成长环境　主要的风险因素来自童年的家庭环境。潜在侵犯者可能在童年时长期遭受暴力伤害（身体虐待、情绪虐待、性侵犯、疏忽照顾），或者经历或目睹家庭暴力，或者在严厉管教下形成不良的亲子关系和不安全依附。如果不能充分转化这些童年创伤经历，其中一部分受害者有可能会认同加害者的认知／态度，成为性侵犯的加害者。他们在性侵犯儿童的关系中从无助的受害者变成强权的加害者，以便恢复自己的掌控感，抵消受虐关系强加给自己的羞耻感、羞辱感、无能感和无力感。

当下的生活处境　侵犯者缺乏良好的人际支持，削弱他们的自制力。如果他们容易接触到儿童，就会增加发生儿童性侵犯的风险。如果侵犯者不能用成熟、健康的方式处理失业、失恋、丧亲、婚姻关系紧张等生活工作压力，就有可能利用性侵犯儿童作为减压手段。侵犯者也会利用互联网强化对儿童产生性兴奋，通过饮酒、吸毒削弱其自制力。如果他／她的职业和生活环境使之容易接触到儿童，就会大大增加性侵犯儿童的风险。

可见，从环境因素降低发生儿童性侵犯的风险，应该考虑以下方面：预防家庭暴力和虐待儿童，开展心理健康服务，协助受害者疗愈童年创伤，阻止高风险人士从事儿童工作等。

第二节　受害风险因素

有研究者（Finkelhor, 2008[①]）在分析儿童遭受暴力伤害（包括性侵犯）的受害风险因素时指出，早期研究结果显示：儿童的某些个人特征（身份、情绪、行为）可能会增加儿童遭受性侵犯的风险，例如，女性、残障、缺乏自信、疏离、孤单、缺乏朋友和社会交往能力、在外过夜、饮酒、吸毒、团伙犯罪等。而遭受性侵犯的经历不仅会增加儿童再次受害的风险，还会增加受害儿童成为性侵犯者的风险。不过，如果由此而得出"儿童的个人特征是主要受害风险因素"的结论，就是极其不恰当的"责备受害者"专业话语。实际上，上述的负面个人特征通常是儿童遭受人际暴力伤害（身体虐待、情绪／精神虐待、疏忽照顾、性侵犯、校园暴力、同伴欺凌、目睹家庭暴力等）的结果，而不是遭受暴力伤害的原因。

---

① Finkelhor, D. (2008). *Childhood victimization* (PP. 56, 59). Oxford University Press.

　　儿童由于身体、心理和社交功能尚未发育成熟，无法独立满足自己的生存和发展需要（包括免受暴力伤害的需要），必然要依靠成人的照顾和保护。因此，从儿童身心发展需要的角度来看，增加儿童成为性侵犯受害者的风险因素主要是儿童缺乏日常环境中成人的有效保护，而不是儿童的某些个人特征。

　　也就说，纵然存在来自侵犯者的加害风险因素（例如潜在侵犯者产生了性侵犯儿童的动机，降低了内心自制力），不过，如果儿童生活环境中的成人能够有效阻止潜在性侵犯者靠近或接触到儿童，或者最大限度地减少或消除实施性侵犯的条件和环境，或者及时识别并发现有可能发生性侵犯的迹象并及时采取有效措施制止……还是可以降低儿童受到性侵犯的风险，并且有助于鼓励并发展儿童建立自我保护的意识和能力。

　　家庭、学校、社区等日常活动的公共场所，是儿童在日常生活中接触的主要生态环境。显然，如果儿童的主要生态环境不能发挥保护儿童免受伤害的作用，甚至成为暴力伤害的来源，就会大大增加发生儿童性侵犯的受害风险。下面，我们将从家庭环境和家外环境两个方面分析儿童性侵犯的受害风险因素。

一、家庭环境的风险因素

　　研究表明，发生儿童性侵犯与受害儿童的家庭社会经济地位和种族并没有显著相关（Ramíreza, Pinzón-Rondónb & Boteroc, 2011[①]），这一点与其他形式的儿童虐待（身体虐待、情绪/精神虐待、疏忽照顾）明显不同。不过，如果家庭不能发挥保护儿童的功能，就会大大增加儿童遭受性侵犯的风险。具体表现在以下五个方面。

（一）家长／照顾者本人的保护能力受到破坏

　　如果家长／主要照顾者经历离婚、单亲、再婚、亲友离世、移民等人生变故，或者患有精神疾病／心理健康问题、智力残障、身体残障、酗酒、吸毒、童年创伤经历（身体虐待、情绪/精神虐待、疏忽照顾、性侵犯）、早逝……再加上家庭不能得到足够的社会支持，这些负面生活经历和生命状态很容易破坏家长／照顾者的认知判断能力、情绪调节能力、解决问题能力、人际交往能力，使得家

[①] Ramíreza, C, Pinzón-Rondónb, A. M., Boteroc, J. C. (2011). Contextual predictive factors of child sexual abuse: The role of parent-child interaction, *Child Abuse & Neglect*, 35, 1022—1031.

长 / 照顾者没有精力监护并照顾孩子，不仅严重地损害家长 / 照顾者保护儿童免受伤害的能力，而且还有可能增加家长 / 照顾者本人成为侵犯者的机会。长期缺乏家长保护，也容易削弱儿童自我保护的能力。

（二）家庭暴力常态化

如果家庭习惯于用暴力解决问题，无论是成人之间的暴力（婚姻冲突、家庭暴力，让儿童目睹家庭暴力），还是成人对儿童的养育方式造成的暴力伤害（身体暴力、情绪 / 精神暴力、疏忽照顾），那么不仅会严重地破坏儿童及家长的个人心理功能，而且严重地破坏亲子关系（冲突、疏远、不信任），导致儿童不能从家庭关系中得到保护，从而增加发生儿童性侵犯的风险。

家庭暴力容易增加儿童遭受家外性侵犯的风险。一方面，受虐儿童通常缺乏自信，容易被性侵犯者接近、哄骗，增加发生家外性侵犯的风险；另一方面，儿童受到性侵犯时不敢立即告知家长寻求保护，使性侵犯继续发生。

家庭暴力也容易增加发生家内性侵犯的风险（乱伦发生的风险增加 5 倍，Ramíreza et al., 2011[①]）。当暴力成为常态的家庭文化时，家内性侵犯者的自制力就会被削弱，其他家庭成员和儿童本人抵制性侵犯的能力和愿望也会受到破坏。儿童在暴力中长大，学会用暴力操控别人，还会进一步增加成为性侵犯者的风险。

（三）不利于保护儿童的家庭生活安排

家长与自己的孩子生活在一起，是有效保护孩子的重要前提。如果儿童经常不能与亲生父母在一起生活，或者不能与父亲和母亲建立亲密、健康的亲子关系，或者家庭经常安排孩子在父母不在场的情况下长期与别人同住，特别是与继父或母亲的男朋友同住……那么这些都会增加潜在性侵犯者接近并实施儿童性侵犯的风险。

除此之外，家人之间缺乏必要的个人空间，不尊重个人隐私也会增加家内性侵犯的机会。比如，房屋拥挤，全家人住在同一房间甚至是同一张床上，抑或是让女孩与继父或失业的父亲或情绪不稳定的哥哥长时间单独地待在一起等。

另外，家庭缺少或隔绝与亲友往来，很少参加社区 / 社会活动，也容易增加

---

① Ramíreza, C, Pinzón-Rondónb, A. M., Boteroc, J. C. (2011). Contextual predictive factors of child sexual abuse: The role of parent-child interaction, *Child Abuse & Neglect,* 35, 1022— 1031.

家庭内部压力，缺少必要的家外社会支持，极有可能增加发生并维持家内性侵犯的风险。

（四）性别权力不平等、不尊重儿童权利的家庭文化

儿童性侵犯是在权力不平等的关系中发生的。中国传统社会的父权家长制强调权力等级，反映在家庭关系中，表现为性别权力不平等（"男尊女卑"）和不尊重儿童权利（"儿童是家长的个人财产"）。如果家庭用性别权力不平等和不尊重儿童权利的观念组织家庭生活，即要求儿童绝对服从长辈提出的任何要求，要求女性牺牲自己去服从并服务男性，就很容易鼓励、培养有权势的家人对权势低下的儿童施加暴力压迫，从而增加儿童受到家内性侵犯的风险，也会大大地削弱儿童拒绝别人不恰当性要求的意识和能力，削弱没有参与性侵犯的成年家人保护儿童的意识和能力，增加家外性侵犯的风险。

此外，家庭中的权力不平等也容易造成不良的家庭沟通，家庭缺乏凝聚力和家人之间的亲近感，不利于家长及时发现性侵犯迹象，也不利于儿童及时向家长求助。

（五）家长／照顾者缺乏保护儿童的意识、知识和技能

增加儿童性侵犯的受害风险因素还包括：家长／照顾者缺乏对于儿童性侵犯现象的了解，而要求儿童服从权威人物；缺乏识别、回应、举报儿童性侵犯的意识、知识和技能；缺乏教导儿童个人安全和自我保护的意识、知识和技能；缺乏教导儿童健康的性知识和性发展，并开诚布公地讨论身体部位和性话题的知识和能力；缺乏培育健康家庭关系、安全使用互联网的知识和技能等。

因此，预防，应该优先考虑降低家庭的风险因素。因为儿童无法控制自己的家庭环境，他们无法选择住在哪里，无法选择跟谁住在一起，无法选择拥有自己的房间。如果家人想要性侵犯，如果没有成人保护，儿童根本无法远离受害的危险。

二、儿童日常家外环境的风险因素

儿童日常家外环境是指儿童日常活动的公共场所，包括学校／幼儿园、课外活动机构、夏令营、社团等。这些都是教导儿童健康成长的地方——学习知识

技能、培养自信、学会关怀、学习人际交往等。显然，老师、教练、义工、宗教人士等比较容易凭借权威身份和一技之长得到家长和儿童的信任，而且有较多机会单独接触儿童。如果这些公共场所不采取专门的防护措施，就会增加儿童受到性侵犯的风险。举例如下。

1. 如果在入职选拔时未能采取措施，而让有性侵犯倾向的人入职，就会使潜在侵犯者比较容易合情合理合法地单独接触儿童，甚至长期实施性侵犯而不容易被发现。

2. 如果缺乏自上而下针对儿童性侵犯的预防教育，教职员工不了解如何识别和举报可疑行为，难以及时制止性侵犯行为的发生，那么缺乏外在制约的潜在侵犯者就会比较容易实施性侵犯行为。

3. 如果缺乏零度容忍儿童性侵犯和切实保护儿童的规章制度（例如，有效识别、举报、处置性侵犯行为和切实保护儿童安全措施等），就会使潜在侵犯者比较容易对儿童进行心理操控，使得受害儿童更容易因担心说出去没人相信、没人保护而选择不披露性侵犯。

4. 如果没有建立起尊重、平等、关怀的校园/机构文化，就很容易腐蚀人与人之间的尊重、同情、关心、保护的意识和能力。那些不受善待的儿童，包括遇到生活困境的儿童、有心理困难的儿童、伤残儿童、贫困儿童、留守儿童、流动儿童等，就会因为缺乏保护而比较容易接受潜在侵犯者的关注和哄骗，甚至遭受性侵犯。另外，暴力文化也是培养儿童或青少年成为性侵犯者的风险因素之一。

第三节 社会环境及文化观念的风险因素

政策法规、社会服务、大众传媒（包括互联网）是儿童不会直接接触的宏观社会环境。这些宏观社会环境与文化观念（有关儿童、性别与性、权力等）相互影响，塑造着家庭、学校、社区中的个人对儿童性侵犯现象的看法，从而形成相应的公众态度和对待儿童的行为。这些既可能增加儿童性侵犯的加害风险（培养潜在侵犯者），也可能增加受害风险（儿童缺乏保护）。

一、父权家长制文化观念的风险因素

中国封建社会父权家长制的家族意识以父权为中心，宗法等级为基础，强调男尊女卑和长幼尊卑，让男性家长拥有至高无上的权力和权威，使女人和儿童成为男性家长任意支配的个人财产（龙迪，2007[①]）。

中国虽进入 21 世纪，但父权家长制沿袭下来的性别不平等和不尊重儿童权利的文化观念仍深刻地影响着社会规范，通过政策法规、社会服务、媒体和公众态度表达出来，影响个人行为和组织行为，大大地增加儿童性侵犯发生的加害风险和受害风险。

（一）男尊女卑的传统性别观念

传统性别角色强调男尊女卑、男强女弱。男性的理想性别角色是强权、支配和征服，而女性的理想性别角色是恭顺谦卑、被动屈从，并应为维护婚姻和养育子女承担全部责任。因此，男性的权威体现在强制别人服从自己，而女性则应该被男性征服和占有。性，不是用来表达爱，而是用来表现权力征服，体现父权的价值、权威和尊严。

这种性别权利不平等的逻辑有可能成为男性侵犯者合法化性侵犯行为的借口和理由，从而把女童当作性工具来满足自己的需要，同时迫使女童相信发生性侵犯是她自己的责任，女性家长也有可能为了满足男性家人的需要而放弃保护孩子的责任……这些都会增加儿童性侵犯发生的加害风险和受害风险。

（二）贞洁耻感的性别双重标准

贞洁观念最早出现于商周时代。那时，对女性提出贞洁要求是为了保障父系家族延续的血统纯洁，从而保证财产继承不落他族。宋明理学提出"存天理，灭人欲""饿死事小，失节事大"，强调女性贞洁应该凌驾于女性生命价值之上。明清两朝更是通过朝廷旌表、制度奖励和礼教内化，建构出压迫女性的贞洁耻感，并使之成为普遍存在的社会现实（龙迪，2007[①]）。

贞洁观念是封建财产式婚姻的产物，意味着女性对丈夫而言是购得的私有财产，对父母而言是待价而沽的商品，对家族而言是传宗接代的工具（潘绥铭，

---

① 龙迪.2007.性之耻，还是伤之痛——中国家外儿童性侵犯家庭经验探索性研究.桂林：广西师范大学出版社.

1998[①]）。女性有绝对的义务为父系家族"守身"，必须无条件地为自己的身体损害承担全部责任。如果"失身"，那么即使是父系家族的男性所为，女人也要受到谴责和惩罚，整个家族蒙羞受辱都归罪于这个女人。

贞洁观念要求女性坚守贞操，保证家族延续血统纯洁，家财不落外族。而男性却可以借继嗣之名，把三宫六院、纳妾租妻、青楼风流作为合法的权利。这种性别双重标准物化了女性的身体，使之成为供男性利用、把玩、操控、消费的物品或商品……尽管进入21世纪，但贞洁观念仍在中国社会深刻地影响人们的观念（龙迪，2007[②]），很容易使性侵犯儿童的行为在人们的观念中合理化，同时增加受害风险和加害风险。

例如，侵犯者很容易利用由贞洁耻感衍生出的"责备受害者"公众态度向儿童施压，威胁儿童服从性侵犯行为并为此守密。儿童很容易迫于贞洁耻感的压力而服从，并且不敢说出遭受性侵犯的经历。受害家庭鉴于"家丑不可外扬"容易选择私了（龙迪，2007[②]），甚至可能在家人性侵犯儿童的情况下选择视而不见，而让儿童性侵犯继续发生。

（三）漠视儿童权利的孝道观念

在中国传统社会，儿童并不是具有独立权利的个人，而是家族延续链条上的环节，是父系家族的财产。孝道要求儿童听话懂事、服从家长权威，甚至要为保存家庭完整而牺牲自己。父母有权力支配和掌控子女的身体，子女有义务在顺从父母心欲、遵循父母旨意的前提下，为父母保护自己的身体完整。这是因为遭伤受辱的身体会给父母添麻烦，无法养亲尽孝，是不孝之举（龙迪，2007[②]）。

这种孝道观念不尊重儿童作为独立个人的权利，很容易给家长性侵犯儿童提供合理化的借口和便利条件。受害儿童困在"拒绝家长"和"身体受损"都是不孝的双重伦理困境中，很难抵制和披露家人性侵犯事件。即使说出来，也不容易得到成人的相信，甚至还会受到家人、邻里、公众"不孝"的指责。

孝道观念还要求儿童符合成人社会规定的外在道德评价标准，而不是尊重儿童的内心感受和心理需要，很容易造成疏离、紧张、对抗的亲子关系（何友晖、

---

① 潘绥铭.1998.性，你真的懂了吗? .北京：中国检察出版社.
② 龙迪.2007.性之耻，还是伤之痛——中国家外儿童性侵犯家庭经验探索性研究.桂林：广西师范大学出版社.

彭泗清、赵志裕，2008[①]）。这样的亲子关系很难有效地保护和支持儿童抵制性侵犯。

孝道观念要求儿童培养服从权威的品质，不能违抗长辈意志。要求儿童服从家长意志，也会被延伸到家内家外的其他权威关系中。比如，家长容易授权师长控制、支配、惩罚儿童，从而为师长性侵犯儿童造成便利条件，使儿童难以抵制师长的操控。

如果男性家长把家庭看作是他个人的领地，他就有可能认为自己是一家之主，有特权要求孩子服从家长的所有要求，包括性要求，从而增加发生父女乱伦的风险。

（四）暴力文化

父权文化强调男尊女卑、长幼尊卑，鼓励强权和暴力。如果"有权势的人强制地位低下的人是天经地义的""暴力是解决问题、满足需要的合理方法"等成为广为接受的社会态度，那么，容忍暴力的文化不仅使性侵犯行为合理化，而且会削弱整个成人社会保护儿童的责任意识和有效行动。

二、政策法规不完善的风险因素

政策法规如果定义儿童性侵犯行为的范围过窄或惩戒标准较低，就不足以威慑潜在侵犯者。潜在侵犯者更容易解除自制力，突破外在制约，将性侵犯儿童的内在动机付诸外在行动，从而增加加害风险。

如果政策法规不能保障受害儿童及其家庭在披露和举报性侵犯后及时得到制度保护和专业支援服务，受害儿童及其家庭就容易选择沉默或私了，从而增加继续受害的风险。如果受害儿童不披露、不举报，我们的社会就会失去及时制止性侵犯继续发生的关键时机。这样，侵犯者极有可能不仅继续性侵犯同一名受害儿童，而且还会性侵犯更多其他儿童，从而增大加害风险。

政策法规如果没有明确要求每个成人都有承担保护儿童免受性侵犯的责任，没有强制规定学校等服务儿童的机构必须采取必要的制度保护措施，没有保障向公众提供必要的预防儿童性侵犯教育，不能给予举报者必要的保护……那么这些都极有可能使人们对于可能发生儿童性侵犯的可疑现象或行为视而不见，因而不仅增加儿童的受害风险，也使潜在侵犯者更加毫无顾忌地制造性侵犯儿童的机会，增加加害风险。

---

① 何友晖，彭泗清，赵志裕.2008.世道人心：对中国人心理的探索.北京：北京大学出版社.

三、缺乏配套专业支援服务的风险因素

能否提供有效的配套专业支援服务，也是影响儿童性侵犯发生的风险因素。

例如，如果缺乏完善的披露、举报和即时响应机制，就会导致儿童及其家庭在披露和举报后不能及时得到有效的支持和保护，反而会受到伤害。这样，儿童及其家庭就很容易选择沉默或私了。除此之外，局外人即使及早发现了儿童性侵犯，也会因无法靠个人力量处理儿童性侵犯事件而放弃保护儿童的责任，因而同时增加受害风险和加害风险。

如果举报和即时响应机制运行的结果最终只是进入司法程序，即让家庭配合国家把侵犯者送进监狱，或让儿童配合家庭得到经济赔偿，而儿童、家庭却不能得到保护安全、促进疗愈的配套专业支援服务，就会降低受害儿童及家人举报性侵犯和寻求帮助的信心和意愿，从而增加继续受害的风险。

如果儿童或青少年没有机会疗愈性侵犯对于身心健康及发展造成的负面影响，有一部分人就有可能会成为性侵犯儿童者，从而增加加害风险。美国研究显示，40%~80% 性侵犯儿童的青少年本人曾经受到性侵犯（Stop It Now[①]）。

如果我们的社会不能向公众提供足够的社会服务，用以帮助人们处理生活压力，处理心理创伤带来的情绪问题、关系问题和生活问题；或者缺乏丰富的精神文化生活等，那么这些都有可能使潜在侵犯者利用儿童满足自己的性需要及情感需要，从而增加加害风险。

四、大众传媒（包括互联网）的风险因素

包括互联网在内的大众传媒有可能通过塑造公众态度和文化观念，增加儿童性侵犯发生的加害风险和受害风险。

（一）互联网改变个人界限的界定

迅猛发展的互联网和电子移动设备渗入社会生活的各个领域，正在悄悄地改变着个人界限的规范。个人信息通过互联网和智能手机广为传播，人们在社交网站或朋友圈交往的时间和深度胜于与身边人面对面的交往，增加了儿童学习设定个人界限的难度，也增加了家长监护儿童把握个人界限的难度。这些都有可能增加潜在侵犯者接近、哄骗儿童的加害机会。

---

① Stop It Now! Child Sexual Abuse Facts Sheet. Accessed online at: *www.stopitnow.org/child_sexual_abuse_fact_sheet*

（二）互联网使儿童色情信息唾手可得

互联网使人很容易得到儿童色情图片、视频、文字，甚至通过聊天室或社交网站交流利用儿童满足性需要的经验，刺激人们（包括未成年人）对儿童产生性兴趣，强化潜在性侵犯者的偏差性行为，使他们更容易把儿童作为满足性欲的工具，促使他们在真实的世界里与儿童发生性关系，从而增加加害风险。

青少年及儿童受到引诱在互联网上接触各种暴力色情信息，见识各种性经验，从而把性反应与暴力联系在一起，并想要尝试性经验而不承担责任，也会增加加害风险。

（三）传播不健康的性观念

包括互联网在内的大众传媒如果传播不健康的性观念，就会增加儿童性侵犯发生的加害风险和受害风险。例如，用商业价值来衡量人的价值，物化自己或他人的身体，并形成错误的性观念和性态度，例如"性可以用来获得好处（包括经济利益）""性，可以用暴力表达"等。如果家长、学校老师没有装备必要的教育工具对儿童进行性健康教育，那么，不健康的性观念就会填补信息真空，促使年轻人容易把自己或他人作为工具（包括性工具），以为人际关系的基础只是满足性欲，而不是表达尊重、平等和关怀等。

（四）对儿童性侵犯现象缺乏准确的认识

如果公众对于儿童性侵犯缺乏完整准确的认识，不认为利用儿童的性是错误的、有害的、非法的，也不知道应该为防治儿童性侵犯做些什么，也会增加儿童性侵犯发生的加害风险和受害风险。

例如，如果媒体在报道儿童性侵犯事件时，未能准确地呈现相关知识，就有可能误导公众对于儿童性侵犯产生误解。这些误解包括：淡化预防儿童性侵犯的公众意识（"儿童性侵犯是少见的极端事件，不会发生在自己的孩子身上"），强调儿童性侵犯无害论（"只要不破坏处女膜，让儿童卷入性活动是无害的""儿童喜欢这样的游戏""让儿童得到好处[金钱、礼物、特权]的性活动没有伤害""没有武力和身体伤害的性活动没有伤害""与儿童进行性活动是表达感情/性教育"）……这些公众态度很容易成为侵犯者推脱责任的借口，增加加害风险和儿童缺乏保护的受害风险。

如果媒体未能准确地教育公众有关儿童性侵犯的相关知识，儿童就不容易得到成人的有效保护而增加受害风险。举例来说，准确的知识包括：儿童性侵犯经常发生在家庭、学校 / 幼儿园等儿童日常活动场所；性侵犯者通常是儿童认识并信任的人，甚至是家人；成人知情后需要对性侵犯事件做出恰当的反应等。

如果媒体有意无意地传播父权家长制的错误观念，例如"男人无法控制自己的性欲""发生性侵犯是因为漂亮女孩儿穿着裸露，勾引男性""父亲因为婚姻不和、妻子不能满足他的性需要，才和女儿发生性关系""性侵犯持续发生，是因为儿童没有立即制止，这表示他 / 她愿意或允许性侵犯发生""孩子受到性侵犯是母亲失职"……这样的专业话语和公众态度为侵犯者开脱罪责，"责备受害者""责备母亲""责备家庭"，很容易成为潜在侵犯者自我辩解的理由，增加儿童性侵犯的加害风险。

第四节　核心风险机制分析

为了有效地预防儿童性侵犯的发生，我们不仅需要了解多层面的风险因素，还要了解这些风险因素如何相互影响，从而形成儿童性侵犯发生的风险机制。

一、风险机制的演变过程

本书借鉴"儿童受害风险分析模式"（Finkelhor, 2008[1]），把促使儿童性侵犯发生的加害 – 受害核心风险机制分为以下三个有时间顺序的动态演变过程。

1. 激发过程：激发侵犯者产生性侵犯儿童的动机和需要。

2. 选择过程：促使性侵犯者有机会接近 / 接触某位 / 某些儿童。

3. 保护过程：因缺乏保护而削弱某位儿童抵制或逃离受害。

其中，每个过程都包括以下三个层面的风险因素。

1. 环境因素：潜在加害者或潜在受害者的居住环境和社会交往环境。

2. 个人因素：潜在加害者或潜在受害者的个人特征和能力。

3. 社会文化因素：社会环境中普遍存在的有关性别、性、权力、暴力的社会态度和文化观念，以及潜在加害者和潜在受害者内化的态度和观念。

风险机制的形成是一个逐步演变的过程，即上述三个层面的风险因素相互影响，形成特定的风险过程。而三个风险过程进一步相互影响，最终形成儿童性侵犯发生的核心风险机制。详见表 1.5.1。

---

[1] Finkelhor, D. (2008). *Childhood victimization* (PP. 56, 59). Oxford University Press.

表 1.5.1　促使儿童性侵犯发生的核心风险机制

过程　风险因素	激发过程 潜在侵犯者产生 内在动机 / 需要	选择过程 潜在侵犯者有机会 接近 / 接触儿童	保护过程 潜在侵犯者有机会 实施性侵犯
环境因素	潜在侵犯者的成长环境 1. 暴力伤害的童年生长环境，包括童年遭受性侵犯 2. 缺乏监管 / 保护 / 支持的童年生长环境（家庭 / 学校 / 社区） 3. 色情化 / 物化儿童及女性的信息在互联网和媒体广为传播 4. 政策法规的惩戒力度不足 5. 缺乏心理矫治服务	儿童日常生活环境不安全 1. 居住地的治安 2. 学校 / 活动场所 3. 家庭 4. 互联网	儿童缺乏成人保护（关系和制度） 1. 照顾者 / 保护者：家庭（家长） 2. 保护者：学校 / 机构（老师 / 专业人员） 3. 守望者：社区 / 社会 未能与儿童建立友善关系 缺乏保护儿童的意识、知识、能力 缺乏制度环境的保障
个人因素	潜在侵犯者 个人的风险特征 1. 偏差的性和心理需要 2. 偏差的性行为 3. 情绪 / 心理问题 / 精神障碍 4. 饮酒、吸毒、用药、接触色情媒介等	儿童的脆弱性 1. 依靠成人照顾 2. 年龄 3. 性别 4. 困境儿童：遭受暴力伤害、缺乏保护和支持而导致情绪困扰、心理 / 行为困难、人际关系困难、反复受害等	儿童的自我保护 及求助能力有限
社会态度 及 文化观念	父权家长制权力等级的文化观念（男尊女卑 / 长幼尊卑） 支持暴力文化（强权欺负弱小）产生的影响 1. 潜在侵犯者：成为性侵犯儿童的合理化借口，降低自制力 2. 保护者（家长 / 老师）：淡化保护儿童免遭性侵犯的意识和行动，制造疏远、紧张、不信任的亲子 / 师生关系 3. 守望者（所有人）：淡化保护儿童免遭性侵犯的意识和行动		
核心风险机制（四个先决条件理论模式）	冲破第一、二道防线 1. 强化潜在侵犯者性侵犯儿童的内在动机和需要 2. 瓦解潜在侵犯者内在自制力	冲破第三道防线（外在环境） 1. 未能阻止潜在侵犯者接近儿童或实施性侵犯的机会 2. 未能最大限度地消除儿童性侵犯发生的制度环境 / 条件	冲破第四道防线（儿童自我保护能力） 1. 儿童未能避开、抵抗和阻止 2. 儿童缺乏向外求助的资源、途径和可能性

二、核心风险机制

我们选用 "四个先决条件理论模式"（Four Preconditions Model）（Finkelhor, 1984[①]）作为分析工具，分析促使儿童性侵犯发生的核心风险机制。

研究者（Finkelhor, 1984[①]）回顾大量有关儿童性侵犯者的研究成果，进而提出 "四个先决条件理论模式"，至今仍是国际社会广为应用的经典理论模式。该理论试图从心理学和社会学的角度，阐释一个人变成性侵犯者需要同时具备以下四个先决条件：

1. 产生性侵犯儿童的动机和需要；

2. 失去自制力（合理化理由、喝酒、用药、接触色情媒介后丧失现实感）；

3. 冲破外在环境的制约；

4. 瓦解潜在受害者的抵制能力；

可见，促使儿童性侵犯发生的核心风险机制是潜在侵犯者逐一冲破四道防线的演变过程。也就是说，性侵犯行为首要根源来自潜在加害者产生性侵犯儿童的动机和需要（冲破第一道防线）。

然后，如果这个人失去自制力，便开始计划付诸行动（冲破第二道防线）。

如果这个人在行动之后突破了儿童外在环境的保护防线，便有机会接近并接触到潜在受害儿童（冲破第三道防线）。

如果潜在受害儿童自我保护意识和能力不足，并且缺乏求助的资源和途径，儿童抵制力这最后一道防线失守（冲破第四道防线），性侵犯行为就会发生，甚至导致儿童重复受害。详见图 1.5.1。

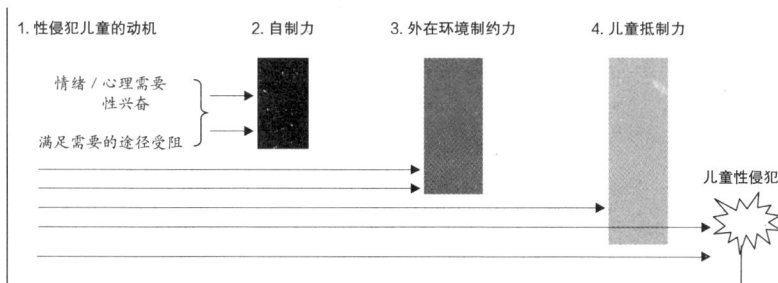

（资料来源：Finkerhol[1984]，55 页，图 5-1）

图1.5.1　四个先决条件理论模式

---

① Finkelhor, D. (1984). *Child Sexual Abuse: New Theory and Research.* New York: Free Press.

本章小结

在本章，我们在认识加害风险因素、受害风险因素、社会环境及文化观念风险因素的基础上，分析了多层面的风险因素如何相互影响，逐渐演变成促使儿童性侵犯发生的加害－受害核心风险机制。

有关风险因素／机制的知识提示我们，预防儿童性侵犯的有效策略不能只把重点放在儿童自我保护教育上，因为性侵犯发生的是根源是加害者做出性侵犯行为，而儿童的自我保护能力只是预防性侵犯发生的最后一道防线，也是最脆弱的防线。把儿童自我保护教育当作预防性侵犯的主要策略，多少隐含着要儿童为发生性侵犯负责的意味，有"责备受害者"和成人推卸保护责任之嫌，有可能会给受害儿童造成再度伤害。

因此，预防儿童性侵犯的有效策略应该强调以下两个方面：第一，减少加害风险，即阻止潜在侵犯者产生性侵犯儿童的动机，增加其自制力；第二，减少受害风险，即加强成人对儿童的保护，从而阻止潜在侵犯者有机会单独接近／接触儿童，并制止他们有机会实施性侵犯行为。有关预防儿童性侵犯的策略和措施的讨论，请参阅本书第二篇"预防儿童性侵犯"。

第六章

披露与识别

披露，是指儿童把自己曾经或正在遭受性侵犯的经历告诉第三方的过程。可以是儿童主动告诉别人；也可以是性侵犯事件被发现后，成人向儿童确认或求证时，儿童说出性侵犯的经历。也就是说，本书所说的"披露"，是指儿童作为主体把自己遭受性侵犯的经历透露给第三方。

儿童性侵犯事件通常是发生在侵犯者和受害儿童两个人之间的秘密。侵犯者一般不会主动站出来承认自己性侵犯儿童，反而会利用权势地位，采取种种威逼利诱的手段迫使儿童保守秘密。因此，受害儿童出于种种压力很难即刻主动说出来。而协助儿童及早披露性侵犯经历，是启动一切专业支援服务的重要前提。有关专业支援服务的讨论请参阅本书第三篇"专业支援服务"。

本章将在回顾相关研究结论的基础上，与读者一道去理解儿童披露性侵犯的困难，以及如何帮助儿童披露性侵犯经历，包括识别儿童受到性侵犯的身体表征和行为及情绪表征。

第一节　儿童披露性侵犯的研究结论

有关儿童披露性侵犯的研究最早始于 20 世纪 80 年代初期美国精神科医生（Summit, 1983）提出"儿童性侵犯调适症候群"的临床描述。在过去的 30 多年中，来自美国、英国、加拿大、南非、瑞士、瑞典、澳大利亚、以色列、意大利，还包括马来西亚、新加坡、泰国、日本等亚洲国家和中国香港和台湾地区开展有关儿童披露性侵犯的研究——既包括大规模社区人口的回顾性研究，又包括已披露性侵犯经历的儿童样本和家长样本的量性研究（McElvaney, 2013[1]; Easton, 2013[2]; Lam, 2014[3]; Lyon & Ahern, 2011[4]），而呈现儿童主观经验的质性研究则试图从儿童视角和儿童逻辑去理解披露性侵犯的过程（McElvaney & Greene, 2014[5]; McElvaney, Greene & Hogan, 2012[6]; Schonbucher et al., 2012[7]; Schaeffer, Leventhal & Asnes, 2011[8]）。这些研究结论向我们呈现以下共识：（1）大多数受害儿童不会立即主动披露性侵犯；（2）外在条件可以帮助受害儿童披露性侵犯。

一、大多数儿童不会立即主动披露

1. 不足三分之一的受害儿童遭受性侵犯后 24 小时之内主动向第三方披露。

2. 大约二分之一以上的受害儿童会延迟披露，延迟时间从一个月内到数年，平均延迟 20 年，最长延迟 50 年。

3. 大约四分之一的受害儿童终生不披露。

4. 受害儿童迫于压力，有可能翻供或前后陈述不一致。即使有证据证实性侵犯事件曾发生在自己身上，儿童也可能会否认之前的指控。不过，这并不能说明性侵犯事件没发生，而是说明儿童出于多种复杂原因不愿、不敢或不能说

[1] McElvaney, R. (2013). Disclosure of child sexual abuse: delays, non-disclosure and partial disclosure: What the research tells us and implications for practice. *Child Abuse Review,* DOI: 10.1002/car.2280.

[2] Easton, S. D. (2013). Disclosure of child sexual abuse among adult male survivors. *Clinical Social Work,* 41, 344—355.

[3] Lam, Y. I. (2014). Factors associated with adolescents' disclosure of sexual abuse experiences in Hong Kong. *Journal of Child Sexual Abuse,* 23, 768—791.

[4] Lyon, T. D., & Ahern, E. C. (2011). Disclosure of child sexual abuse: implications for interviewing. In J. E. B., Myers (Ed.), *The APSAC Handbook on Child Maltreatment (3rd)*, Sage: Los Angeles. pp.233—252.

[5] McElvaney, R., & Greene, S. G. (2014). To tell or not to tell? Factors influencing young people's informal disclosure of child sexual abuse. *Journal of Interpersonal Violence,* 29, 928—947.

[6] McElvaney, R., Greene, S. G. and Hogan, D. (2012). Containing the secret of child sexual abuse. *Journal of Interpersonal Violence,* 27, 1155—1175.

[7] Schonbucher, V., Maier, T., Mohler-Kuo, M., Schnyder, U., Landolt, M. A. (2012). Disclosure of child sexual abuse by adolescents. *Journal of Interpersonal Violence,* 27, 3486—3513.

[8] Schaeffer, P., Leventhal, J. M., & Asnes, A. G. (2011). Children's disclosures of sexual abuse: Learning from direct inquiry. *Child Abuse & Neglect,* 35, 343—352.

出来。

5. 年幼或遭受家庭成员性侵犯的儿童更有可能不披露、延迟披露，而且延迟披露的时间更长，甚至翻供。

6. 男童比女童更不愿意披露遭受性侵犯的经历。

7. 被女性性侵犯的儿童更倾向于选择不披露。

8. 不主动披露性侵犯经历的儿童很难在司法调查中提供信息、配合取证。

9. 在披露受害经历的儿童中，相当一部分人不是主动说出的，而是有人询问，或不自觉地说出来，或者被人意外发现后说出来。

二、外在条件有助于儿童主动披露

1. 披露性侵犯的部分儿童是因为有人直接询问其身体状况和情绪状态产生的原因。

2. 儿童平时与家长关系好，更容易披露性侵犯经历。不过，这样的儿童也有可能因过于担心父母受伤而不愿披露。

3. 得到家长支持的儿童更容易在司法调查中披露性侵犯经历。

4. 询问者的身份和提问方式会影响儿童披露性侵犯事件的详细程度和准确性。

5. 儿童主动披露性侵犯的主要对象是父母（特别是母亲）及其他女性家长（继母、外婆、奶奶、姑姑、姨姨），其次是儿童在日常活动场所接触到的成年保护者，包括老师、校长、学校其他员工、医生、护士、其他孩子的父母／祖父母、家庭的朋友、保姆。而青少年则倾向于告诉同龄伙伴。

6. 不足 10% 的受害儿童会主动报警（警察），或向儿童保护机构（工作人员）举报。

7. 当儿童能够找到一个值得信赖的聆听者，并相信对方能够给自己实质帮助时，有助于披露性侵犯。

8. 近年来的研究显示，青少年披露性侵犯经历的比率高于童年遭受性侵犯的成人。这一现象或许可以说明，在过去 20 年中，上述国家地区所采取的综合防治儿童性侵犯措施已经有效地提升防治儿童性侵犯的公众意识。

第二节　披露类型

儿童遭受性侵犯后，往往要面对一个非常艰难的境况，即做出一个重大的决定：是否把受到性侵犯的经历告诉别人！

她／他需要突破侵犯者威逼利诱的心理操控，反复权衡说出来的后果，因为她／他不知道聆听者会如何理解并回应自己发出的信息，也不知道聆听者是否会相信、支持并保护自己，还可能担心自己说不清楚，担心披露性侵犯对个人和家庭带来负面后果……因此，受害儿童需要找到合适的时机和值得信赖的聆听者！

然而，性侵犯通常严重地损害了儿童信任他人的能力，特别是破坏了对成人的信任（详见本书第三章）！因此，大多数受到性侵犯的儿童不会立即**主动披露**，而是要等待时机而**延迟披露**。

她／他会想方设法地寻找机会，并试探聆听者的反应，从而决定自己是否说出来、对谁说、说多少、怎么说等。因此，她／他可能会**部分披露**，即先说少量信息试探成人的反应，感到安全时再多说一点儿。如果成人的反应让她／他感到披露带来的后果难以承受，她／他可能就会**否认**之前说出的事实。当然，如果她／他找不到合适的时机，或者找不到合适的聆听者，就可能**永不披露**，即使有人直接询问时也会矢口否认，即使证据确凿甚至侵犯者本人认罪时也会否认！

不过，不少性侵犯事件是**意外披露**的，例如：有人发现儿童的身体有明显的伤痕；家长或老师询问儿童的情绪及行为表征；有目击者举报；其他受害儿童指控；侵犯者被另案指控或认罪；有人发现证据（例如日记／图片／视频等）；家人吵架说出来等。

受害儿童通常对于意外披露缺乏心理准备，可能会产生强烈的创伤反应，更需要及时得到成人的心理支援。

第三节　披露过程

披露儿童性侵犯的过程是一个揭秘的过程！有研究者（Kelly & McKillop，2002[1]）曾系统地讨论揭秘的心理过程，强调：揭秘过程，就是一个做决定的

---

[1] Kelly, A. E., & McKillop, K. J. (2002). *Psychology of Secrecy*. New York: Kluwer Academic/Plenum Publishers.

过程！

实际上，受害儿童决定是否披露遭受性侵犯的经历，并不是一个单一事件，而是生死攸关、左右为难、持续动态的复杂过程，主要包括儿童的心理过程和人际互动过程。受到性侵犯的儿童在与环境互动中不断地在认知层面评价披露所带来的代价和好处，并预测聆听者可能做出的反应，从而决定是否披露和怎样披露。

一、儿童的心理过程

有研究者（McElvaney et al., 2012[①]）在爱尔兰采用质性研究方法（扎根理论）个别访谈 22 名 8~18 岁受到性侵犯的儿童以及 14 名家长，探索儿童披露性侵犯经历的心理过程。他们发现，披露，实际上是儿童主动控制性侵犯秘密的动态心理过程，包括三个不断改变的核心要素。

（一）主动守密

如果受害儿童未能突破情绪困扰（羞耻、自责、内疚、恐惧），也没有找到合适的聆听者，而且预测到披露付出的代价远远大于所能得到的好处，他们就会害怕说出来的后果，从而本能地"不想让别人知道"，即使身边有人询问也会矢口否认。有的孩子即使说出来一些，也会继续保密。年幼的孩子由于认知能力和语言能力尚未发育成熟，可能会"说不出来"或"说不清楚"。

不过，从正面意义来看，儿童正是通过主动守密来力图重获掌控感，以便抵消性侵犯经历所带来的无力感。

（二）高压锅效应

想要告诉别人，同时又不想让别人知道，这难以承受的心理压力是儿童保守性侵犯秘密所付出的情绪代价。实际上，保密本身会增加儿童的自责、内疚、恐惧、羞耻等复杂情绪，从而消耗儿童的心理能量和生理能量。当儿童承受不了由守密造成的说不出、听不到、看不见的心理痛苦和压力时，就想要告诉别人。

---

① McElvaney, R., Greene, S. G. and Hogan, D. (2012). Containing the secret of child sexual abuse. *Journal of Interpersonal Violence,* 27, 1155—1175.

如果这时儿童恰好遇到合适的机会，比如有机会接触到可信赖的人、有人过问、有机会与同伴分享私密话题、与家人一起看有关性侵犯话题的电视节目、参加学校或社区预防儿童性侵犯的活动、发生家庭冲突……儿童有可能就会说出来。不过，尽管如此，如果没有家人支持，儿童仍会害怕披露带来的后果，他们可能会在披露后感到内疚自责，也可能在说出一部分事实后不再提供更详细的信息，或前后说法不一，甚至否认之前披露的内容。

（三）向信赖的人吐露心事

与经历性侵犯一样，守密也会增加儿童的内心压力（自责、内疚、羞耻、恐惧）。为了摆脱困境，儿童会努力寻找可信赖的人吐露心事，并需要这个人为自己保密，不要让更多的人知道。这一方面与性侵犯经历带来的羞耻感有关，另一方面也反映了儿童害怕说出性侵犯经历所带来的后果。

二、人际过程

美国研究者（Staller et al., 2005[1]）采用质性研究方法对 34 名 10 至 18 岁遭受性侵犯的女童分批进行焦点小组访谈，从儿童视角和儿童逻辑去理解披露过程。研究结果显示，披露，是一个反复、持续的人际互动过程。成人对儿童披露性侵犯做出的反应和采取的行动显著地影响儿童不断调整做出的有关披露的决定：全部披露、部分披露、翻供、撤诉、否认、承认或更改陈述等。披露过程按照时间顺序可以分为披露前、披露中、披露后三个阶段。每个阶段都涉及成人对儿童的影响。中国大陆研究者（龙迪，2007[2]）采用质性研究方法（民族志）对6 名遭受老师性侵犯的女童及其家庭的研究也呈现相似的结果。

（一）披露前：突破心理困境

促使儿童决定披露性侵犯的个人条件是，知道自己正在或曾经遭受性侵犯，理解自己遭受性侵犯的经历和感受，而且能够自我调节情绪，从而突破心理困境。

---

[1] Staller, K. M., & Nelson-Gardell, D. (2005). "A burden in your heart"：Lessons of disclosure from female preadolescent and adolescent survivors of sexual abuse. *Child Abuse & Neglect*, 29, 1415—1432.

[2] 龙迪 .2007. 性之耻，还是伤之痛——中国家外儿童性侵犯家庭经验探索性研究 . 桂林：广西师范大学出版社 .

阻碍儿童决定披露性侵犯的心理困境包括：发生性侵犯事件是不是自己的错？如果侵犯者是自己亲近的人，自己对侵犯者爱恨交加的感受是否代表自己同意他的行为？如果受性侵犯时身体有性反应，是否意味着自己喜欢受到性侵犯？……儿童越能弄清楚这些混乱和迷惘，就越能做出披露性侵犯的决定。

然而，侵犯者通常会把儿童从人群中孤立出来，并对儿童威逼利诱，使得绝大多数儿童很难独自突破心理困境。

（二）披露中：试探与观察

儿童发现可信赖的聆听者后，需要选择适当的时间和地点，尝试说出性侵犯的经历。不过，他们很在乎并试探聆听者的反应——边说边观察聆听者是否相信自己说的话，是否肯定和支持自己说出秘密，是否能保护自己的安全……从而决定自己是否要说下去、说多少、怎么说。有的儿童为了向成人披露性侵犯经历，甚至表现出种种反常行为，例如性发泄行为、攻击行为、自伤行为、自毁行为和自杀行为等。不过，如果成人未能及时理解这些反常行为背后的意图，而是一味地批评、指责、漠视，儿童就会绝望地放弃披露的决心。

（三）披露后：权衡后果

让儿童完整地说出整个性侵犯经历，需要花费时间。家人以及国家即时响应制度在披露过程中如何对儿童做出反应，持续地影响儿童在披露后的后续行动。

如果成人在披露过程中让儿童感受到被相信、得到支持、得到保护，儿童就更愿意完整地说出性侵犯的经历。

反之，如果成人不相信儿童说的话；或者不认为儿童受到了性侵犯，反而认为是儿童的行为不检点；或者淡化性侵犯事件的严重性（认为没插入就不严重）；不站在儿童的一边（为侵犯者说话、不采取保护行动）；甚至因为性侵犯的发生和披露性侵犯而指责和惩罚儿童……儿童自然就会停止披露，或者更改之前讲述的内容，甚至彻底否认自己受到性侵犯。来自成人的负面反应不仅会阻碍儿童疗愈心理创伤，而且还会给儿童造成再度伤害。

实际上，儿童披露性侵犯经历，就是在把自己担负不起的责任交托给成人社会。这个责任包括两个方面：一是立即制止性侵犯行为，不让性侵犯继续发生；二是让自己回到正常生活。显然，儿童一旦说出性侵犯秘密，就失去了对自己生命故事的把控，根本无法掌控披露所带来的一系列连锁反应。她／他的命运只能仰仗聆听者以及相关成人所做出的反应和所采取的行动。

从这个意义上说，儿童决定披露性侵犯是一次赌命的冒险。很多儿童决定不披露，正是由于害怕自己在缺乏成人支持和保护的境况下无法承受披露的后果。如果我们的社会没有建立有效的多部门跨专业协作保护儿童的联动工作机制，那么，儿童对于披露后果的担心通常是合理的。本章援引的研究显示，大多数儿童在披露性侵犯后，的确受到成人的怀疑、否定、指责、惩罚。

第四节　披露的困难

为什么大多数受害儿童不能主动披露性侵犯？本书根据举报犯罪的二阶段模式（Finklehor et al., 2001[①]），梳理近年来儿童披露性侵犯的国外研究，把儿童披露性侵犯的困难分为两大类：一是识别性侵犯的困难；二是披露性侵犯的困难。

一、识别的困难

在不披露性侵犯的儿童中，有一部分儿童根本不知道自己正在经历性侵犯，特别是年幼儿童。这可能因为以下几点：

1. 儿童对于身体界限、身体权利和性缺乏必要的了解；

2. 侵犯者哄骗儿童，使性侵犯行为正常化、合理化。比如告诉儿童：性侵犯行为是"特别的游戏或秘密"，是"性教育"，是"父母和孩子之间的正常行为"，是"老师表达关爱和关心"等；

3. 侵犯者看起来很正常，甚至工作优异、平易近人，使儿童误以为这个人做出的性侵犯行为是"正常的""正确的"；

4. 如果是家人性侵犯，儿童可能会以为性侵犯是每个家庭都会发生的事情。

因此，儿童性侵犯的预防教育和性教育中应该加入识别性侵犯行为的内容，从而协助儿童解决识别的困难。

---

① Finkelhor, D., Wolak, J., and Berliner, L. (2001). Police reporting and professional help seeking for child crime victims: A review. *Child Maltreatment,* 6 (1), 17—30.

二、披露的困难

有关儿童披露性侵犯的研究告诉我们，阻碍儿童主动披露性侵犯的三个主要困难包括：1.性侵犯经历本身；2.儿童因认为自己对性侵犯发生和披露后果负有责任；3.儿童恐惧、担心披露后周围人的反应。

后两个困难表面看来是儿童个人的心理反应，实质上都关乎儿童在生活环境中与成人的关系。

（一）性侵犯经历本身

这是阻碍儿童主动披露的主要困难！

在性侵犯关系中，侵犯者采用哄骗、淡化、孤立和威胁等心理操控手段把儿童困在孤立无援的境地，强制儿童保密，增加儿童的耻辱感。久而久之，儿童很自然地会怀疑自己的表达能力，感到内疚、自责和羞耻，因此，他们在决定披露性侵犯时顾虑重重，在以下三种情况下尤为突出。

1.家人性侵犯大大增加了儿童披露的难度，这可能是因为：

◇ 家人性侵犯破坏了乱伦禁忌，强烈的耻辱感使儿童无法说出来。

◇ 侵犯者同时也是照顾者和保护者，儿童可能会出于对侵犯者的爱，面临强烈的内心矛盾：想要停止性侵犯，又想保护家人，或者保持对家庭的忠诚。

◇ 儿童会担心披露带来的后果，并为此感到自责、内疚。这些后果包括：家庭破裂，失去家人，父母分居或离婚，母亲与侵犯者的亲密关系破裂；自己受到家人指责，被赶出家门，没人照顾自己；侵犯者被捕进监狱，家庭失去经济支柱，兄弟姐妹失去父亲或父母失去孩子等。

2.男童受到性侵犯时，不愿意披露，这可能是因为：

◇ 男童受害和求助都意味着破坏了"硬汉"形象，因而感到非常羞耻和耻辱。

◇ 担心自己说出来没人相信，因为社会普遍认为，性暴力是男性强迫女性性交，而不认为女性强制男性进行性活动也是性暴力。

◇ 害怕说出来后，自己会被当作同性恋。

3.如果侵犯者是女性，儿童通常选择不披露，这可能是因为：

◇ 担心/害怕自己说出来没人相信。这种担心/害怕是非常合理的。因为女性在传统性别角色中始终是"母亲"和"照顾者"的温柔形象，如果把"性侵犯"范围只限定在男性对女性性交，那么人们很容易普遍认为，女性不可能对儿童造成性伤害，甚至专业人员也可能会持有淡化和不相信的态度，或者责怪儿童大惊小怪。

○ 如果侵犯者是母亲，是儿童唯一的照顾者，那么儿童可能会担心说出来后，自己没人照顾。

（二）认为自己负有责任

受害儿童通常以为，自己对于发生性侵犯及披露后果负有责任！

侵犯者通常会通过哄骗和威胁，让儿童感到自己对性侵犯的发生负有责任，产生内疚、自责从而阻碍儿童披露的意愿和行动。比如：儿童可能会认为自己不是好孩子；认为发生性侵犯是因自己做错事而受到的惩罚；认为自己没有反抗或反抗不成功、没有拒绝、性侵犯时身体有性反应等，都说明自己愿意参与性侵犯行为；认为对侵犯者有爱恨交加的复杂感情是不应该的。另外，侵犯者经常用羞耻感来让受害儿童保持沉默，很容易使儿童因羞愧而说不出口。

儿童还可能会感到自己对披露的后果负有责任，从而增加内心挣扎。比如：如果我说出来，就会使哥哥坐牢，或使兄弟姐妹失去父亲。那么，我说出来对吗？我说什么？说多少？说给谁听？我说得明白吗？如果侵犯者就是儿童亲近、信赖、尊敬的人，那么儿童可能想要保护侵犯者，因为不想让他/她生气或有麻烦。

（三）担忧披露后周围人的反应

儿童会担忧：披露性侵犯会对自己、对别人、对整个家庭产生难以承受的后果。尤其是当儿童不清楚聆听者会有何种反应时，更有可能无限担忧可能出现的负面后果。举例如下。

○ 我说出来后，别人会相信我吗？儿童通常担心说出来后没人相信自己。

○ 他们相信了，又会怎么样？我会得到什么？失去什么？儿童通常会担心失去侵犯者所提供的好处，比如特殊照顾、感情、金钱等；担心失去朋友、失去家庭、失去父母或老师的爱；担心说出来后不仅得不到帮助，反而会受到惩罚！

○ 听我说的那个人会做什么？他/她可能会怎样做？我愿意他/她那样做

吗？我想要他 / 她怎样做？……儿童并不肯定自己是否想让聆听者报案，是否想让侵犯者受到惩罚。儿童披露性侵犯通常只是希望停止性侵犯，让自己回到正常生活。

○ 侵犯者会怎么样？他 / 她会伤害我吗？侵犯者通常会扬言：如果说出去，就会惩罚或报复儿童、家人、朋友或宠物等，使儿童因害怕而不敢披露。

○ 家人又会怎么样呢？家长听我说出来，会站在我这一边吗？他们会不会不相信我，或者对我生气、责怪我、惩罚我？他们知道我受到性侵犯，情绪上受得了吗？我是不是在给家长惹麻烦、添负担？如果他们杀侵犯者而进监狱，我就没有家啦，那怎么办？……如果亲子关系紧张，儿童可能根本不信任家长，因此，自然不会冒险去披露性侵犯。

不过，亲子关系亲近也不能保证儿童会冒险向家长披露性侵犯的经历。如果儿童认为家长情绪不稳定，或者没有能力保护自己，甚至会做出冲动的事，就很可能选择不把性侵犯的经历告诉父母。

儿童上述担心通常是合理的，因为很多成人（包括家长）在儿童披露后的确对儿童不相信、不支持、不保护！

○ 别人会怎样看待我？我是不是会因此而失去朋友？……儿童很担心别人对自己指指点点，不想让更多的人知道性侵犯经历。

○ 害怕要站在法庭上面对侵犯者。

……

上述种种担忧和恐惧反映了，儿童之所以不能主动披露性侵犯经历，是因为他们在缺乏成人支持的处境下想要保护自己、保护家人，甚至想要保护侵犯者。当儿童的担心成为真实的生活现实时，将会进一步阻碍他 / 她披露性侵犯的意愿和行动。

第五节　披露的条件

儿童披露性侵犯的心理过程和人际过程告诉我们：一般来说，受害儿童若能及早说出遭受性侵犯的秘密，就需要借助成人的帮助。他们需要在成人的帮助下，移除披露性侵犯经历遇到的内在心理困境和外在环境阻碍，从而创造促使儿童披露性侵犯的条件。

如前所述，多种因素联合影响儿童披露性侵犯的准备和能力。有研究者（Staller et al., 2005[1]）根据对儿童进行的质性研究结果指出，受害儿童本人需要具备以下四个主要条件才有可能主动披露性侵犯。包括：（1）知道"性侵犯行为是错误的"；（2）能够突破内心困难；（3）能够找到说话的安全空间；（4）能够找到可信赖的聆听者。

一、知道"性侵犯行为是错误的"

首先，儿童需要知道"什么是性侵犯行为"，而且还要知道"性侵犯行为是错误的"。这样，儿童才会有披露的意识和动机。

另外，儿童还需要知道生殖器官的名称和表达感受和想法的词汇。这样，儿童才能借助语言工具，描述受性侵犯的经历。

因此，为了帮助受害儿童及早披露性侵犯，需要在面向儿童和成人的预防教育中加入认识儿童性侵犯和身体部位的内容。

二、突破内心困难

如前所述，遭受性侵犯的经历和守密过程都会增加儿童的自责、内疚、羞耻、恐惧等复杂情绪。这些情绪积聚到儿童承受不了的程度时，就有可能变成促使儿童主动披露性侵犯的内心压力。不过，儿童主动披露性侵犯的意愿和行动主要是受外在环境的影响。

有关儿童披露性侵犯的质性研究结果表明：成人和同龄伙伴主动询问，是推动儿童披露性侵犯的重要外在力量（Staller & Nelson-Gardell, 2005[1]; McElvaney, Greene & Hogan, 2012[2]）。医生在对青少年进行例行体检时，针对可疑表征进行初步询问，可以使青少年更愿意披露性侵犯（Diaz & Manigat, 2000[3]）。因为按

---

[1] Staller, K. M., & Nelson-Gardell, D. (2005). "A burden in your heart": Lessons of disclosure from female preadolescent and adolescent survivors of sexual abuse. *Child Abuse & Neglect*, 29, 1415—1432.

[2] McElvaney, R., Greene, S. G. and Hogan, D. (2012). Containing the secret of child sexual abuse. *Journal of Interpersonal Violence*, 27, 1155—1175.

[3] Diaz, A., & Manigat, N. (2000). The health care provider's role in the disclosure of sexual abuse: The medical interview as the gateway to disclosure. *Children's Health Care*, 28, 141—149.

照儿童的逻辑，有人询问自己的状况，就说明询问者实际上已经知道自己生命中发生的事情，自己就没必要继续守密了。

因此，面向成人的预防教育应该教会家长、老师，以及其他有机会接触儿童的专业人员识别儿童性侵犯的身体表征和行为及情绪表征（详见本章第六节），学习对儿童的反常表现进行初步询问。例如：

"你怎么了？"

"是什么使你总是躲着（某人）？"

"是什么使你总是拒绝去（某地）？"

"那个人对你做了什么？"

"你这样做，是跟谁学的？"

然而，家长、老师、有机会接触儿童的专业人员询问儿童时要小心，不要直接问"你是不是受到性侵犯"，更不应该用有引导性和暗示性的提问，因为不恰当的询问有可能影响儿童披露内容的真实性和准确性，对于年幼的儿童更是如此。如果发生上述情况，法官就有可能会拒绝接受"受污染"的儿童证词。因此，面向成人的预防教育需要加入初步询问的内容。相关内容详见本书第十一章。

三、找到说话的安全空间

儿童披露性侵犯的心理过程告诉我们，儿童主动控制披露过程是一种心理需要，即在不安全的处境中力图保持掌控感。因此，他们需要选择合适的时机和场合，才能让自己感到主动披露是安全的、合适的。

这说明，面向儿童和成人的预防教育应该包括以下内容：性侵犯行为包括哪些行为？每个人都有可能受到性侵犯；发生性侵犯永远是侵犯者的错，不应该由儿童承担责任；披露性侵犯是最正确的做法……如果儿童知道，家长也知道上述知识，他们就可能会更有勇气告诉家长。

四、找到可信赖的聆听者

找到可信赖的聆听者是儿童选择主动披露性侵犯的重要条件。如前所述，儿童担心说出来后自己承受的负面后果之一，就是成人的负面反应，例如，不被相信，受到指责和惩罚，不能得到帮助等。这是阻碍儿童披露性侵犯的主要困难。因此，儿童会小心地选择可信赖的聆听者，希望可以依靠他们帮助自己。

儿童通常选择"值得信赖的聆听者"的标准如下：

1. 信任：那个人相信自己说的话，不会把自己的事情说出去。

2. 亲切：那个人愿意给自己提供支持、保护和帮助。

3. 有能力：那个人能够把信息传递给那些有能力制止性侵犯的人。

也就是说，在儿童的心目中，这个入选者有能力完成儿童自己做不到的事情，即让性侵犯事件不再发生。从这个意义上来说，找到"信赖者"，就意味着儿童需要把自己无法承担的保护责任转交给成年社会。

有研究者（Staller et al., 2005[1]）根据个别访谈儿童的质性研究结果指出，儿童更愿意选择具备以下特质的聆听者：

1. 信誉度：亲切友善，有正义感，愿意和儿童说话。

2. 支持度：相信、肯定儿童说的话，而不是责怪、评判和惩罚。

3. 倡导者：站在儿童的一边，为儿童的利益说话。

4. 坚强度：平静地聆听儿童说出性侵犯经历，不会有激烈的情绪反应。

5. 保护度：有能力、有办法、有资源保护儿童安全。

近年来的研究表明，披露性侵犯的儿童通常会告诉父母（特别是母亲）、家人（主要是女性家长）、同龄朋友和其他对他们重要的人物。相当多受到性侵犯的儿童在告诉成人之前，会先告诉同伴，从中获得情绪支持，以便能够向成人披露。青少年更愿意向同龄伙伴披露性侵犯的秘密，而且披露通常发生在同龄朋友之间相互吐露心事的情况下（McElvaney, 2013[2]; Lam, 2014[3]）。

这些研究结果提示我们，在面向儿童和成人的预防教育中都需要纳入如何回应儿童披露性侵犯的知识和技巧。

---

[1] Staller, K. M., & Nelson-Gardell, D. (2005)."A burden in your heart": Lessons of disclosure from female preadolescent and adolescent survivors of sexual abuse. *Child Abuse & Neglect*, 29, 1415—1432.

[2] McElvaney, R. (2013). Disclosure of child sexual abuse: delays, non-disclosure and partial disclosure: What the research tells us and implications for practice. *Child Abuse Review*, DOI: 10.1002/car.2280.

[3] Lam, Y. I. (2014). Factors associated with adolescents' disclosure of sexual abuse experiences in Hong Kong. *Journal of Child Sexual Abuse*, 23, 768—791.

第六节　识别儿童性侵犯

如前所述，受到性侵犯的儿童一方面很难立即主动披露性侵犯，另一方面又渴望有人帮助自己停止性侵犯事件及其带来的痛苦。如果有人注意到他们的反常迹象并加以询问，儿童就更容易说出受到性侵犯的秘密。因此，成人需要有能力识别儿童性侵犯的身体表征和行为及情绪表征，并以这些表征为线索向儿童进行初步询问。这样，可能会为儿童创造披露性侵犯的机会。

一、身体表征

受到性侵犯的儿童有可能出现以下身体表征（包括男童和女童）

○ 走路、坐下、躺下等行动有困难。

○ 衣服上有撕裂的痕迹，或有污迹、血迹。

○ 生殖器部位（如肛门、阴道、会阴等）或口腔或喉咙有瘀伤、肿胀或出血，阴道有不正常的分泌物等。

○ 抱怨生殖器部位或肛门瘙痒、疼痛，抱怨排便、排尿疼痛。

○ 医学检查结果：阴道或肛门有精液或精虫，或生殖器部位或肛门有新旧伤痕，或查出有性接触传染的疾病，或查出女童怀孕。

二、行为及情绪表征

受到性侵犯的儿童有可能出现以下行为及情绪表征（包括男童和女童）

○ 儿童的语言及行为表现出与年龄发展阶段不相符的性知识，例如：画人物时画出性器官，热衷于性话题，熟知性行为等；当众自慰，或当众脱衣，对其他儿童有攻击性的性行为、攻击行为（倾向）。

○ 出现吃手指、啃指甲、尿床等类似幼儿的倒退行为，甚至出现身心发展迟缓的现象。

○ 身体受到触碰时，反应强烈；对于更衣、脱衣感到恐惧并抗拒。

○ 极度厌恶或拒绝留在某处或与某人单独在一起。

○ 害怕某人／某些人或某些地方。

○ 突然哭泣，变得极端敏感或暴躁易怒。

◯ 感到生气、厌恶、羞愧、害怕及被出卖。

◯ 感到自己肮脏。

◯ 感到紧张、焦虑、没有安全感。

◯ 自责、内疚、自卑。

◯ 责骂父母、兄弟姐妹或其他人。

◯ 情绪容易起伏，发脾气。

◯ 睡眠困扰，例如：做噩梦、怕上床、失眠、梦游、不能熟睡等。

◯ 经常抱怨身体不舒服（例如腹部疼痛、胃痛、头痛或其他），经医生检查没有生理原因。

◯ 进食障碍，例如：饮食困难、厌食、暴饮暴食等。

◯ 学业问题，例如：学业突然显著退步、注意力不集中、旷课逃学等。

◯ 建立或维持同伴关系有困难。

◯ 出现性病、怀孕、性乱交、卖淫等，特别是儿童刚开始青春期时。

◯ 做出危险行为，例如：自伤、自毁、自杀、滥用精神活性物质、酗酒、离家出走等。

三、补充说明

1. 儿童没有出现身体表征，不等于没有受到性侵犯。国外研究显示，很多受到性侵犯的孩子并没有任何身体表征，大约三分之一以上受到性侵犯的儿童甚至没有任何异常表现（Kendall-Tackett et al., 1993[1]）。因此，协助儿童说出受到性侵犯的秘密，需要成人提高会谈技巧，目的是协助儿童在避免再度伤害的前提下说出受到性侵犯的事实，并能向法庭提供具有法律效应的口供。

2. 儿童出现上述身体表征和行为及情绪表征，并不代表儿童一定受到过性侵犯！因为其他压力事件或创伤事件（例如父母离婚、亲人去世、家庭暴力、校园暴力、社区暴力）也会导致儿童出现类似的身心反应。

不过，由于儿童性侵犯具有隐秘性，因此，如果接触儿童的成人对这些表征有所认识，在听到儿童说出受到性侵犯时，就不至于感到突然而不知所措，以免

---

[1] Kendall-Tackett, K. A., Williams, L. M., & Finkelhor, D. (1993). Impact of sexual abuse on children: A review and synthesis of recent empirical studies. *Psychological bulletin*, 113, 163—180.

让儿童感到害怕。

家长、老师及有机会接触儿童的其他成人发现上述身体表征和行为及情绪表征时,可以根据这些线索进行初步询问。 详细内容参阅本书第十一章。

如果经过初步询问后,怀疑儿童可能受到性侵犯,成人要向相关责任机构举报。 根据国务院妇儿工委 2014 年颁布的《儿童暴力伤害预防与处置工作指引》(国务院妇女儿童工作委员会办公室,2014[①]),"相关责任机构"是指社区儿童保护办公室、社区儿童工作热线,辖区派出所。 随着国家儿童保护制度不断完善,"相关责任机构"的名称会有所调整。

3.儿童的身体表征和行为及情绪表征并不等于法庭证据。 为了确定被指控者是否真的做出性侵犯儿童的行为,调查人员需要根据案件的具体情况,决定是否需要向儿童录取口供或进一步收集其他佐证。 详细内容参阅本书第十三章。

四、对预防教育的启示

家长处于帮助孩子说出性侵犯秘密的有利位置,比一般人更有机会自然地观察并询问儿童在身体、行为和情绪等方面的改变。 因此,除了面向家长的预防教育外,任何改善亲子关系的社区服务及公众教育都有助于提升家长对受害儿童即时回应和后续支援的能力。

在学校,老师、心理老师和学校社工也处于发现儿童反常行为、协助儿童披露性侵犯的有利位置。 因此,面向老师的预防教育也应该加入识别、初步询问、举报等内容。

实际上,任何有机会接触儿童的成人都有机会协助儿童披露性侵犯。 因此,在预防儿童性侵犯的公众教育和专业人员培训中,应该加入"协助儿童披露性侵犯"的内容。 例如:什么是儿童性侵犯? 任何人对儿童施加性侵犯行为都是错误的。 无论儿童是否同意,发生性侵犯都是侵犯者的错,不是儿童的责任。 儿童及早披露性侵犯是非常正确的做法。 为什么儿童通常不会主动披露性侵犯? 如何为儿童创造机会说出性侵犯秘密? 如果你被儿童选择做"值得信赖的聆听者",你将如何回应(态度和询问技巧)?

同龄伙伴,是儿童在不能信任成人时最重要的人际支持,特别是在性侵犯者

---

① 国务院妇女儿童工作委员会办公室.2014.儿童暴力伤害预防与处置工作指引.中国妇女出版社.

是家人、老师的情况下。因此，在针对青少年的预防教育中，需要让青少年知道：如果有同龄伙伴说出受到性侵犯的经历时，自己要相信同伴说的话；肯定同伴披露性侵犯的秘密是正确的，因为发生性侵犯不是儿童的错，而是侵犯者的错；鼓励或陪伴同伴告诉信任的成人，比如家长、老师或警察，或者直接报案等。

不过，我们也要关注同龄伙伴性侵犯的问题。研究发现，青少年之间的性暴力有上升趋势。一项针对香港青少年披露性侵犯的研究发现，800名社区青少年样本中，受过性侵犯的174名青少年中一半以上的侵犯者是青少年（Lam，2014[①]）。因此，在学校预防教育中，要与学生讨论同伴欺凌问题，旗帜鲜明地强调：同伴性侵犯和成人性侵犯一样，都是不能被接受的。如果学生在学校受到同伴性侵犯，也必须立即举报专责老师/心理老师/学校社工，或直接报警以便及时得到帮助。

---

① Lam, Y. I. (2014). Factors associated with adolescents' disclosure of sexual abuse experiences in Hong Kong. *Journal of Child Sexual Abuse*, 23, 768—791.

本章小结

儿童披露性侵犯的类型和过程告诉我们，儿童能否说出遭受性侵犯的经历，并不是儿童能够自行控制的单一事件，而是儿童内心世界和外在环境之间不断调节的复杂互动过程。在缺乏外在支援的情况下，儿童很自然地会选择有意不披露、延迟披露、部分披露、更改陈述、翻供、撤诉。成人需要理解儿童披露的困难，不要因儿童不披露而指责、孤立或惩罚他们。

儿童披露性侵犯的过程深受成人反应的影响。因此，预防教育和专业支援服务的内容应该包括协助儿童披露性侵犯，指导成人以信任、支持和保护的态度和行动，鼓励儿童说出受到性侵犯的秘密。

第二篇
预防儿童性侵犯

儿童性侵犯是一种全面侵犯儿童权利、危害公共健康的暴力行为，是普遍存在的全球性社会问题。因此，预防儿童性侵犯的发生并减轻其所造成的负面影响，是终止针对儿童暴力伤害、保护儿童权利和公共健康的重要措施。

近年来，儿童性侵犯现象在中国社会得到广泛关注，涌现出学校为本的儿童自我保护安全教育项目，说明中国社会预防儿童性侵犯的公众意识正在提高。这是社会进步的表现。然而，只是强调儿童自我保护，究竟能在多大程度上预防儿童性侵犯事件的发生呢？在我们的社会里，成人的权力地位远高于儿童，儿童只靠自我保护真的能获得安全吗？

本篇将从"怎么想"（预防策略）和"怎么做"（预防措施）两个方面，以国际权威研究结论为基础，重点讨论成人社会如何承担责任，保护儿童免受性侵犯。

"预防策略"，是指预防的思路和方向。"预防措施"，是指落实预防策略的具体方法。

本篇可与本丛书的《家长指南》和《儿童指南》配合使用，供读者设计预防儿童性侵犯项目时参考。

第七章

制定预防策略

"预防"（prevention）一词的中、英文都有"事先防备"的含义，指在事情发生之前采取措施，以便杜绝不好的事情发生。

对于预防儿童性侵犯来说，"杜绝不好的事情发生"，不仅指防止性侵犯事件发生，还包括制止性侵犯事件继续发生，减轻性侵犯事件给受害儿童、家庭和社区 / 社会带来的不利影响，从而终止暴力循环，避免儿童反复受害。

由于儿童性侵犯是一个极端复杂的社会问题，其产生的风险因素既包括微观层面的个人因素和关系因素，又涉及宏观层面的社会因素和文化因素，因此，要想从根本上阻止儿童性侵犯行为的发生，需要制定多层面的综合预防策略和预防措施。

本章将首先介绍有关预防儿童性侵犯的研究结论，然后以国际常用的三个理论模式作为分析工具，分析预防儿童性侵犯发生的保护机制，最后提出制定有效预防策略的基本原则。

第一节　有关预防儿童性侵犯的研究结论

20 世纪 70 年代末，儿童性侵犯现象随着女性主义运动在美国再度兴起而浮出水面，引起西方社会广泛关注。从那时起，众多预防儿童性侵犯的项目应运而生，并迅速广泛地开展起来。美国于 1993 年开展的一项对 2000 名 10~16 岁青少年的电话调查结果显示，其中 67% 的青少年在上学期间曾参加过学校主办的预防儿童性侵犯课程（Finkelhor & Dziuba-Leatherman, 1995[1]）。此后，预防儿童性侵犯的运动开始在全世界范围兴起（Finkelhor, 2009[2]）。

早期预防儿童性侵犯的主要策略是预防受害，即通过学校集体授课的方式，面向儿童（潜在受害者），开展"个人安全"的预防受害教育，内容包括识别（Recognize）、抵制（Resist）、报告（Report）三个方面（3Rs, Wurtele, 2009[3]）。

国外有关预防儿童性侵犯项目评估研究显示，针对儿童的预防教育在保护儿童安全、避免其受到性伤害方面发挥了重要作用。

例如，参加过预防教育课程的学前儿童和学龄儿童增加了对性侵犯现象的了解，提升了个人安全技巧，并能在真实生活场景中运用这些信息，更愿意在遇到不恰当的身体接触时告诉至少一位成人（Berrich & Barth, 1992[4]; Briggs & Hawkins, 1994[5]; Davis & Didycz, 2000[6]; Finkelhor & Dziuba-Leatherman, 1995[1]; Finkelhor, Asdigian & Dziuba-Leatherman, 1995[7]；Wurtel & Owens, 1997[8]）。在学校未参加过预防教育课程的女大学生童年时遭受性侵犯的比率是参加过预防教育课程仍受性侵犯的女大学生的两倍（Gibson & Leitenberg, 2000[9]）。

此外，针对儿童的预防教育不仅不会产生副作用，反而会促进儿童正常的性

[1] Finkelhor, D., & Dziuba-Leatherman, J. (1995). Victimization prevention programs: A national survey of children's exposure and reactions. *Child Abuse & Neglect,* 19, 129—139.

[2] Finkelhor D (2009). The prevention of childhood sexual abuse. *Future Child,* 19, 169—194.

[3] Wurtele, S. K. (2009). Preventing Sexual Abuse of Children in the Twenty-First Century: Preparing for Challenges and Opportunities. *Journal of Child Sexual Abuse,* 18, 1—18.

[4] Berrick, J. D., & Barth, R. P. (1992). Child sexual abuse prevention: Research review and recommendations. *Social Work Research & Abstracts,* 28, 6—15.

[5] Briggs, F., & Hawkins, R. M. F. (1994). Follow-up data on the effectiveness of New Zealand's national school based child protection program. *Child Abuse & Neglect,* 18, 635—643.

[6] Davis, M. K., & Gidycz, C. A. (2000). Child sexual abuse prevention programs: A meta-analysis. *Journal of Clinical Child Psychology,* 29, 257—265.

[7] Finkelhor, D., Asdigian, N., & Dziuba-Leatherman, J. (1995). The effectiveness of victimization prevention instruction: An evaluation of children's responses to actual threats and assaults. *Child Abuse and Neglect,* 19, 141—153.

[8] Wurtele, S. K., & Owens, J. S. (1997). Teaching personal safety skills to young children: An investigation of age and gender across five studies. *Child Abuse and Neglect,* 21, 805—814.

[9] Gibson, L. E., & Leitenberg, H. (2000). Child sexual abuse prevention programs: Do they decrease the occurrence of child sexual abuse? *Child Abuse and Neglect,* 24, 1115—1125.

发展，例如学会用正确词汇命名自己的生殖器官，喜爱自己的隐私部位，增加对自己身体的自豪感等（Wurtele, 1993[①]; Wurtel & Owens, 1997[②]），更愿意和父母讨论有关预防教育课程的内容（Wurtele, 1990[③]）。那些说出自己受到性侵犯或遇到性侵犯危险情境的参与者表示，参加预防教育课程帮助自己更有效地自我保护并减轻受到的伤害（Finkelhor & Dziuba-Leatherman, 1995[④]）。

然而，只靠针对儿童（潜在受害者）的预防教育是远远不够的。一项近期发表的研究综述表明，高达95%的侵犯者在性侵犯发生之前就认识受害儿童，47%的侵犯者已经与儿童建立情感联结和忠诚纽带，甚至与儿童住在一起（Smallbone, Marshall & Wortley, 2008[⑤]）。在这种情况下，儿童很难用在课堂上学到的自我保护知识和技能阻止性侵犯的发生。德国学者回顾相关研究指出，"自我保护"只能延迟儿童受害，但并不能避免儿童受害。因为发生儿童性侵犯的地点和情境并不在儿童的掌控之中，而是主要或完全被成人控制（Zollne, Fuchs & Fegert, 2014[⑥]）。因此，预防策略应该重点协助那些有责任保护儿童的成人提高保护儿童免受性侵犯的能力，而不是把预防的责任放在儿童的肩上，因为预防儿童性侵犯根本就不是儿童所能担负起来的责任。有效的预防策略和预防措施应该重点纠正那些促使儿童性侵犯发生的环境因素，包括家庭、学校和社区（Nation et al., 2003[⑦]）。

为此，预防儿童性侵犯的专家们呼吁，有效预防儿童性侵犯需要实现以下四

① Wurtele, S. K. (1993). Enhancing children's sexual development through child sexual abuse prevention programs. *Journal of Sex Education and Therapy*, 19, 37—46.

② Wurtele, S. K., & Owens, J. S. (1997). Teaching personal safety skills to young children: An investigation of age and gender across five studies. *Child Abuse and Neglect*, 21, 805—814.

③ Wurtele, S. K. (1990). Teaching personal safety skills to four-year-old children: A behavioral approach. *Behavior Therapy*, 21, 25—32.

④ Finkelhor, D., & Dziuba-Leatherman, J. (1995). Victimization prevention programs: A national survey of children's exposure and reactions. *Child Abuse and Neglect*, 19, 129—139.

⑤ Smallbone, S., Marshall, W. L., & Wortley, R. (2008). *Preventing child sexual abuse: Evidence, policy and practice*. Portland, OR: Willan.

⑥ Zollner, H., Fuchs, K, A., and Fegert, J. M. (2014). Prevention of sexual abuse: improved information is crucial. *Child and Adolescent Psychiatry and Mental Health, 8:5, http://www.capmh.com/content/8/1/5*

⑦ Nation, M., Crusto, C., Wandersman, A., Kumpfer, K. L., Seybolt, D., Morrissey-Kane, E., et al. (2003). What works in prevention: Principles of effective prevention programs. *American Psychologist*, 58, 449—456.

个转变（Wurtele, 2009[①]）。

1. 责任转变：应该从儿童转向成人。成人应该挺身而出，努力为儿童创造一个"消除性骚扰者"的环境。

2. 重心转变：应该从针对潜在的受害者转向针对潜在的侵犯者，特别是不要让下一代变成性侵犯者。

3. 方向转变：应该从改变个人转向纠正环境。最有前景的预防措施是，同时纠正个人因素和环境因素。

4. 行动转变：应该实施相互协调、多重组合的预防措施，由政府部门牵头，有足够的资金，联合研究者、专业人员、教育者和父母，带动家庭、学校、社区，并与保护儿童相关的多部门协作，从而最大化地发挥保护儿童免受性侵犯的效能。

第二节　预防儿童性侵犯的理论基础

如何制定预防策略，取决于行动者所采用的理论模式。国际上常用三个预防儿童性侵犯的理论模式，包括：公共卫生三级预防模式、社会生态系统模式、预防策略谱系模式。这三个理论模式的共同之处是基于生态系统理论模式（Brofenbrenner, 1977[②]）来理解促使儿童性侵犯发生的风险因素和保护因素。也就是说，预防儿童性侵犯的策略不仅要纠正个人层面的风险因素，还要纠正产生并维持儿童性侵犯的多层面社会文化环境风险因素。不过，每个理论模式各有其侧重点，读者在制定预防策略时可以博采众长。

一、公共卫生三级预防模式

20 世纪 90 年代，世界卫生联盟和美国疾病控制预防中心指出：暴力，即蓄意对他人或自己施加身体强制力，造成或极有可能造成损伤或死亡的行动，并已

---

① Wurtele, S. K. (2009). Preventing Sexual Abuse of Children in the Twenty-First Century: Preparing for Challenges and Opportunities. *Journal of Child Sexual Abuse*, 18: 1—18.

② Brofenbrenner, U. (1977). Toward an experimental ecology of human development. *American Psychologist*, 32 (7), 513—531.

严重地危害公共健康。应该把以预防见长的公共卫生模式（Public health model, CDC[1]）纳入到预防暴力的社会行动中（Foege, Rosenberg & Mercy, 1995[2]; WHA, 1996[3]）。有研究者（Rosenberg & Fenley, 1991[4]）在此之前已率先把公共卫生模式用于预防儿童性侵犯。全球许多国家运用公共卫生理论模式来制定、实施和评估相关的预防策略。

（一）基本观点

公共卫生模式以生态系统理论为基础，认为儿童性侵犯是一种危害公共健康的"社会病"，其成因既有个人层面和关系层面的微观因素，又有社会文化层面的宏观因素。因此，只是集中在单一层面的预防措施是远远不够的。预防儿童性侵犯需要从生态系统的多个层面去改变加害者、受害者、环境（社区与社会文化）之间的相互影响，不仅要纠正加害者和受害者的个人风险行为，还要纠正促使儿童容易受害的环境条件或生态系统，特别要探索如何改变使性侵犯延续的制度条件和社会文化规范。

公共卫生预防模式为此提出三级预防的概念，其特点如下。

1. 预防措施同时包括事先预防（一、二级预防）和事后预防（三级预防）。

2. 事先预防措施不仅包括保护儿童避免受害的措施（降低受害风险），还包括控制当前的侵犯者或潜在的侵犯者做出性侵犯儿童的行为（降低加害风险），以及识别高危儿童或环境，为高危儿童提供额外的支持措施，使性侵犯不会发生。

3. 事后预防措施包括接受举报并启动即时响应机制，为受害儿童及其家庭提供多样化的专业支援服务和为加害者提供心理行为矫治服务等，同时预防受害者受到负面影响和反复受害、加害者反复加害，从而避免受害者变成加害者的暴力

---

[1] Centers for Disease Control and Prevention (2004). Sexual violence prevention: Beginning the dialogue. Atlanta, GA: Author. Retrieved from *http://cdc.gov/ncipc/dvp/SVPrevention.pdf*

[2] Foege, W. H., Rosenberg, M. L., & Mercy, J. A. (1995). Public health and violence prevention. *Current Issues in Public Health*, 1, 2—9.

[3] World Health Assembly. (1996). *Prevention of violence: Public health priority* (WHA 49, 25) Geneva, Switzerland: World Health Organization.

[4] Rosenberg, M., & Fenley, M. A. (1991). *Violence in America*. New York, NY: Oxford University Press.

循环（Fergusson, Horwood & Lynskey, 1997[①]）。

4. 预防儿童性侵犯是一个持续深远的行动过程。只有在政府主导下，建立多部门跨专业协作的联动工作机制，才有可能在多个层面减少风险因素（加害和受害），增加保护因素，从而建立有效的保护机制。

（二）主要内容

一级预防 指在性侵犯行为发生之前采取措施，防止性侵犯行为的发生。目标人群是全社会所有人，包括潜在的受害者、潜在的侵犯者、保护者（家人/照顾者、专业人员）和守望者（一般公众）。有关"保护者"和"守望者"的界定详见本章第三节。

二级预防 指针对少数人的事先预防措施，即找出高危儿童或环境，包括识别可能会受性侵犯的儿童，为高危儿童提供额外的支持措施，使性侵犯不会发生。目标人群是保护者和守望者。

二级预防措施包括为高危儿童及其家庭提供实际服务，例如给予双职家长照顾儿童的服务，避免儿童在外流连，而遇到危险；学校社工给沉迷上网的青少年开小组教育，使他们明白互联网的潜在危险，避免受到性侵犯等。

三级预防 指在儿童性侵犯发生后提供的专业支援服务，目的是防止或减少性侵犯给儿童及其家庭造成长期负面影响。也就是说，三级预防是从举报及危机介入开始，包括：初步询问、即时响应、联合调查和跟进服务（为受害儿童及其家庭提供社工服务和专业心理支援服务，支持家长参与到受害儿童的疗愈和治疗过程中）；惩戒加害者，并为他们提供心理矫治服务，动员他们的家人支持他们改正性侵犯行为。目标人群是受害儿童及其家人、加害者及其家人。

就预防措施的对象数目而言，一级预防是所有人，二级预防人数较少。如果一级预防和二级预防做得好，则三级预防的人数会少得多。

可见，公共卫生预防模式几乎涵盖了综合防治儿童性侵犯的各个领域。表2.7.1 呈现了运用公共卫生模式开展防治儿童性侵犯的要点。读者可以从中检索到本书的全部内容。

---

① Fergusson, D. M., Horwood, L. J., & Lynskey, M. T. (1997). Childhood sexual abuse, adolescent sexual behaviors and sexual revictimization. *Child Abuse & Neglect,* 21, 789—803.

表2.7.1 预防儿童性侵犯的公共卫生模式

项目	事先预防		事后预防
	一级预防（第二篇）	二级预防（第二篇）	三级预防（第三篇）
时机	儿童性侵犯事件发生之前	儿童性侵犯事件发生之前	怀疑或确认儿童性侵犯事件已发生
目的	防止发生针对儿童的性侵犯行为 · 减少潜在的性侵犯者 · 阻止性侵犯者做出性侵犯行为	及早识别，及早介入 · 识别可能受性侵犯的儿童及高危环境 · 避免儿童受害	举报、即时响应、联合调查、跟进服务 · 降低性侵犯对儿童及其家庭的负面影响 · 惩戒、矫治和管理加害者，使他们停止性侵犯行为 · 终止受害者变成侵犯者的暴力循环
目标人群	· 保护者（家长/照顾者/监护人、老师及其他专业人员） · 守望者（邻居、一般公众） · 儿童（18岁以下未成年人） · 潜在的侵犯者/潜在的受害者	· 保护者（家长/照顾者/监护人、老师及其他专业人员） · 守望者（邻居、一般公众） · 高危儿童及家庭	· 保护者（老师及其他专业人员） · 疑似或已确认的遭受性侵犯儿童及其家人 · 疑似或已确认的性侵犯者及其家人
策略及方法	· 预防教育 · 纠正制度环境 · 完善立法和社会政策 · 转变社会态度和文化观念	· 识别高危儿童 · 为高危儿童及家庭提供支援服务	· 初步询问 · 即时响应 · 联合调查 · 跟进服务
行动者	· 儿童保护部门 · 社会服务组织 · 学校等儿童服务机构 · 社区 · 媒体 · 立法者、政策制定者	· 儿童保护部门 · 社会服务组织（社工、临床心理学家） · 保护者/守望者	· 联合调查专责小组（警察、社工/临床心理学家） · 儿童保护部门 · 社会服务组织（社工、临床心理学家） · 司法系统（警察、检察官、法官、律师、监狱临床心理学家）

综合防治儿童性侵犯的预防策略通常把重点放在事先预防，因为"一两预防胜于一斤治疗"。不过，国际上目前流行的事先预防项目不仅包括一级预防的内容，还包括一部分二级预防的内容，即教育成人如何识别性侵犯的表征、如何对儿童披露性侵犯做出恰当的反应，目的是阻止程度轻微的性侵犯行为演变成程度严重的性侵犯行为。本篇所讨论的"预防"是指"事先预防"。"事后预防"内容详见本书第三篇和第四篇。

二、社会生态模式

社会生态模式（The Social-Ecological Model）强调，儿童受其周遭多层面的社会生态环境的影响。影响儿童生存发展的社会生态环境包括：个人、关系、社区和社会文化四个层面（详见图 2.7.1）。

其中，"个人"是指儿童本人，处于社会生态系统的中心位置。

"关系"是指儿童身边的保护者和守望者。其中，**保护者**，是指承担保护儿童法定责任的成人，包括与儿童在一起生活的家长 / 监护人 / 照顾者，以及从事儿童工作的专业人员（老师、保育员、教练、医护人员、社工、心理咨询 / 治疗师、警察等）。上述专业人员出现在儿童生活中的不同场景，有大量的机会接触儿童，并通过与儿童建立近距离的关系开展工作。**守望者**是指全社会所有的成人（邻居和一般公众）。

"社区"，是指儿童在日常生活中经常活动的家外场所，包括学校、运动队、社区中心、各种课外活动场所等。

"社会文化"是指制度环境（立法和公共政策）、社会态度和文化观念。

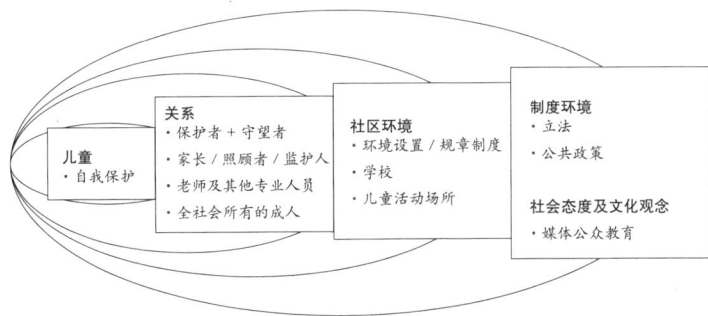

图 2.7.1　影响儿童生存发展的社会生态环境

由于人的行为发生在环境背景中，深受人与其所处环境之间互动关系的影响，因此，持久、深远、有效地预防儿童性侵犯的策略必须同时针对这四个层面全面开展。预防行动应该从改变个人行为，拓展到改变宏观环境，例如立法、公共政策和文化观念等（Zielinski & Bradshaw, 2006[1]）。

---

[1] Zielinski, D., & Bradshaw, c. (2006). Ecological influences on the seguelae of child maltreatment: A review of the literature. *Child Maltreatment*, 11, 49—62.

三、预防策略谱系

美国预防研究所根据社会生态模式研发了综合预防儿童性侵犯的工具——预防策略谱系（the Spectrum of Prevention[①]），用于组织多层面的预防策略。预防策略谱系从最广泛的宏观系统层面，到微观的个人层面，共包括六种预防策略，即：（1）影响立法和政策；（2）改变组织机构的规章制度和环境设置；（3）建立社会生态系统各个层面之间的联系；（4）教育承担保护儿童法定责任的成人；（5）推动社区教育；（6）提升个人的知识和技能。

以上三个理论模式为我们从不同角度理解预防策略奠定了理论基础。也就是说，制定有效的综合预防策略不应该只针对儿童本人进行自我保护的安全教育，而是要根据本地的需要、资源和时机，从预防策略谱系中选取不同层面的预防策略，去提升全社会各层面的成人保护儿童免受性侵犯的责任意识和能力。预防策略不仅包括预防教育措施（即教育家长／照顾者、专业人员和一般公众，使他们获得有关儿童性侵犯及其预防的知识和技能）；还要促进政策、法律、文化观念的改变，从而建立零度容忍儿童性侵犯的社会氛围，并有效地纠正促使儿童性侵犯发生的家庭环境、社区环境、制度环境、社会态度和文化观念。

第三节 防止儿童性侵犯发生的保护机制

预防，是一个长期、持续的行动过程。其目的是减少促使儿童性侵犯发生的风险因素，通过建立保护机制，阻断风险机制，从而阻止儿童性侵犯的发生。本书第五章已详细分析了促使儿童性侵犯发生的核心风险机制。下面，我们将综合社会生态理论模式、预防策略谱系模式和本书第五章提出的"核心风险机制"，分析预防儿童性侵犯发生的保护机制，作为制定预防策略基本原则的基础。

根据社会生态理论模式，我们可以清楚地看到，包括儿童性侵犯在内的暴力行为是个人、关系、社区、社会文化多层面风险因素相互作用形成风险机制的结果。因此，有效预防儿童性侵犯必须在多个层面建立保护机制，进而阻断风险机制。为了阻断本书第五章提出的"核心风险机制"，有效预防儿童性侵犯的保

---

① https://www.preventioninstitute. org/tools/spectrum-prevention-0.

护机制应该包括四个要素，即任务环节、任务主体、社区环境、制度环境和社会文化（详见图 2.7.2）。

一、任务环节

本书第五章曾提出促使儿童性侵犯发生的核心风险机制包括三个方面：

1. 潜在侵犯者产生性侵犯儿童的内在动机和需要；

2. 潜在侵犯者有机会单独接近或接触儿童；

3. 儿童缺乏有效的成人保护而使潜在侵犯者有机会实施性侵犯。

因此，保护机制就要围绕上述三个核心风险机制相应地设定以下三个任务环节，包括：

1. 减少潜在侵犯者性侵犯儿童的内在动机和需要；

2. 阻止潜在侵犯者单独接近或接触儿童的机会；

3. 成人及早发现，及早介入，及时终止性侵犯行为（倾向）的发生。

二、任务主体

在保护机制中，任务环节的直接责任承担者主要包括与儿童有密切接触的、承担保护儿童法定责任的成人，即**保护者**（家长 / 监护人 / 照顾者、老师及其他专业人员）。除此之外，还包括间接责任承担者，**即守望者和决策者**。

1. 家长（保护者）：是指与儿童一起生活的成人，包括父母、监护人及其他照顾者。他们在法律上是保护儿童的第一责任人，是预防儿童性侵犯最重要的"保护者"。

2. 专业人员（保护者）：是指从事儿童工作、有机会接触儿童、需要与儿童建立近距离关系才能开展工作的专业人员，包括老师、保育员、医护人员、教练、社工、心理咨询员 / 治疗师、警察等。这些专业人员出现在儿童不同的生活场景中。由于他们在法律上也承担保护儿童的责任和义务，因此，在预防儿童性侵犯中同样担当"保护者"的角色。

3. 一般公众（守望者）：是指全社会所有的成人，包括邻居和一般公众。他们作为"守望者"配合保护者参与到预防儿童性侵犯的社会行动中，更能发挥保护儿童免受性侵犯的作用。守望者的保护行动包括直接阻止可疑行为、告知家长、直接举报等。守望者广泛参与预防行动，不仅有助于降低性侵犯的隐秘性，增加儿童寻求帮助的信心，还能增加阻止潜在性侵犯者做出性侵犯行为的机会。

4.决策者：是指在国家或社会或社区层面影响预防儿童性侵犯的立法、政策、行动和行为的成人，即政策法规制定者、机构领导者等。

总而言之，有效的预防策略一定要为保护者和守望者提供相应的知识、技能和服务资源，提高成人保护儿童免遭性侵犯的意识和能力，从而支援成人承担保护儿童的责任。重点要放在支持保护者为儿童建立安全的家庭环境、学校环境和社区环境，进而推动完善制度环境，转变促使儿童性侵犯发生的社会态度和文化观念。

三、社区环境

根据社会生态理论模式，儿童的社区环境是指学校及儿童的其他家外日常活动场所，例如运动队、社区中心、各种课外活动机构等。在这些环境中，成人作为法定保护者本应承担保护儿童的责任，不过他们也有可能是（潜在）侵犯者。因此，这些机构应该建立相应的规章制度和环境设置，例如入职筛查、限制成人与儿童一对一单独接触、建立举报制度和处罚措施等，从而纠正促使儿童性侵犯发生的环境因素，为儿童建立安全的社区环境。

四、制度环境与社会文化

保护机制中的制度环境和社会文化同属于社会生态框架中的宏观环境，影响着个人、家庭和社区等微观环境。

其中，"制度环境"是指通过立法和建立相关政策等途径，建立并完善惩戒侵犯者、固化成人承担责任保护儿童的制度，从而为保护者履行保护职责提供足够的制度保障和资源，并通过提供所需要的专业支援服务，支持保护者为儿童创造安全的家庭环境、学校环境和社区环境，进而达到预防儿童性侵犯发生的目的。

"社会文化"是指社会态度和文化观念，即借助多层面的公众教育（媒体、社区教育、学校教育、家庭教育）、社会服务、专业培训及学术研究等多种途径，转变公众中普遍存在的有关儿童性侵犯的错误观念，建立促进性别平等和尊重儿童权利的社会态度和文化观念。这样，不仅有助于促使政策制定者下决心完善相关的政策法规，而且还有助于提升保护者和守望者保护儿童免遭性侵犯的意识和能力，使全社会的成人更有能力和意愿去承担保护儿童的责任，从而预防

制度环境与社会文化（社会态度与文化观念）

内容：促进性别平等、尊重儿童权利、保护儿童安全、零度容忍儿童性侵犯

途径：立法 / 政策、公众教育（媒体、社区、教育、学校教育、家庭教育）、

社会服务、专业培训、学术研究

社区环境（学校等其他家外活动场所）

内容：纠正促使儿童性侵犯发生的环境条件

途径：在家外日常活动场所建立规章制度

任务主体（保护者及守望者）

保护者：和儿童一起生活的成人（家长 / 照顾者 / 监护人）

从事儿童工作的专业人员（老师、保育员、教练、医护

人员、社工、心理咨询师 / 治疗师、警察）

守望者：全社会所有的成人

保护者（成人）

守望者

任务环节：启动保护机制需要完成的任务

任务一
减少性侵犯动机 / 需要

任务二
阻断潜在侵犯者单独
接近 / 接触儿童的
机会

任务三
及早发现、及早干预

潜在侵犯者
动机 / 需要

儿童
自我保护和求助
能力

潜在侵犯者
接近 / 接触儿童的
机会

发生儿童性侵犯
儿童反复受害

核心风险机制

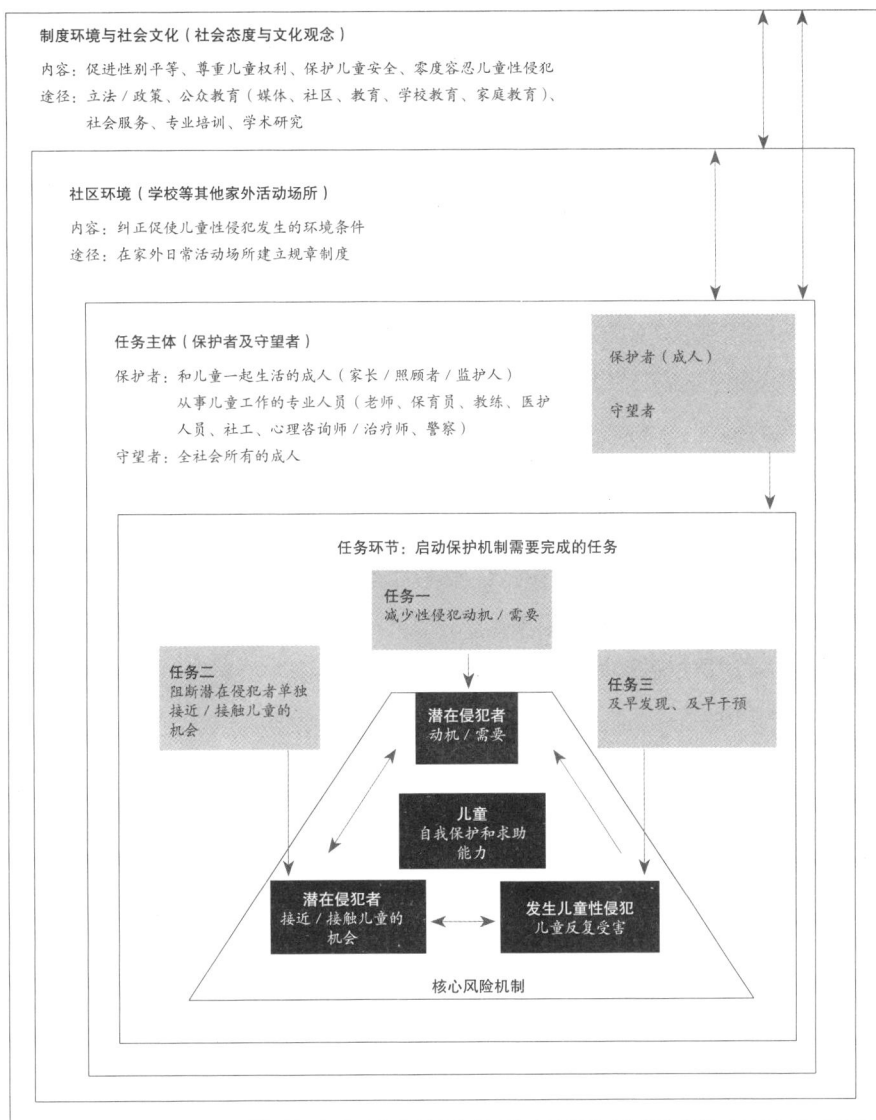

图 2.7.2　防止儿童性侵犯的保护机制

儿童性侵犯的发生。

可见，预防儿童性侵犯的发生，就是有效、灵活地组合保护机制中的多层面的环节，减少乃至消除多层面的风险因素。只有这样，才能最大限度地阻断风险机制，从而达到预防儿童性侵犯的目的。

第四节　制定预防策略的基本原则

建立有效的保护机制是为了有效地阻断风险机制。为此，制定有效的预防策略需要遵循以下五项基本原则。

一、强调预防加害

有效的预防策略应兼顾预防加害和预防受害，但应该以预防加害为重，即把重点放在如何有效地阻止潜在侵犯者做出性侵犯行为，而不是要求潜在受害的儿童在缺乏成人有效保护的情况下独自承担自我保护的责任。这个原则不仅会使预防策略更加有效，而且充分体现了践行《联合国儿童权利公约》的精神：保护儿童权利，是全社会每个成人的共同责任。

二、强调成人担责

有效的预防策略也包括预防受害，不过，应该把重点放在成人承担保护儿童的责任，即为儿童建立安全的生活环境。也就是说，通过立法、制度建设、预防教育、社会服务、专业培训、学术研究等多种途径，动员并支持全社会的成人提升保护儿童免受性侵犯的责任意识和保护能力，特别需要在家庭、学校和社区三个层面提升家长、老师和其他专业人员和一般公众（包括邻里）保护儿童的意识和能力，使儿童在需要帮助的时候能够及时在身边找到值得信赖、有能力、有意愿保护他们的成人。

当然，教育儿童提升自我保护和及时求助的意识和能力也是必要的。但是，儿童自我保护的能力是非常有限的。我们不应该把预防儿童性侵犯的主要责任放在儿童的肩上！由于成人的权力地位大大高于儿童，因此，儿童能够发挥有限的自我保护能力的前提条件是，能够在成人充分保护的前提下建立足够的心理安全感。

三、强化制度层面的情境预防

若要预防策略持久有效，除了个人层面的行为预防外，还要重点强化制度层面的情境预防（situational prevention）。也就是说，在儿童生活其中的多层面社会生态环境中增加保护因素，建立保护机制，从而减少风险因素，阻断风险机制。 特别要转变在立法、公共政策、规章制度、公众态度等多个层面或多或少存在的有意无意保护加害者、责备受害者的社会态度和文化观念。 在这方面，美国、德国、英国、南非、澳大利亚、中国香港、中国台湾等国家和地区积极制定并完善防治儿童性侵犯的政策法规，非常值得我们借鉴。

四、强调多部门跨专业协作的专业支援服务

有效的预防策略必须通过多部门跨专业协作（包括社工、心理、教育、医护、警察、司法等），才能促使儿童生活在其中的各个层面社会生态环境发生深远、持久的改变，从而为儿童建立健康、安全的社会生态环境，进而达到预防性侵犯行为发生的目的。

有效的预防策略还必须配备相应的专业支援服务，包括举报、即时响应机制、联合调查、针对受害儿童及其家庭的跟进服务（包括社工服务和心理支援服务）、侵犯者矫治服务等。 如果缺乏这些相应的专业支援服务，保护者和守望者在面对可疑行为或事件时，就很难有信心、有意愿及时采取保护儿童的行动，侵犯者更容易以"说出去也没人管"为由威胁儿童为性侵犯守密。

另外，有效的预防策略还应该包括转介服务（例如热线、急诊、心理咨询/治疗），并与儿童保护、警方、司法、医疗、教育等政府职能部门密切合作，保护儿童安全，终止儿童性侵犯继续发生。

五、以研究为基础

有效的预防策略需要以研究为基础。 研究不仅应该包括大数据量化研究，更需要重视质性研究。 在开展预防儿童性侵犯的研究时，特别需要聆听儿童本人的声音（Zollner, Fuchs & Fegert, 2014[1]; Wurtele, 2009[2]）。

近年来，预防儿童性侵犯领域的专家指出，需要增加有关预防项目评估研究。 例如，针对儿童和家长的预防教育项目是否能够有效地降低性侵犯发生

---

[1] Zollner, H., Fuchs, K, A., and Fegert, J. M., (2014). Prevention of sexual abuse: improved information is crucial. *Child and Adolescent Psychiatry and Mental Health, 8:5, http://www.capmh.com/content/8/1/5*

[2] Wurtele, S. K. (2009). Preventing Sexual Abuse of Children in the Twenty-First Century: Preparing for Challenges and Opportunities. *Journal of Child Sexual Abuse,* 18, 1—18.

率？如果有效，究竟是哪些因素能增加预防措施的有效性？（Wurtele, 2009[1]）。

中国大陆近年来涌现出很多预防儿童性侵犯的预防教育项目。然而，数量多并不等于质量好。由于缺乏严谨的评估研究，我们对这些预防教育的效果知之甚少。因此，需要开展针对预防儿童性侵犯的评估研究，以免造成资源浪费，或产生不必要的副作用。

第五节　制定预防策略的伦理立场

所谓"伦理立场"，是指关于"对与错"的价值判断。儿童性侵犯并不是个人生活"私领域"中的"性"，而是社会生活"公领域"中的侵犯儿童权利的暴力，即占有权力优势地位的成人或未成年人，在不平等的权力关系中，对受害儿童的身体和意志施加暴力。无论在法律上，还是在道德上，性侵犯儿童的行为都是完全错误的！有效的预防策略和专业支援服务不可能保持所谓的"价值中立"，必须旗帜鲜明地坚守以下伦理立场。

一、发生儿童性侵犯完全是侵犯者的责任

国外研究表明，97%的儿童性侵犯是侵犯者发起的。正是由于性侵犯者有性侵犯儿童的内在动机、自行解除个人自制力、决定并实施性侵犯，才有可能发生儿童性侵犯。因此，侵犯者对于性侵犯的发生负有完全的法律责任和道德责任（Finkelhor, 1984[2]）。

其实，任何儿童在遇到性侵犯时，都会直接或间接地回避或抵抗，即使没有意识到自己在抵抗。但是，任何儿童都有可能无法抵抗，因为在缺乏成人有效保护的情况下，潜在侵犯者的强制力会轻而易举地摧毁儿童有限的抵抗力，最终导致性侵犯发生（Finkelhor, 1984[2]）。因此，发生性侵犯并不是儿童的错，而完全是侵犯者的责任。即使侵犯者童年曾遭受过性侵犯，也不能成为性侵犯儿童的借口。大多数受到性侵犯的儿童并没有成为性侵犯者，遭受性侵犯的女童是

[1] Wurtele, S. K. (2009). Preventing Sexual Abuse of Children in the Twenty-First Century: Preparing for Challenges and Opportunities. *Journal of Child Sexual Abuse,* 18, 1—18.

[2] Finkelhor, D. (1984). *Child Sexual Abuse: New Theory and Research.* New York: Free Press.

很少成为侵犯者。侵犯者理应为儿童性侵犯的发生承担全部责任！

预防策略应该避免一切表达"责备受害者"的态度（例如，指望让儿童通过自我保护来避免儿童性侵犯的发生；或者或明或暗地因为发生性侵犯而责备儿童）。

二、保护儿童免受性侵犯的伤害，是每个成人的责任

在我们的社会中，成人的权力地位远远高于儿童。受到性侵犯的儿童在不平等的权力关系中，无法依靠"自我保护"避免性侵犯事件的发生。然而，成人若能有效地保护儿童，那么，即使儿童本人的自我保护意识及能力薄弱一些，也可以避免受到性侵犯的伤害。

因此，保护儿童免受性侵犯伤害是成人的责任。而受到成人保护、享受自我保护，是儿童的权利。

三、挑战"责备家庭"和"责备母亲"的社会态度和专业话语

缺乏家庭保护，的确是促使儿童性侵犯发生的风险因素之一，但这不应该成为"责备家庭"和"责备母亲"的理由！

我们的社会仍然普遍存在着性别不平等、成人与儿童不平等的现实情况。与男性相比，女性和儿童常常处于明显的权力劣势地位，很难独力阻止性侵犯的发生。我们不能因为现有政策法规还不能有效地及时发现、惩治侵犯者，就把发生儿童性侵犯的责任归咎于家庭，特别是归咎于母亲。

过分强调家庭/母亲保护和儿童自我保护，很容易演化成"责备家庭/母亲"和"责备受害者"的公众态度或专业话语，成为（潜在）侵犯者合理化性侵犯儿童的借口，还会增加受害儿童及其家长的内疚、自责、绝望，削弱家庭保护和儿童自我保护的能力。

如果预防策略把本应由侵犯者承担的责任转嫁给受害儿童及其家人，特别是母亲，那么这样的预防策略有可能会增加社会不公义，成为强加给受害儿童及其家人的隐形暴力。

本章小结

本章重点讨论预防策略，即解决"怎么想"的问题。预防儿童性侵犯是一个建立并强化保护机制，进而减少风险因素、阻断风险机制的持续行动过程。由于风险因素存在于儿童置身其中的多层面社会生态环境，因此，有效的预防策略需要同时针对儿童生活的多层面社会生态环境，来设计预防措施。只有全社会每个成人都在各个层面共同承担保护儿童的责任，而不只是要儿童承担责任，才能有效地根除儿童性侵犯这个侵犯儿童权利、危害公共健康的社会问题。

在本篇后续章节中，我们将从儿童生态环境的多个层面，介绍如何设计多元化的预防措施，包括面向儿童的预防教育、面向成人的预防教育、机构制度层面的情境预防。由于本书的重点是预防教育和专业支援服务，因此，不讨论有关立法和政策的内容。本书附录列出与防治儿童性侵犯相关的政策法规信息，供读者查阅。

第八章

预防措施：面向儿童的预防教育

预防教育，是一种应用广泛的预防措施。其中，面向儿童的预防教育最初只是针对儿童开展自我保护的安全教育，目的是为儿童装备预防性侵犯所需要的知识和技能，属于受害预防。不过，近年来研究显示，性侵犯者中有相当比率是未成年人（参见本书第二章）。因此，面向儿童的预防教育开始从单纯的受害预防，扩展到同时兼顾加害预防。也就是说，面向儿童的预防教育不仅要针对儿童中的潜在受害者，还要针对儿童中的潜在加害者。

当然，这并不意味着儿童应该为预防性侵犯承担主要责任。从儿童权利的角度来看，为儿童提供预防教育，是成人支持儿童行使自我保护的权利，而不是成人苛求儿童为性侵犯事件的发生承担责任，也不应该作为成人拒绝承担保护儿童责任的借口。

面向儿童的预防教育通常是在学校背景开展的，即"学校为本"的预防教育。不过，还可以通过家庭、社区和大众传媒等多种途径开展面向儿童的预防教育。

本章以"学校为本"预防教育为例，先从概况入手，再从"内容"和"组织实施"两个方面，重点介绍设计面向儿童的预防教育项目需要考虑的因素，供用于设计其他途径的预防教育时参考。

第一节 概述

"学校为本"的预防教育（简称"校本预防教育"），顾名思义，是在学校或幼儿园等教育机构开展的预防教育。除此之外，还可以在运动队、公益机构、各种社团中开展类似的预防教育。

校本预防教育最初出现于 20 世纪 70 年代后期的欧美，20 世纪 80 年代中期盛行。从 20 世纪 90 年代开始，研究者对预防教育进行评估研究，用以探讨如何改进预防儿童性侵犯的教育课程（Gibson & Leitenberg, 2000[1]; Kenny & Wurtele, 2012[2]）。至今，校本预防教育仍是面向儿童预防性侵犯的主要教育形式（Wurtele, 2009[3]）。

一、基本概念

预防儿童性侵犯的校本预防教育主要是由学校／幼儿园或社会服务组织在学校／幼儿园等教育机构提供的。预防教育以学生为教育对象，由受过训练的成人（学校教师或校外专业人员）根据学生的年龄发展阶段特点，通过学校常规课程、班级集体授课、跨班级的专题讲座、指导学生开展校园活动等多种形式，推展适合学生身心发展阶段的预防儿童性侵犯教育。目的是提升儿童中潜在受害者自我保护和防范性侵犯的意识、知识和技能，同时培育平等、尊重、关怀的价值观，减少儿童中潜在侵犯者的加害风险。

二、优势

预防儿童性侵犯的校本预防教育具有以下三个优势。

1. 可以在短时间内，低成本、大规模地接触到不同种族、不同家庭社会经济背景的儿童，协助他们掌握预防性侵犯的知识，提高防范意识和能力。

2. 可以促使受害儿童或有性侵犯倾向的儿童披露曾经或正在发生的性侵犯事

---

[1] Gibson, L. E., & Leitenberg, H. (2000). Child sexual abuse prevention programs: Do they decrease the occurrence of child sexual abuse? *Child Abuse and Neglect*, 24, 1115—1125.

[2] Kenny, M. C., & Wurtele, S. K. (2012). Preventing Childhood Sexual Abuse: An Ecological Approach. *Journal of Child Sexual Abuse*, 21, 361—367.

[3] Wurtele, S. K. (2009). Preventing Sexual Abuse of Children in the Twenty-First Century: Preparing for Challenges and Opportunities. *Journal of Child Sexual Abuse,* 18, 1—18.

件，以便及时得到成人的帮助或专业支援服务，减少受害风险和加害风险。

3. 使有遭受性侵犯的风险或已遭受性侵犯的儿童及其家人减少羞耻感，愿意及时寻求帮助。

三、限制

不过，面向儿童的预防教育也有一定的限制。正如本书第七章所讨论的那样，提升儿童防范性侵犯的意识和能力只能在一定程度上降低受害风险，但并不能真正控制性侵犯事件的发生。因为儿童在与成人的关系中处于权力低下的地位，他们对成人的行为缺乏控制权，特别是当儿童信任的成人保护者要求与儿童进行性活动时，儿童因迷茫、无力、无助而无法抵制。

因此，面向儿童的预防教育一定要配合面向成人的预防措施，才会真正达到预防性侵犯发生的目的。例如，从预防加害的角度，需要成人通过多种途径抑制潜在侵犯者性侵犯儿童的内在动机和外在行为。从预防受害的角度，要提升成人保护儿童的意识和能力，并加强情境预防措施。

另外，研究显示，预防教育向儿童讲述危险情境并告知侵犯者有可能是他们热爱并信任的人，这样的内容可能会增加儿童的恐慌和焦虑，使儿童不信任身边的成人，甚至对环境产生敌意。另外，预防教育若强调反抗，有可能增加儿童的暴力倾向（Wurtele, 2009[1]; Wurtele & Kenny, 2012[2]）。因此，预防教育者需要改善教学技巧，不要使儿童过度不安或出现暴力。详见本章"更有效的教学方法"。

第二节　内容

研究显示，校本预防教育可以有效地增加儿童了解性侵犯的知识和自我保护

[1] Wurtele, S. K. (2009). Preventing Sexual Abuse of Children in the Twenty-First Century: Preparing for Challenges and Opportunities. *Journal of Child Sexual Abuse,* 18, 1—18.

[2] Wurtele, S. K. and Kenny, M. C. (2012). Preventing childhood sexual abuse: An ecological approach. In Goodyear-Brown, P. (2012). *Handbook of child sexual abuse: Identification, Assessment and treatment* (pp. 531—565). Hoboken, NJ: Wiley Press.

行为（Mikton & Butchart, 2009[①]）。最初的"学校为本"预防教育内容主要是教导儿童如何抵制性侵犯，内容包括 3Rs：（1）识别（Recognize），即教导儿童识别潜在的性侵犯情境或潜在的性侵犯者。例如，"男孩和女孩都可能受害""加害者可能是陌生人，也可能是儿童认识的人"。（2）抵制（Resist），即教导儿童试图抵制性侵犯，例如说"不行"，并尽快离开。（3）鼓励儿童向权威人士报告（Report）曾经或正在受到性侵犯的经历。研究显示，儿童在披露性侵犯时，如果不能用正确的名称命名生殖器，就有可能无法得到成人的理解和支持。因此，面向儿童的预防教育有必要教导儿童学习使用正确的生殖器官名称（Wurtele & Kenny, 2012[②]）。

不过，预防儿童性侵犯的专家们根据近年的研究结果（相当比率的性侵犯者是未成年人），建议面向儿童的预防教育既要降低儿童的受害风险（成为受害者），又要降低儿童的加害风险（成为侵犯者）。预防教育的内容要在原有"防范性侵犯的知识和技能"的基础上，增加预防儿童成为加害者的内容。

一、增加预防加害的内容

首先，预防教育项目一定要考虑到，受教育对象中可能会有潜在的加害者。也就是说，有效的预防教育要增加教育潜在加害者的内容，避免他们做出性侵犯的行为。至少要让每个儿童知道，任何人企图与儿童进行性活动，或者以性的方式利用儿童，在法律上和道德上都是错误的。

其次，预防教育有必要增加促进性别平等、尊重权利和关怀生命的性健康教育或性教育内容，即强调尊重所有人，包括尊重自己、他人、动物、植物和矿物，从而协助儿童建立正面的身份认同；教育者及早发现正在经历性困扰的少年（例如，过多自慰、对儿童有性幻想、露阴癖、性虐待狂等），并及早为他们找到有效的专业支援服务，降低他们性侵犯儿童的动机和需要。

第三，预防教育有必要增加心理健康教育和心理辅导内容，特别是有关协助

---

① Mikton, C., & Butchart, A. (2009). Child maltreatment prevention: A systematic review of reviews. *Bulletin of the World Health Organization,* 87 (5), 353—361.

② Wurtele, S. K. and Kenny, M. C. (2012). Preventing childhood sexual abuse: An ecological approach. In Goodyear-Brown, P. (2012). *Handbook of child sexual abuse: Identification, Assessment and treatment* (pp. 531—565). Hoboken, NJ: Wiley Press.

儿童培养健康的人际关系内容，包括沟通技巧、社交技巧、解决冲突技巧和增强自信技巧等，促使儿童用健康的方式去满足自己的情绪需要和社交需要，而不需要用性侵犯其他儿童的方式来满足这些需要。

如果学校已有性健康教育、心理健康教育和心理辅导服务，建议在这些教育课程中加入预防儿童性侵犯内容，既包括受害的预防，也包括加害的预防。

二、可供选择的教育内容

本书根据国内外相关研究和实务工作经验，把面向儿童的预防性侵犯教育内容分为两大模块，即防范性侵犯的知识和技能模块，以及性健康教育模块。读者可以根据服务对象的实际需要，和所在地区、机构、学校已有的资源，任意选取和组合使用。在这里，我们只列出相关知识点。详细内容参见本书其他章节和其他相关资料。

模块一：防范性侵犯的知识和技能

- 什么是儿童性侵犯？（身体接触、非身体接触、网络）
- 认识隐私部位，学会正确命名。
- 区分身体接触：安全的、不安全的、模棱两可的。
- 性侵犯者是什么人？（不能只强调陌生人危险，因为陌生人只占侵犯者的5%~10%，而要说明有可能是儿童认识或信任的人，可能是男人、女人、未成年人。）
- 识别潜在的侵犯者。（侵犯者常用的手段）
- 识别不安全的情境。
- 自我保护三步曲（NOT）——抵制不恰当的邀请和诱惑。
    - 拒绝（No）：你有权对不恰当的邀请说"不行"，无论他/她是谁。
    - 离开（Off）：你感到不安全时，要想办法立即离开，用行动避免危险。
    - 说出来（Talk）：告诉你信任的成人或拨打110报警，你需要成人的帮助。
- 责任归因：不恰当的身体接触或秘密永远不是儿童的错，而是侵犯者的错！儿童不必为不恰当的身体接触保守秘密！
- 如果不幸受到性侵犯……

○ 需要得到成人的相信、支持、保护和资源。

○ 寻求帮助：告诉你信任的成人 / 拨打 110 报警。

○ 保留证据：如果可行就保留物证和身体证据，以便调查人员取证。但这不是必须的，因为最重要的是保护自己的人身安全。

○ 医学检查：有信任的成人陪伴。

○ 接受心理辅导：处理情绪困扰，回到正常生活。

• 如果你怀疑或知道其他儿童受到性侵犯……

○ 不做旁观者：当你看到或听到有人做出不当行为、有害行为时，告诉你信任的成人（家长、老师、同学、警察，或者其他你信任的成人）。

○ 不欺负别人。

模块二：性健康教育（身体、权利与关系）

性健康教育主要是以权利教育和关系教育为基础，提供身体与性的教育。目前，国内已经出版了一些比较好的性健康教育读本或教材，例如北京师范大学刘文利老师主编的性教育教材。读者在设计自己的校本课程时，可参考本书附录三。下面，我们只列举与预防儿童性侵犯相关的知识点。

• 身体自主权利：身体是属于自己的。

• 身体界限：是指每个人能够容受别人接近自己身体的心理距离，表示每个人都有身体自主的权利。

• 确立自己的身体界限。

○ 认识身体不同部位，特别是隐私部位。

○ 正确命名生殖器名称（有助于及时说出受到不恰当的身体接触）。

○ 对自己的身体和生殖器有正面的态度和感受。

• 尊重别人的身体界限，不欺负别人。

• 什么样的关系是健康的？

○ 尊重隐私和界限、平等、理解 / 共情、安全、沟通、互相关心和照顾。

• 什么样的关系是不健康的？

○ 性侵犯及其他侵犯身体界限的行为，不顾他人意愿、感受。

第三节　组织实施

若要预防教育充分发挥作用，除了提供准确、扎实的知识外，还要保证采用有效的组织实施方法。

在强调应试教育的学校中，校长、教师和学生，甚至家长，有可能会以为，预防儿童性侵犯的校本课程"占用学习时间，影响学习成绩"。不过，有研究者（Finkelhor, 2007[①]）在回顾面向儿童预防教育的综述中指出，目前所能得到的实证研究表明，为儿童提供高质量的预防教育是值得的。全球儿童性侵犯的研究和实务经验告诉我们，性侵犯会给儿童及其家庭造成深远的负面影响，严重地破坏儿童的身心发展，包括学习能力。而加强相关的预防教育，用于改善儿童的社交技巧和情绪调节技巧，不是"耽误时间"，反而有助于改善他们的课业表现。

那么，高质量的预防教育项目是由哪些要素组成的呢？我们参考研究者回顾美国过去 20 年预防儿童性侵犯教育课程的经验（Wurtele & Kenny, 2012[②]）和德国经验（Zollner, Fuchs & Fegert, 2014[③]），提出以下组织实施方法的建议。

一、对学前和学龄儿童更有效

研究显示，学前儿童及小学生更能从预防受害教育中掌握有关儿童性侵犯的知识和自我保护技能。而青少年则不喜欢成人对自己指手画脚，可能会把自我保护的安全教育看作是成人小看自己的能力，因而不容易认真对待。不过，5 岁以下的儿童很难掌握预防儿童性侵犯的知识和技能。

二、家长参与更有效

研究显示，面向儿童的预防教育与面向成人的预防教育相互配合，更能降低儿童的受害率和受害程度。其中，家长参与最有助于儿童掌握预防儿童性侵犯

① Finkelhor, D. (2007). Prevention of sexual abuse through educational programs directed toward children. *Pediatrics,* 120, 640—645.

② Wurtele, S. K. and Kenny, M. C. (2012). Preventing childhood sexual abuse: An ecological approach. In Goodyear-Brown, P. (2012). *Handbook of child sexual abuse: Identification, Assessment and treatment* (pp. 531—565). Hoboken, NJ: Wiley Press.

③ Zollner, H., Fuchs, K, A., and Fegert, J. M., (2014). Prevention of sexual abuse: improved information is crucial. *Child and Adolescent Psychiatry and Mental Health, 8:5, http://www.capmh.com/content/8/1/5*

的知识，提升自我保护的能力。

校本预防教育邀请家长参与最常用的方法是，在开始对儿童进行预防教育之前，专门为家长举办一次讲座，向家长介绍面向儿童的预防教育内容，并邀请家长配合学校，在家协助儿童复习相关内容，与儿童讨论相关话题。然后，在面向儿童的预防教育中，要求儿童把学习材料带回家与家长讨论。

如果家长与儿童有共同的学习经历和话题，就更容易在家与孩子一起复习在学校学到的内容，讨论性侵犯话题，练习自我保护技能。儿童在学校和在家里接触到同样的学习材料，更容易掌握在课上学到的知识和技能。除此之外，家长参与还会向儿童传达如下信息：孩子与家长谈论性和性侵犯的话题是恰当的、合理的。因此，当孩子遇到危险时，会更愿意向家长求助。

三、更有效的教学方法

一般来说，面向儿童有效的预防教育主要特点是：经常的、定期的、持久的、多样的；男童和女童一起参加，因为他们都有可能是潜在的受害者或加害者。预防教育团队最好既有女性也有男性。以下是改进教学方法的具体建议。

1. 足量、分次、持久、巩固更有效

研究发现，2小时以下的一次性预防教育促成知识和态度的正面改变非常短暂，不能持久。而连续多次、累计4小时以上的预防教育可以促使儿童的知识和态度的正面改变保持一年。

另外，由于态度、知识和技能的改变会随时间而消退，因此，为了保持预防效果，学校最好在每个学期，以多种方式，安排巩固和强化预防教育的内容。例如，除了学校常规课程，还可以通过团队活动、主题班会、工作坊、夏令营等方式更新教育内容，强化儿童的态度、知识和技能的改变。还可以利用互联网建立网站和视频，为儿童提供机会随时学习预防儿童性侵犯和网络安全的内容。

2. 适合特定年龄发展阶段的教学方法最有效

年幼的儿童很难掌握抽象的概念，因此，用讲故事、情景剧、视频、电影、卡通书、绘本等方式呈现结构化课程，能够使儿童更容易学到相关知识。读者可以参考国内外其他教学资源。

3. 主动参与更有效

大量研究结果显示，与自学或被动听讲的教学方式相比，在课堂上采用行为技能训练（例如，模仿示范、角色扮演、行为演练、及时反馈、情景剧分析等），可以让儿童有机会主动亲身练习相关技能，更能促使儿童掌握并运用预防儿童性侵犯的知识和技能。

4.宜用陈述事实的词句和语气

教育者需要把握语言，真正体现"儿童权利中心"的精神（尊重儿童需要，保护儿童权利，为儿童赋权），从而避免让儿童怀疑并责备自己。

例如，不要用"好"与"坏"来界定身体接触。侵犯者有时会让儿童在性侵犯过程中产生性反应，身体上会有"好"的感觉。如果说性侵犯身体接触是"坏的"，就有可能会使受到性侵犯的儿童增加内疚感、困惑感和羞耻感。而用"安全"与"不安全"，或是"安心"与"不安"等词汇描述身体接触，可以消除外在评判，强调儿童有权根据自己的感受做出判断。

再例如，不要说"一定不能让别人摸你的隐私部位""你一定要说'不'""你应该说'不'"等。这是因为大多数侵犯者是儿童认识并相信的人，他们比儿童更年长、更有权势，儿童常常无权也无法拒绝。如果这样说，同样会增加受到性侵犯的儿童内疚感、困惑感和羞耻感。最好说"你可以……""你有权……"这样教儿童抵制性侵犯的办法，可能会让儿童感到自己多了一个选择，即使没有做到，也不是自己的错。

另外，要用平静的语调和陈述事实的口吻与儿童讨论性话题或儿童性侵犯，以免让儿童感到生活过于恐怖，身边的成人都是坏人。

四、融入学校常规课程更有效

把儿童性侵犯的预防教育内容融入到学校相关的常规课程中，例如心理健康课程、生理卫生课程、性健康教育课程等，也是一种有效的办法。这样，一方面可以解决学校课时紧张、课业压力和资源有限的问题，另一方面，也可以使预防性侵犯教育在校园主流化、常规化，引起学生和全校及其他岗位教职员工的足够重视。

五、建立配套机制

要想让面向儿童的预防教育发挥最大化的作用，还需要建立其他配套机制，让成人发挥保护儿童并支持儿童自我保护的作用。其中最主要的配套机制是，建立政府牵头、学校–社区联动、多部门跨专业协作的举报、即时响应、配合调查和跟进服务等专业支援服务工作机制。

例如，要在服务儿童的机构设立热线、信箱、邮箱，向儿童公布并教导他们如何使用多种求助途径。这样，他们才有可能在遇到可疑情况时，更有信心运用自我保护"三步曲"。儿童需要知道，在遇到危险需要帮助时，如果自己认识的成人不能帮助自己，自己可以通过其他途径向制度求助。

另外，建立可转介的专业支援服务非常重要。这是因为有效的预防儿童性侵犯教育一定会引发有些儿童披露或举报曾经或正在发生的儿童性侵犯事件。受害儿童或有不当性行为的儿童都需要及时得到专业支援服务，以便减少儿童性侵犯给儿童及其家庭造成的伤害。

本章小结

———— ·❦· ————

　　面向儿童的预防教育是出现最早、应用最广的预防措施。研究和经验显示，为了使面向儿童的预防教育更有效，需要在内容方面同时包括预防受害和预防加害的内容，并改善组织实施方法和教学方法。不过，需要牢记的是，面向儿童的预防教育需要配合针对成人的预防措施和多部门跨专业协作的联动工作机制，才能最大限度地发挥保护儿童免受性侵犯伤害作用。

第九章

预防措施：面向成人的预防教育

研究表明，只是教育儿童（潜在的受害者）并不能阻止性侵犯者加害儿童。因此，必须动员全社会成人参与到预防儿童性侵犯的行动中，才能阻止侵犯者做出性侵犯儿童的行为。因此，预防教育不仅要面向儿童，更要面向儿童身边的成人，为他们装备保护儿童免遭性侵犯所需的知识、技能和资源。

第一节　概述

一、目的

面向成人开展预防教育的目的是，为儿童在生活中遇到的成人装备预防儿童性侵犯的知识、技能和资源，提升他们保护儿童免遭性侵犯的责任意识、判断能力和行动能力。也就是加强"四个先决条件理论框架"（Finkelhor, 1984[1]）中的第三道防线，即外在环境对于潜在性侵犯者的制约力。详见本书第五章。

---

[1]　Finkelhor, D. (1984). *Child Sexual Abuse: New Theory and Research.* New York: Free Press.

二、对象

显然，儿童在生活中有可能遇到的所有成人都需要接受预防教育。也就是本书第七章中"保护机制"中的"任务主体"，包括保护者（家长及专业人员）、守望者和决策者。

（一）家长（保护者）

家长（保护者）是指与儿童在一起生活的成人，包括父母、监护人、其他家庭成员、其他照顾者（例如保姆）。"家长"中的父母或监护人在法律上是保护儿童的第一责任人，因此，是面向成人的预防教育最主要的对象。

（二）专业人员（保护者）

专业人员（保护者）是指从事儿童工作、有机会接触儿童、需要与儿童建立近距离关系才能开展工作的成人，例如，老师（教职员工/教练/课外活动老师）、保育员、卫生保健及医护人员、社工、心理咨询师/心理治疗师、精神科医生、义工、社区工作者、媒体工作者、警察、法官、检察官、律师等。

这些专业人员理应在保护儿童方面承担一定的法律责任或倡导责任，因此，需要接受预防受害的教育，以便在各自的岗位上发挥保护儿童免受性侵犯的作用。美国强制举报法要求，从事儿童工作的专业人员有法律责任举报疑似虐待儿童的事件（包括儿童性侵犯事件）。不过，从事儿童工作的专业人员中也有可能存在潜在的侵犯者，因此，针对专业人员的预防教育还包括对于专业人员行为举止的伦理要求和行为监督，也就是预防加害的教育。

（三）一般公众（守望者）

一般公众（守望者）是指全社会所有的成人，包括邻居、社区居民和其他成人。预防教育应该帮助守望者了解有关儿童性侵犯的知识和预防措施，不仅有助于建立零度容忍儿童性侵犯的公众态度，而且还能鼓励守望者遇到可疑行为时有意愿、有能力采取有效行动阻止性侵犯的发生，包括劝导、制止、保护、举报等。

（四）决策者

决策者是指在国家和社区层面影响预防儿童性侵犯的政策、行动和行为的成人，例如立法者、政策制定者、机构领导者等。影响决策者的预防措施通常是通过研究、立法等途径实现的。由于本书的主要内容是针对防治儿童性侵犯的预防教育和专业支援服务，因此，本书中没有包括这部分内容。读者可以参阅其他相关资料。

三、内容

在本书第七章中，我们曾介绍了成人在保护机制中承担的三个核心任务，包括：（1）减少潜在侵犯者性侵犯儿童的内在动机和需要；（2）阻止潜在侵犯者单独接近或接触儿童的机会；（3）及早发现，及早介入，及时制止性侵犯行为（倾向）。因此，在设计面向成人的预防教育时，最好围绕保护机制中需要成人完成的上述核心任务，并根据以上四类成人在儿童生活中所扮演的角色选取和组合相关内容。完整的成人预防教育应该包括以下四个方面内容。

（一）认识儿童性侵犯

预防教育者需要根据国内外新近的研究成果，向保护儿童的任务主体提供准确信息，包括儿童性侵犯的定义、普遍程度、受害者特征、加害者特征、识别性侵犯的危险处境和表征、所造成的负面影响（受害儿童、家庭、社区及社会）、促使儿童性侵犯发生的风险机制等。这部分内容是所有成人都要知道的，并与面向儿童的预防教育内容有部分重合。详见本书第一篇。

（二）为儿童营造安全的生活环境

对于儿童来说，生活环境包括家居环境、校园环境，以及其他日常活动场所。家长、老师及儿童日常活动场所的工作人员要重点掌握这部分内容，包括：认识加害者的操控手段；识别发生儿童性侵犯的高风险情境；识别行为有问题的成人或儿童；善巧地阻止成人对儿童做出越界行为、不当行为和有害行为；纠正有性行为问题的儿童，并为他们寻求帮助。

具体而言，家长需要了解如何为孩子营造安全的家居环境（详见本章第二节）。而学校的校长和老师以及其他儿童活动机构的领导和工作人员（包括义工）则需要了解如何为儿童营造安全的校园环境／活动环境（详见本书第十章），即情境预防。其目的是通过建立情境预防的机构制度，尽最大努力去消除发生儿童性侵犯的危险情境。

（三）如何教导儿童自我保护

家长、老师及其他儿童工作者，特别是面向儿童开展预防教育的老师，都需要掌握这部分内容，包括：健康的性发展；如何坦然地与儿童谈论身体及性话题；如何与儿童讨论预防儿童性侵犯的话题；成人之间如何讨论预防性侵犯的话题。目的是支持家长和老师有能力教导儿童自我保护，从而降低性及性侵犯话题的隐秘性，促使儿童在面临危险情境或受到性侵犯时，能及时采取自我保护行动，并告诉家长、老师，或其他可信任的成人。

（四）孩子不幸遭受性侵犯后如何处理

从预防再次受害的角度，预防教育还要包括：识别儿童受到性侵犯的身体表征和行为及情绪表征；对披露性侵犯做出恰当的反应；善用服务资源疗愈儿童创伤等。

第二节　面向家长的预防教育

家长，是预防儿童性侵犯最理想的合作伙伴。他们是法定的儿童监护人（保护者），应该承担保护儿童的法定责任，也是儿童最容易接触、相信、亲近的成人。出于本能，他们比一般人更想要保护自己的孩子，也更了解自己的孩子。他们不仅直接影响自己的孩子，而且还能影响其他家长和儿童工作者……这些都是家长参与预防儿童性侵犯的有利条件。因此，提升家长保护孩子免受性侵犯的意识和能力，支持家长为儿童营造安全的家庭环境，是预防措施中必不可少的一环。

不过，对于那些有虐待儿童和家庭暴力倾向或行为的家庭来说，预防教育并不是他们最迫切的需要。他们当下最首要的需要是，通过专业介入停止家庭成员之间的暴力。只有这样，家长才能有意愿、有能力去承担保护儿童免受性侵犯的责任。

一、概述

从 20 世纪 90 年代开始，全球预防儿童性侵犯的专家们就开始呼吁，需要把家长纳入到预防儿童性侵犯的行动中。研究显示，让家长参与到预防儿童性侵犯的社会行动中，具有不可替代的优势。 不过，为了帮助家长掌握预防儿童性侵犯的准确信息和有效教导儿童的方法，预防教育者需要协助家长克服所遇到的困难。

（一）优势

有研究者（Wurtele & Kenny, 2010[①]）在回顾有关面向家长的预防教育时指出，邀请家长作为预防儿童性侵犯的合作伙伴，具有以下四个优势。

1. 间接影响针对儿童预防教育的效果。 例如，家长同意并支持孩子参加预防教育，可以增加儿童参加学校预防教育的意愿；家长在家与孩子讨论预防性侵犯的话题，有助于协助孩子澄清概念并把相关的知识运用在日常生活中。 例如，由家长教自我保护的学前儿童比由老师教的孩子能更好地识别不恰当的身体接触，并能更好地掌握自我保护技巧。

2. 促使儿童反复练习。 家长经过培训后成为预防教育者，可以协助孩子在自然环境中反复接受预防信息并大量练习，补充学校预防教育的练习环节。 即使学前儿童没有机会参加学校的预防教育，家长在家和孩子讨论预防性侵犯的话题，也有助于预防儿童性侵犯的发生。

3. 促使家长有能力为孩子营造安全的生活环境，尽最大努力减少潜在侵犯者接近孩子的机会。

4. 促使家长有能力做到二级预防。 家长参与预防教育中，有机会经常接触孩子，从而有机会及早识别、及早发现自己的孩子是否受害，并对孩子披露性侵犯做出恰当的反应。

那些与家长讨论过预防性侵犯话题的儿童，更容易告诉家长曾经受到性侵犯的经历。 或者如果在未来受到性侵犯，他们也更能够及时告诉家长。 这是因为家长参与到预防教育过程，有助于降低儿童性侵犯话题的隐秘性，促使亲子之间更容易讨论与性有关的话题。

另外，如果家长参加过学校举办的预防儿童性侵犯工作坊（3 小时），在孩子说出性侵犯时就更容易相信孩子，更知道如何做出恰当的反应，以及如何寻求帮助。

---

① Wurtele, S. K. & Kenny, M. C. (2010). Partnering with Parents to Prevent Childhood Sexual Abuse. *Child Abuse Review*, 19, 130—152.

（二）家长需要接受预防教育

国内外研究显示，绝大多数家长大力支持学校/幼儿园等机构为自己的孩子提供预防性侵犯的教育，并愿意学习预防儿童性侵犯的相关知识（Wurtele & Kenny, 2012; Chen & Chen, 2005[①]; Chen, Dunne & Han, 2007[②]; Tang & Yan, 2004[③]）。不过，家长们普遍缺乏足够准确的相关知识和教导孩子的能力，因而影响他们参与预防儿童性侵犯的意愿和行动。

1. 家长普遍缺乏有关儿童性侵犯的准确信息

上述研究显示，家长们普遍低估儿童性侵犯的普遍程度，认为自己的孩子不会受到性侵犯，没有必要让孩子参加预防教育课程。

大多数中国家长不知道男孩也会受到性侵犯；不知道女性也可能是性侵犯者。很少有家长知道孩子最容易被熟悉的人侵犯。他们认为，如果孩子说出受到这类性侵犯，没有人会相信。

来自美国、加拿大和中国的研究发现，绝大多数成人认为儿童性侵犯会导致身体伤害，因为侵犯者会动武。这样的误解会导致成人不能及时识别那些没有明显身体伤害的性侵犯。而事实是，性侵犯者很少用武力攻击，而是多用威逼利诱的方式性侵犯儿童，因此，受到性侵犯的儿童很少表现出明显的身体表征（Heger et al., 2002[④]）。

大多数家长不了解儿童性侵犯最特有的表征，例如，孩子懂得不寻常的性知识，表现出不寻常的性行为。很少有家长知道，青少年有如下表现时，有可能是受到性侵犯，例如，过早或经常性交、有年长的性伴侣、有多个性伴侣等。如果家长或其他成人不能及时察觉到孩子表现出与性侵犯相关的表征，就很难准确识别性侵犯事件，因而无法采取有效行动去终止性侵犯行为。因此，面向家长的预防教育内容需要包括识别儿童性侵犯的受害表征。

---

① Chen, J. Q., Chen, D. G. (2005). Awareness of child sexual abuse prevention education among parents of Grade 3 elementary school pupils in Fuxin City, China. *Health Education Research,* 20 (5), 540—547.

② Chen, J. Q., Dunne. M. P. & Han, P. (2007). Prevention of child sexual abuse in China: Knowledge, attitudes, and communication practices of parents of elementary school children. *Child Abuse & Neglect,* 31, 747—755.

③ Tang, C. S., Yan, E. C., (2004). Intention to participate in child sexual abuse prevention programs: A study of Chinese adults in Hong Kong. *Child Abuse & Neglect,* 28, 1187—1197.

④ Heger, A., Ticson, L., Velasquez, O., Bernier, R. (2002). Children referred for possible sexual abuse: Medical findings in 2384 children. *Child Abuse & Neglect,* 26, 645—659.

2. 家长告诉孩子有关儿童性侵犯的信息常常是不准确的

上述研究还发现，由于家长对儿童性侵犯有错误的理解，因此，很少有家长与孩子讨论预防性侵犯的话题。即使有家长想要与孩子讨论这个话题，他们告诉孩子的相关信息也常常是不准确的。

例如，家长经常告诉孩子，侵犯者通常是陌生人或脏兮兮的老男人，而准确信息则是，侵犯者常常是家人、照顾者、亲戚、老师、青少年、信任的熟人、有权威有地位的体面人。

家长常常告诉孩子要避开凶狠、丑陋的陌生人，却很少告诉孩子，如果有人想要对他/她性侵犯时会做什么。例如，侵犯者经常会用哄骗、威胁、施加压力等手段要求孩子保密，或给小孩拍露体照片/录像，或要求小孩摸他们的生殖器等。

来自美国的两项研究显示，三分之二的家长告诉孩子要与性侵犯者搏斗。然而，预防专家并不建议孩子与侵犯者搏斗，因为那样做会使孩子面临生命危险境地（Deblinger et al., 2010[1]; Wurtele, Kvaternick & Franklin, 1992[2]）。

家长应该告诉孩子的正确做法是，对那个人说"不行"、尽快离开、告诉信任的成人。如果第一次说出受到性侵犯没人理解或没人相信，就要不停地告诉其他成人，直到不再受到性侵犯为止。

可见，面向家长的预防教育要包括如何识别性侵犯者，如何识别有可能发生性侵犯的危险情境，从而帮助儿童识别、抵制和举报。

3. 家长需要帮助克服困难

阻碍家长与孩子讨论性侵犯话题的困难是，家长缺乏教育孩子的知识、词汇和材料（书籍、视频、游戏等）。他们从媒体上得到的有关儿童性侵犯的信息不一定是准确的。有的家长认为，自己的孩子不会受到性侵犯；有的家长认为，自己的孩子很年幼，没有必要接受预防教育；有的家长还担心讨论性侵犯话题会吓到孩子，或者会使孩子过早、过多地了解性话题。不过，家长们遇到的最主要的困难是，对自己是否有能力与孩子讨论性侵犯话题缺乏自信。

[1] Deblinger, E., Thakkar-Kolar, R. R., Berry, E. J., Schroeder, C. M. (2010). Caregivers' efforts to educate their children about child sexual abuse: A replication study. *Child Maltreatment*, 15 (1), 91—100.

[2] Wurtele, S. K., Kvaternick, M. & Franklin, C. F. (1992). Sexual abuse prevention for preschoolers: A survey of parents' behaviors, attitudes, and beliefs. *Journal of Child Sexual Abuse*. 1, 113—128.

因此，面向家长的预防教育不仅要向家长提供适用于家长的学习材料，还要处理家长的种种担心，特别要增强家长教育孩子预防儿童性侵犯的信心和技能。

二、内容

由于家长在儿童生活中扮演着不可替代的重要角色，因此，面向家长的预防教育几乎涵盖了面向成人预防教育的全部内容。必要时，还应该增加性教育、建立正面的亲子关系和亲职教育等方面的内容。

下面，我们参照研究者（Wurtele & Kenny, 2010[①]）的相关建议，并结合我国的实际情况，列出面向家长开展预防儿童性侵犯教育的六个核心知识模块。读者可以根据自己的实际需要灵活选用。详细内容参见本书相关章节和本丛书系列的《家长指南》。

（一）模块一：认识儿童性侵犯

这个知识模块的目的是，向家长呈现有关儿童性侵犯的事实，澄清家长对儿童性侵犯的迷思，从而协助家长认识防治儿童性侵犯的重要性，并掌握预防儿童性侵犯的基本知识。重点强调以下 8 个知识点：

1. 儿童性侵犯是全球普遍存在的、侵犯儿童权利、危害公共健康的人际暴力，在法律上和道德上都是错误的。

2. 儿童性侵犯包括身体接触、非身体接触和网络性侵犯三种行为形式。

3. 受害者：任何年龄、种族、地域和社会阶层的女孩或男孩都有可能受害。女孩受害比率远高于男孩。

4. 侵犯者：任何年龄、种族、地域和社会阶层的男人或女人都有可能是侵犯者，甚至未成年人也有可能是侵犯者。男性侵犯者比率远高于女性侵犯者。70%~90% 的性侵犯者是儿童或其家人认识或信任的人，甚至就是儿童的家人（Finkelhor, 2008[②]）。

5. 儿童性侵犯将会严重危害儿童身心健康发展。

6. 侵犯者采取种种威逼利诱的手段对儿童进行心理操控，单靠儿童个人的自

---

① Wurtele, S. K. & Kenny, M. C. (2010). Partnering with Parents to Prevent Childhood Sexual Abuse. *Child Abuse Review,* 19, 130—152.

② Finkelhor, D. (2008). *Childhood victimization.* Oxford University Press.

我保护无法抵制儿童性侵犯的发生。

7. 性侵犯不一定造成儿童身体损伤，也不一定留下身体证据。没有物证、没有医学检查出来的身体证据，不等于性侵犯事件没有发生。

8. 发生性侵犯不是儿童的错，而是侵犯者的错。不应该让受害儿童为性侵犯的发生承担任何责任。

模块二：保护孩子远离危险情境

这个知识模块的目的是，支持家长保护孩子远离性侵犯的危险情境，即协助家长学会识别危险情境和潜在侵犯者发出的危险信号，从而采取有效的保护行动，避免让潜在的侵犯者接近自己的孩子，特别是那些对儿童有性兴趣的人（包括网友）。在这里，"潜在的侵犯者"也包括家里的成人和未成年人。也就是说，预防加害的教育还要协助家长学习监管和保护自己的孩子不做出性侵犯其他儿童的行为。

有关识别儿童可能遭受性侵犯的身体表征和行为及情绪表征详见本书第六章。有关识别潜在侵犯者的危险信号和危险情境并采取行动的详细内容，参阅本丛书系列的《家长指南》。重点强调以下知识点：

1. 要留意孩子所处环境是否安全，例如，照看孩子的人、寄宿学校、公园、公交车、孩子接触互联网和移动设备上的信息等。

2. 不要让孩子独自在外过夜。

3. 留意与孩子有密切接触的人，无论他/她是谁，都要相信你的直觉（例如，不对劲、不舒服、怪怪的等）。

4. 不要让你不了解、不放心的人与你的孩子单独在一起。

5. 不要让这样的人单独接触你的孩子（无论是陌生人，还是熟人或家人）：

（1）有性侵犯儿童的前科；

（2）有不寻常的性观念和性行为；

（3）热衷于与孩子谈性话题；

（4）经常有意或"无意"地观察或触碰孩子的身体；

（5）对孩子过分亲热、特别关注；

（6）常看色情书刊/音像制品，收集儿童色情图片或视频；

（7）经常找借口单独和孩子在一起。

模块三：营造安全的家居环境

本知识模块的目的是，支持家长有能力为孩子营造安全的家居环境，从而减少来自家庭的风险因素，通过强化家庭的保护机制去阻断风险机制，以便最大限度地减少潜在侵犯者接近儿童的可能性，包括预防家人性侵犯。

研究显示，很多促使儿童性侵犯发生的风险因素／机制与家庭环境有关（详见本书第五章）。例如，成人缺乏对儿童监护、照顾者与儿童情感疏离、家庭关系缺乏界限、家庭不尊重个人隐私、亲子之间不能交流与性有关的话题、频繁地更换照看孩子的人、家庭出现非亲属关系的男性、存在家庭暴力等。另外，70%~90% 的性侵犯者是儿童认识的人，其中包括照顾者（父母、继父母、母亲的男朋友、保姆等）、亲戚（兄弟姐妹、表兄弟姐妹、姑姨／叔舅）、家人的朋友等（Finkelhor, 2008[1]）。因此，鼓励家长尽最大努力减少来自家庭的风险因素至关重要。

为此，本知识模块不仅要强调"识别潜在侵犯者的危险信号同样适用于家人和熟人"，还要重点强调以下两个方面的知识点。

1. 建立安全的家居环境，包括以下内容：

（1）终止一切形式的家庭暴力，营造和建设性别平等、尊重儿童权利、家人相亲相爱的家庭生活氛围和家庭文化。

（2）选择放心的家人、亲戚、朋友、保姆等人照看孩子，并时时留意这些照看孩子的人是否有异常表现。

（3）单亲家长避免让孩子与自己的男／女朋友单独在一起。

（4）尊重每位家人的身体界限和个人隐私，包括儿童。

（5）允许并鼓励孩子拒绝自己不喜欢的身体接触和情感表达。

（6）不强求孩子用身体接触向所爱的人表达感情。

（7）不取笑孩子的身体。

（8）鼓励孩子不要盲从权威人物。

（9）家人之间可以自然、开放地谈论性话题或与防治儿童性侵犯有关的话题，但不用性器官开玩笑或骂人。

（10）抵制色情暴力文化：指导孩子有选择地接触互联网、电视、电影等；

① Finkelhor, D. (2008). *Childhood victimization.* Oxford University Press.

遇到与性有关的内容，要与孩子讨论；拒绝让孩子参加有涉性内容的广告和媒体娱乐节目等；纠正儿童接触到的扭曲的性观念。

2.建立正面的亲子关系，包括以下内容：

（1）相信孩子说的话。

（2）经常向孩子保证：无论别人对他／她说了什么或做了什么他／她不喜欢、不舒服、不理解的事，都要及时告诉家长；家长不会因此怪罪或惩罚孩子，而是会保护孩子。

（3）每天安排时间单独和孩子说说话，喝点儿茶，玩一会儿，增进感情。

（4）利用各种机会和活动增加孩子的自信心和自尊感。

模块四：教导孩子自我保护

本知识模块的目的是，协助家长配合学校开展面向儿童的预防教育，并有能力教导孩子学习身体安全知识和自我保护技巧。重点强调以下知识点：

1.教导孩子认识隐私部位。

2.教导学前儿童正确说出生殖器官的名称。

3.教导孩子识别身体接触：安全的（恰当的）、不安全的（不恰当的）、模棱两可的身体接触。

4.教导孩子有关身体安全的规则：保护自己的身体，也要尊重别人的身体界限。

5.教导孩子抵制不安全（不恰当）或模棱两可的身体接触（自我保护三步曲NOT）。

（1）No：你有权说"不行"，无论是谁

（2）Off：你要立即离开

（3）Talk：告诉你信任的成人或报警（拨打110）

6.教导孩子拒绝互联网上的性邀请和色情信息。

模块五：识别与应对

这个知识模块的目的是，协助家长学会识别孩子可能遭受性侵犯的迹象，即不同发展阶段的受害儿童可能出现的身体表征、行为及情绪表征，并懂得如何协助孩子。有关识别儿童可能遭受性侵犯的身体表征、行为及情绪表征，详见本书第六章。发现孩子有可能受到性侵犯后应该如何采取行动，则详见本系列丛书的《家长指南》。重点包括以下内容：

1. 初步询问：怀疑孩子遭受性侵犯或听到孩子说出性侵犯时如何处理。

2. 保护行动：举报/报警、把孩子安置在安全的地方、保护其他孩子的安全。

3. 帮助孩子回到正常生活。

4. 家长怎样照顾自己？

5. 自己的孩子性侵犯其他孩子怎么办？

模块六：配合学校的情境预防制度

为了有效地预防儿童性侵犯，学校应该鼓励并邀请家长参与到学校预防儿童性侵犯的行动中，例如，及时了解自己的孩子是否受到保护；监督学校落实预防措施的情况；监督本校教职员工是否遵守学校保护儿童免受性侵犯的规章制度等。因此，学校在面向家长的预防教育中，要让家长知晓本校预防儿童性侵犯的规章制度和流程。重点包括以下内容。

1. 本校的行为规定：什么是越界行为、不当行为、有害行为、危险情境？

2. 看见或听到有人做出针对儿童的越界行为、不当行为或有害行为时怎么办？应该采取哪些行动（例如劝阻、举报等）？

3. 澄清家长和学校各自对于保护儿童安全的责任界限。例如，学校承担保护儿童安全的责任从何时开始到何时结束；在学校活动之前和之后，谁为儿童的安全负责等。最后，要书面告知家长或其他监护人及儿童本人上述内容，并让家长或其他监护人签字，表示他们已经阅读并理解相关规定。

三、组织实施

家长及其他监护人可以在很多地方接受预防儿童性侵犯的教育培训，除了学校/幼儿园之外，还包括社区、职场、媒体等。然而，目前面向家长的预防教育主要是学校主办的，只能靠家长自愿参加。这样，最需要接受预防教育的家长有可能反而不来参加。

既然家长是预防儿童性侵犯最理想的合作伙伴，那么，如何才能让尽可能多的家长接受有效的预防教育，去发挥不可替代的保护儿童免受性侵犯伤害的作用呢？

（一）需要解决的问题

1. 低参加率

预防专家一直强调家长参与预防儿童性侵犯的重要性，但研究结果却一致显示：家长（包括中国）实际参加学校举办预防教育的比率只有 20%~35%（Hebert et al., 2001[①]; Tan & Yan, 2004[②]; Wurtele, Moreno & Kenny, 2008[③]），这样，不仅不能使更多的家长和儿童受益，而且由于样本偏差，使预防教育的研究结果很难推广到总体。因此，需要改进组织实施方法，从而动员更多的家长参加儿童性侵犯的预防教育。

2. 男性家长缺席

研究还显示，绝大多数在学校参加预防教育的家长是母亲，占家长的94%~97%（Berrick, 1988[④]; Wurtele, Moreno & Kenny, 2008[③]），父亲等男性家长却很少参加儿童性侵犯的预防教育（Elrod & Rubin, 1993[⑤]; Tan & Yan, 2004[②]）。可是，绝大多数性侵犯者却是男性或家人（Finkelhor et al., 1990[⑥]）！

对于那些作为潜在侵犯者的家长，或者目前正在性侵犯孩子的家长，或者其家人或伴侣是侵犯者的家长来说，预防教育是一个增强自制力和外在制约力的途径，使他们不对孩子做出性侵犯的行为。可是，这些家长又是最不愿意参加预防教育的人（Wurtele & Kenny, 2010[⑦]）。这是预防教育亟待解决的一个难题。

因此，预防教育应该探索如何召集男性家长积极主动地参加预防教育。一方面，可以使那些有性侵犯倾向的家长减少性侵犯儿童的内在动机和需要，增加外在制约力；另一方面，可以促进建立性别平等、尊重儿童权利的家庭文化，从

---

① Hébert, M., Lavoie, F., Piche, C., Poitras, M. (2001). Proximate effects of a child sexual abuse prevention program in elementary school children. *Child Abuse & Neglect*, 25, 505—522.

② Tang, C. S., Yan, E. C. (2004). Intention to participate in child sexual abuse prevention programs: A study of Chinese adults in Hong Kong. *Child Abuse & Neglect*, 28, 1187—1197.

③ Wurtele, S. K., Moreno, T., Kenny, M., (2008). Evaluation of a sexual abuse prevention workshop for parents of young children. *Journal of Child and Adolescent Trauma*, 1, 1—10.

④ Berrick, J. D. (1988). Parental involvement in child abuse prevention training: What do they learn? *Child Abuse & Neglect*, 12, 543—553.

⑤ Elrod, J. M., Rubin, R. H., (1993). Parental involvement in sexual abuse prevention education. *Child Abuse & Neglect*, 17, 527—538.

⑥ Finkelhor, D., Hotaling, G., Lewis, I. A., & Smith, C. (1990). Sexual abuse in a national survey of adult men and women: Prevalence, characteristics, and risk factors. *Child Abuse & Neglect*, 14, 19—28.

⑦ Wurtele, S. K. & Kenny, M. C. (2010). Partnering with Parents to Prevent Childhood Sexual Abuse. *Child Abuse Review*, 19: 130—152.

而更有效地发挥预防作用。

（二）解决问题的办法

1.通过多种途径和形式广泛覆盖家长

学校，是面向家长开展预防教育的主要途径。不过，学校并没有法定权力强制要求每一位家长必须参加预防儿童性侵犯的教育活动。因此，预防教育工作者需要发挥创意，通过多种途径和形式让预防教育覆盖更多的家长。

（1）职场途径：职场，通常会覆盖众多的家长，因为职场政策比较容易对职工施加影响，特别是男性家长。因此，预防教育者可以动员机关、企业、事业等单位的领导，由工作单位工会或妇委会主办预防儿童性侵犯的讲座或工作坊，甚至要求每个职工必须参加，或者提供工作餐。

（2）社区途径：由医院、卫生保健机构、商店、图书馆、社会服务机构、亲子中心、儿童活动中心、专业团体等机构主办预防儿童性侵犯教育活动。

（3）媒体途径：通过以家长为目标人群的媒体开展预防教育，包括互联网、移动设备、广播、电视、报刊、杂志。

（4）专业人员途径：预防教育者可以与妇幼保健人员和儿科医生合作。因为他们有机会给不同年龄的儿童做常规体检，有机会长期接触家庭，因此，他们是教育家长预防性侵犯的重要资源。

可以向这些专业人员提供预防儿童性侵犯的宣传页、小册子、视频，甚至给他们开设专题讲座和培训课程，协助他们利用接触家长的机会，向家长讲解有关预防儿童性侵犯的内容，包括：儿童正常的性发展、不恰当的性行为、个人安全等知识；促进亲子之间交流预防性侵犯的话题；指导家长处理孩子的性行为（例如自慰、同伴性游戏）；鼓励家长为孩子提供适合特定发展阶段的儿童安全教育。

（5）多种形式：可以根据上述不同途径的特点，采用多种形式去影响更多的家长，特别是男性家长，包括讲座、工作坊、海报、宣传手册、网络视频、广告、媒体节目、专题片、电视剧、电影、公众表演等。

2.改进动员宣传的技巧

招募家长参加预防教育活动的宣传方法很多，例如：通过学校发放家长信，在学校或其他机构张贴海报，通过媒体发放广告等。不过，最有效的方法还是"真人秀"——由校长、老师、保育员、社工、校医、心理咨询师/心理治疗师、医生及卫生保健人员等推荐，或者由预防教育工作人员亲自招募。

如前所述，家长不愿意参加儿童性侵犯的预防教育，除了时间、地点等现实困难外，主要是因为他们对儿童性侵犯有错误的看法，因而不了解预防教育的价值和内容。因此，推荐人或预防教育工作人员要让家长感到项目有价值。让当地人用地方语言宣传，可以增加家长的亲近感。

3. 安排教育活动时配合家长的需要。例如，活动开始前通过电话或微信通知提醒；把预防教育活动安排在不同时段（晚上、白天、周末等），以便配合不同家庭的时间表；上课地点选择在交通便利的地方，或者方便家庭就近参加；在工作坊/讲座现场提供照看孩子的服务；活动开始前通过电话或微信通知提醒等。

4. 提供网络在线预防教育课程。

（三）有效的教学方法

1. 面对面

如前所述，面对家长的预防教育可以采取多种形式。其中，面对面的工作坊或讲座因其有讨论、示范、教学录像或演员表演、问答等互动环节，比单纯地阅读资料和观看录像更有助于教导家长学习如何向孩子讲解预防性侵犯的知识和技巧。家长越容易掌握，就越会相信自己的能力，也就更愿意与自己的孩子讨论预防性侵犯的话题，并能够采取有效行动保护自己孩子。

3 小时的工作坊适合让家长获得预防儿童性侵犯的基本知识，包括认识儿童性侵犯；促进有关预防儿童性侵犯的亲子沟通；协助家长营造安全的家庭环境。

2. 增强家长自我效能感

研究表明，自我效能感强的家长更愿意、更容易与上小学的孩子讨论预防性侵犯的话题（Campis, Prentice-Dunn & Lyman, 1989[1]）。因此，预防教育要着重强化家长的自我效能感。除了提升家长教育孩子预防性侵犯的能力（态度、知识和技巧）外，预防教育者还需要做到：反复强调家长在预防儿童性侵犯中扮演着不可替代的重要角色；肯定家长保护孩子的意愿和能力；让家长在接受教育的过程中体验到成就感，而不是挫败感等。预防教育者不应该批评家长，不应该

---

[1] Campis, L. K., Prentice-Dunn, S., Lyman, R. D. (1989). Coping appraisal and parents' intentions to inform their children about sexual abuse: A protection motivation theory analysis. *Journal of Social & Clinical Psychology*, 8, 304—316.

让家长感到无能、羞愧和无力。

3.家长与孩子同时接受预防教育

在"学校为本"的儿童预防教育中，预防教育者一方面给儿童留家庭作业，邀请他们回家与家长讨论课上学到的预防儿童性侵犯内容；另一方面也要加入家长参与的元素，举例如下：

（1）利用家长会或工作坊等机会向家长介绍学校的预防教育课程。

（2）向家长发放孩子在校使用的预防教育资料，让家长了解并熟悉孩子在学校所接受的预防教育内容。

（3）鼓励家长经常与孩子一起复习自我保护的理念，并练习相关的技巧。

（4）鼓励家长捕捉日常生活中自然发生的最佳教育时刻，强化教育内容，例如共同阅读相关的媒体报道或读本／绘本、看相关主题的电视节目或电影等。

（5）教家长小窍门，方便家长在家里能够自在地与孩子讨论预防性侵犯的话题（识别、抵制、举报和求助）。

（6）给家长机会提问，并解答家长的疑虑。例如，可以告诉家长，研究显示，高质量的预防教育不会对孩子产生副作用；预防儿童性侵犯的教育是一种安全教育，不仅会讨论不恰当的身体接触，还会更多地讨论什么样的身体接触是健康的；家长参与的预防教育最有效、最无伤等。

（7）宣传结束时，给家长留下相关资料和联系办法，跟进联系。

4.建立面向家长的预防教育网站，可以作为面对面预防教育的补充，方便家长在家使用，并具有保密、便捷、安全和跨地区的优势。

第三节　面向专业人员的预防教育

从事儿童工作的专业人员通常有大量的机会以权威身份、长时间、频繁地接触儿童。例如，老师（教职员工／教练／课外活动老师等）、保育员、卫生保健及医护人员、社工、心理咨询师、义工、社区工作者、警察等。一方面，他们在法律上和道德上是儿童安全的保护者；另一方面，他们也有可能会利用职权去性侵犯儿童。因此，面向专业人员的预防教育应该是机构制度层面情境预防的一个重要组成部分（详见本书第十章），既包括保护儿童免受性侵犯的预防受害教育，还包括监督专业人员行为规范的预防加害教育，从而防止专业人员成为性侵犯者。

一、概述

面向专业人员的预防教育可大致分为两类：第一类是面向机构全体员工的预防教育，这类预防教育属于机构制度层面的情境预防；第二类是对面向儿童和家长开展预防教育或建立机构情境预防的专责人员进行专业培训。本节重点介绍第一类预防教育。有关第二类专业培训的内容，读者可参见本书其他章节。

面向机构全体员工的预防教育最好由供职机构提供。一方面，这样最能体现本机构在保护儿童免受性侵犯方面担当责任，从而增加机构的公信力；另一方面，也有助于把预防儿童性侵犯纳入机构制度和组织文化，从而有效地约束员工遵守相关的规章制度。

提供预防教育的人可以是本机构受过专业训练的专责人员，也可以从机构外聘请专业人员。

面向全体员工开展预防教育的目的是，调动并装备专业人员，使他们有能力参与到预防儿童性侵犯的行动中，遵守机构建立的情境预防制度，从而最大限度地增强环境对于儿童的保护功能，防止儿童性侵犯发生。目标如下：

（1）提升专业人员预防、识别、举报儿童性侵犯的意识和能力。

（2）提升专业人员自律和相互监督个人风险行为的能力。

二、内容

为了达到上述目的／目标，预防教育者可以根据受众的需求，选择教育内容。一般来说，除了有关预防儿童性侵犯的内容外，还应该包括情境预防等内容。

（一）有关预防儿童性侵犯的内容

主要包括儿童性侵犯的定义、有关儿童性侵犯的事实（普遍程度、负面影响、侵犯者、受害者）、侵犯者的操控手段、促使儿童性侵犯发生的风险因素／机制和保护因素／机制、儿童性侵犯的表征等。具体内容参见本书相关章节。

（二）有关情境预防教育的内容

情境预防教育应该把"承担保护儿童免受性侵犯的责任"作为员工的职业操守和专业伦理的基本要求，并用规章制度加以规范和固化。这样，当儿童在机构中身处性侵犯危险情境时，会有更多的员工站出来监督并阻止儿童性侵犯的发生。另外，情境预防教育还可能作为外在制约的条件，威慑那些逃过入职筛选的潜在性侵犯者增加自制力，从而降低性侵犯行为发生的风险。具体内容包括以下几个方面。

1. 机构和个人应承担保护儿童的责任

情境预防教育应该旗帜鲜明地让每一名员工知晓：本机构有责任为儿童创造安全、健康的成长环境；有责任保护儿童免受伤害（包括性侵犯的伤害）；有责任保护机构内每一位成人和儿童不受到性侵犯的指控；有责任保护机构避免因性侵犯的发生而受到公众谴责、行政处罚和法律制裁。

由于成人（或处于领导地位的儿童）与儿童之间存在权力差异，因此，他们如果滥用权力利用儿童，就会对儿童造成伤害。机构设立规章制度就是要求工作人员在与儿童交往中保持行为界限，避免滥用权力给儿童造成伤害。

2. 本机构预防儿童性侵犯的规章制度（参见本书第十章）

（1）关于识别危险情境、监督可疑行为（越界行为、不当行为、有害行为）的规定。

（2）看到、听到或怀疑有人对儿童做出越界行为、不当行为或有害行为时，应该采取哪些行动，例如如何对儿童做出恰当的反应？如何举报？

（3）本机构举报和处置的流程。

（4）本机构对举报者的保护政策，包括保密、免责、保护人身安全、告知处理进展、转介或提供心理支援服务等。

（三）辅助内容

有时，面向全体员工的预防教育还需要增加"性健康教育"（Healthy Sexuality）和"权利与责任教育"（Right and Responsibility）。

讲授性健康知识，可以帮助员工了解儿童在不同年龄阶段的发展特点，从而提升员工区分个人交往中的健康行为、越界行为、不当行为和有害行为，并有能力识别儿童和青少年卷入风险行为的表现。重点强调：性侵犯儿童的行为，是侵犯儿童权利的暴力行为，是不健康的、不正常的。

权利与责任教育的目的是教育员工：自己有权利被恰当地对待，同时也有责任恰当地对待别人，要保护儿童免受暴力伤害。这部分内容属于通过转化暴力文化来预防儿童性侵犯。要点如下：

1.挑战父权文化的社会性别刻板印象、性别歧视和偏见、不尊重儿童权利。

2.倡导性别平等、尊重儿童权利、相互关怀的人际关系。

3.保护自己的权利，同时不侵犯别人的权利，不增加别人的痛苦。

4.用恰当的方式处理自己的痛苦和压力，而不要利用儿童。

5.用恰当的方式满足自己的性需要和情绪需要，而不要利用儿童。

三、组织实施

面向儿童工作专业人员进行预防教育最好由机构组织实施，包括以下六个方面。

（一）全员参加

如上所述，学校等服务儿童机构的预防教育需要面向全体工作人员，不仅包括教学/专业岗位的员工，还包括非教学/专业岗位的辅助人员，例如后勤工作人员和义工。这样，让机构预防儿童性侵犯的规章制度尽人皆知，有助于塑造人人有责、人人参与的预防儿童性侵犯的组织文化。

（二）设计课程

机构应该在实施过程中逐渐形成机构自己的教育课程并不断完善。每一次课程都应设定具体目标，例如，想要通过这次教育让员工收获到什么？希望他们改变什么？然后，根据目标设计教育内容和方法。还需要定期对预防教育进行效果评估，从而调整内容和方法，以便实现目标。

（三）多种途径和形式

可以根据本机构的实际需要和资源条件，通过多种途径、多种形式开展预防教育。例如，可以在入职培训、师资培训、师德教育，以及机构内部各级工作会议中加入预防儿童性侵犯的内容；可以举办专题讲座、工作坊；还可以设计网页或开设网络课程等。

（四）探索有效的培训方法

有效的培训方法包括，为参加者创造一个畅所欲言的安全环境，给他们机会提问、表达、练习回应风险情境技巧等。预防教育者要有能力回应参加者提出的疑问和担忧，解决他们参与预防、举报和回应儿童披露性侵犯时遇到的困难。

（五）善用学位／学历教育和职业教育

需要在专业学位／学历教育和职业教育中增加预防儿童性侵犯的相关课程。目前，我国的医学、教育、公共卫生、心理和社工等专业课程设置普遍缺乏有关防治儿童性侵犯的教育内容。因此，需要鼓励大学开设"儿童保护"相关课程，鼓励各专业团体开展与防治儿童性侵犯相关的工作坊、研讨会、论坛，并出版相关的书籍及网页，在助人专业、社会科学及行为科学领域提升保护儿童免遭性侵犯的专业意识和专业能力。

（六）借鉴本地实务工作和经验

邀请本地为受害者和加害者提供心理支援服务的治疗师和研究者为设计预防教育的内容提供准确的专业知识，特别是侵犯者接近儿童并让儿童保密的手段；偏差性行为的早期征象等（可参阅 Simons, Wurtele & Durham, 2008[1]）。

第四节 面向一般公众的预防教育

面向一般公众的预防教育是指通过媒体（互联网、广播电视、报纸杂志等）和社区活动等多种途径，利用新闻报道、专题报道、专栏、纪录片、专题片、电影、电视剧、广告、戏剧、小说、诗歌、绘画、网络课程、宣传单张、小册子等多种形式，向全社会每个成人传播清晰、准确、一致的有关预防儿童性侵犯的信息，转变公众对于儿童性侵犯的错误看法，重塑有利于保护儿童免受性侵犯的社会态度和文化观念。这是预防儿童性侵犯的社会生态模式中宏观层面的预防措施之一。

---

[1] Simons, D. A., Wurtele, S. K., & Durham, R. L. (2008). Developmental experiences of child molesters and rapists. *Child Abuse and Neglect*, 32 (5), 549—560.

理论上，"一般公众"包括那些在儿童生活的社会生态环境中直接或间接影响儿童安全的所有成人，即保护者、守望者、决策者，以及（潜在）侵犯者。面向一般公众的预防教育不仅旨在提升社会大众保护儿童免受性侵犯的意识和能力，而且还要尽可能唤醒潜在侵犯者的良知，增强他们的自制力，并对他们施加外在威慑力。

面向一般公众的预防教育还包括教导守望者在发现儿童处于危险情境时守望相助的意识和能力，因此，可以把这种预防措施看作是预防儿童性侵犯社会生态模式中关系层面预防措施的延伸。

由于面向一般公众的预防教育的对象和内容广泛，因此，本节将以面向一般大众预防教育的三个功能为主线，讨论如何善用相关内容和形式，以达到转变社会态度和文化观念的目的。

一、转变有关儿童性侵犯的社会态度

正如本书其他章节所讨论的那样，无论是中国经验还是国外研究都向我们呈现如下社会现实：在父权家长制的社会文化背景下，人们普遍存在对于儿童性侵犯现象的误解和偏见，不仅阻碍形成有效防治儿童性侵犯的公众意识和社会行动，而且还会建构"责备受害者""责备家庭"特别是"责备母亲"的公众态度和专业话语，从而在一定程度上纵容（潜在）侵犯者强化性侵犯儿童的内在动机和行为，增加社会不公义对儿童及其家庭的伤害。因此，面对一般公众的预防教育需要传播有关儿童性侵犯及其防治的知识，并通过激发公众广泛讨论的形式，形成"谴责性侵犯者""零度容忍儿童性侵犯现象和行为"的公众态度和专业话语。

（一）形成零度容忍儿童性侵犯的公众态度

为了消除公众对于儿童性侵犯现象的迷思，需要准确、清晰、一致地呈现相关知识，引导公众在正确的方向上提升保护儿童的意识和能力。在这方面，需要善用有关预防儿童性侵犯的专业知识，重点表达如下公众态度：

1. 儿童性侵犯是全球普遍存在的、侵犯儿童权利、危害公共健康的社会问题。

2. 儿童性侵犯不是健康的性活动，而是侵犯儿童权利的暴力行为，甚至是暴力犯罪。

3. 与儿童进行性接触在法律上和道德上都是错误的。

4. 当有人利用权势与儿童进行性活动时，就是在伤害他们。

5. 让儿童卷入成人或同龄人强制的性活动，会干扰或破坏儿童身心健康和发展，并给儿童、家庭、社会带来严重的危害。

6. 保护儿童需要严惩性侵犯者，以及矫治潜在的性侵犯者。

（二）从个人秘密转向公共议题

正如本书其他章节所述，儿童性侵犯具有隐秘的特点，这通常会成为侵犯者威胁儿童合作和保密的砝码，也会使儿童及其家人因"受到性侵犯是个人或家族的耻辱"而不敢揭发。这种现象可能会在很大程度上使社会普遍存在漠视儿童性侵犯的现象，从而纵容加害者的侵犯行为。

面向一般公众的预防教育可以通过多种途径，激发公众广泛讨论防治儿童性侵犯的议题，把儿童性侵犯现象从受害者的个人秘密或家庭秘密，转变成一个不能回避的公共议题（Kitzinger, 2004[①]），这本身就是在转变公众对于儿童性侵犯的看法，形成"谴责侵犯者""表达零度容忍儿童性侵犯"的公众态度，从而消除"责备受害者""责备家庭""责备母亲"的专业话语和公众态度给受害儿童及其家庭造成不公平正义的压力和伤害。

二、转变有关儿童、性别与性的公众态度

面对一般公众的预防教育还应该包括转变有关儿童、性别与性的公众态度。

正如本书其他章节所讨论的那样，父权家长制强调"孝道""贞操"和"家族意识"，要求儿童服从成人，女性服从男性；容许或容忍成人对儿童施暴，男性对女性施暴；甚至把儿童和女性当作满足成年男性的性工具。如果这些观念普遍存在，就很容易成为潜在侵犯者合理化性侵犯儿童的借口，强化他们性侵犯儿童的内在动机和需要；此外，还会通过媒体和社会生活实践，建构、传播和维

---

① Kitzinger, J. (2004). *Framing abuse: Media influences and public understanding of sexual violence against children*. London: Pluto Press.

持"责备受害者"的公众态度，不利于防治儿童性侵犯。

因此，面向一般公众的预防教育应该挑战促使产生儿童性侵犯的公众态度和文化观念，倡导性别平等、尊重儿童权利的人权价值，鼓励建立平等、尊重、关怀的人际关系。内容包括：

1.全社会每个成人都有责任尊重儿童权利，保护儿童不受任何形式的暴力伤害。

2.儿童或女性拥有身体自主权利，他们不是任何人的财产或满足性欲的工具。

3.任何人侵犯他人的身体自主权利，都要受到法律制裁和道德谴责。

4.建立平等、尊重、关怀的人际关系有助于促进个人健康、家庭幸福和社会和谐。

三、提升公众守望相助的意识和能力

面向一般公众的预防教育还应该包括针对守望者的预防教育！

Bystander 的字面意思是"旁观者"或"围观者"。一般来说，当发生针对儿童的不当行为、骚扰行为或暴力行为时，可能会被第三方看到或听到。

站在预防儿童性侵犯的角度来看，这些人选择采取怎样的行动，会在一定程度上影响性侵犯儿童的行为能否发生。

如果他们选择做挺身相助的"守望者"，就有可能阻止性侵犯儿童行为的发生。反之，如果他们选择做袖手旁观或视而不见的"旁观者"或"围观者"，就会使加害者得到更多机会实施性侵犯行为。

全美性暴力资源中心（National Sexual Violence Resource Center, NSVRC）于 2009 年出版了由预防儿童性侵犯专家 Joan Tabachnick 撰写的小册子，书名叫《动员守望者参与预防性暴力》（*Engaging bystanders in sexual violence prevention*[①]）。其中的主要思想值得我们借鉴。

在作者看来，性暴力不仅伤害受害者，还会伤害旁观者。当旁观者看到或听到性暴力事件感到难过却袖手旁观时，他们会为自己错失良机去终止别人的痛

---

① Tabachnick J., Engaging bystanders in sexual violence prevention. *http://nsvrc.org/sites/default/ files/ Publications_ NSVRC_ Booklets_Engaging-Bystanders-in-Sexual-Violence-Prevention.pdf*

苦而感到不安，特别是如果受害者就是自己所在乎的人。其实，我们每个人都体验过错失助人良机的痛苦感受，也曾有过帮助别人消除痛苦的安心感。因此，动员"旁观者"成为"守望者"，不仅会动员更多的人相互支持去制止性暴力，而且还会改善"旁观者"的身心健康和人际关系。

一般来说，一个人面对朋友、家人或同事对儿童做出不当行为、有害行为或暴力行为时，阻碍他／她挺身而出采取行动的因素包括：感到羞耻；为自己的安全担心；不知道做什么；觉得没有必要大惊小怪……而如果一个人知道做什么是有效的，并且掌握了判断和行动的技巧，就会更愿意采取行动，去终止暴力。

因此，针对"守望者"的预防教育重点包括：培训参加者学会识别危险行为的信号；评估某个情境是否危险；判断自己是否适合介入；自己是否需要向别人求助；提供练习机会。重点是培训个人对话能力和行动能力，包括聚焦观察的能力、慈悲提问的能力，以及对不同程度的性暴力行为采取行动的能力。

例如，前面提到的那本小册子以五个行动步骤来培训人们提升守望相助的能力，包括以下内容。

1. 留意到出现不当行为的情境。

◯ 你看到或听到了什么事情令你感到担心？

2. 考虑一下那个情境是否要求你采取行动。

◯ 这个情境对你有什么影响？对别人有什么影响？

3. 确定你是否有责任采取行动。

◯ 你采取行动的风险是什么？

◯ 其他人采取行动是否比你的位置更有利？

4. 选择哪种相助的形式？

◯ 你可以做什么？

◯ 你可以鼓励别人做什么？

5. 理解如何安全地落实你的选择？

◯ 你需要哪些资源？

　　在美国，目前针对"守望者"的预防教育对象主要是大学生群体。实际上，我们可以根据我国的实际需要和资源，面向更广泛的人群进行针对"守望者"的预防教育，包括社区、职场、学校，甚至娱乐场所。为了做出长远的社会改变，我们必须从个人行动开始。需要建立支持个人行动的政策法规，从而塑造面对暴力守望相助的社会文化。

本章小结

　　本章从研究基础、内容和组织实施三个方面，重点讨论如何面向家长、专业人员和一般公众三个成人群体开展预防教育，目的是提升成人保护儿童免受性侵犯伤害的责任意识和行动能力，使每个成人都能在各自的社会角色上充分发挥保护儿童免受性侵犯伤害的作用。

　　面向成人的预防教育需要挑战基于父权家长制的"责备受害者""责备家庭"和"责备母亲"公众态度和文化观念，倡导性别平等、尊重儿童权利的社会文化，从而塑造零度容忍儿童性侵犯的社会氛围。

　　然而，提升成人保护意识和能力只靠预防教育是不够的，还需要配备机构制度层面的情境预防，支援儿童身边的保护者及时阻断促使儿童性侵犯发生的风险机制。在下一章，我们将着重讨论机构制度层面的情境预防。

第十章

预防措施：机构制度层面的情境预防

尽管不少儿童受到家人性侵犯，但仍有相当多的儿童是在家外日常活动场所受到工作人员性侵犯。这些家外日常活动场所包括学校、幼儿园、课外活动社团、课外教育机构、娱乐场所等，在有些国家和地区还包括宗教团体。在本章，我们统称为"儿童机构"或"儿童日常活动场所"。

一般来说，儿童在家外日常活动场所参加一些课外活动可以增强自信、发展技能，有机会与家外的成人和同龄伙伴建立友善的人际关系……这些本来都是防止儿童性侵犯发生的保护因素，然而，有些家外成人会利用与儿童建立亲近的照顾关系去性侵犯儿童。

有研究者（Wurtele & Kenny, 2012[①]）回顾相关研究和媒体报道指出，儿童性侵犯发生在儿童机构中，已经是一个公认的全球问题。美国、英国、加拿大、津巴布韦、德国、澳大利亚等国家的相关研究显示，儿童性侵犯会发生在所有的儿童日常活动场所中，包括走读学校、寄宿学校、托儿所、幼儿园、教会、足球队、运动队、课外教育机构、社区活动中心、社会服务组织、娱乐场所、宗教团体等。侵犯者包括教师及其他教职员工、保育员、教练、义工，甚至宗教人

---

① Wurtele, S. K. and Kenny, M. C. (2012). Preventing childhood sexual abuse: An ecological approach. In Goodyear-Brown, P. (2012). *Handbook of child sexual abuse: Identification, Assessment and treatment* (pp. 531—565). Hoboken, NJ: Wiley Press.

士等。我国的媒体报道中也经常出现这种情况，性侵犯者不乏教师、公益人士、医生、心理咨询师、执法人员、司法人员的身影。

这些"专业人士侵犯者"很容易利用职务之便，逮住机会对儿童进行性侵犯。因此，儿童活动机构需要在机构制度（社区）层面建立情境预防措施，为儿童建立安全的学习环境，从而避免儿童受到教职员工 / 义工的性侵犯。

所谓"情境预防"（situational prevention），就是通过改变潜在侵犯者与潜在受害者交往的情境，来预防儿童性侵犯的发生（Tonry & Farrington, 1995[①]）。

有研究者（Wurtele & Kenny, 2012[②]）总结相关研究发现，促使儿童性侵犯在儿童机构中发生的三个主要情境包括：（1）儿童身边存在潜在的性侵犯者；（2）潜在的侵犯者有机会在隐秘的物理空间 / 环境中与儿童单独在一起；（3）潜在的侵犯者利用他们的权威地位以及儿童对他们的信任和感情，对儿童进行心理操控，诱使或强制他们参与与其年龄发展阶段不相符的性活动，并要求儿童保守秘密。因此，情境预防要在机构层面建立相应的规章制度，以便最大限度地降低潜在侵犯者接近和操控儿童进行性侵犯的情境风险，包括：（1）尽量防止他们有机会接触儿童，阻止他们进入接触儿童的工作岗位；（2）降低物理空间的环境风险，不给潜在侵犯者提供方便实施性侵犯儿童的隐秘空间；（3）降低行为风险，通过行为监控、举报和处置等多种措施，增加外在制约力，从而阻止潜在侵犯者做出性侵犯儿童的行为。

美国疾病控制及预防中心和外伤预防及控制中心于 2007 年联合颁布《少儿服务机构内部启动预防儿童性侵犯的政策及流程》（*Preventing Child Sexual Abuse Within Youth-serving Organizations: Getting Started on Policies and Procedures*, *Saul & Audage*, 2007[③]）。该指引邀请美国 18 个儿童机构和相关专家，历时三年研发出情境预防指引。本章将参考该指引和相关文献综述（Wurtele & Kenny,

① Tonry, M., & Farrington, D. (1995). *Building a safer society; Strategic approaches to crime prevention*. Chicago, IL: Chicago University Press.

② Wurtele, S. K. and Kenny, M. C. (2012). Preventing childhood sexual abuse: An ecological approach. In Goodyear-Brown, P. (2012). *Handbook of child sexual abuse: Identification, Assessment and treatment* (pp. 531—565). Hoboken, NJ: Wiley Press.

③ Saul, J., & Audage, N. (2007). *Preventing Child Sexual Abuse Within Youth-serving Organizations: Getting Started on Policies and Procedures*. Atlanta, GA:Center for Disease Control and Prevention, National Center for Injury Prevention and Control, Retrieved from *www. Cdc.gov/ncipc/dvp/PreventingChildsexualAbuse.pdf*

2012[①]），简要介绍情境预防措施，供我国同行借鉴。

第一节 切断接触儿童的机会：入职筛查

最直接的方法就是，在入职选拔程序和录用标准中加入筛查潜在侵犯者的内容，使他们没有机会进入到接触儿童的工作岗位。虽然筛查在不同的国家和地区有不同的做法，也不能完全避免潜在侵犯者接触儿童的工作岗位，但仍不失为一个可考虑的方法。

一、筛查范围

所有求职者都要参加入职筛查，包括青少年义工。即使是机构员工认识或过去曾共事过的申请者也要参加筛查。

二、筛查标准

在制定拒绝入职的标准时可考虑如下因素，包括：有对儿童、弱势群体施加暴力犯罪记录（包括性犯罪）者，以及有凌虐动物行为者等。

三、筛查程序

服务儿童机构的人力资源部门最好听取预防儿童性侵犯专家的建议，事先制定筛查标准、流程、时间表，并确定最终录用的决策人。

可以在申请程序中设置相关说明，让潜在性侵犯者望而却步，自动放弃进入接触儿童的工作岗位。也就是说，在招聘广告和求职申请中，向所有求职者传递这样的信息：本机构在预防儿童性侵犯方面有严格的规章制度，性侵犯者根本没有机会对儿童下手。如有员工胆敢性侵犯儿童，将受到严惩。

可在招聘广告和职位介绍中说明：本机构重视并承担保护儿童安全的责任，

---

① Wurtele, S. K. and Kenny, M. C. (2012). Preventing childhood sexual abuse: An ecological approach. In Goodyear-Brown, P. (2012). *Handbook of child sexual abuse: Identification, Assessment and treatment* (pp. 531—565). Hoboken, NJ: Wiley Press.

要求入职者严格遵守防止儿童性侵犯的规章制度和伦理守则。让每个拟被录用者了解本机构防止儿童性侵犯的规章制度，并要求他们签署承诺书。

四、筛查方法

很难靠外在特征识别性侵犯者，因此，针对潜在性侵犯者的入职筛查需要采用多种方法。文献记载两大类方法。每种方法各有长短，需要联合使用并综合评估。

（一）从求职者外部收集信息

1. 核查犯罪记录和互联网搜索

通过官方记录和网络搜索，可以迅速了解求职者是否有过性犯罪、暴力犯罪和其他违法活动的犯罪记录或新闻报道。不过，由于大多数性侵犯者并未被起诉或逮捕，而且互联网搜索有可能出现同名同姓现象或假新闻，因此，这两个方法的筛查效果比较有限，但是可以作为补充办法与其他筛查方法配合使用。

2. 查阅已建立"黑名单"

机构可以把那些因有相关犯罪记录或有性侵犯高风险而被拒绝录用的求职者收录在机构人事部门的"黑名单"，用于下一次招聘员工或义工时查阅，避免曾经被拒绝的求职者回流入岗。

3. 第三方推荐

由第三方提供的推荐信或口头推荐有助于更多地了解求职者过去的工作经历和工作态度。多种途径的推荐意见更有参考价值。为此，可以请推荐人在推荐信或口头推荐中提供以下信息：

○ 你是怎么认识这个人的？

○ 你会如何描述这个人的特点？

○ 你是否见过这个人如何与儿童（不是自己的孩子）打交道？如果见过，请描述你的观察。

○ 在你看来，这个人适合做儿童工作吗？请说说你的理由。

○ 你未来愿意让这个人在你的机构工作吗？为什么？

……

重点是，了解申请者是否会试图花时间与某个孩子单独相处。因为有些性侵犯儿童者有可能与孩子们相处得很好，并能从家长或儿童机构那里获得信任，有机会花时间与儿童单独相处。他们倾向于在一大群孩子中选一两个孩子性侵犯，同时与其他孩子保持正常相处。

（二）向求职者本人收集信息

潜在的性侵犯者不会主动说出自己有性侵犯儿童的动机、倾向和经历。不过，仍可以运用心理测量工具、书面申请和面试会谈等多种方法向求职者收集信息。当然，不能单从求职者对某个问题的回答就判定对方是否有性侵犯儿童的风险，而是要配合其他信息，才能形成对求职者比较全面的了解。

1. 心理测量

为了筛查出有人格偏差或有虐待儿童倾向的求职者，可以用心理测量工具筛查。国外常用的测量工具主要是 MMPI 人格测验、虐待儿童倾向测验。由于心理测量是专业性很强的工作，因此，需要在心理评估专家指导下完成。

2. 书面申请和面试会谈

书面申请和面试会谈都是运用开放性提问，向求职者本人提出了解有关儿童性侵犯行为风险的问题，从而评估求职者性侵犯儿童的行为风险。

可以要求求职者先在书面申请中回答基本问题。然后，再利用面试会谈，澄清并进一步了解求职者在书面申请中提到或没有提到的信息，还可以鼓励求职者参与相关问题的讨论，从而确定求职者是否适合入职。

书面申请和面试会谈的内容主要包括：了解求职者想要做儿童工作的动机；对待儿童的态度（暴力、滥用精神活性物质/酒精、惩罚和操控等）；是否懂得设定清晰、弹性的身体界限或关系界限；是否了解儿童保护政策；是否有违法犯罪的经历；是否有不健康的个人爱好及业余生活，例如上网习惯、性偏好等。

在设计书面申请或面试会谈提纲时，可以参考以下问题。

（1）你想要做这份工作的理由是什么？

（2）是什么使你觉得你适合做儿童工作？你的朋友或同事会如何评价你？

（3）你喜欢和什么样的孩子打交道（年龄、性别、性格等）？跟不同年龄、不同性别的孩子打交道，你的感受有何不同？为什么你喜欢和这个年龄段（或性别）的孩子相处？

（4）你喜欢用什么方式与不听话的儿童打交道？

（5）是否曾经有人说你不适合做与孩子打交道的工作？他们的理由是什么？

（6）你有哪些业余爱好或休闲活动？（是否有成熟的成人关系？）

（7）提出涉及身体界限／关系界限和儿童保护规章制度的场景，询问求职者如何处理。

……

第二节 降低物理空间的环境风险

侵犯者与儿童单独在一起，为的是制造隐秘的物理空间，方便操控儿童。因此，需要从降低物理空间的环境风险入手，不给潜在侵犯者制造隐秘空间的机会。

一、限制一对一交往

为了减少员工／义工与儿童单独相处的机会，有的机构推行限制成人与儿童一对一交往的规章制度。例如，美国童子军（Boy Scouts of American）明文规定如下：

1.禁止成人与少儿会员在训练、比赛和旅途中一对一接触。被禁止的交往情境包括：一名成人领袖带一名少儿会员参加比赛或旅行；成人领袖使用少儿会员的浴室或更衣房；成人领袖与少儿会员一对一地乘车；成人领袖与少儿会员一对一地住在同一房间等。

2.在所有外出和旅途中，要至少有两名成人在场。

3.在更衣室、盥洗室等场所，为了防止儿童之间可能发生性侵犯行为，至少要有两名与儿童同性别的成年工作人员在场监管。

4.与儿童个别会谈要安排在其他成人和儿童都能看到的地方。成人领袖在室内与少年会员单独谈话时，要打开房门。

5.如果成人领袖要在训练、比赛、旅途之外的地方接触儿童，需要让其父母知情同意，并上报上级主管。

6.要求少年会员外出时与同伴同行，不要单独出行。

我国的服务儿童机构可以借鉴上述经验，根据本机构的实际情况，制定限制员工/义工与儿童一对一交往的规章制度。

二、建立安全的空间环境

一般来说，儿童在与别人隔离的场地更容易受操控、被利用。因此，为了消除性侵犯发生的空间条件，可以重新设计物理环境。

为了增加儿童活动空间的能见度，美国疾病控制及预防中心在《少儿机构内部启动预防儿童性侵犯的政策及流程》中明文规定：儿童活动场地要安排在光线充足、别人容易看得见的地方；要锁上闲置的橱柜、教室或仓库，消除死角；儿童活动室或教室的房门要安装透明的玻璃窗；建立师生谈话"不关门"制度；在学校各个角落安装照明设备；禁止学生进入工作人员的场所；允许并鼓励父母随时探访自己的孩子等。

儿童机构还需要建立保护个人隐私的私密空间。例如，给每个厕所、浴室、更衣室的房门安装好用的门锁，保障儿童上厕所、洗澡或换衣服有独立的私密空间，任何人不得在场。在机构出入口和活动场所安装录像监控设备，监控出入人员的行为。

儿童机构带领儿童参加野游、宿营、多机构活动时，需要让家长和儿童知晓相应的安全措施，例如如何使用睡房、浴室、厕所、更衣间等；儿童在往返交通中哪段时间是由其他机构负责，哪段时间是由本机构负责，哪段时间是由家长负责等。这些经验值得我国同行借鉴。

第三节　降低行为风险

儿童机构需要明确规定风险行为的界定、行为监督的措施，以及举报和处置的机制，阻止成人对儿童或儿童对儿童做出越界行为、不当行为或有害行为，从而降低潜在侵犯者的行为风险。特别是当机构一时无法改善物理空间时，更需要监控某些工作人员可能会对儿童做出的风险行为。机构还要让每个员工都清楚自己在监督、举报相关风险行为中的角色和责任，以及如何采取行动以配合相应的处置措施。

一、界定风险行为

儿童机构要明文规定：哪些是越界行为、不当行为和有害行为，从而协助全体员工识别儿童性侵犯的风险行为，用于约束自己的行为和监督他人的行为。

儿童机构可以动员全体员工／义工，参照儿童性侵犯的工作定义和法律定义对儿童性侵犯行为的描述，并考虑本地区的约定俗成的文化约定，参与制定有关性侵犯风险行为的规定。举例如下：

越界行为可以包括：经常与某个儿童单独在一起；经常给某个／某些儿童特权或小恩小惠；通过信件、邮箱、短信或微信与儿童分享私人信息或亲密关系问题等。

不当行为可以包括：在儿童不情愿的情况下频繁地触摸或搂抱儿童，甚至拍儿童的屁股及身体的其他部位等。除此之外，还应该包括语言，例如对儿童的身体品头论足；取笑儿童的身体；说性笑话；用性器官名称骂人等。

有害行为包括：体罚；涉嫌儿童性侵犯的行为（给儿童看色情图片、让儿童参与色情活动、触摸隐私部位、发生性行为等）。一名儿童对另一名儿童做出的欺凌行为和性行为也应该包括在内。

儿童机构应该通过入职教育、专门培训、宣传手册和官网等多种途径，让每一位员工清楚上述行为规定，一方面要约束自己不做越界行为、不当行为和有害行为，另一方面也要承担监督他人行为和及时举报的责任。

二、鼓励行为监督

儿童机构应该让每一位员工／义工都清楚地知道：保护儿童安全，是每一位员工／义工的法律责任和道德责任。当发现有人对儿童做出越界行为、不当行为、有害行为或被指控做出性侵犯儿童的行为时，每一位员工／义工都有责任采取相应的行动。举例如下：

当你看到有人做出越界行为或不当行为时，可以用善巧的方法，劝导这个人立即停止越界行为或不当行为。

如果劝阻无效，或无法劝导，你可以向本机构的相关部门举报。

如果发现涉嫌性侵犯儿童的有害行为，你可以向本机构的相关部门举报，也可以直接向公安部门或儿童保护机构举报。

儿童机构除了鼓励全体员工／义工进行行为监督外，还应该采用多种方法监督员工／义工与儿童交往的行为。例如，定期评估和督查；随机巡视；密切监管在儿童机构外举办活动的员工／义工等。机构要记录并存档行为监督的举报及其处理结果。

三、举报制度

儿童机构需要建立有效的举报机制，才能支持员工／义工有信心进行有效的行为监督，并且鼓励儿童揭发正在或已经发生的性侵犯行为。举报的目的是，及时阻止儿童性侵犯发生或继续发生，并通过威慑（潜在）侵犯者，从而阻止有可能发生或正在发生的性侵犯儿童的行为。每一位从事儿童工作的人员都需要清楚地知道自己在举报中的角色和责任、被举报的行为范围，以及举报的途径和程序。

（一）建立举报机制

有效防治儿童性侵犯需要建立多部门跨专业协作的联动工作机制。因此，儿童机构在建立举报机制时，应该征询有儿童保护经验的律师、本地儿童保护办公室／委员会、公安部门或检察部门，以及有相关经验的临床心理学家和社工的专业意见，并借此机会与这些部门建立合作伙伴的工作关系。这样，一方面可以保证本机构的举报措施符合国家及地方政策法规，另一方面，可以保证本机构在举报和处置的行动中与本地相关部门和专业相互配合和支持。

（二）规定员工／义工的责任和角色

儿童机构应该明确规定，当员工／义工看到或听说有人做出越界行为、不当行为和有害行为，或者有理由怀疑有人做出儿童性侵犯行为或其他虐待儿童和疏忽照顾行为时，应该立即向机构内相关部门或公安部门或儿童保护办公室／委员会举报。这是对每个员工／义工（包括机构领导在内）的法律责任和职业道德的伦理要求。

举报对象既包括本儿童机构的员工和儿童，还包括参与本机构活动的非本机构人员，例如家长、义工、机构外儿童等。

为了判断是否需要举报，员工／义工有可能需要向被骚扰或被性侵犯的儿童进行初步询问，以便了解必要的情况。不过，初步询问只需提很少的问题，不要详细询问和探讨事情的经过，以免造成"证据污染"而干扰后续的司法过程。调查儿童性侵犯事件是否发生及怎样发生，是专责调查人员（即公安部门和儿童保护办公室/委员会工作人员）的工作，而不是学校/幼儿园等儿童日常活动机构和员工/义工的角色。相关内容参见本书第十一章"初步询问"。

（三）被举报的行为范围及举报途径

为了设立合理的举报期望，避免"过度反应"或"不做响应"，儿童机构需要预先规定被举报的行为范围，从而协助举报者根据可疑行为的严重程度，选择合理的举报途径，即向谁举报。需要向全体员工公布相关部门的举报电话、信箱、邮箱等，并告知大家以下内容：

1. 看到或听到越界行为或不严重的不当行为，可向机构内部专责部门或本部门负责人举报。机构应该设定专责部门的电话、信箱或邮箱。

2. 如果举报对象涉及机构领导，则可越级举报，或直接向本地公安部门或儿童保护部门举报。

3. 看到或听到严重的不当行为、有害行为或涉嫌性侵犯儿童的行为，可直接向本地公安部门或儿童保护办公室/委员会举报。

（四）举报流程

儿童机构还应该让每一位员工/义工、儿童及其家长清楚地知道整个举报流程。

例如，儿童机构的相关部门接到举报后，要在预先设计的"意外事故举报表格"中记录举报内容、跟进过程，以及按照机构相关规定的处置结果。这个表格作为内部档案存档，可以用于各部门之间转介的公文，供入职筛查和改进学校预防措施的参考。

由于儿童性侵犯事件具有敏感性，因此，儿童机构应该预先规定：接到涉嫌或指控儿童性侵犯的举报时，在不同时段里哪些信息要保密，哪些信息可公开。机构应该预先咨询执法部门、司法部门和相关领域的专家（心理学家、精神科医生、社工、律师等），以便确保举报保密制度符合国家和地方的政策法规和专业伦理。

例如，无论是否确认涉嫌性侵犯儿童的指控成立，儿童机构都应该把知情人的范围降低在最小范围，并尽可能地避免让受到影响的儿童多次讲述事情经过。

不要公开潜在受害者和举报者的姓名，以确保他们的人身安全和心理安全。

在法庭审理涉嫌儿童性侵犯案件之前，不要公开被指控者的姓名和细节，避免使案件处理复杂化。因为"被指控"并不等于"犯罪"成立。

在法庭审理涉嫌性侵犯儿童的案件后，儿童机构在决定何时公布相关信息时，需要考虑受害儿童和举报者的安全和利益，以及这件事对全体员工、儿童和社区居民可能造成的影响，并尽最大努力减少对所有人的负面影响。

儿童机构还需要预先决定如何回应媒体和社区的质疑。

四、处置措施

儿童机构应该明确规定：本机构将针对越界行为、不当行为、有害行为，或涉嫌性侵犯儿童的指控等不同情况做出相应的处置。主要包括处置潜在 / 涉嫌的侵犯者、支持受害儿童及家人、稳定机构和社区。

（一）处置潜在 / 涉嫌的侵犯者

例如，如果某位员工 / 义工对儿童做出越界行为或不当行为（例如在机构外单独接触某个儿童），机构将立即规劝其停止这些行为，消除可能被认为有可能发生性侵犯的潜在风险情境，避免做出有可能被认为是有性含义的身体接触。

如果某位员工 / 义工或儿童与另一名儿童有性接触或性行为，儿童机构应该立即向本地公安机关或儿童保护办公室 / 委员会举报。涉事员工 / 义工或儿童将接受上述部门的联合调查。这时，机构和举报人的主要角色是协助并配合上述部门进行联合调查。

如果根据联合调查结果确定儿童性侵犯指控成立，涉事员工 / 义工将依法承担相应的刑事责任和民事赔偿责任。

（二）支持受害儿童及其家人

如果涉嫌性侵犯儿童的指控成立，儿童机构就有责任配合公安部门和儿童保护部门采取有效措施，保护受害儿童及其家人和举报人的人身安全。除此之外，儿童机构还应该配合儿童保护部门，评估受害儿童及其家人的个别化服务需求，以便为他们提供必要的物质援助和多样化的专业支援服务，包括心理支援服务，尽可能减少性侵犯给儿童及其家庭造成的负面影响，使他们尽快回到正常的生活轨道，防止对身心健康造成长期、负面的影响。详细内容参阅本书第三篇"专业支援服务"。

（三）稳定机构和社区

如果涉嫌性侵犯儿童的指控成立，那么机构中的每个人都可能要受到这个危机事件的冲击。这时，机构采取危机干预措施稳定群体情绪，还可以利用这个机会宣传本机构预防儿童性侵犯的规章制度和措施。

例如：及时公布可以公布的信息；可以为受影响的员工／义工、家长举办解说会；培训员工／义工、家长如何与孩子讨论预防儿童性侵犯相关的话题；请专业人员为有需要的人提供心理支援服务，包括为举报者、目击者，以及相关人员提供个别心理辅导或支持小组服务。

第四节　情境预防的配套措施

为了给儿童建立安全的学习环境，在机构制度（社区）层面建立有效的情境预防措施还需要建立相应的配套措施，促使全体人员自上而下地转变观念，从而调动资源，建立预防儿童性侵犯人人有责、人人参与的组织文化。

一、转变观念

即使在美国儿童机构中，管理人员、员工／义工甚至家长也常常持有一些错误观念，甚至抵制参与制度层面的情境预防（Wurtele & Kenny, 2012[①]）。这些错误观念阻碍情境预防开展。

例如，"本机构不可能发生儿童性侵犯""如果本机构开展防治儿童性侵犯工作，似乎说明本机构在这方面存在严重问题，就可能会影响本机构的声誉""预防儿童性侵犯占用时间，会影响教学质量""预防儿童性侵犯的措施会使以前没发现的儿童性侵犯案件浮出水面，增加本机构压力"等。

---

① Wurtele, S. K. and Kenny, M. C. (2012). Preventing childhood sexual abuse: An ecological approach. In Goodyear-Brown, P. (2012). *Handbook of child sexual abuse: Identification, Assessment and treatment* (pp. 531—565). Hoboken, NJ: Wiley Press.

机构主管部门或儿童机构负责人应该指派专责人员，通过讲座、会议、板报、海报、小册子、互联网等多种形式，协助员工 / 义工和家长用正确的观念替代上述不利于预防儿童性侵犯的错误观念。正确的观念宣传举例如下：

（一）任何服务机构都有可能发生儿童性侵犯

全世界 40 多年的研究表明，儿童性侵犯是全球普遍存在的、侵犯儿童权利、危害公共健康的社会问题，会发生在任何国家、地区、种族和社会阶层（参见本书第一篇的相关章节）。儿童日常活动场所是发生儿童性侵犯的高风险情境（参见本章第一节），因此，在儿童日常活动场所中实施制度层面的情境预防是非常必要的。

可列举当前国内外在儿童机构中已发生儿童性侵犯的新闻报道或案例，强调儿童性侵犯可能就发生在我们身边，而且性侵犯者不容易被辨认出来；儿童单靠自我保护不可能阻止性侵犯的发生；侵犯者对儿童进行心理操控，使儿童很难主动说出来等。

（二）机构会从预防儿童性侵犯中受益

可用相关的统计数字强调：儿童性侵犯是普遍存在的；（潜在的）侵犯者不一定是儿童机构培养出来的，而是多种复杂因素促使他们做出性侵犯儿童的行为；由于性侵犯具有隐秘性，因此，不容易根据身份、地位和外表识别出性侵犯者，儿童受心理操控很难主动说出来……从尊重儿童权利出发，成人社会有责任保护儿童安全和儿童的最大利益，因此，机构有责任尽最大努力预防儿童性侵犯的发生。

儿童机构制定并落实预防儿童性侵犯的措施，并不表示"机构出了严重问题"，也不会真的破坏机构声誉，反而显示本机构勇于担当保护儿童免受暴力伤害的责任和使命，致力于保障员工在安全、信任、关怀的环境中健康快乐地工作，从而增加机构在家长、上级主管部门、资助者和一般公众心目中的公信力，有助于获得更多的可持续发展的支持和资源。

（三）预防儿童性侵犯是给机构"上保险"

任何一种人际暴力都会对儿童机构的工作过程产生负面影响。性暴力更会对受害儿童的身心发展产生深远的负面影响，特别是严重干扰和破坏儿童的情绪调节功能、认知调节功能、身体调节功能和人际交往调节功能（详见本书第三章），这些都会破坏儿童的学习能力。从这个意义上说，预防儿童性侵犯实际上是给机构"上保险"，值得付出！

如果机构不针对儿童性侵犯采取有效的预防措施，会增加潜在的侵犯者性侵犯儿童的风险。在缺乏安全感的学习环境和缺乏信任的人际关系中，儿童很难专心向学，侵犯者不可能教好儿童。这些都会破坏机构质量和声誉。

另外，机构从制度层面开展情境预防的投入，正在节省处理已发生儿童性侵犯事件时卷入司法过程、应对媒体、经济赔偿所花费的时间、人力、物力和财力。用在预防上的投入实际上是用于建立机构承担保护儿童责任的公信力。

（四）让隐秘的儿童性侵犯事件浮出水面是好事

如果本机构或本地区确实有儿童性侵犯事件发生但从未采取过预防儿童性侵犯的措施，在实施预防儿童性侵犯措施之初，披露及举报儿童性侵犯事件的数量可能会有所增加。

不过，这不是坏事，而是好事！这恰恰说明本机构的预防儿童性侵犯措施行之有效。一方面，儿童开始信任机构有保护自己免受性侵犯伤害的愿望和能力；另一方面，受害儿童有机会不再受到性侵犯的伤害！反之，如果机构长期存在隐藏的儿童性侵犯事件，就一定会影响日常运作秩序和工作质量。不过，随着机构持续实施预防措施变为常态，所举报的性侵犯事件将会逐渐减少，在理想情况下，本机构不再发生性侵犯事件。

另外，如果儿童机构能够与社区社会服务机构建立合作伙伴工作关系，就可以随时转介受害儿童及其家庭接受相应的专业支援服务，包括心理支援服务，从而缓解儿童机构的工作压力。

二、调动资源

设计并实施有效预防儿童性侵犯措施，需要投入足够的时间、人力、设备和场地。例如，员工的入职筛查、普及预防儿童性侵犯的知识、培训员工预防儿童性侵犯的技能、消除容易发生儿童性侵犯的物理空间、建立举报和处置机制等。

然而，儿童机构并不是制造资源而是消耗资源的地方，而且资源永远都是有

限的! 因此, 机构管理者可用多种途径调动情境预防所需要的资源。 举例如下:

1. 可以向其他机构取经, 了解他们如何解决资源不足的困难。

2. 可以在机构现有的安全管理、行为规范管理、培训和课程中加入有关预防儿童性侵犯的内容。

3. 可以建立机构间的合作机制, 解决人力资源问题。 例如, 聘请在预防儿童性侵犯方面有专长的机构或个人, 提供预防教育培训, 并为本机构建立情境预防机制提供专业意见。

4. 可以预先与本地儿童保护、公安、法院、检察院、医护、民政等部门建立协作联动工作机制, 以便相互了解并达成共识, 明确各部门在联合处理儿童性侵犯举报案件中的角色和职责。 特别要与社区的社会服务机构建立协作关系, 以便及时转介受害儿童及其家庭, 善用社区的社工服务和心理支援服务。

5. 可以通过申请项目, 解决预防儿童性侵犯的经费问题, 包括制定相关的规章制度、改造空间环境、聘用人力资源等。 如果机构已经开展预防措施并定期评估, 还能够根据评估结果调整预防措施, 会比较有可能申请到项目经费。

三、建立预防儿童性侵犯的组织文化

为了让情境预防的机构制度有效地发挥作用 (员工 / 义工入职筛查、降低物理空间的环境风险和行为风险), 儿童机构需要建立预防儿童性侵犯的组织文化, 包括:

1. 保护儿童免受性侵犯人人有责;

2. 零度容忍成人对儿童、儿童对儿童的性侵犯行为;

3. 可以安全地讨论预防儿童性侵犯话题。

上述组织文化不仅有助于调动机构中的每个人承担保护儿童的责任, 而且还有助于对潜在的性侵犯者起到威慑、抑制作用。 为此, 需要机构负责人重视、全员参与、专人负责。

(一) 机构负责人重视

上级主管部门有责任协助机构负责人提升预防儿童性侵犯的意识和动员能力, 使机构的全体员工 / 义工参与到制定并遵守预防儿童性侵犯规章制度的行动中。

可以经常定期或不定期地对儿童机构负责人进行预防儿童性侵犯的专题培训，或者把预防儿童性侵犯的培训内容纳入到对机构负责人的常规培训中。重点强调以下两点：

1. 预防儿童性侵犯，保护儿童身心安全和健康成长，是儿童机构义不容辞的使命和责任。

2. 由于儿童性侵犯具有隐秘性，是普遍存在的，会给儿童及其家庭造成深远的负面影响，因此，建立并实施情境预防的机构制度正是儿童机构担当培育儿童健康成长、保护儿童身心安全的使命和责任。同时，也是对机构和员工／义工的保护，即保障每个人在一个安全、信任、关怀的环境中安心、快乐地工作。

还可以通过奖惩、调研、研讨等多种方法，鼓励机构负责人积极主动地把预防儿童性侵犯的措施作为保障儿童安全措施的组成部分，并且纳入到机构的整体管理制度中。

（二）全员参与

全员参与，是指动员儿童机构中的每个成人都参与制定并遵守预防儿童性侵犯的规章制度。在这里，"全员"是指机构内每一位成人，包括员工／义工和家长。全员参与的过程能够集思广益，有助于转变人们的观念，从而建立"保护儿童免受性侵犯人人有责"的组织文化。

可以利用各种会议，面向各部门负责人、全体员工、全体家长强调：保护儿童免受性侵犯是每个成人的责任，每个人都有责任参与到机构预防儿童性侵犯的行动中。

最好能指定专人负责，邀请员工／义工、家长与机构外的相关部门（公安部门、司法部门、保护儿童部门等）共同制定本机构的预防措施，形成多部门跨专业协作的联合行动。

需要在机构各个层面定期开展预防儿童性侵犯的专题培训，或者在常规的员工培训和家长教育中加入预防儿童性侵犯的内容。一方面，让每个成人增加并掌握预防儿童性侵犯的知识和能力；另一方面，也让每个人了解本机构预防儿童性侵犯的规章制度，特别是如果发现有人做出疑似性侵犯的行为，或者听到儿童说出受到性侵犯时，知道对儿童做什么或向哪个部门或哪个人举报。

机构还可以开展"健康周""艺术节"等群体活动，展出倡导尊重、平等、关怀和反对暴力主题的儿童艺术作品或表演，邀请员工／义工和家长参加，促使成人和儿童了解与预防儿童性侵犯相关的国家政策，讨论并倡导性别平等和尊重儿童权利的组织文化。

这样，全员参与可以制造开放讨论预防儿童性侵犯的安全空间，使员工／义工和家长有机会广泛、开放、自由地讨论和交流预防儿童性侵犯的话题。

（三）专人负责

有专人负责有助于切实落实情境预防的规章制度，使之持之以恒而不流于形式。机构可以从现有的员工中选出专门负责人并提供专业培训机会，提升其预防儿童性侵犯的知识和能力；也可以引进有预防儿童性侵犯专长的工作人员入职；还可以与其他机构合作。这个人最好具备如下条件：

1. 掌握足够的预防儿童性侵犯专业知识和政策法规；

2. 有能力向员工／义工、家长和儿童开展预防儿童性侵犯的培训和宣传教育；

3. 有能力解答员工／义工、家长和儿童的相关疑问；

4. 有能力与机构各部门负责人协调，协助机构负责人落实预防儿童性侵犯的规章制度；

5. 有能力与外机构合作，跟进举报和处置。

本章小结

在本章，我们借助国外的研究和经验，重点讨论学校等儿童日常活动场所如何在机构制度层面开展情境预防。具体而言，从三个方面阻断促使儿童性侵犯发生的风险机制，包括：（1）阻止潜在侵犯者进入儿童工作岗位，切断他们单独接触儿童的机会；（2）降低物理空间的环境风险，不给潜在侵犯者提供方便实施性侵犯的隐秘空间；（3）降低行为风险，通过行为监控、举报和处置等多种措施，阻止潜在侵犯者做出性侵犯儿童的行为。

有效的情境预防需要相应的配套措施，包括在机构内部建立"预防儿童性侵犯人人有责、人人参与"的组织文化；联合本地区多部门跨专业协作的联动工作机制，转介受害儿童及其家庭接受满足其个别化服务需求的专业支援服务。有关专业支援服务内容详见本书第三篇。

第三篇
专业支援服务

有时，无论怎样预防，儿童性侵犯事件还是会发生！
研究表明，有效的专业支援服务可以减轻甚至消除性
侵犯的负面影响给儿童及其家庭造成的长期后果。然
而，处理包括儿童性侵犯在内的虐待儿童事件及其负
面影响极具挑战性，通常涉及复杂的司法程序，要
求执法部门（警察）、司法部门（法官、检察官、律
师）、儿童保护部门及社会服务部门（社工、心理）、
医疗部门和教育部门协作联动。有效的专业支援服务
并不是由某个部门或专业独力完成的心理辅导或社工
服务，而是每个专业人员在政府主导的多部门跨专业
协作联动工作机制中发挥各自的专业角色，为受害儿
童及其家庭提供多层面的综合服务，从而实现保证儿
童安全、保护儿童利益最大化的目标。
我国目前正在开始建立并完善儿童保护制度，但综合
专业支援服务体系尚未成熟。本篇参考全球相关的工
作经验，特别是香港特别行政区儿童保护的实务经验，
重点讨论综合专业支援服务的四个关键环节，包括即
时响应、联合调查、跟进服务和心理支援服务。
尽管第一知情人如何报案并不属于专业支援服务范畴，
但他们在报案前如何对儿童进行初步询问，将切实影
响儿童性侵犯事件的处理和专业支援服务的开展。因
此，在本篇，我们在讨论专业支援服务之前，将首先
讨论"初步询问"。

第十一章

初步询问

如果儿童想要说出遭受性侵犯的秘密，他/她会最先告诉谁？

研究显示，绝大多数年幼儿童会首先告诉家人，而青少年则通常先告诉同龄伙伴（McElvaney, 2013[1]; Lam, 2014[2]）。不过，有些儿童也会先告诉其他有机会接触他/她的工作人员，包括老师、社工、医生、心理咨询师、社区活动义工、警察等。也就是说，家人、同龄伙伴和有机会接触儿童的工作人员都有可能成为受害儿童的第一知情人。

为了保护儿童免受性侵犯的伤害，第一知情人需要明白：当儿童透露与性侵犯相关的信息时，自己如何回应才能在减少再度伤害的前提下，帮助儿童准确地说出来，同时又不会被法庭认为是"污染证据"？如何根据儿童提供的信息决定是否需要向警方或儿童保护机构举报？如何配合警方和儿童保护部门采取行动保护儿童安全？

本章重点向那些有机会接触儿童的工作人员介绍如何通过初步询问回应儿童披露性侵犯事件。专业人员可以在面向成人的预防教育中运用这些知识。有关家人的回应技巧，详见本系列丛书的《家长指南》和《儿童指南》。

---

[1] McElvaney, R. (2013). Disclosure of child sexual abuse: delays, non-disclosure and partial disclosure: What the research tells us and implications for practice. *Child Abuse Review*, DOI: 10.1002/car.2280.

[2] Lam, Y. I. (2014). Factors associated with adolescents' disclosure of sexual abuse experiences in Hong Kong. *Journal of Child Sexual Abuse*, 23, 768—791.

第一节　认识三种询问方式

在处理儿童性侵犯事件的过程中，不同专业的工作人员会在不同阶段、出于不同目的，向儿童询问性侵犯事件。按照时间顺序主要包括以下三种。

一、初步询问

初步询问是由第一知情人（家长、老师、亲属、邻居、教练等成人）在举报之前向儿童询问性侵犯事件。本章主要讨论这部分内容。

初步询问的目的是，第一知情人大致了解发生了什么事件，从而决定是否需要举报和让儿童接受医学检查及处理，并采取保护儿童安全的有效行动。

可见，初步询问不需要很详细。这样做是为了避免第一知情人涉嫌因询问事件详情时用了不够恰当的方法而影响了儿童的记忆和表达，导致不能获取有效的法庭证据。

在初步询问阶段，第一知情人不必要求儿童提供完整信息。协助儿童提供完整信息，是受过专门训练的调查人员完成的任务。他们在接到举报后，会经过专业判断进入联合调查阶段，向儿童录取完整、准确的口供，作为有效的法庭证据。详见本书第十三章。

二、联合调查

联合调查是由接到举报的警察／儿童保护部门工作人员经过专业判断后，联合对儿童进行的调查会谈。内容包括，警务部门进行刑事调查，以录取儿童口供；儿童保护部门进行紧急服务需求评估，以决定是否要采取实时行动保护儿童安全。这样做，是为了减少儿童讲述性侵犯经历的次数。

也就是说，联合调查是由一位警察和一位儿童保护工作人员同时在场询问案情。如果询问儿童是以录像方式进行的，那么其中一位作为接见员，另一位作为监控员，为的是让儿童只说一次事件的详细经过，减少因复述造成再度伤害。

三、治疗性会谈

治疗性会谈是指心理治疗师／咨询师在治疗或咨询中聆听儿童讲述性侵犯的经历或细节，不过，他们聆听的重点是儿童的感受和需要，而不是取证所需要的行为细节，目的是帮助儿童重新理解创伤经验，促进创伤疗愈。

其中有些细节可能是儿童在之前的联合调查时没有披露的。至于治疗师／咨询师是否应该对儿童在治疗关系中说出的信息完全保密，则要根据当地的法律决定。

在英国、美国和中国香港地区，一般来说，在调查未完成之前，治疗师／咨询师不应该主动向儿童询问其性侵犯经历。这是由于儿童是案件证人之一，治疗师／咨询师要避免妨碍司法公正，被怀疑"证据污染"。

在调查完成之前，如果儿童本人主动讲述性侵犯经历，治疗师／咨询师基于儿童福利为最优先考虑的原则，不会阻止儿童在治疗会谈时讲述与性侵犯经历有关的事。不过，治疗师／咨询师在这个阶段不应参与讨论儿童讲述的性侵犯内容，只应回应儿童与之相关的心理反应。

第二节　原则、内容及态度

初步询问的目的不同于联合调查，它不是为了收集完整、准确的法庭认可的证据，而是为了：（1）了解儿童是否受到性侵犯，从而决定自己是否需要报案；（2）了解儿童是否身体受伤，从而决定儿童是否需要接受医学检查和处理；（3）了解儿童是否有可能受到进一步伤害，其他儿童是否已经或有可能受到伤害，从而决定是否需要采取必要的保护行动，确保儿童安全。

为了达到上述三个目的，儿童工作者在初步询问时可以参照以下原则、内容和态度。

一、原则

为了让儿童能够安心地披露受到性侵犯的经历，并且在询问过程中不受再度伤害，第一知情人进行初步询问时，需要遵守以下原则。

1.以保护儿童安全为第一原则，优先考虑儿童的实时安全，避免儿童继续受到伤害。

2.尽量避免要求儿童重复描述性侵犯事件。

3.对儿童保持开放的态度，不要因儿童过往的言行而抱有偏见，因为受到伤害不是儿童自己招来的。

4. 无论是谁告诉你的，无论事件发生在何时何处，都要认真对待，及早处理。

5. 必须了解并顾及儿童的意愿和感受，审慎行事，在儿童安全和尊重儿童意愿之间取得平衡。

6. 必须在保护儿童与尊重父母及家庭的利益之间取得平衡。如果两者之间出现冲突，必须把儿童的最大利益放在首位。

7. 初步询问的资料尽量保密，只用于举报、调查和法庭聆讯使用。

二、内容

为了达到初步询问的目的，第一知情人需要向儿童简要了解以下信息，以便在举报时向接报人员提供所需信息。

1. 儿童受性侵犯的基本情况

包括性侵犯事件的性质和简单经过、严重程度、频密程度、持续时间、身体是否受伤、现在的安全状况、是否有可能继续受到性侵犯等。

2. 儿童与侵犯者之间的关系

如果侵犯者是家人或儿童经常接触的人，儿童继续受害的可能性很大，因此要尽快处理，并设法找到其他能够保护儿童的成人。另外，还需要了解儿童对侵犯者是否有矛盾的感情，例如担心没有依靠、担心侵犯者进监狱等。如果儿童与侵犯者一向有比较好的关系，可能需要第一知情人给予儿童更多的鼓励和解释，才能让儿童把事件说出来。

3. 儿童与家人之间的关系

需要了解家人知道儿童说出来后可能会有什么反应？儿童很可能知道家人的反应，因此，可以询问儿童：家里谁知道这件事？哪些人有负面反应？哪些人有正面反应？儿童和家人现在可能需要哪些协助？如果家人不知道事件发生，可以请儿童设想一下，家人可能的反应。

4. 其他儿童是否有可能受到性侵犯

需要询问儿童：你是否知道别的孩子也有和你类似的经历？如果儿童不想说，需要通过其他途径去了解，其他儿童是否也受到性侵犯。

5.儿童对将要采取的行动有何态度

由于接下来可能要采取的行动都是与儿童有关的，因此，需要与儿童商讨如何通知家人；需要向儿童解释接下来可能的处理方法；需要了解儿童对处理方法和接受帮助的动机和意愿；需要了解儿童的担忧，并解答儿童提出的疑问。

三、态度

本书第六章"披露与识别"介绍的相关研究显示，儿童如果知道自己披露性侵犯后会有人相信自己，并且能够得到心理支持、保护行动和实质帮助，他们就更愿意披露性侵犯经历。因此，第一知情人需要在初步询问时自始至终地保持以下态度，才能创造信任、尊重和保护的氛围，协助和鼓励儿童说出来。

1.从始至终抱着信任、尊重的态度，耐心地鼓励儿童把事件说出来。不要流露出任何怀疑、评判、忧心忡忡的态度。

2.在一个安全的环境下与儿童单独谈话，或找一个儿童熟悉并信任的成人一起谈话。

3.让儿童明白：你想要知道究竟发生了什么事，目的是看看怎样帮助他/她。

4.让儿童知道：你会对他/她说出的话尽量保密，只供举报、调查和法庭聆讯使用，不会让其他无关人员知道。

5.用开放式提问使儿童自行说出所发生的事件，不用任何引导性提问或暗示性提问。

6.用儿童能够明白的词语发问。不要用有可能让儿童感到不安或害怕的词汇，比如"强奸""乱伦""猥亵"或"性骚扰"等。

7.保持冷静，切忌过于紧张或激动，这样可以避免让儿童以为自己做了一些很可怕的错事。

8.不要质疑儿童说的话，以免让他/她觉得发生性侵犯是自己的错，从而担心自己继续说下去不仅不能得到帮助，反而会受到惩罚。不要责备儿童，而要让他/她知道：错不在自己，而在于伤害他/她的那个人。

9.不在儿童面前责备那个伤害他/她的人，因为儿童可能与这人关系密切或保有友谊。如果你批评这个人，儿童可能会觉得你不会理解他/她。

10.细心聆听，不对事件经过做任何评论和建议。当儿童保持沉默时，不要替儿童说话或急于询问。允许他/她用自己的话表达，包括用骂人的粗话。不要更正儿童的用词，不要挑战儿童的说法，也不要强制儿童表露自己不准备分享的内容。

11. 不要向儿童随便承诺任何你不肯定能办到的事情。不要答应为儿童保守所有的秘密，但应该向他／她解释：为了帮助他／她，你需要请其他人一起来帮忙；你可能会采取哪些行动等。这样做可以表达尊重儿童的态度，并减少儿童对未知事情的担忧。

12. 尽可能简单、诚实地回答儿童所提出的疑问。例如，如果儿童问"爸爸会进监狱吗"，你可以说"我不知道，由其他人来决定这件事"。

让儿童明白：你打算采取行动时会征询他／她的意见，这是对儿童的尊重。因为性侵犯的关系过程使儿童失去自主性、掌控感，你通过这些细节表达尊重，协助儿童恢复自主性和掌控感，使他们更愿意说出来。这样，即使你最终未必能依照儿童的意愿去做，也不会让儿童感到披露性侵犯事件增加了他／她的无力感和无助感。

第三节　问前准备

无论是儿童本人想要和你说心事，还是有其他人间接告诉你，当你决定向儿童初步询问，而且儿童本人也同意找你讲述性侵犯的经历时，你就是他／她的第一知情人，也是对他／她采取保护行动的第一人。在初步询问前，你应该在认知上、心理上和环境方面做好准备。

一、认知准备

第一知情人要对性侵犯事件及披露的相关问题有一定的认识，明白受性侵犯的儿童及其家人对于披露可能出现的心理反应，了解处理性侵犯事件的工作机制和程序，知道可以找哪些人或哪些部门帮助儿童。当然，也要懂得询问的内容和技巧。

在国家层面建立针对儿童暴力伤害的举报制度和即时响应机制，是帮助每个公民获得上述认知准备最重要的基础。有了这个基础，还需要通过成人预防教育项目对有机会接触儿童的工作人员进行初步询问的培训。

二、心理准备

工作人员需要有充分的心理准备去聆听儿童讲述的内容，并及时做出恰当的回应。一般来说，儿童说出性侵犯事件或许会使你感到难以置信或义愤填膺。你可能会可怜儿童，也可能会鄙视侵犯者，还可能因为感到保护儿童的责任重大而担忧和焦虑。这些感受都是可以理解的，不过，也有可能影响你冷静、客观地初步询问。

其实，你最好能随时做好认知上和心理上的准备。这样，假如遇到有儿童要向你说出遭受性侵犯的经历，你就懂得如何制造一个安全的环境去做初步询问。

三、环境准备

第一知情人对儿童进行初步询问时，要安排一个让儿童感到安全的环境。这样有助于增加儿童安全感，促进建立信任关系，从而让儿童能够安心、自然地进入谈话。例如，选择在学校会见室而非操场，以便不会受到其他人的干扰，也不会被其他人听到谈话的内容。

如果你是儿童熟悉、信任的、同一性别的人（比如班主任、心理老师等），而且是儿童本人表示要和你说一件重要的事，那么，你只需要找一个安全的地方邀请儿童单独谈话。如果你与儿童不同性别，最好找一位与儿童同性别的成人陪同询问。

如果你是儿童认识的人，但是告诉你相关信息的人并不是儿童本人，而是其他人，比如他/她的同学，那么，你在询问儿童本人之前就要做一些准备。

例如，你可以问这位同学"那位有可能受到性侵犯的同学是否知道你来告诉我"。如果知道，你可以请这位同学陪同那位儿童来见你。如果不知道，你要指导这位同学去鼓励那位儿童告诉你，并陪他/她来找你接受初步询问。但在初步询问可能受到性侵犯的儿童时，这位同学不宜在场，因为其他无关人员不应该也不需要知道事件详情。尤其是这位引见的同学也是未成年人，不应由未成年人来给予儿童情绪支持。

如果儿童与你并不熟识，那么可能他/她想要一位熟悉、信任的成人陪伴，以便增加安全感。这时，你在征得儿童同意后可邀请那个人陪同，但要在询问前提醒这个人对事件保密。如果这个人对询问方法没有认识，也要提醒他／她在询问过程中不能加入自己的意见、不能提问，也不能做出任何反应。

在初步询问时，除非儿童本人要求，否则不需要找人陪伴或通知监护人，因为你不能肯定那些人听到儿童讲述性侵犯事件后会有什么反应。如果他们的反应是负面的，随时都会使儿童立即停止披露，甚至否认之前说出的话。而且初步询问只是初步搜集资料，不涉及刑事司法程序，询问内容没有必要非常详细。

第四节　询问过程

一般来说，初步询问的过程大致分为三个部分：建立关系、了解事件详情、结束与告别。其中，询问详情是初步询问的核心任务。

一、建立关系

与可能受到性侵犯的儿童建立安全、信任的关系，是促使儿童真实说出性侵犯经历的前提和基础。

你作为第一知情人，首先要协助儿童放松下来，建立对你的信任。具体做法如下。

1. 礼貌、亲切、平静地欢迎儿童，邀请落座。

2. 先与儿童谈一些他／她日常生活的话题，让儿童能够放松下来，并感受到你的关怀，从而愿意回答后续提问。例如，你可以这样问：

"你最近在学校过得怎么样？"

"参加什么课外活动？"

"假期到哪儿玩了？"

要注意尽量谈一些儿童感兴趣并与性侵犯事件无关的话题。如果事件在学校发生，就不要问学校的话题，而要问其他生活话题，以免让儿童感到有压力。

3. 自然地引出初步询问的目的。例如，你可以这样说：

"我知道你之前跟某某同学说了一件／些发生在你身上的事，我想了解发生了什么事，让我看看可以怎么帮助你。"

"我留意到你最近时常闷闷不乐，是否发生了什么事？请你告诉我发生的事情，我希望能帮助你。"

"你在性教育课后告诉老师，你被人性侵犯了，我想了解事件是怎样的，让我可以帮助你。"

4.简明扼要地介绍初步询问的规则——容许儿童表示"不知道""不记得""不知道怎么说""不明白""你搞错了"等。例如，你可以这样说：

"如果你不知道我问的事情，你可以说不知道。"

"如果有些事情你不记得，你可以说不记得。"

"如果有些问题你不知道怎么说，你可以说不知道怎么说。"

"如果你不明白我说的话，你可以说不明白，让我换一种方式问你。"

"如果我对你说的话理解错了／记错了，你一定告诉我，让我知道对的事情，我不想误会你的意思。"

二、了解事件详情

了解事件详情，是初步询问的核心任务。这部分内容是儿童最难披露的，也与日后调查取证有很大关系。因此，你要小心进行，并留意其中的技巧。

由于可疑事件稍后会交给调查人员正式录取证供，因此，不必深入询问事件经过的细节，只是大致了解"是否发生性侵犯"及"发生了哪类性侵犯"就可以了。这样做是为了避免让儿童重复讲述不愉快的经历，也避免因询问技巧不够正确而导致"污染证供"，进而妨碍司法程序的顺利进行。

1.邀请进入会谈：你最好用邀请的口吻，让儿童自然地进入"了解事件详情"阶段。例如："请你告诉我发生了什么事情"或"你把事情从开始到结束说给我听"。然后，你就安静地细心聆听。

2.让儿童自由叙述：容许儿童用自己的语言和步伐来讲述事件发生的经过，避免任何引导和暗示。这部分是整个询问过程最重要的，要让儿童在没有任何提示下，自己把事件描述出来。

在儿童自由叙述时不要提问，以免打断儿童的思路。不过，在需要的时候，可以用开放式提问追问，帮助儿童完整地说出真实的信息。比如"然后怎么样""后来呢"，直至儿童表示自己已经说完了。

儿童不容易详细地说出受性侵犯的经过！在询问过程中的任何时候，当儿童能够或愿意自己描述时，都要鼓励他／她自由叙述。

3. 询问核心内容

你需要了解儿童所提及的性侵犯事件的 5 个方面，即（4W1H），包括事件（what）、人物（who）、地点（where）、时间（when）、过程（how），也要了解事件有多频密、持续多长时间。这些内容可以用来评估事件的严重程度和是否需要紧急处理。如果儿童在自由叙述时已经包括这些内容，就不需要进一步询问。

在初步询问中，最重要的是，先确定事件的性质以及谁是侵犯者。时间地点等信息是有关事件的边缘信息，可稍后再补充。

询问性侵犯事件包括以下 5 个方面。

（1）询问事件——何事（what）

发生了什么事情？这包括性侵犯行为的类别及严重程度。

（2）询问人物——何人（who）

是谁造成的？当时谁在场？当时在场的人做何反应？有谁知道？那个（些）人的反应如何？

（3）询问时间——何时（when）

发生在哪些日子？什么时间？初步询问只需要大致的日期和时间就可以了。最好能知道最早和最近一次发生在何时，以便考虑是否需要紧急处理。

（4）询问地点——何处（where）

在哪里？是同一个地方，还是不同的地方？

（5）询问过程——怎样（how）

事件的经过是怎样的？只需要了解简单的过程，让你明白事情大概的经过，用以判断性侵犯发生的可能性。

三、结束与告别

儿童披露性侵犯事件后，你要安慰和感谢儿童，并回答儿童的提问。这样做可以让儿童感到安心，感受到你的询问是为了帮助他 / 她，而不是利用他 / 她。

1. 安慰和感谢儿童。你可以这样说：

"你把这件事说出来是很对的。我欣赏你这么勇敢。"

"我感谢你告诉我这件事。"

"我会尽一切努力帮助你。"

"为了帮助你，我需要找其他人帮助你。我不可能做全部的事。但是我不会随便告诉其他人，只会告诉能帮你的人。"

2. 回答儿童的提问。

你可以问："你有没有想要问我的问题？"给儿童提问的机会，并认真回答他／她的疑问，是向儿童表达尊重。

3. 探讨保护措施

最后，你可以了解儿童身体是否受伤、现在的安全程度、是否有可能继续受到性侵犯等。此外，还可以继续探讨有关儿童与侵犯者之间的关系、与其他家人之间的关系、有没有其他儿童可能也受到性侵犯，从而考虑应采取哪些行动保护儿童安全。

在向儿童解释你认为需要采取的行动后，也要给儿童机会表达意见，特别是他／她的忧虑和他／她估计家人可能有的反应。这也是向儿童表达尊重的表现。

第五节 询问技巧

尽管初步询问只是大致了解儿童是否受到性侵犯，不需要获得完整的法庭证供，但对没有受过训练的第一知情人来说，还是相当有难度的。因此，需要掌握一些询问技巧，包括"应该做到的"和"尽量避免的"。

一、应该做到的提问方式

1. 用完全开放式的提问，让儿童在没有压力的条件下自由提供信息。这是让儿童自由叙述时使用的提问方式。

2. 用有方向的开放式提问，因为如果你的提问有明确方向，儿童就更容易回答。用上述 4W 1H 询问时，可以运用这种提问方式。

3. 可以使用有具体选择的提示，但所提供的选项必须包括所有的答案。例如：儿童说"那天是假期"，你则可以继续追问"那天是春节、五一、暑假、还是**其他假期**"。必须包括**"还是其他假期"**这个包含无数答案的选择，以免遗漏。

4.可以用是非题鼓励沉默的儿童说话，比如"那天是不是假期""那人有没有对你说话"等。

需要注意的是，在使用选择题或是非题后，应立即转向开放式提问继续探索。而且选择题或是非题只能用于了解边缘信息（例如日期、时间、衣物、对话等），不能用来询问人（侵犯者的身份）或事件经过的核心信息，否则会有假设的意味，有可能会引导儿童给予的回答并不是事实。

二、尽量避免的提问方式

正因为儿童难以说出性侵犯事件，所以，你在提问时要尽量避免以下的提问方式。

1.避免问"为什么"，而应改为"是什么使你……"

被问"为什么"时，儿童容易感到因为自己有错而受到责备。如果改问"是什么使你……"，儿童就更容易感到责任不在自己，从而更容易回答。举例如下。

不要问"你为什么不推开他"，而要问"是什么使你没有推开他。"

不要问"为什么你一直不把事情说出来"，而要问"是什么使你以前没有把事情说出来"，或"是什么使你现在说出这件事呢"。

另外，不要问有关他人的"为什么"。例如"为什么爸爸要进你的房间"这个提问方式是在鼓励儿童猜测别人的想法，并暗示儿童要为侵犯者的行为承担责任。

2.避免使用有引导的提问、图像或娃娃

有引导的提问、图像或娃娃会有强烈的暗示性，使得儿童很容易以为，大人暗示的答案才是正确的，从而妨碍儿童说出真实的信息。举例如下。

如果儿童说"叔叔摸我的下面"，正确回应是"叔叔是谁"，或"叔叔叫什么名字"，或"你指的'下面'是什么意思"。

如果儿童说不清楚，再问"下面"的正式名称是什么？或一般人会指什么？或你说的"下面"是有什么用处的？叔叔用什么摸？

错误回应是："他一定是**用手摸你撒尿的地方**吧！"请注意，粗体字的说法具有明显的引导性。

图像和娃娃有高度引导性，因此，最好交由受过训练的调查人员在录取口供过程中考虑是否需要使用。

3. 避免使用多重提问

多重提问，是指同时询问多个问题，例如，"你当时在哪儿？在做什么？当时有什么人？"这样，儿童很可能会感到混乱和咄咄逼人。而且儿童往往记不清你问的全部问题，容易只选一个比较简单的问题来回答。

正确的方法是把这几个问题分开逐一发问。等儿童回答一个问题，再问下一个问题。

此外，也要避免过于礼貌地问儿童，例如："你可不可以告诉我……？""你记不记得是哪个日期……？""你知不知道叔叔的名字……？"这是因为如果儿童答不可以、不记得或不知道，你不能肯定儿童是真的答不出来，还是因为太难启齿而宁愿不回答。这时，你再请儿童仔细想或再试试回答的话，有可能使儿童感到你在逼迫他 / 她。

其实，只需这样直接问便可以了："请你告诉我……""日期是什么？""叔叔叫什么名字？"

4. 避免重复问同一个问题

有时候，儿童对问题理解得不准确，或者回答得不够清楚，你可能会要求儿童再回答。如果你想要重新提问，不要重复提问先前问过的问题，以免儿童以为自己先前答错了，现在应该换一个答案，甚至以为你已知道了答案，正在给他 / 她机会说"正确"的答案……从而有可能使儿童说出一些不是事实的答案。

如果你需要请儿童回答同一个问题，可以说"我听得不清楚，请你再说一遍"，或者用另一种方式发问，要与先前的问法有所分别。

5. 避免改变儿童用的词汇

改变儿童用的词汇，对儿童而言可能代表另外的意思，从而造成混乱。因此，即使儿童用了一个奇怪的字眼，甚至是粗话，都要使用同一个词来继续发问，尤其是有关人物、性侵犯动作、身体部位名称等。

当然，在此之前，要先澄清这个词在儿童的心目中是什么意思。不要以为儿童的想法与你一样。对于不明白的说法，必须要澄清，不能想当然。

6. 避免使用儿童不明白的字句

年龄、成长背景、文化背景和智力水平不同的儿童对事情和语言的理解都不一样，要运用儿童能明白的方式询问。

7. 避免打断话题

当儿童正描述事件或给予回答时，要先让儿童把话说完才发问，否则会打断儿童的思路，使儿童无法接下去。

8. 避免表露情绪反应

当儿童披露了受性侵犯的经过时，不要有特别的情绪反应，例如惊叹、愤怒、担忧等，而要平静地继续聆听和询问，以免儿童因你的反应未如他/她的预期，或者认为你也许不相信他/她而停止披露。

第六节　准备举报

初步询问会面结束后，要尽快记录儿童披露事件的主要内容，以免出现错误或遗漏。这些主要内容包括：儿童的姓名、出生日期、住址、事实。如果儿童已经告诉你这些内容，那么，你还要记录你所看到的可疑者做出的具体行为，或者你看到的儿童身体表征和行为及情绪表征。要对询问记录保密，不能把记录放在别人可以看到的地方。

然后，你要按照本地建立的举报途径和程序，向警务部门或儿童保护部门的专责机构举报。举报时，提供你收集并记录的资料。理想状态下，专责人员接到举报后，将启动即时响应机制，并根据专业判断决定是否需要进行联合调查、法医检查和保护儿童安全的措施等。如果需要进行联合调查，那么你的角色是协助调查。例如，联系家人、给儿童情绪支持、提供相关信息、配合采取保护儿童安全的行动等。

本章小结

作为儿童机构的工作人员，当儿童向你披露性侵犯时，你要如何回应才能在减少再度伤害的前提下，帮助儿童具体、准确地说出受性侵犯的经历，同时又不会被法庭认为是"污染证据"？本章详细介绍初步询问的目的、原则和技巧，希望帮助第一知情人善用聆听技巧，协助儿童克服披露的困难，鼓励、肯定和支持他们说出受到性侵犯的秘密，共同迈出终止暴力、疗愈童心的第一步。

第十二章

即时响应

即时响应，即专责部门接受举报后做出的即时行动，这是启动多部门跨专业协作联动工作机制的第一步。在介绍即时响应之前，我们先简要介绍**专业支援服务**。

为受害儿童及其家庭提供的专业支援服务，包括接受举报、联合调查、跟进服务（包括心理支援服务），因此，服务提供者应该在多部门跨专业协作的联动工作机制中开展工作，其专业背景包括警察、社工、心理／精神科、医疗和教育等。需要由儿童保护工作人员（社工背景）作为个案主管，根据对儿童及其家庭进行个别化服务需求的评估结果，协调并转介不同部门相应的跟进服务。

专业支援服务的**目的**是：

1. 制止性侵犯发生，保护儿童即时安全；

2. 为儿童重建安全的养育环境，支持家庭提升保护儿童安全的能力，有效地为儿童提供情绪支持和保护行动；

3. 减少风险因素，预防未来可能发生的性侵犯；

4. 疗愈儿童身心创伤，帮助儿童回到正常生活。

虐待儿童（包括儿童性侵犯），作为一种针对儿童的暴力，是一个侵犯儿童权利、危害公共健康的全球化社会问题（Hillis et al., 2015[1]），常常涉及违法犯

① Hillis, S., Mercy, J., Amobi, A., & Kress, H. (2015). Global prevalence of past-year violence against children: A systematic review and minimum estimates. *Pediatrics*, 137 (3), 1—12. Doi: 10. 1542/peds. 2015—4079.

罪。如果没有外力介入，性侵犯者通常不会自动停止性侵犯儿童的行为。他们性侵犯儿童的动机还会随着性侵犯次数的增加而得以强化。因此，在开展其他专业支援服务之前，首先要制止性侵犯事件继续发生，社工/心理等专业人员需要首先配合执法/司法部门制止性侵犯发生的行动。

执法/司法部门在处理儿童性侵犯事件中的重要角色是：依法采取强制措施，有效地控制、隔离、逮捕、矫治性侵犯者。有关性侵犯者的惩戒和矫治工作详见本书第四篇。这部分工作应由警察、法官、检察官、律师和在监狱工作的临床心理学家承担。

在处理儿童性侵犯事件中，执法部门应在保护儿童最大利益的前提下，接到举报后立即与社工/心理专业人员联合开展即时响应和联合调查。在后续司法过程中，司法部门可以根据需要，邀请相关部门的专业人员和受害儿童及其家庭配合司法程序（例如：取证、作证）。

一般来说，专业支援服务按以下**流程**进行：

1.警务部门和儿童保护部门接到举报后，启动即时响应机制，并对于可疑案件实施联合调查；

2.警务部门采取进一步行动开展刑事调查，以确定性侵犯儿童案件是否成立、被指控者是否构成犯罪、是否需要进入司法程序等；

3.儿童保护部门通过对儿童及其家庭进行社会背景调查和多专业个案会议，进行危机评估和紧急服务需求评估，从而制定儿童福利安排和跟进服务的计划；

4.儿童保护部门为儿童及其家庭提供或转介相应的跟进服务，包括心理支援服务。

通常，处理虐待儿童事件（包括儿童性侵犯）的**专责部门**是警务部门和儿童保护部门。警务部门的专责工作人员应该具有警察专业背景，而儿童保护部门的专责人员应该有社会工作或临床心理学的专业背景。处理儿童性侵犯事件的警察和儿童保护人员都需要在一起接受即时响应的专门训练。

举报人既可以向当地警务部门举报，也可以向当地儿童保护部门举报。无论哪个部门先接到举报，都要认真地向举报人搜集基本信息。如果接报的部门判断有可能发生性侵犯事件，当地警务部门和儿童保护部门就应该立即派出专责调查人员，共同启动即时响应，即在保证儿童安全的前提下，进行联合调查和法医检查。

在本章，我们重点介绍即时响应的原则、收集举报信息、制定调查策略、接触儿童和家长、法医检查。有关联合调查内容，详见本书第十三章。

第一节　即时响应的原则

即时响应应该从接到举报那一刻开始。无论举报人以哪种方式举报，专责人员都应按照以下原则做出即时响应。

1. 认真、开放的工作态度

专责人员必须对举报人保持开放的态度，认真处理每一宗举报，无论信息的来源和时间。不要对以往有不当言行的举报者（包括儿童）有偏见，不要假定某人的话不可信。

平时，接报专责部门应该向公众提供多种举报途径，例如，热线电话、电话留言、电子邮件、微信、移动电子设备、信函等。即使不是一般办公时间，也要有人值班，以便接待紧急案件。专责部门可以根据需要，安排分区值班举报。这种行政安排可以让儿童或举报人感到受尊重、有支持，从而有信心举报。

2. 竭尽全力确保儿童安全

如果举报信息显示，有理由怀疑嫌疑人有机会继续接触儿童，使儿童有可能继续受到性侵犯，那么，专责人员就应该首先想方设法地使儿童尽快远离危险境地，确保儿童置身安全环境之中。

3. 尽量不公开暴露儿童及其家庭

在处理案件的整个过程中，专责人员应该遵循儿童利益最大化原则。应该在非公开情况下接触可能受到性侵犯的儿童及其家庭，以避免对儿童及其家人造成精神困扰。专责人员还应该为可能受到性侵犯的儿童及其家庭保密。

4. 尽可能减少受害儿童接受调查取证的次数

为了避免要求儿童重复讲述受害经过，免受再度伤害，需要尽最大可能减少对受害儿童取证调查次数，并将检查身体的次数减至最低。例如，一次性完成由受害儿童参与的取证调查。如有需要，要由法医联同儿科医生一起做身体检查。在可能的条件下，调查可以通过间接证人（如家长、老师）等途径取得其他佐证。

5. 为受害儿童及相关人员提供情绪支持

性侵犯事件发生后，不仅是受害儿童本人受到伤害，而且儿童的家人、学校和社区中的同伴，以及其他相关人员都有可能受到直接或间接的负面影响。因此，调查人员在即时响应过程中，需要安排为受害儿童及其相关人员提供必要的情绪支持，保证联合调查顺利进行。

第二节　收集举报信息

专责部门的专责人员接到举报时，要通过询问和记录，向举报人简要地收集以下基本信息，用于参考判断是否需要进一步进行联合调查和法医检查。

一、关于受性侵犯的儿童及事件

1. 儿童的基本信息：姓名、性别、年龄、家庭住址、户籍所在地、所在学校或幼儿园、联系方式。

2. 性侵犯事件的性质、事发日期、事发地点及频次。

3. 儿童是否身体受伤、是否有现实的或潜在的危险。

4. 儿童是否有伤残或有特别的需要。

5. 儿童当下所在地点，与什么人在一起。

6. 其他儿童是否有现实的或潜在的危险。

7. 是否有其他人知道。

二、关于侵犯者或嫌疑人

1. 侵犯者或嫌疑人的基本信息：姓名、性别、年龄、文化程度、职业、与受害儿童的关系、户籍所在地、联系方式。

2. 侵犯者现在在哪里？是否仍与儿童接触？

三、关于受害儿童的家庭情况

1. 父母或其他监护人或看护人的基本信息：姓名、性别、年龄、婚姻状况、文化程度、职业、家庭人口和孩子数目、与受害儿童的关系、户籍所在地、联系方式。

2. 家长或其他监护人或看护人是否已经知道性侵犯事件？反应如何？

3. 是否有家庭问题？

四、举报者

1. 举报者的基本信息：姓名、性别、年龄、文化程度、职业、与受害儿童的关系、户籍所在地、信息来源、联系方式。

2. 即使是匿名举报也应受理，但应尝试向举报人索取联系方式，并说明工作人员可能还会向举报人进一步了解事件的详情。

3. 举报人的身份应予保密，除非日后在司法程序中需要举报人给予证供。

4. 为避免混乱或提供相同的服务，应询问举报者是否已经联系过其他部门或单位。

如果接报部门根据举报信息判断，发生儿童性侵犯事件的可能性很大，就要尽快把所收集的接报信息通报给另一专责部门。警务部门和儿童保护部门应立即派出本部门的专责人员，以双方认为方便的方式共同制定联合调查策略。

第三节 制定调查策略

警务部门和儿童保护部门派出的联合调查人员应尽快共同制定联合调查的策略。即根据案件的严重程度和紧急程度，商讨调查的范围和方法。如果不能立即面谈，应该尽可能在 24 小时内先通过电话讨论。

一、需要考虑的议题

1. 相关的儿童是否面对现实的或潜在的危险？

2. 如何及何时接触儿童？

3. 如何及何时接触没有参与性侵犯儿童的家长 / 监护人 / 看护人？

4. 如何及何时与儿童面谈录取口供？

5. 何时与举报者及其他知情人录取口供？

6. 如果涉及多名受害儿童或多名侵犯者，要采取哪些策略开展调查并保护儿童？

7. 如果涉及学校或机构员工性侵犯，采取哪些策略开展调查并保护儿童？

8. 如果儿童急需先接受医疗服务，何时向儿童录取口供并搜集其他证据？

9. 预计与儿童录取口供后，需要安排哪些保护措施？

10. 预计与儿童录取口供后，如何安排拘捕涉案人及善后工作？

11. 如果案件发生不久仍有可能搜集到法医证据，如何安排搜集证据，包括进行法医检查？

12. 如果不需要立即采取调查行动，例如有时案件不算紧急，不需要立即录口供，或者因儿童要参加考试而未能参与某些调查行动等，需要采取哪些措施保护儿童安全并协助家庭面对危机？

13. 如果家长／监护人／看护人不同意上述安排，如何保护儿童安全并进行调查？

14. 警方部门和儿童保护部门的工作人员在上述安排中的各自角色和分工如何？

二、调查策略形成

如果儿童自行举报并要求协助（通常是青少年），必须尽快为儿童录取口供。录取口供后，调查人员要立即根据所取得的口供内容，评估事件的严重性、儿童需要哪种实时保护和支持，然后初步制订行动计划，安排保护儿童安全的措施。

如果儿童身体受伤急需医疗服务，应该先把儿童送往医院接受治疗。如果儿童需要或可能需要接受法医检查取证，调查人员要请医院的医生留意留取证据或与法医科医生取得联系，商讨对接。

如果儿童声称不久前被性侵犯，那么，有可能仍然能够搜集到法医证据，因此，必须先录取口供，以便按照口供提及的案件经过详情决定如何取证，或确定法医检查的范围。

如果儿童目前仍与性侵犯嫌疑人同住或经常见面，有可能再次受侵犯的风险很高，就必须尽快为儿童录取口供，并安排保护儿童安全的措施。

第四节　接触儿童和家长

一旦调查人员确定需要进行联合调查，他们一定要与儿童甚至家长见面。为了保护儿童及其家庭的安全，需要小心制定周密的计划。

一、接触相关的儿童

1. 调查人员与儿童见面时，需要在一个对儿童来说是安全的地方。可以是儿童的学校，也可以是社区中心，但是要能保密，并且不被人打扰。

2. 为了不惹来他人好奇的目光，调查人员必须低调进入，不要佩戴职员胸卡或能识别该指定专责部门的交通工具及其他用具。

3. 如果在接报前已有知情人向儿童做出初步询问，那么，调查人员可以向那位知情人了解性侵犯的基本情况，而不要直接询问儿童。待正式录取口供时才向儿童进行调查询问，以减少儿童讲述性侵犯事件的次数。

4. 如果儿童家长 / 监护人 / 看护人仍未知道事件已举报到指定的专责部门，那么，调查人员应与儿童商议：如何通知家人，才能降低家长 / 监护人 / 看护人可能对儿童造成的压力。

5. 调查人员应该向儿童解释调查的安排，以及稍后可能会采取的行动，目的是减少儿童的忧虑，并初步与儿童建立关系，增加儿童稍后参与调查程序的意愿与合作。

6. 如果要把儿童送往合适的地方录取口供或进行法医检查，调查人员应该安排交通工具护送儿童及陪同的家长或工作人员往返调查地点。调查地点应该安排在保密的地方，不应该把地址告诉任何人。这样做的目的是为了保护儿童安全。

7. 如果涉及多名受害儿童，应安排多名工作人员处理，以便尽快分别为每位儿童录取口供并提供协助。同时，还需要有一名案件主管负责统筹所有儿童的调查工作。可以先处理并协助受侵犯比较严重的儿童。如果有些儿童要稍后录取口供，应提醒他们和家人在此期间不要讨论这件事，也不要把这件事告诉其他人，同时对儿童做好安全保护措施。

8. 加害儿童本身可能也是同一件或另一件性侵犯事件的受害人。例如，他 / 她可能被逼迫去性侵犯另一儿童，或者在侵犯另一儿童之前曾遭性侵犯。在这种情况下，案件比较复杂。如果他 / 她在同一案件中既是加害者也是受害者，要小心处理他/她的情绪，可能他/她是受害人的角色比较重一些。如果加害儿童之前曾遭性侵犯，应该把两宗案件分别处理，先调查现在发生的案件，再让儿童以受害人身份接受调查另一案件。

二、怎样接触家长/监护人（非侵犯者）

完善的举报制度应要求举报者先报案，然后由调查人员接触家长。不要让举报者在举报前先接触家长或取得家长同意。这样做可以避免家长阻挠举报。不过，调查人员要在与儿童正式录取口供前联系没有参与性侵犯的家长/监护人。调查人员应该清楚接触家长/监护人的目的、注意事项和应有的态度。

（一）目的

1.有机会向家长/监护人解释处理案件的程序，尝试取得家长的合作，共同保护儿童，使儿童能安心地参与调查。

2.评估家长对性侵犯事件的态度和反应，以便判断是否可以让家长在儿童录口供的过程中陪伴或观看，避免家长影响儿童证供。

3.先处理家长可能出现的情绪反应，避免他/她的反应可能会影响儿童的情绪，或影响儿童与工作人员合作的意愿。

（二）注意事项

1.如果不能肯定家长的态度，调查人员在与家长首次会面时最好不要同时安排儿童在场。这样做是为了避免家长与儿童见面时会给儿童带来压力。

2.如果家长/监护人表现出不太相信儿童，或可能会影响儿童口供，那么，调查人员在为儿童录取口供之前，尽量不让家长与儿童接触，特别是不要单独接触。

3.可以考虑找儿童愿意让你接触的其他亲友帮忙，给儿童提供情绪支持。

（三）应有的态度

1.在与家长见面时，要尽量弄清家长的疑虑，并给予支持。

2.积极聆听家长的看法和忧虑，以感同身受的方式反映并回应家长的感受。

3.语调平静，不批评侵犯者，也不责备家长。

4.向家长解释，调查的目的为了找出事实的真相，以便更有效地保护儿童。

5.向家长清楚地指出，如果事件属实，侵犯者需要负上责任。调查就是协助侵犯者明白并处理自己的问题。

6. 肯定家长爱护子女，也有能力去保护子女。强调为了降低事件带来的影响和创伤，儿童需要家长的支持。

7. 有些家长过去也曾经历过性侵犯或暴力伤害事件，这可能会影响他／她保护子女的态度或能力。调查人员要强调，家长现在的角色是儿童的保护者，而不是以往他／她认为的受害者或失败者。

8. 强调多部门跨专业协作的目的是保护儿童及协助家庭面对危机。

9. 在回应家长的需要时，要切合现实，不做虚假承诺。如果情况许可，可以为家长提供实质帮助和资源，例如安排临时住宿，提供幼儿照顾，提供经济援助、法律援助等。

第五节　安排法医检查

警务部门负责安排法医检查，作为刑事调查搜集证据的手段之一，这通常是在调查人员为儿童录取证供之后进行的。不过，作为即时响应的措施之一，安排儿童进行法医检查同样要保证儿童利益最大化——安全、健康和福祉。

一、安排法医检查的指标

并非所有性侵犯案件都需要安排儿童进行法医检查。在以下情况下可以考虑安排儿童进行法医检查，包括：儿童的身体受伤、儿童在录取口供时透露了在性侵犯过程中受到伤害、有可能在儿童身上找到犯案的证据。

在进行法医检验时，首要关注儿童的健康和福祉，因此，应该将法医检查次数减至最少。

当儿童因受伤而早已进入医院接受治疗时，如果医护人员知道儿童可能要接受法医检查，警务人员可以先联系法医科医生，商讨医学检查和治疗时应注意的事项，避免让儿童重复接受医学检查。

二、法医检查的目的

1. 识别儿童需要接受治疗的伤势或身体状况

2. 搜集证据

3. 推断或确认是否曾发生过性侵犯事件

三、是否需要征得家长 / 监护人同意

一般而言，进行法医检查或医疗检查需要征得家长的同意。但是，如果家长或监护人是涉嫌性侵犯儿童的人，或他们不愿意保护儿童，而法医检查对于搜集证供或儿童最大利益很重要，那么，警务人员可考虑向法庭申请批准无需家长同意也可以进行。如儿童已相当成熟，能明白法医检查的目的和过程，那么，应征询儿童的意见，在取得儿童的同意后再进行检查。

四、法医检查的最佳时机

性侵犯事件刚发生时，是法医检查的最佳时机。法医检查最好安排在 48 小时内进行，因为这个时段仍然有可能在儿童身上搜集到证据。如果事件在一段时间前发生，则可安排一个适合儿童的时间。

五、法医检查的范围

确定法医检查的范围主要是根据儿童在录取口供时描述的性侵犯过程的信息。不应该要求儿童接受不必要的法医检查。

一般的检查范围包括：新伤势、旧伤势、是否有精液或精虫、是否有性病或怀孕等。

六、法医检查结果的解释

法医在解释检验结果时，要考虑儿童身体发育的生理变化及伤势形成的可能性。因此，调查人员应牢记：没有医学证据并不等于没有性侵犯事件的发生。

例如，儿童透露曾遭人强奸，但法医检查却发现儿童的处女膜并没有受伤的痕迹。这可能有以下原因。

1. 儿童对侵犯事件的理解、感受和表达能力不够清楚。

2. 可能是性侵犯事件发生在很久之前，儿童身上的伤口已经复原。

3. 有些儿童的处女膜有弹性，如果侵犯者没有使用武力，那么儿童很有可能在受到侵犯后并没有留下身体伤害的痕迹。

本章小结

专责人员接到举报后，应通过即时响应行动，启动多部门跨专业协作的联动工作机制。接报人员和调查人员在接触举报人、儿童及其家人（如有可能）过程中，其所表现出来的专业素养和专业能力可以帮助儿童及其家人消除担忧，减少披露过程可能对他们造成的负面影响，并能够增强他们参与联合调查、接受专业支援服务的合作意愿和行动。

第十三章

联合调查

所谓联合调查，是指警务部门与儿童保护部门联合针对被举报的虐待儿童案件（包括儿童性侵犯）进行取证和评估的调查面谈。为了避免让受害儿童向不同人士重复讲述受侵犯的细节而造成更大的伤害，两个部门受过联合调查专门训练的专责人员应根据案件的不同情况和需要，共同商定如何以保护儿童免受伤害的最理想方式，只让受害儿童讲述一次受性侵犯的细节，就可以同时获取有效证供（警务部门）和进行紧急服务需求评估（儿童保护部门）。

联合调查的目的是：（1）在保障儿童最大利益的前提下，在儿童友善的环境中，为儿童录取内容属实、可获法庭认可的证供；（2）避免在调查过程中加深儿童的心理创伤；（3）保护与事件相关的儿童，不仅是受害儿童，还包括其他疑似受到性侵犯的儿童，或疑似做出性侵犯行为的儿童，或有可能受性侵犯事件影响的儿童。

本章将重点介绍联合调查的人员准备、调查会面安排、步骤及技巧，以及初步制定后续行动计划。

第一节　人员准备

为了保护儿童在联合调查过程中不受伤害，需要选择合适的调查人员、确定陪同儿童录取口供的合适人选、协助儿童准备录取口供、帮助儿童克服沟通困难。

一、选择合适的调查人员

由于儿童的语言表达能力有限，特别是描述性侵犯事件时会更加困难，因此，向儿童录取口供不同于向成人录取口供，应该由受过联合调查及录像会面专门训练的警务人员和儿童保护人员一同与相关儿童会面。调查人员最好与儿童是同一性别的。如果不用录像方式取证，而是直接向儿童证人取证，那么，其录取口供的原则和过程都是一样的。

每次为儿童录取口供时，警务人员和保护儿童的专责人员都应同时在场，最好两个人都已接受与儿童录口供的训练。如果其中一名工作人员没有接受过特别训练，也应在场旁听，以便了解事件的经过，从而避免让儿童重复讲述。

此外，由于每个儿童都是独特的，其生长发育速度、能力、需要和性格不同，因此，两位调查人员应考虑由哪个人与儿童会面更为合适。如果情况允许，还应考虑儿童希望由哪一位与他／她会面。

与儿童会面的调查人员除了受过专门训练外，还应有能力与儿童建立融洽的关系，懂得如何与儿童有效沟通（包括在儿童受困扰的情况下与他／她沟通）。会面人员如与儿童沟通时遇到困难，应请示上级或改由另一位调查人员担任录取口供的任务。

为了协助儿童在会面过程中直接表达并准确描述事件，调查人员应让儿童在会面时，使用其母语或者能够流利表达的语言。因此，专责部门应尽量安排能够流利使用与儿童同一语言的、已受训的调查人员与儿童会面，以便减少传译可能对会面过程造成的阻碍。

在录取口供时，如果儿童拒绝说话，调查人员不可逼迫儿童说话，可以暂停调查，并在有需要的情况下，转介儿童接受临床心理学家的评估和治疗。如果儿童有精神病症的记录，调查人员应在录取口供之前，请儿童精神科医生评估相关儿童的精神状况是否适合录取口供。临床心理学家和精神科医生的评估只是为了了解儿童的精神状况，并不是调查过程一部分。因此，可以按照一般的做法，没有特别要求。

二、确定陪同儿童录取口供的合适人选

为儿童录取口供需要由一位成人陪同。应该先考虑由儿童的家人陪同，但要评估该家人是否支持儿童。

如果用录影方式取证，那么，调查人员与儿童在录影室录取口供时，家长只能在外观察见证，不应与儿童一起。作为嫌疑人的家人绝对不可以在场！

虽然有些没有参与性侵犯的家长未必支持儿童，但家长希望在场亲自听到孩子描述遭性侵犯的经过是可以理解的。除非调查人员认为家长有很大可能会干扰会面或会令儿童不愿意说出真相，否则，应该允许他/她按照调查人员的安排到场陪同或见证。这个经历或许有助于他/她后来接受事实并转向支持儿童。

为避免家长在录取口供过程中影响儿童讲述，工作人员必须先提醒家长应如何合作，例如：不应在儿童给予证供的过程中加入任何意见，不应做出任何影响儿童的行为，应该尽量保持平静等。如果家长无法按照要求合作，调查人员就需要安排其他人代他/她见证这个过程。

如果没有合适的支持儿童的家人，调查人员可以邀请关心儿童的亲属或其他人员陪同。如果陪同人员事前已询问过儿童，那么，调查人员必须先向这个人录取口供，避免这个人的口供可能在听到儿童的口供后受到"污染"。

即使家长愿意支持儿童，调查人员也仍要考虑这位家长是否可能会在听到儿童描述性侵犯过程时变得情绪激动，使儿童不愿意继续说出案情。如果在制定调查策略时已经预计可能会发生上述情况，就应该做出适当的安排，使会面得以顺利进行。例如：安排另一名工作人员或亲友在旁边随时提供协助，如支持家长稳定情绪；或者由该亲友代替家长作为见证人等。

儿童有可能不愿意某位家长陪同，因为担心自己说出详细案情后会使家长生气。如果让这名家长在场陪同，儿童就可能不会完整地说出案情。如果调查人员发觉儿童有这样的情况，就应先征询儿童的意见，然后做出恰当的安排。

三、协助儿童准备录取口供

应该清楚地告知相关儿童及其家长或陪同的成人有关调查会面的形式、性质以及过程。

如果家长表示愿意支持儿童，工作人员可以同时向儿童、家长及陪同人士解释这些内容。特别是如果儿童年幼或沟通困难，那么，请家长向儿童解释可以

促使儿童愿意向调查人员说出事件。

如果儿童对录取口供的安排有疑虑，工作人员应该耐心解答他／她的疑问，但不应对案件的后续处理或涉嫌侵犯儿童的人的处置做出任何猜测或评论。

四、如果儿童有沟通困难

在安排录取口供前，调查人员要评估儿童的沟通能力。应该考虑儿童的母语或方言；他／她是否有任何生理困难或学习困难；这些困难是否有可能影响别人和他／她有效沟通。

如果遇到儿童有沟通困难，需要请一名有助于调查人员与儿童沟通的人士协助。例如，请学校老师或家长先向调查人员介绍儿童的表达能力、平日比较有效的沟通方法、儿童用词的实际意思、儿童的情绪表达方式等。

调查人员还应该考虑儿童的文化背景是否会对会面构成影响。如有需要，可事先了解该民族的习惯和语言，以便确定与儿童调查会面的合适人选。

虽然考虑上述因素可能会使会面日期稍有延迟，但是处理这些因素是规划调查会面过程的一部分，不应草率行事。重要的是，不要因为没有充分考虑上述因素或没有就调查会面过程寻求适当的意见及协助而妨碍调查会面进行。

第二节　调查会面安排

调查人员确定需要与儿童录取口供后，应考虑安排调查会面的具体事宜。包括确定时间、确定地点、处理知情同意、安排护送、安排传译员。

一、确定时间

如果案件紧急，要在接报当天立即安排儿童录取口供。不过，对于非紧急案件，也不要延误录取口供。尽量安排在48小时之内进行，以免儿童在这期间受到其他人影响而改变口供内容甚至撤回举报，使儿童不能及时得到保护。

另外，确定调查会面时间还需要考虑儿童的作息时间。不要在儿童感到疲倦时进行调查会面。

二、确定地点

调查会面一定要安排在安全并保密的地方。最好是家居式的录影室。不宜在派出所或有可能受到干扰的地方进行。

如果儿童需要留医不宜外出，调查人员可请医护人员在医院内安排适合的地方。

三、处理知情同意

为儿童录取口供须得到儿童本人的同意（视乎儿童的年龄和能力），不一定要取得家长同意，但应通知家长。如果儿童没有父母，或者父母被剥夺监护权，需要通知法定监护人。如果家长本人是侵犯者或是同谋，则不宜在录取口供前通知家长。

调查人员如果在没有通知儿童的家长时便与儿童录取口供，应该清楚地记录这一特殊安排的理由。例如，因家长是性侵犯儿童的嫌疑人，或无法找到家长而案件紧急等。

如果家长不是性侵犯儿童的嫌疑人，但反对儿童录取口供，而儿童已有足够的理解能力，并表示愿意不理会家长反对而进行录取口供，则应该安排进行调查会面。

如果年幼的儿童无法表示同意，但家长反对录取口供，则可以考虑向法院申请由儿童保护部门的社工作为儿童的临时监护人，优先考虑儿童最大利益，安排儿童录取口供。

四、安排护送

调查人员应该安排专门的交通工具接送儿童及陪同人员往返录取口供的地点，避免受到干扰。接送儿童及陪同人员的交通工具不应该有可识别专责机构的标志。

调查人员不要在没有家长或独立成人陪同下与有关儿童相处，尤其是在护送儿童前往录取口供地点的路上。这样做，是为了避免之后有人质疑工作人员在这个过程中教唆儿童提供不准确的证供。如果无法避免这种情况，就必须在事后尽快记录与儿童的对话记录概要，包括谈话时间、环境、在场人士以及谈话内容，并妥善保管，以备有需要时向法庭提供。

在接报至录口供这段时间里，任何人不应与儿童谈及案件内容。如果不能立即录取口供，调查人员就要提醒照看儿童的人不应与儿童谈及案情。

五、安排传译员

如果需要安排传译员（包括手语传译员），应该向传译员讲解以下指引。

1.传译员必须准确地传译调查人员和儿童所有说出的话，不能增减或改编。无论儿童说的话看起来如何幼稚或虚幻，都应留待调查人员亲自澄清。

2.传译员必须使用调查人员和儿童都容易明白的言词，传达双方说话的内容及语气。

3.在任何情况下，传译员都不应对调查人员或儿童的提问或回应做出任何推理及结论。

4.传译员不应提建议或忠告，也不应给调查人员或儿童加插任何个人意见或情绪。

5.如果没有调查人员的清晰指示，传译员不可以触摸或尝试触摸儿童、任何工具、娃娃、图画或证物，也不可以妨碍儿童的行为或情绪表达。

第三节　步骤及技巧

录取口供的步骤和技巧与"初步询问"有相似之处。不过，由于录取口供要求对案情的描述更详尽，并需要达到举证的要求，因此，其会谈技巧有更复杂的要求。一般来说，录取口供分为四个步骤：建立关系、自由叙述、了解事件详情、结束会谈。不同的步骤需要不同的会谈技巧。

一、建立关系

调查人员首先要协助儿童放松下来。其具体做法参见本书第十一章"初步询问"相关内容。调查会谈还需要告诉儿童讲真话，并向儿童强调会谈规则。

（一）告诉儿童讲真话

要告诉儿童，这个会面很重要，儿童必须说真话。为此，可以测试一下儿童是否懂得分辨何谓真话、何谓谎话。

1. 直接测试

调查人员可以这样问："请你告诉我什么是说真话？"然后，让儿童自己回答。

"请你告诉我什么是说谎话？"然后，让儿童自己回答。看看儿童是否能说出"说谎话"就是有欺骗人的成分。

2. 举例测试

如果儿童年幼，或者解释得不清楚，就可以用一个例子／故事来测试，看看儿童是否能分辨。调查人员可以这样问："你是男孩还是女孩？"然后，让儿童自己回答。

调查人员也可以这样问："如果有人说'你是女孩（真实性别）'，那么，那人说的是真话还是谎话？"然后，让儿童自己回答。

调查人员也可以这样问："如果有人说'你是男孩（不真实的性别）'，那么，那人说的是真话还是谎话？"然后，让儿童自己回答。

3. 提醒说明

调查人员要切记：即使儿童表示分不清真话、谎话，也并不等于他／她会在录口供时说谎话。最重要的是，你向他／她解释后，他／她能答应你说真话。儿童能答应说真话，会增加他／她说真话的机会。不过，如果儿童不懂得区分真话和谎话，他／她就极有可能不懂得说谎，因为他／她还没有说谎的能力。

（二）向儿童强调会谈规则

这一点与"初步询问"相同。不过，为了强调，我们在这里重申一遍。

要让儿童知道，容许他／她表示"不知道""不记得""不知道怎么说""不明白""你搞错了"等。调查人员可以这样说：

"如果你不知道我提问的答案，那么，你可以说不知道。"

"如果有些事情你不记得，那么，你可以说不记得。"

"如果有些问题你不知道怎么说，那么，你可以说不知道怎么说。"

"如果你不明白我说的话，你可以说不明白，那么，让我用另一个方法问你。"

"如果我对你说的话理解错了／记错了，那么，你一定告诉我，让我知道对的事情，我不想弄错你的意思。"

二、自由叙述

与"初步询问"一样，让儿童在调查会谈中自由叙述是非常重要的。这意味着，在调查会谈中，调查人员最首要的任务是"听"，而不是"说"！

可以通过以下三个会谈技巧协助儿童自由叙述，包括：通过交代调查目的而自然地引出自由叙述、鼓励继续叙述、允许多次自由叙述。

（一）通过交代调查目的引出自由叙述

首先，你可以通过交代调查目的自然而然地引出自由叙述。例如，你可以说：

"我知道你之前跟某某同学说了一件（些）发生你身上的事，我想了解发生了什么事情，请你告诉我发生了什么事情。"

"你在性教育课后告诉老师被人侵犯过，我想了解事件是怎样的。请你把被人侵犯的过程事情从开始到结束说给我听。"

然后，你就静静地聆听——容许儿童用自己的语言和节奏来讲述事件发生的经过，避免给出任何引导和暗示。这个部分是整个调查过程中最重要的部分，因为调查就是让儿童在没有任何提示下自己把事件描述出来。

在儿童自由叙述时不要提问，以免打断儿童自己的思路。

（二）鼓励继续叙述

在需要时，调查人员可以用开放式疑问句鼓励儿童继续叙述，帮助儿童完整地说出真实的信息。比如"然后怎么样"或"后来呢"，直至儿童表示自己已经说完了。

（三）允许多次自由叙述

在整个调查会谈过程中，儿童的自由叙述并不是只有一次。当儿童在调查会谈过程中能够或愿意自己描述时，调查人员就要容许并鼓励他／她自由叙述。

三、了解案件详情

了解案件详情，是调查会谈的核心内容。为此，调查人员在儿童自由叙述后，可以根据调查的需要，有方向地提问。

（一）询问次序

例如，调查人员可以先了解案件的整体情况和儿童可能受到多大伤害。例如，可以询问儿童，类似事件发生过多少次，有多经常等，然后进入了解核心信息——事件的经过。

调查人员应先集中掌握事件经过可能涉及的案情，然后再了解与案件相关的细节，包括事发地点、时间及人物等详细信息。最后才是与案件相关的背景或其他信息。

这些与案件相关的细节信息对儿童来说是比较客观的，因此，即使儿童在描述案情后可能有些疲倦，也不会影响其回答的能力。调查人员稍后还可以从其他途径收集到这些信息。

（二）提问技巧

在提问方面，调查人员应尽量用完全开放式提问或有方向的开放式提问。如果儿童未能具体回答，可考虑使用具体选择题和是非题，做法可参考"初步询问"一章的相关内容。

要分别询问每次事件的详情，并请儿童分别回答，以免搞乱了儿童的记忆，造成"证据污染"。

询问每次事件时，都应该包括以下5个要素：事件（what）、过程（how）、地点（where）、人物（who）和时间（when）。详细内容参阅"初步询问"一章中的相关内容。但在询问上述要素的内容时，必须比初步询问详细得多，以达到举证的要求。

如果事件持续了很长时间，调查人员可以按照下列次序询问：先询问最近一次事件的详情；然后是最早的一次；接着可以问印象最深刻的一次；最后，请儿童选择其他，例如，与一般情况不同的事件，地点不同的事件、方式不同的事件等。

四、结束会谈

在结束调查会谈之前，调查人员要先安慰和感谢儿童，例如："我感谢你告诉我这件事。""我会尽一切努力帮助你。"然后回答儿童的提问，消除儿童的忧虑。但是不要向儿童承诺不确定能做到的事情。

第四节　初步制订后续行动计划

完成与儿童录取口供后，参与调查的警务人员与儿童保护人员应该立即共同商议：是否已有相当的证据证实发生性侵犯事件？如果回答是肯定的，调查人员就要分别代表警务部门和儿童保护部门，分享属于本部门职责范围的进一步行动计划，以便相互配合，从而保证儿童的最大利益。

一、警务部门

警务部门的调查人员在以联合调查方式为儿童录取证供后，通常会继续用其他刑事调查行动搜集证据。例如，拘捕性侵犯儿童的嫌疑人、搜集其他证供、安排儿童证人进行法医检查。

如果侵犯儿童的嫌疑人并非家人或儿童熟识的人，警务人员会要求儿童辨认嫌疑人。警务人员应安排儿童在家长或合适的成人陪同下，在一个有保护设施的地方进行。例如使用单向观察镜，以免儿童直接面对嫌疑人。

警务人员还要对嫌疑人做出合理的安排。例如，警务人员无论是否拘捕嫌疑人，都应该在调查过程中留意嫌疑人的心理状态，特别是情绪状态。有些嫌疑人在调查期间可能会自杀。无论这个人是否畏罪，在未审讯前，调查人员都不应该假设这个人犯罪。侵犯者的离世对于受害儿童的心理康复有损无益。很多时候，人们会以为性侵犯给儿童带来的困扰会随着侵犯者的死亡而消失，但实际上，儿童的复杂情绪反而可能因此而得不到处理。

此外，警务人员还要留意嫌疑人的家庭成员是否因嫌疑人被捕而引起很大的负面影响。他们不是涉案人，但却会因案件或嫌疑人被羁押而影响到生活、经济或情绪，因此，他们也需要帮助。警务人员可以根据他们的需要转介他们接受相关机构提供的生活照顾和心理服务。不过，为犯罪嫌疑人及其家庭提供服务的机构和人员不应该同是为受害儿童及其家庭提供服务的机构和人员。

二、儿童保护部门

儿童保护部门的职责是保护儿童安全，倡导儿童利益最大化。因此，儿童保护调查人员首要关注的是，为了保护儿童安全，是否需要为儿童提供即时保护？儿童保护人员可以根据需要，考虑采取以下行动。

1. 如果性侵犯儿童的嫌疑人会被拘捕或安排离家，或者家庭内没有其他危机，而家人也可以继续照顾儿童，那么，警务人员在为儿童录取口供后可以护送相关儿童回家。

2. 如果儿童回家不安全，就要安排相关儿童暂时离家。例如，安排儿童到其父母／监护人同意的合适地方，最好是到其他能支持儿童的亲属家中。

如果无法取得相关儿童的父母／监护人同意，儿童保护人员就要向法庭申请，安排儿童到其他合适的安全地点，包括家外安置。

3. 为有需要的儿童及其没有参与性侵犯儿童的家人提供心理支援服务。

随后，儿童保护部门将通过儿童及其家庭的社会背景调查、多专业个案会议，对儿童及其家庭进行个别化综合服务需求评估，从而制定福利安排和跟进服务计划。详见本书第十四章。

本章小结

联合调查是在多部门跨专业协作的联动工作机制下实施的。联合调查与初步询问的共同之处是，以非指导、非暗示的方式，向儿童询问性侵犯事件是否发生、怎样发生。不同的是，联合调查要向儿童收集到法庭认可的证供，因此，比初步询问更详细，有更高的要求。调查人员需要经过专门训练方能胜任。联合调查的目的是，只让儿童讲述一次性侵犯事件的细节，就能同时获得法庭认可的有效证供和紧急服务需求评估，以避免再度伤害并及时向儿童及其家庭提供所需要的专业支援服务。调查人员需要熟知人员准备、调查会面安排、会谈步骤及技巧、联合调查等后续行动。

第十四章

跟进服务

向儿童录取证供结束后，儿童保护部门的工作重点将转向帮助受害儿童及其家庭回到正常生活。具体而言，就是根据社会背景调查的评估结果和多专业个案会议的建议，在听取儿童及家长意见的基础上，制定保护儿童安全的福利安排和跟进服务的计划。

第一节　社会背景调查

社会背景调查是在结束向儿童录取证供后，由儿童保护人员（最好是参与联合调查的社工）进行的。社会背景调查除了关注儿童的安全外，还要整体评估儿童及其家庭的综合服务需求。因此，所订的跟进计划不只是有关保护儿童安全的措施。

该调查是以约谈、家访等多种方式，向受害儿童及其家人（包括性侵犯嫌疑人）以及其他可以提供信息的人（例如老师、邻居），收集有关受害儿童的生态环境信息，用来评估儿童所面对的安全风险和保护因素，同时初步评估儿童及其家庭的综合服务需求。评估结果用于制定保护儿童安全及保障儿童福利的服务计划。

其中"安全风险"是指受害儿童及家中的其他儿童日后可能受到性侵犯的危险因素和程度。"保护因素"是指受害儿童的家庭可以保护儿童免受性侵犯、协助儿童处理困难的资源。如果儿童除了受性侵犯外还受其他形式伤害，还应该同时评估受其他形式伤害的风险以及免受伤害的保护因素。

一、需要收集的信息

社会背景调查要收集的主要信息包括：家庭生活环境的风险因素；家庭的资源及优势。

（一）家庭生活环境的风险因素

在收集家庭生活环境风险因素的信息时，可以参考国务院妇女儿童工作委员会办公室出版的《儿童暴力伤害预防与处置工作指引》[①]中附录五内容。与性侵犯发生有关的风险因素包括家居环境、家庭经济状况、儿童成长经历及父母养育方式、家庭关系、家人态度、家庭困难等。这些因素有可能会影响家庭保护儿童免受性侵犯的能力。

1. 家居环境。例如，子女是否有独立起居的房间？厕所和洗澡的地方是否能保护个人隐私？居所的间隔是否可以保护儿童免受性侵犯？是否需要改善？是否需要重新安排睡觉的地方？

2. 家庭经济状况。例如，家庭的一般经济状况如何？如果家庭生活需要做出改变（例如需要改装居所间隔、请人照看子女等），他们是否能够担负？

3. 儿童成长经历及父母养育方式。例如，儿童是否经历过特别的生活事件？父母自己照顾孩子，还是把孩子交给别人照看？有些事件是否有可能与性侵犯的发生或危机有关，需要日后留意或改变？

4. 家庭关系。在家里，儿童与谁的关系比较好？与谁的关系比较差？家人之间关系好的是谁？家长及其他家人/亲属是否支持儿童？

5. 家人态度。父母、儿童及相关家庭成员如何看待性侵犯事件？是否相信性侵犯发生？认为性侵犯是谁的责任？他们对儿童、家人、侵犯者有何感受？父母及其他家庭成员打算怎样安排儿童日后的照顾、上学和生活？

6. 家庭困难。家庭成员是否有个人问题（例如赌博、吸毒、精神病症等）？是否有婚姻问题？是否正在遇到生活困境（例如面临失业、患病、欠债等）？

① 国务院妇女儿童工作委员会办公室.2014.儿童暴力伤害预防与处置工作指引.中国妇女出版社.

（二）家庭的资源及优势

在评估家庭风险因素的同时，不要忘记，任何家庭都有自己的资源和优势。因此，在了解家庭风险因素的同时，也要了解各家庭成员的能力和家庭社会支持系统的情况。例如，家庭有哪些优势和能力可以保护儿童安全？哪些家人或亲友愿意协助儿童／家庭渡过困境？家庭所在社区有哪些资源可以协助儿童／家庭渡过难关？

二、调查技巧及安排

在社会背景调查过程中，调查人员比较多用直接询问。不过，也要注意观察被访者的言谈举止、情绪表现、互动沟通模式，并且要客观地相互比较、印证、核实不同来源的信息，不应只侧重其中一方的信息。

在调查时，调查人员还要考虑并顾及不同民族的文化传统和观念对家庭保护儿童的影响。对于有特别需要的儿童和家庭成员，应考虑传译的需要及安排。

除此之外，调查人员在安排约见不同家庭成员时，应该有以下考虑。

（一）单独会见儿童及其家人的次序

在进行社会背景调查时，儿童保护人员一般可以按照下列次序单独会见儿童及其家人：（1）与事件相关的儿童；（2）儿童的兄弟姊妹及家庭中的其他儿童；（3）没有参与性侵犯的父母／监护人／看护人；（4）涉嫌性侵犯的家长（如非家庭成员只由警方会见）；（5）其他家庭成员和亲属；（6）认识儿童及家人的专业人士，例如老师、社工、医生等。

以上次序可以根据具体情况有所改变。例如，未能联络上某人，或者某位家庭成员要求先见面等。不过，一般会见性侵犯嫌疑人（家长）安排在会见其他成员之后，而且要在警方向他／她取得证供之后进行。

（二）会见涉嫌性侵犯的家长

在进行社会背景调查时，儿童保护工作人员需要会见涉嫌性侵犯的家长。其目的是与他／她商谈儿童及家人的福利安排，看看他／她有什么意见。因为他／她作为儿童的家长仍有权表达意见，也许他／她的意见也有值得考虑的可行之处。

即使家长因性侵犯案情非常严重或十分不支持儿童等原因，甚至在联合调查或社会背景调查期间已被剥夺监护权，儿童保护工作人员仍应该向他们说明所提议的福利计划。

如果嫌疑人不是同一家庭的人，儿童保护人员为了保障儿童及其家人的隐私，不应该向这个人透露儿童的信息。

切记，质问嫌疑人是否认罪，是警方刑事调查的工作，而不是儿童保护人员的工作。通常，警方在录取口供后会通知儿童保护人员该嫌疑人是否认罪。

（三）进行家庭联合会谈

如有需要，儿童保护人员可以进行家庭联合会谈。例如，未参与性侵犯的父母亲和儿童一起会谈、儿童和兄弟姊妹一起会谈、儿童和将来可能会照顾他 / 她的人一起会谈。目的是观察及评估家庭动力、家庭关系，以及家庭沟通模式。但在安排前，要考虑儿童的感受和意见。如果儿童不同意，儿童保护人员可借此机会向儿童了解原因，评估儿童与这个人的关系，或者对与家人见面有何忧虑等，从而做出相应的处理。

如果儿童的父母已经离异，那么，儿童保护人员仍然应该考虑联系不同住的父 / 母亲，征询他 / 她对儿童福利计划的意见。特别是当同住的父 / 母亲未能妥善照顾或保护儿童的时候，更需要调动另一方父母协助。

三、初步形成福利安排和跟进计划

儿童保护人员根据社会背景调查收集信息，评估家庭风险因素和保护因素，并考虑家庭的具体情况和个别化综合服务需求，从而初步形成儿童福利安排和跟进计划。

福利安排和跟进计划的目的是：保护儿童安全（终止儿童性侵犯继续发生）；减少风险因素并增加保护因素（预防未来发生性侵犯）。

儿童福利安排和跟进计划一般包括如下内容：住宿和照顾安排、上学安排、与家人见面安排、医疗服务、心理支援服务（心理评估及辅导 / 治疗）、向法庭申请有关照顾或保护儿童的命令、协助儿童面对法庭聆讯、经济援助、法律援助等。

儿童保护部门的调查人员要把初步计划提交给随后召开的多专业个案会议，由多专业协作团队共同评估并商定后续服务安排。

四、听取儿童及其家长的意见

儿童保护人员在为儿童及其家庭初步制定福利安排和跟进计划时，在提交多专业个案会议之前，应先听取儿童及家长的意见，最好是与他们共同商讨出来。

例如，儿童或家长可能对照顾儿童的福利安排有意见，或者建议某亲属照顾。这样，儿童保护人员就要去了解这些安排是否可行，包括要与该亲属见面和家访，评估这个安排是否合适等。

再例如，儿童保护人员建议改变家人的睡觉空间安排或屋内间隔，可家长不同意。调查人员应该及时了解其背后的原因。可能是因为家庭经济困难办不到，也可能是家长缺乏足够的保护儿童意识，或是其他原因。调查人员需要相应处理，或调整计划。

五、邀请家长参与多专业个案会议

儿童保护人员如果认为邀请家长参与多专业个案会议对儿童有帮助，就可以在社会背景调查期间向儿童及家长解释多专业个案会议的安排，并邀请家长出席。如果可行，最好每个会议都邀请家长出席。在举行多专业个案会议之前，个案可能有转变，工作人员需要了解并不断评估该转变如何影响制定福利计划。

也可以邀请年纪较大儿童出席。不过，需要事先与上级主管商讨如何安排，以确定需要邀请哪些家人（及儿童）出席会议。

第二节　多专业个案会议

多专业个案会议，是多部门跨专业协作工作机制的一个组成部分！儿童保护部门在各调查人员收集到足够信息后，尽可能在收到举报后 10 个工作日之内，召集与个案相关的各专业人员举行多专业个案会议。目的是让各专业人员围绕个案进行危机评估，提供专业意见，尽快为受害儿童及其家庭制定综合专业支援服务的计划。

多专业个案会议在以下情况下可以延期举行，包括：相关儿童健康情况极差，无法进行必要的调查；重要的临床检验结果／诊断未有定论；因个案复杂而无法完成所有必要的调查，例如父母拒绝合作或不知踪迹。

多专业个案会议的重点是保障相关儿童的安全和福祉，而不是检控侵犯者（这是警务部门的工作）。如果情况合适，还可以邀请儿童及其没有参与性侵犯的家长出席会议，参与商讨。

一、会议内容

在多专业个案会议上，各专业人员要逐一报告自己所了解的有关个案性侵犯事件及家庭情况，澄清有疑问之处，并讨论以下事项。

1. 事件性质：相关事件是否为性侵犯个案？如果所搜集的信息不能肯定是性侵犯事件但又不能排除这个可能性，就应该加以说明，以便在商讨福利计划时加以考虑。

2. 相关儿童及其家中的其他儿童（如有的话）所面临的危机严重程度和性质。再发生同类事件的可能性有多大？

3. 与家庭有关的保护因素和家庭的资源及优势。

4. 父母／监护人对相关儿童的福利计划的态度。

5. 通过多专业协作机制，制定保护相关儿童的福利计划，包括照顾儿童的安排，是否在审讯前安排治疗服务，是否需要向法庭申请保护儿童的命令等。

二、会议主席及参会人选的确定

会议主席应该由儿童保护部门的主管或比较有经验的儿童保护人员担任。主席不应直接处理该个案，以便保持中立的立场。

会议主席在向负责调查的儿童保护人员了解情况后，确定参加个案会议的人选。由于会议内容涉及儿童及其家庭的隐私，因此，不应邀请不必要的人员参加。一般来说，参会人员可包括专业人员、相关儿童的家长、相关儿童。

（一）专业人员

以下三类专业人员是参加个案会议的合适人选。

1. 在调查和处理该涉嫌性侵犯个案中担当重要角色的专业人员，例如，儿童保护人员、警务人员、医护人员、初步询问事件的人员等。

2. 有些人尽管没有参与调查，但对相关儿童及其家庭有直接的了解，并能提供与个案相关的信息或意见。这些人也应邀请参加个案会议。例如，学校老师、原来曾负责服务该家庭的社工或心理服务人员等。

3.没有参与调查或不直接认识该家庭，但会协助跟进该家庭个案的专业人员。例如，社工或心理支援服务的人员等。

不过，如果性侵犯嫌疑人是学校或儿童中心的员工，那么，会议主席应留意利益冲突的问题，不应让嫌疑人出席个案会议，但可以让该机构中曾经处理过有关个案的其他员工出席会议或提供有关儿童／家庭／事件的相关信息，以协助个案会议成员进行讨论。

（二）安排相关儿童的家长出席

邀请家长出席个案会议的目的是，加深家长对所关注事项的认识，让他们在制定福利计划时提供意见，并邀请他们参与执行福利计划。这个做法也是对家长充权／赋能的过程。

个案会议通常分为两个部分：第一部分由专业人士交流意见和讨论；第二部分会邀请家庭成员参与（性侵犯者嫌疑人除外）。主席咨询参会的各专业人士后，将视乎每宗个案的具体情况决定家庭成员在何时参与个案会议，但最迟应在制定了初步福利计划后。

不过，在以下情况下可以考虑不让家长参加个案会议，即主席或其委派的代表告知家长个案会议的安排（包括会议的程序及规则）并与他们充分讨论后，认为家长参加会议会严重损害该儿童的福祉；有足够证据显示，家长可能会做出严重影响会议工作的行为，例如使用暴力、威胁使用暴力等；或家长的状况不适宜参加会议，例如因服药、饮酒或急性精神问题导致他们无法有效参加会议讨论等。如果家长之间出现激烈纠纷，则可考虑在不同时段与他们分别会面。

在邀请相关儿童的家长出席个案会议时，应该考虑让他们在哪个阶段参加是适宜的。如果确定，由主席或其委派的代表向他们简单介绍以下各项事宜：

1.个案会议的目的、重点和讨论范围；

2.个案会议的程序、讨论的惯例及事项；

3.参加个案会议的人员及其角色；

4.家长在个案会议中可以如何参与并提出意见。

在有需要的时候，可以在征得家长及个案会议成员同意后，邀请对儿童有相当认识并有助于制定福利计划的主要家庭成员及亲属出席个案会议。

（三）安排相关儿童出席

在决定是否让相关儿童参加个案会议时，应考虑他／她的年龄、理解能力、成熟程度和情绪状态。主席必须确保儿童出席个案会议会对他／她有益处。比较熟悉相关儿童的工作人员应在个案会议举行前，亲自向该儿童简单介绍参加个案会议是怎么一回事，并为其参加会议做好准备。

如果儿童将会出席个案会议，主席就必须非常审慎地计划这次个案会议，并评估儿童是否可以与其家长出席同一时段的会议。

如果相关儿童的家人需要等候出席个案会议，或需要在会议某部分退席以让成员进行讨论，那么，主席必须为他们安排一个舒适及备有座椅而且最好不受干扰的地方，让他们安坐等候。

如果儿童已被暂时家外安置，而家长及儿童一同获邀出席个案会议，则要考虑为他们安排不同的等候地方，防止家长直接或间接地影响、干扰儿童，或向其施压，以至于使儿童可能改变／否认之前对事件经过的陈述或对福利计划的意见。

在家长和儿童出席会议时，要注意使用他们能明白的语言和用词，如有需要，应安排传译。

三、会议安排

会议安排包括如何处理书面报告、保密安排、表达与规避、确定跟进服务的角色分工。

（一）书面报告

在举行个案会议前，各参会专业人员应就所得到的个案信息准备一份简单的书面报告，供其他成员参考。书面报告可交由会议主席统一发放，也可在各参会专业人员到场后再发放。如用电子邮件发放，则必须考虑保密措施（把文件加密）。

如果被邀请的个案会议成员因故不能参加会议，那么，会议主席应要求他／她尽可能拟备一份有关儿童的书面报告／摘要，以供个案会议参考。

（二）保密安排

要特别留意保密原则。会议主席在会议开始时要先提醒会议成员有关保密的原则，包括文件的处理，以及不能把在会议过程中报告的信息透露给无关人员。除了要负责跟进个案的人员之外，其他成员如不需要保留报告，阅后可交还给报告者。如果需要保留，应妥善保管，避免让无关人士接触到。

（三）表达与规避

参会者应在个案会议中就相关事项发表意见。不过，如果他们认为难以做出专业判断，会议主席不应强迫他们做决定。

如果个案的嫌疑人是学校或儿童机构的员工，则该单位出席会议的代表不适宜就个案性质发表意见。

（四）确定跟进服务的角色分工

会议主席应指派主责儿童保护人员（社工）跟进儿童福利计划，并确定其他提供协助的专业人员应该担当的角色。后续跟进人员若不是先前负责调查的人员，应与调查人员有紧密的联系和交接，以免让儿童感到被忽视，或难以重新建立信任关系。

四、处理不同意见

会议主席必须以开放的态度处理会议成员之间的不同意见。鉴于个案性质（属于性侵犯）和相关儿童的福利计划是极度敏感的问题，因此，在做出相关的决定时，应尽可能以争取个案会议成员一致通过的方式，而非简单投票的方式。

如果有意见分歧，会议主席应从保护儿童最大利益原则出发，带领成员进行讨论，协助成员之间达成保护儿童安全和儿童利益最大化的共识。

如果各成员未能达致共识，会议主席可考虑根据多数成员的意见，总结讨论的结果，并把有分歧的意见记录在会议记录内。

假如家长或儿童对会议成员的意见有不同的看法，会议成员应该仔细考虑，并与家长或儿童共同商讨以达至共识意见。

但是，如果家长的意见有违儿童的利益，会议则应考虑是否有需要出于保护儿童的理由而向法庭申请相关的保护令，以便能够执行会议所建议的儿童福利计划。例如，儿童的住宿照顾安排、可否接触家人侵犯者等。

五、后续安排

会议结束后的后续安排起着承上启下的作用，让会议结果有效地与跟进服务对接，使相关儿童及其家庭及时得到所需的专业支援服务。

（一）通知未能参加会议的家长 / 儿童

如果家长 / 儿童未能参加个案会议，或者被认为不宜参加个案会议，会议应决定如何告知他们有关个案会议的结果和建议，并征询他们对会议所建议的福利计划的意见。

（二）后续会议跟进

个案会议还应考虑是否需要举行后续会议，以及何时举行。目的是检视落实个案福利计划的进展或困难，并共同商讨处理方法。

不过，后续会议只需要负责跟进个案的专业人员参加，除非有必要咨询原参会成员的意见。

（三）善用会议记录

会议结束后，儿童保护部门的工作人员应负责拟备会议记录初稿，重点记录议决事项及原因。然后，让各参会成员审阅。记录最好能在会议举行后的一个月内获得个案会议的所有成员通过。

应妥善收藏会议记录，让跟进个案的人员参考，以便及时落实会议的决定及检视个案的进展。

（四）主责社工的责任

主责社工应由儿童保护部门的社工担任。他 / 她应在多专业个案会议后，主要进行个案管理工作，以确保多专业介入行动得以落实。在有需要的时候，可申请召开后续会议加以商讨。

其他跟进个案的成员应协助主责社工执行个案会议的决定。如无法执行某个行动，应及时告知主责社工。

第三节　跟进服务

儿童保护部门的主责社工作为个案管理的主管，应该根据多专业个案会议的建议，以"儿童为本、家庭中心、社区为基础"的方向，协调多专业资源，为儿童及其家庭提供满足其个别化综合服务需求的跟进服务。工作人员应定期联络其他服务提供者及与家庭有联系的人，评估儿童及家庭的生活状况和需要，检视及调整跟进服务。

跟进服务的重点是：（1）协助儿童处理性侵犯造成的负面影响（包括创伤），回到正常生活；（2）协助家人处理性侵犯给家庭造成的负面影响（包括创伤），回到正常的家庭生活；（3）协助家人提升支持及保护儿童的能力；（4）如果儿童需要出席法庭聆讯，给儿童情绪支持，并协助儿童做好相关准备。

跟进服务的内容包括：（1）实质帮助；（2）法定监管或监护；（3）协助儿童面对法庭聆讯；（4）心理支援服务；（5）在适当时候安排家人团聚；（6）为儿童制定长远的照顾计划等。

一、实质帮助

实质帮助是指协助儿童及家庭解决实际生活困难的专业支援服务，由社工负责协调多部门提供服务。

（一）住宿照顾

如果儿童需要住宿照顾，而且得到其父母／监护人的同意，应尽快安排儿童入住合适的地方，包括亲友家、儿童之家、寄养家庭或儿童福利院等。

（二）上学安排

如果儿童可以继续在同一所学校上学，老师、心理老师、学校社工可留意儿童的情绪和学习状况。在儿童有需要时给予情绪支持，但不要把儿童当作特别的学生对待。要继续为事件保密，不应让其他老师和同学知道。

如果已有些同学或老师知道事件，要向他们解说，请他们保密并且不要再谈论。如果侵犯者是本校学生或教职员工，而学生们也有所闻，需要考虑为员工、学生及家长举行必要的解说会，让他们了解事件进展，协助处理不安情绪，并提供有关预防儿童性侵犯的正确知识。

如果儿童需要转读另一所学校，就要协助儿童寻找合适的学校，适应新的学习环境，建立新的同伴关系。学校要继续为事件保密。

（三）医疗服务

如果儿童身体受伤，要由医护人员安排复诊直至痊愈。

如果儿童染上性病、艾滋病、乙型肝炎等，需要特别为儿童安排治疗，以免儿童在治疗过程中受歧视。

如果儿童因受性侵犯而怀孕或生产，要协助儿童考虑终止怀孕，或安排照顾和监护婴儿事宜。

（四）与家人会面安排

如果儿童没有与家人同住，儿童保护人员要评估儿童与家人会面对儿童的支持度或负面影响，从而做出适当的安排。

（五）为受害家庭提供必要的经济援助和法律援助

儿童保护人员还要根据社会背景调查的评估结果，为有需要的家庭协调相关部门提供经济援助和法律援助。

二、法定监管或监护

有些儿童的家人在儿童披露性侵犯后，表现出不支持儿童的态度，甚至阻碍调查进行。儿童保护人员可向法庭申请保护令，保证调查程序得以进行，并采取措施保护儿童安全。若该命令是有期限的，儿童保护人员需要多次延续申请。

在香港地区，有些个案要在多专业个案会议上提出申请保护令，以保障儿童的安全和利益，或用以安排儿童在未得到家长同意的情况下家外住宿。

一般而言，儿童保护人员只向法庭申请某些命令。这些命令或者是为儿童做出安排，或者是监管儿童一段时间以协助儿童，并向法庭报告儿童的进展，但并没有剥夺家长的全部监护权。

但对于一些较极端的个案，儿童保护人员需要把全部监护权转移到其他亲属或儿童保护部门。日后再把监护权转回原来的家长，则需要有非常充足的理由。例如，需要证明家长对待儿童的态度和保护儿童的能力已有明显改善，有能力保障儿童的利益。

三、协助儿童面对法庭聆讯

在有些情况下，法庭要求儿童必须出庭作证。为了减少出庭作证对儿童造成的不利影响，要安排受过专门训练的人协助儿童出庭作证。以下是香港地区儿童保护部门的做法，可供内地参考。

（一）法庭设施及安排

法庭内应有特别设施，保证无须让儿童看见嫌疑人、法庭人员及公众人士，以减低儿童作证的压力。

法官及控辩双方人员如果要对儿童做出询问、讯问及盘问，应采用儿童能明白的语言，法官应制止有关人员用不恰当的方式和语调盘问儿童。

法庭应容许一位与本案无关的成年支持者在儿童旁边给儿童情绪支持。不过，这个人不应该知道案件内容，不可以与儿童谈论案情，也不可以在法庭询问时给儿童以任何提示或反应。

（二）事前准备

跟进个案的儿童保护人员或支持者要为儿童证人出席法庭聆讯做好准备，包括：介绍法庭的环境；介绍法庭内各人士的角色；介绍聆讯程序及各项安排；提醒儿童证人说出真相；可安排儿童事前参观法庭；重温所录取的口供，协助记忆。

儿童的家人同样会为自己或儿童出席聆讯感到忧虑。在儿童的家人有需要时，也要给予他们情绪支持，特别是协助家人有能力支持儿童在法庭上勇敢地说出真相。

（三）聆讯后解说

聆讯后，儿童保护人员或支持者要通知儿童审讯结果。即使判决结果可能未如所料，也要肯定儿童的勇气和努力，并让儿童知道：如果嫌疑人没有被定罪，并不说明发生性侵犯是儿童的错，也不是因为别人不相信他／她，只是有其他因素未能肯定把嫌疑人定罪。

四、心理支援服务

儿童保护人员要定期与儿童见面或探访儿童及其家庭，关怀他们的生活状况，从而协助儿童及其家人处理因遇到生活困难而引起的负面情绪，或由于调查或法庭聆讯引致的不安和忧虑，并为有需要的儿童及其家庭转介心理治疗／心理咨询服务。有关心理支援服务的内容详见本书第十五章。

与此同时，儿童保护人员还要为有需要的儿童联系社区儿童中心／儿童之家或社区服务中心，为其安排有益心身健康的课外活动，尤其是如果儿童离开家庭转到其他地方居住。这些服务作为专业心理支援服务的补充，可以协助儿童学习正面的社交技巧并建立友善的朋辈关系，让儿童克服可能产生的孤立感，支持他们建立正常的人际关系和同伴友谊。这些都有助于儿童创伤疗愈，也会减轻家庭的压力。

五、安排家人团聚

如果儿童被安排在其他地方住宿，那么，儿童保护人员及其他与儿童的家庭相关联的专业人士应定期联络，检视个案的进展，例如每六个月举行一次评估会议，并邀请家长及儿童出席部分会议。在考虑相关儿童是否适宜与家人团聚时，必须留意以下几方面。

1. 相关儿童重返家庭之前，必须已与父母和兄弟姊妹建立正面的关系。

2. 必须仔细监督并观察各家庭成员对相关儿童重返家庭的反应。

3. 家人团聚应分阶段进行，包括多安排儿童的父母／兄弟姊妹探访他／她，让儿童与父母谈话或让儿童回家与父母共度周末等。在安排儿童正式重返家庭之前，可根据需要寻求临床心理学家或儿童精神科医生的意见。

4. 儿童重返家庭后，即使各家庭成员的初步反应令人满意，儿童保护人员仍应继续定期探访和接触儿童及家人。

5. 儿童保护人员应在整个过程中，征询督导及其他与儿童家庭相关联的人士的意见。

六、为儿童制定长久的照顾计划

如果儿童保护人员及其他专业人员在跟进家外安置的个案一段时间后，家庭情况仍不理想。例如，一至两年后，儿童回家团聚的机会仍不高，或不宜让儿童与家人团聚。跟进个案的专责社工便需要为儿童制定长久的照顾计划，包括训练和支持他／她有能力日后独立生活等。

本章小结

———◆◇◆◇◆———

　　为了消除性侵犯给儿童及其家庭带来的多层面、多样化的负面影响，需要由儿童保护部门的专业人员（专责社工）评估儿童及其家庭的个别化综合服务需求，评估儿童日后可能受到性侵犯及其他虐待的风险，并协调多部门跨专业资源，提供相应的跟进服务。跟进服务内容包括：实质帮助（住宿、上学、医疗、与家人见面、经济援助和法律援助）、法定监管或监护、协助儿童面对法庭聆讯、心理支援服务、安排家人团聚、为儿童制定长久的照顾计划等。

　　跟进服务的原则是保护儿童安全和保证儿童利益最大化。制定跟进服务计划的依据是，专业人员针对儿童及其家庭进行社会背景调查的评估结果和多专业个案会议达成共识的儿童福利建议。

第十五章

心理支援服务

　　心理支援服务，是指向受害儿童及其家庭提供情绪支持和心理治疗／心理咨询服务（以下统称"治疗服务"或"心理治疗服务"），属于跟进服务的组成部分。具体而言，就是受过专门训练的专业人员运用专业知识和技能，根据评估儿童及其家庭个别化心理服务需求的结果，做出准确的专业判断，从而有系统地协助有需要的儿童及其家人疗愈创伤，回到正常生活并健康发展。

　　心理支援服务的目的是，消除或减轻性侵犯事件和披露过程给受害儿童及其家庭带来的负面影响，防止造成长期后果。服务目标包括：（1）为儿童重建安全的生活环境，协助家庭提升给儿童提供情绪支持和保护行动的能力；（2）减少风险因素，预防未来有可能发生的性侵犯；（3）疗愈儿童心身创伤，帮助儿童回到正常生活。

　　一般来说，心理支援服务是在联合调查结束之后开始进行的。那时，性侵犯行为已被停止，儿童已脱离危险。在理想情况下，儿童性侵犯事件被举报后，警务部门和儿童保护部门首先对相关儿童及其家庭展开即时响应和联合调查（详见本书第十二章和第十三章）。随后，儿童保护部门专责人员根据社会背景调查的评估结果和多专业个案会议的建议，转介有需要的受害儿童及其家庭接受心理咨询心理治疗服务（详见本书第十四章）。

　　从危机介入的角度来看，有的儿童及其家人在接受调查或进入司法程序期间会产生很大的情绪困扰。因此，在调查期间，调查专责人员可以协调心理支援服务人员，为有需要的受害儿童及其家人提供情绪支持，但不能与儿童谈论与性侵犯事件相关的信息。这样做是为了避免涉嫌"污染证据"，以免使儿童在司法过程中处于不利位置。

为受到性侵犯的儿童及其家庭提供有效的心理支援服务，是一项充满挑战、极有难度的专业工作，所涉及的专业知识及专业技能非常广博深厚。因此，本章只能重点介绍相关的工作要点，为读者接受更深入的专业培训奠定基础。读者若要能胜任这项工作，需要有系统地接受长期、深入的专业培训，阅读大量相关的参考文献，娴熟掌握相关的理论知识和专业技能，并在专业督导下长期持续地开展临床实践，最好有机会参加个人成长小组甚至接受个人心理治疗。

第一节　治疗服务特点

为遭受虐待和创伤（包括性侵犯）的儿童及其家庭提供有效的心理支援服务，并不是一般意义上的心理治疗/心理咨询或社工服务，而是一项多部门协作、跨专业综合的支援服务。其特点是，服务提供者要在多部门跨专业团队协作的联动工作机制下，扩展传统的专业界限和专业角色，运用"儿童为本、家庭中心、社区为基础"关系取向治疗模式，综合多种治疗方法和治疗形式，在儿童和家庭两个层面进行工作，甚至还要协调善用其他非治疗类的支援服务。

一、多部门跨专业团队协作

在虐待儿童（包括儿童性侵犯）事件被披露并举报后，案件处理可能会进入一个比较复杂、多变的司法过程。因此，心理支援服务必须在更大的专业支援服务系统中进行，即多部门跨专业团队协作。也就是说，服务提供者需要拓展传统的心理治疗/心理咨询一对一专业界限及专业角色，要与儿童保护的各相关部门的其他专业人员紧密合作，包括警务、司法、社工、医护、教育等，从而保障儿童安全，保障儿童的最大利益。

例如，心理支援服务提供者有责任配合处理儿童性侵犯案件的司法过程，在司法程序结束之前，不能给儿童看有关儿童性侵犯的录像。治疗虽然要考虑避免干扰司法程序的因素，但考虑到把儿童福利放在首位，因此，只要儿童有需要，就可以在调查工作结束后立即开始治疗服务。

另外，服务提供者在整个服务过程中有责任协助警务部门、儿童保护部门和司法部门采取保护儿童安全的必要行动，例如：让作为性侵犯者的父亲离家；或在有足够理由怀疑家长性侵犯可能发生时剥夺家长监护权，为儿童提供家外安置等。

服务提供者还要参与个案管理，为有需要的儿童及其家庭转介其他服务。不同的儿童及其家庭有不同的服务需求。很多家庭面临的挑战超出心理支援服务范畴，包括经济困难、照顾孩子的困难、语言不通、医疗服务等。服务提供者要与其他专业合作。例如，如果受虐儿童出现严重的心身症状，需要药物治疗或住院治疗时，服务提供者需要与儿科医生或精神科医生合作。另外，服务提供者还要为有需要的儿童及其家庭转介其他非治疗的服务，例如经济援助、法律援助、社区服务、亲职教育等。

服务提供者除了承担治疗师 / 咨询师的专业角色外，还要承担儿童权益倡导者的角色。例如，为保护儿童最大利益向有关部门提供专业意见，包括儿童安置的最佳选择、儿童出庭作证的心理影响、儿童生活环境的安全风险评估、家庭保护儿童的能力和意愿等。

二、关系取向治疗模式：儿童为本、家庭中心、社区为基础

本书第三章中的大量研究表明，性侵犯经历会给受害儿童造成不同程度的负面影响，表现为多样化的情绪问题、行为问题、人际关系问题或躯体症状。如果儿童长期受到性侵犯或其他形式的虐待（身体虐待、情绪虐待、疏忽照顾等），还有可能会产生与心理创伤有关的病症，特别是导致发展期创伤障碍 / 病症，甚至改变儿童的脑结构和脑功能。心理治疗有助于减轻儿童的症状，促进儿童创伤疗愈进程，并协助他们学会用有效的应对方法去解决问题（Gil, 2006[①]），因此，让有需要的受虐儿童（包括受到性侵犯的儿童）接受适当的心理治疗服务是非常必要的。

不同国家及地区的工作经验表明，"儿童为本、家庭中心、社区为基础的关系取向服务模式"更能有效地帮助受害儿童疗愈创伤（Sheinberg & Fraenkel,

---

① Gil, E. (2006). *Helping abused and traumatized children : integrating directive and nondirective Approaches.* New York: The Guilford Press.

2001[①]; Ma & Yau, 2011[②]; Gil, 2006[③])。

（一）儿童为本

儿童为本（Child-focused），是指在心理支援服务中贯彻"儿童权利优先"的基本原则，即以保障儿童利益最大化为准则。具体体现在以下三个方面。

1.终止性侵犯事件继续发生，并防止再次发生

儿童需要生活在一个安全的地方，才有机会让身心健康发展。反之，如果不立即终止性侵犯事件，儿童就要继续接触侵犯者，甚至与侵犯者住在一起。研究表明，重复、多次、持续地遭受性侵犯，会增加性侵犯对儿童的负面影响和长期后果（参阅本书第三章）。儿童在这种情况下接受治疗服务时，不仅不能促使他们疗愈，反而有可能会受到更大的伤害。

一方面，儿童在客观存在真实危险的条件下根本无法减轻负面情绪，从而增加他／她的无力感、无能感、挫败感。

另一方面，儿童在治疗关系中被鼓励放下自我防卫，去觉察和表达自己的真实感受／情绪。可是，当他们回到现实时却要继续受到性侵犯，继续缺乏成人保护。这时，如果儿童真的在面对危险处境时降低自我防卫意识，可能会受到更大的伤害，甚至被侵犯者杀害。

儿童在生活处境不安全的情况下打开自己的情绪伤口，还可能会激发更猛烈的情绪，令儿童承受不了，甚至出现严重的人格结构解离。

因此，终止性侵犯事件使之不再继续发生，是一切治疗服务的前提条件。儿童只有在安全的环境中生活，才有可能疗愈他们的情绪伤口。

在理想的情况下，心理支援服务应该只接受已被举报并完成联合调查的个案。否则，治疗师或咨询员最首要的责任不是治疗，而是先要与其他部门合作，保护儿童安全，终止性侵犯事件的发生。这时，治疗师不应该进行治疗式会谈，而是要对儿童进行初步询问，并向警务部门或儿童保护部门举报（详见本书第

---

① Sheinberg, M. & Fraenkel, P. (2001). *The relational trauma of incest: A family-based approach to treatment*. The Guilford Press.

② Ma, E. Y., and Yau, D. (2011). Working with familial child sexual abuse: A family-based relational approach. In Kitty, Wu., Catherine, S. Tang and Eugenie Y. Leung (ed.). *Healing trauma: A professional guide*. Hong Kong: Hong Kong University Press.

③ Gil, E. (2006). *Helping abused and traumatized children : integrating directive and nondirective Approaches*. New York: The Guilford Press.

十一章），在需要时配合调查人员完成联合调查及后续的司法过程，目的是让儿童性侵犯不再继续发生！

另外，治疗过程应该包括对家长及儿童本人进行预防儿童性侵犯的心理教育，目的是防止儿童性侵犯再次发生。

2. 促进儿童心身发展，帮助他们回到正常生活

治疗的重点应该放在促进儿童完成心身发展的任务，满足儿童心身发展的需要，而不只是消除个人心理病理的症状。

儿童性侵犯作为一种人际暴力造成的创伤事件，严重地干扰和破坏了儿童完成正常心身发展的任务。儿童心身发展的三个主要任务包括：建立安全依附和人际信任、建立自我调节功能、建立正面的自我观（详见本书第三章）。儿童围绕性创伤、背叛感、耻辱感和无力感/无能感等四种核心创伤要素而表现出种种精神症状和行为问题，反映了儿童的正常发展需要没有得到满足。这些并不是儿童自己制造出来的病症，而是性侵犯者操控儿童的方式和对儿童做出性侵犯行为造成的。因此，治疗服务应该善用各种适合儿童的方法（例如游戏治疗及其他艺术表达治疗），并调动儿童身边的成人，协助儿童重建人际信任、修复自我调节功能（特别是情绪调节能力），建立正面的自我观。

3. 为儿童重建安全的生活环境

大量研究表明，儿童性侵犯被披露后，家人及专业人员对披露性侵犯的反应，以及儿童能否从家庭、学校、社区得到持续有效的支援和保护，这些因素甚至比性侵犯事件本身更能影响他们的创伤疗愈（详见本书第三章）。因此，关系取向治疗模式"保障儿童最大利益"也体现在转化儿童的生态环境，支援家庭、学校和社区成为协助儿童疗伤止痛、健康成长的地方！

（二）家庭中心

"家庭中心（Family-Centered）"实务手法是社会工作专业介入模式之一，目的是提升家长支援儿童的能力，增强家庭支持功能，而不是取代家长和家庭的角色。其基本假设是：照顾整个家庭的需要是有效满足儿童最根本需要的先决条件；家长在照顾儿童方面比政府和福利机构更有优势，只有在没有其他选择的情况下，才为确保儿童的福祉和安全而考虑家外安置；为了确保家长的独特处境和需要，针对儿童与家庭的个别化服务是不可缺少的（黄美菁、马丽庄、邱吴丽

端、梁陈彩莲，2014[①]）。

研究表明，安全依附是减少童年虐待（包括儿童性侵犯）导致成年后生活适应问题的重要调节因素（Aspelmier, Elliott & Smith, 2007[②] Muller, Gragtmans & Baker, 2008[③]）。因为儿童在遇到危险时，最能让他／她感到安全的是，身边熟悉的人向自己表达接纳、理解、慈悲和体谅的态度和切实有效的保护行动。这种"安全且熟悉"的人际互动能够让儿童的脑－神经压力反应系统平静下来，产生有助于疗愈创伤、促进心身发展的神经内分泌生理状态，从而减少由人际创伤引致的负面影响（Ludy-Dobson & Perry，2010[④]）。最无效的治疗是，儿童在生活环境中缺乏身边成人的有效支持和保护，因而增加他们再次受害的风险。

实际上，受到性侵犯的儿童最需要的并不是专业人员，而是他们的家人。他们需要有机会向没有参与性侵犯的家长表达自己的感受、想法和难处，并得到体谅、肯定、支持和保护。因为安全依附是整合创伤记忆所需要的人际支持。如果家长能够承载孩子的痛苦，就有机会与孩子重建安全依附。儿童在一个有家长担当的安全生活环境中，更容易恢复掌控感，更有勇气回到那些令人恐怖的创伤记忆，去探索它们的来龙去脉和新的意义，并找到新的方法面对生活的挑战。

另外，在家庭背景中处理创伤经验，还有助于打破秘密和否认的家庭互动模式，重建家庭支持功能，从而恢复整个家庭的掌控感。

长期人际创伤导致儿童形成比较固定的脑－神经压力反应，只是依靠"每周一次"的传统个别心理治疗模式远远不够。受害儿童需要在"安全且熟悉"的日常环境中体会到足够安全、稳定的人际支持，能接受到照顾者给予稳定持续的支持，才能有效地用新的压力反应模式取代多年形成的无效反应模式，从而恢复

① 黄美菁，马丽庄，邱吴丽端，梁陈彩莲.2014.受照顾儿童及其家庭之多元家庭小组工作手册.圣公会圣基道儿童院，香港中文大学社会工作系家庭及小组实务研究中心.

② Aspelmeier, J. E., Elliott, A. N., & Smith, C. H. (2007). Childhood sexual abuse, attachment, and trauma symptoms in college females: The moderating role of attachment. *Child Abuse & Neglect*, 31, 549—566. doi: 10.1016/j.chiabu.2006.12.002

③ Muller, R. T., Gragtmans, K., & Baker, R. (2008). Childhood physical abuse, attachment, and adult social support: Test of a mediational model. *Canadian Journal of Behavioral Science*, 40, 80—89. doi: 10.1037/0008-400X.40.2.80

④ Ludy-Dobson, C. R. & Perry, B. D. (2010). The role of healthy relational interactions in buffering the impact of childhood trauma. In E. Gil (Eds.), *Working with children to heal interpersonal trauma: the power of play* (pp. 26—28). New York:The Guilford press.

对他人的信任、重建自我调节和正面的自我观（Gaskill & Perry, 2012[①]）。

然而，性侵犯事件不仅给儿童本人造成负面影响，而且也给整个家庭造成创伤，削弱了家人理解、支持和保护受害儿童疗愈创伤的能力（详见本书第四章）。因此，关系取向治疗模式需要善用"家庭中心"的工作手法，增强家庭支持功能，提升家长帮助孩子疗愈创伤、促进心身发展的能力。

例如，治疗师可以为没有参与性侵犯的家长提供情绪支持，包括在安全、支持的环境中处理他们对性侵犯事件及披露过程的复杂感受和想法；需要时，还要协助他们处理危机处境和童年创伤经验，包括遭受性侵犯的经历等；邀请家长参与到支持和保护孩子的行动中，并对孩子做出有利于疗愈创伤的恰当反应。为此，需要改善家庭关系（包括亲子关系），提升家长正面管教的能力；向家长进行心理教育，培养他们预防性侵犯再次发生、协助孩子疗愈创伤的相关知识和技能，包括了解儿童性侵犯为何发生和如何发生；理解孩子的感受和需要，对孩子更体谅、更接纳、更耐心；对自己做家长更有信心等。

家庭治疗／家庭游戏治疗是帮助发生儿童性侵犯的家庭重建家庭支持功能的有效方法。其目标是：识别表征问题下的深层问题和担忧；修复安全依附；调整家庭关系界限和角色；促进家人与受害儿童之间的正面互动；处理创伤记忆（Gil, 2006[②]）。

（三）社区为基础

研究表明，来自学校生活、同伴友谊、社区支持和专业支援服务等家外系统的社会支持是增加受害儿童抗逆力的重要因素（详见本书第三章）。因此，在关系取向治疗模式中，治疗师需要与家长、老师、社工密切合作，以社区为基础（community-based），联结家庭、学校、社区的社会资源，并在治疗服务中强调学校生活的重要性，鼓励儿童上学，鼓励儿童参与有助于培养自我价值感、自我效能感和友善沟通的课外活动或社区活动。

---

① Gaskill, R. L. and Perry, B. (2012). Child sexual abuse, traumatic experiences, and their impact on the developing brain. In P. Goodyear-Brown (Ed.), *Handbook of child sexual abuse: Identification, assessment and treatment* (pp. 29—47). Hoboken, NJ: Wiley Press.

② Gil, E. (2006). *Helping abused and traumatized children : integrating directive and nondirective Approaches.* New York: The Guilford Press.

三、整合多种治疗方法和治疗形式

创伤生成动力模式（Finkelhor & Browne, 1985[①]）让我们看到，性侵犯对儿童造成的负面影响有很多共通性，不过，由于性侵犯发生的背景、方式和儿童的感受和理解不同，以及儿童在披露后的经历不同，因此，性侵犯给儿童造成的负面影响和长期后果有很大的个体差异（详见本书第三章）。也就是说，每个受害儿童或成年幸存者都有其独特的生命经验，其症状表现只是他们在特定的生活背景中形成的不同症状组合，因此，每个人对治疗的需求也不尽相同。服务提供者不能用预设的"疗法"进行评估、诊断和治疗，而是要**整合多种治疗方法和治疗形式，来回应儿童及其家庭的个别化治疗需求。**

广泛的研究业已证实，聚焦创伤的认知行为疗法（Trauma-focused cognitive behavioral therapy, TF-CBT）能够有效缓解性侵犯导致儿童出现 PTSD、焦虑、抑郁等症状，纠正与儿童性侵犯相关的负面归因和信念，减少行为问题（Cohen, Mannarino & Deblinger, 2006[②]）。尽管如此，我们也不应该执着于这个疗法。实际上，一种治疗方法被证实有效，并不意味着其他方法无效，而且也不说明这种疗法在任何情况下对任何人都有效。

如前所述，性侵犯给儿童及其家人造成的负面影响是复杂的、多样的，没有任何一种疗法能够满足所有受害儿童及其家庭疗愈创伤的治疗需求。例如，如果儿童长期遭受人际暴力（包括严重的性侵犯），出现发展期创伤障碍/病症（紊乱型依附、自我调节失调、人格解离等），或者在性侵犯发生之前就有行为问题或心理创伤，那么只用 TF-CBT 是不够的，还需要其他深切治疗的方法。

有研究者（Stien & Kendall, 2004[③]）曾建议用"三足鼎立"的治疗方法组合，为受到性侵犯的儿童提供心理治疗，即用认知行为疗法处理儿童的问题行为，并帮助他们培养解决问题的新技能；用精神动力学疗法帮助儿童处理创伤情绪，整合创伤记忆和自我中的不同部分；用家庭治疗方法关注家庭互动（家人的行动和反应序列），从而转化维持和强化症状的家庭互动模式。也就是说，有效的治

[①] Finkelhor, D. & Browne, A. (1985). The traumatic impact of child sexual abuse: A conceptualization. *Journal of Orthopsychiatry,* 55 (4), 530—541.

[②] Cohen, J. A., Mannarino, A. P., & Deblinger, E. (2006). *Treating trauma and traumatic grief in children and adolescents.* New York: Guilford Press.

[③] Stien, P. T., & Kendall, J. (2004). *Psychological trauma and the developing brain: Neurologically based interventions for troubled children.* New York: Haworth Press.

疗不应该只对受害儿童一个人进行个人心理治疗，而是要考虑儿童的生态系统影响，并支援他们的家庭生态系统参与到治疗过程，使整个家庭发生建设性改变（Gil, 2006[①]）。

服务提供者需要根据受害儿童及其家庭的个别化治疗需求和专业判断，从不同的疗法中选取适切的治疗元素，灵活、创意地加以组合，从而制定适切的治疗方案。

例如，儿童性侵犯研究领域反复强调，儿童很难用语言表达或处理遭受性侵犯的经历。除了他们由于羞耻、内疚、恐惧等复杂情绪而抵制谈论性侵犯外，还因为创伤记忆存在于大脑的右半球。因此，对那些不愿或不能用语言交流的受害儿童运用右半球容易接受的非语言治疗方法，可以更有效地促进实现治疗目标，例如游戏治疗、绘画治疗、沙盘治疗等表达性艺术治疗（Gil, 2006[①]）。

在关系取向治疗模式中，为受到性侵犯的儿童及其家庭提供治疗服务主要从"儿童工作"和"家庭工作"两个层面切入，包括处理性侵犯事件及披露过程造成的负面影响；处理长期受虐（包括儿童性侵犯）造成的心理创伤/人际创伤。

儿童层面的治疗目标是：减轻症状、调节情绪、纠正错误认知、处理创伤记忆、预防再次受害。

家庭层面的治疗目标是：处理父母的情绪或童年创伤经验、提升父母育儿能力、改善家庭关系，特别是亲子关系。在促进亲子关系改善方面，可以选用已有研究证实有效的亲子关系疗法（Child-Parent Relationship Therapy, CPIT[②]）、亲子互动疗法（Parent-Child Interacrion Therapy, PCIT[③]）、家庭治疗及家庭游戏治疗（Family therapy and Family Play Therapy[④]）。

整合的治疗方法还需要采用多种治疗形式来实现上述治疗目标。例如儿童个人心理治疗、儿童小组治疗、家长个人心理治疗、家长支持小组、家庭治疗/

① Gil, E. (2006). *Helping abused and traumatized children : integrating directive and nondirective Approaches.* New York: The Guilford Press.
② Bratton, S. C., Ceballos, P. L., Landreth, G. L., and Costas, M. B. (2012). Child-Parent Relationship Therapy with nonoffending parents of sexually abused children. In P. Goodyear-Brown (Ed.), *Handbook of child sexual abuse: Identification, assessment and treatment* (pp. 321—329). Hoboken, NJ: Wiley Press.
③ Urquiza, A. J. and Blacker, D. (2012). Parent-child interaction therapy for sexually abused children. In P. Goodyear-Brown (Ed.), *Handbook of child sexual abuse: Identification, assessment and treatment* (pp. 279—296). Hoboken, NJ: Wiley Press.
④ Gil, E. (2006). Family Therapy and Family Play Therapy. In E. Gil. *Helping abused and traumatized children : integrating directive and nondirective Approaches* (pp. 122—150). New York: The Guilford Press.

家庭游戏治疗等（Gil, 2006[①]; Sheinberg & Fraenkel, 2001[②]）。

第二节　治疗服务概要

综上所述，运用关系取向治疗模式为受害儿童及其家庭提供心理支援服务，需要掌控以下要点。

一、服务对象

服务对象不只是受害儿童，还包括没有参与性侵犯的家人（家长 / 照顾者、兄弟姐妹、扩展家庭等）。因为他们都受到性侵犯事件和披露过程的负面影响，而家人的反应又会直接影响他们支援受害儿童疗愈创伤的能力。

二、服务提供者

服务提供者属于专业人员，应该有系统地接受过专业训练。其专业领域属于临床心理学（或心理治疗与咨询）、临床社会工作及精神医学。因此，经过专门训练的临床心理学家、心理治疗师、心理咨询员、家庭治疗师、临床社工、精神科医生都有资格为受害儿童及其家庭提供心理支援（治疗）服务。

三、服务重点

遭受性侵犯的儿童可大致分为两种情况：一种是受性侵犯的时间较短，程度较轻；另一种是受性侵犯的时间较长、程度严重，或者同时遭受多种形式的虐待（身体虐待、情绪虐待、疏忽照顾）或其他人际暴力伤害（家庭暴力、校园欺凌、社区暴力）。因此，心理支援服务也应该相应地包括两个部分：针对性侵犯经历的短期心理治疗（abuse-focused）和针对长期人际暴力造成的复杂 / 复合创伤（complex trauma）进行长期心理治疗。

---

① Gil, E. (2006). *Helping abused and traumatized children : integrating directive and nondirective Approaches.* New York: The Guilford Press.

② Sheinberg, M. & Fraenkel, P. (2001). *The relational trauma of incest: A family-based approach to treatment.* The Guilford Press.

（一）针对性侵犯经历的短期心理治疗

如果儿童受到短期、轻度的性侵犯，那么只需要接受相对短期的、针对性侵犯经历的短期心理治疗。其主要目的是处理性侵犯事件和披露过程对受害儿童及其家庭带来的负面影响，使他们尽快稳定下来，从而回到正常生活。包括：

1. 减少性侵犯事件和披露过程给儿童及其家人造成的情绪困扰；

2. 减少性侵犯事件和披露过程造成的负面影响，防止变成长期后果；

3. 降低儿童再次受到性侵犯的风险（包括家中其他儿童）（Jackson, 2004[①]）。

（二）针对长期人际暴力造成的复杂 / 复合创伤进行长期心理治疗

如果儿童不仅受到性侵犯，还长期遭受多重人际暴力，出现发展期创伤障碍 / 病症（DTD），就需要接受分阶段的长期心理治疗。Herman（1992/1997）[②]曾提出针对成年幸存者的三阶段治疗模式，可以作为治疗发展期创伤障碍 / 病症的基础。三个治疗阶段各有其治疗目标。

1. 第一阶段，建立安全感，稳定身心状态和减轻症状

目标是消除客观存在的危险；建立有支持和有保护的安全依附，如果出现危险，儿童可以找到成人保护；培养自我调节能力，建立更持久、更稳固的安全感，即知道自己能够调节并掌控自己的情绪，不出现情绪、行为和人际关系的大起大落。

2. 第二阶段，处理创伤记忆

目标不只是减少回避创伤记忆，而是通过增强对创伤经历的自我觉察和自我反思的能力，能够选择是否、何时回忆和理解创伤记忆，重构创伤经历的意义。处理创伤记忆除了需要个人有足够的心理能量外，还需要有足够的人际支持。

3. 第三阶段，学习整合生活经验

目标是把心理治疗促进的自我觉察和自我反思整合起来，用在日常生活中，去修复人际联结，增强对生活的适应能力。

治疗长期心理创伤非常复杂，很有难度。服务提供者需要有系统地接受复杂创伤心理治疗的专业训练。否则，需要转介给有经验的心理治疗师，或者在

---

① Jackson, S. L. (2004). A USA national survey of program services provided by child advocacy centers. *Child Abuse & Neglect*, 28, 411—421.

② Herman, J. L. (1992/1997). *Trauma and recovery*. New York: Basic Books.

有经验的心理治疗师督导下开展长期心理治疗。

四、服务地点

最好设在社区中儿童熟悉、家庭便利的儿童活动场所，比如社区的儿童之家或社区心理咨询中心、社区保健站等。这样，儿童及其家庭可以在第一时间就近接受所需要的心理支援服务，一方面可以帮助他们节省在交通上花费的时间和费用，另一方面能够调动家长和儿童接受专业服务的意愿，从而保证接受服务的连续性。

五、服务方式

服务提供者将在评估治疗需求的基础上，选择服务类型（即时危机干预、短期心理支援、转介长期 / 深入心理治疗）和服务形式（个人工作、家庭工作、小组工作），并且根据自己的理论取向选择不同的治疗方法，例如，认知行为治疗、游戏治疗、叙事治疗、家庭治疗等。有时，为了实现心理支援服务的目标，服务提供者还需要与其他部门的专业人员合作，包括警务、儿童保护、社工、医护、教育等部门，以确保儿童安全，支援儿童及其家庭回到正常生活。

第三节　关系取向治疗模式的理论基础

在本书第三、四章，我们曾运用"创伤生成动力模式"（Finkelhor & Browne, 1985[1]），分析了儿童性侵犯经历如何通过产生四种相互作用的核心创伤要素（性创伤、背叛感、耻辱感和无力感 / 无能感），给受害儿童本人及其家庭造成心理创伤，包括 PTSD、背叛创伤、关系创伤、发展期创伤障碍 / 病症。由于儿童性侵犯的创伤和疗愈具有明显的关系特征和发展特征。因此，运用"关系取向治疗模式"转化受害儿童及其家人的心理创伤，更符合"保障儿童利益最大化"的原则（详见本章第一节）。

---

[1] Finkelhor, D. & Browne, A. (1985). The traumatic impact of child sexual abuse: A conceptualization. *Journal of Orthopsychiatry,* 55 (4), 530—541.

有研究者（Sheinberg & Fraenkel, 2001[①]）整合家庭系统理论视角、社会建构主义理论视角和女性主义理论视角，作为"关系取向治疗模式"的理论基础。在这里，我们将以这个理论框架为工具，去理解受到性侵犯的儿童及其整个家庭所经历的复杂、多样的关系处境和治疗需求。

一、家庭系统理论

从家庭系统理论视角（Family Systematic Perspective）来看，儿童性侵犯事件及其披露过程会使每个家庭成员都受到负面影响。这种负面影响以循环因果的方式相互影响，从而破坏家庭关系，阻碍家庭发挥保护和支持儿童疗愈创伤。

家庭，是由不同的子系统组成的。家庭中的任何一个子系统的依附关系受到破坏，都会影响到其他家人之间的依附关系。家内儿童性侵犯造成"关系创伤"，使儿童与侵犯者之间的依附关系变得不安全、不信任，不可避免地也会干扰其到他家庭成员之间的情感依附，使受害儿童更难以从没有参与性侵犯的家长、兄弟姐妹或扩展家庭中得到情绪支持和保护行动（Sheinberg & Fraenkel, 2001[①]）。

因此，心理支援服务不能只针对受害儿童个人，还要包括整个家庭；不仅要协助每个家庭成员处理复杂的情绪，还要培育正面的家庭关系，特别要改善受害儿童与没有参与性侵犯的家长重建安全的亲子依附。

在帮助受到性侵犯的儿童及其家庭时，家庭系统理论接受女性主义的伦理立场：不以"循环因果""互补"等家庭系统理论的经典概念作为乱伦发生原因的唯一解释，避免"责备受害者"或"责备母亲"。因为在父权家长制的家庭中，并不是每个家庭成员都有同等的权力参与建构产生并维持乱伦行为的关系模式。

侵犯者掌握着更大的权力，正是他/她选择用性侵犯儿童的行为来满足自己的需要，才使儿童性侵犯得以发生。发生性侵犯完全是侵犯者的责任。因此，只有他/她应该为自己做出的性侵犯行为承担全部责任！

[①] Sheinberg, M. & Fraenkel, P. (2001). *The relational trauma of incest: A family-based approach to treatment.* The Guilford Press.

二、社会建构主义理论

社会建构主义理论视角（Social Construcfionism Perspecfive）强调，人们在日常交往中运用语言建构出特定的心理现实和关系现实。也就是说，一个人对自己说的话、对别人说的话，或别人告诉他／她有关他／她的经历的那些话，影响着这个人如何看待自己的经历和自己与他人的交往，并建构说者与听者之间的关系（Gegen, 1994[①], 2001[②]）。

在儿童性侵犯的情况下，受害儿童及其没有参与性侵犯的家人如何理解性侵犯事件、如何看待自己、如何看待对方、如何看待家人之间的关系，影响着创伤疗愈。服务提供者需要善用语言，转化受害儿童及其家人对自己、对家人的负面看法，进而重建家庭关系。例如，要从缺陷取向的"问题"叙事（例如：儿童是"被动／反叛的受害者"；家长是"无能的""过分控制／过分保护的"；关系是"冲突的""疏离的"），转向资源取向的"优势"叙事（例如：始终没有放弃、努力克服负面影响、仍有梦想的有志少年；孩子因为没有更好的办法，只能用破坏行为表达承受不了的情绪；心疼孩子不断努力找办法的用心父母，没有找到有效方法保护孩子，又想保护孩子，父母为此左右为难；因为有感情而想要靠近，但又因为怕伤感情而不敢靠近）。

另外，社会建构主义承认多元视角／叙事，认为每个人对于某个特定的事件或经历都会有不同的看法，本质上不存在哪种看法优于其他看法。人们对自己、对世界的理解是在关系中通过协商达成的共识和行动，与权力息息相关。因此，在帮助受害儿童及其家庭过程中，服务提供者需要放下"专家"的权威角色，与整个家庭建立平等、尊重、合作的伙伴关系，允许每个家庭成员表达自己内心不同的声音，创造机会邀请家庭成员相互尊重彼此的表达，示范并促进家庭去建设平等、尊重、关怀、公平、公正的家庭文化。在这方面，可以借鉴叙事治疗、合作对话治疗的理念和方法。

三、女性主义理论视角

女性主义（Faminism Perspective）强调，性别权力不平等的社会现实和父权

---

① Gegen, K. J. (1999). *An invitation to social construction*. London: Sage.

② Gegen, K. J. (2001). *Social construction in context*. London: Sage.

家长制对性别特征的文化期待普遍存在于家庭日常生活之中，影响家庭成员如何看待儿童性侵犯事件，如何看待受害儿童，也影响着家庭成员之间相处的关系模式（Hare-Mustin & Marecek, 1994[①]）。因此，为受害儿童及其家庭提供心理支援服务，需要转变阻碍家庭为受害儿童提供情绪支持和保护行动的父权观念及其相应的家庭互动模式，协助家庭建立平等、尊重、关怀、公平、公正的家庭文化。

女性主义批评传统的家庭系统理论用"循环因果""补偿"等概念来理解家内儿童性侵犯发生的成因。这些概念似乎假定，家庭系统中所有家庭成员都具有同等的权力，都参与了产生并维持侵犯者性侵犯行为的关系互动模式，而且某个/些家庭成员的特定行为具有维持家庭系统平衡的功能。

女性主义认为，如果家庭治疗师不考虑社会文化普遍存在性别权力不平等这一社会现实，而只是用这些概念来解释发生家内儿童性侵犯及其他形式暴力的原因，就很容易用"功能失调家庭"这个标签，把本应由侵犯者承担的个人责任转嫁给整个家庭。而传统社会规定，女性对家庭生活负有责任，孩子受到性侵犯的责任最终落在女性家庭成员身上，通常是女儿和母亲（Costa & Sorenson, 1993[②]; Barrett, Trepper & Fish, 1990[③]; Blumer, Papaj & Erolin, 2013[④]）！

尽管两性之间存在根本的权力不平等并不必然导致儿童性侵犯和其他形式暴力发生，但由性别权力不平等而形成对不同性别的信念和期望，不仅有可能纵容某些男性在家庭中滥用权力，以牺牲他人利益为代价来满足自己的需要，而且也塑造了产生暴力的家庭互动模式（Brickman, 1984[⑤]; James & MacKinnon, 1990[⑥]）。如果不正视有关"权力"和"平等"的议题，系统取向的家庭治疗师可能会倾向于得出这样的结论：导致乱伦的主要原因是"父亲被女儿性吸引"，

① Hare-Mustin, R. T., & Marecek, J. (1994). Feminist and postmodernism: Dilemmas and points of resistance. *Dulwich Centre Newsletter,* 4, 13—19.

② Costa, L. & Sorenson, J. (1993). Feminist family therapy: Ethical considerations for the clinician. *The family journal: Counseling and therapy for couples and families.* Vol. 1 (1), PP 17—24.

③ Barrett, M. J., Trepper, T. S., & Fish, L. S. (1990). Feminist-informed family therapy for the treatment of intrafamily child sexual abuse. *Journal of family psychology,* Vol. 4 (2), 151—166.

④ Blumer, M. L. C., Papaj, A. K., & Erolin, K. S. (2013). Feminist family therapy for treating female survivors of childhood sexual abuse. *Journal of feminist family therapy,* 25, 65—79.

⑤ Brickman, J. (1984). Feminist, nonsexist, and traditional models of therapy: Implications for working with incest. *Women and Therapy,* 3, 49—67.

⑥ James, K., & Mclntyre, D. (1983). The reproduction of families: The social role of family therapy. *Journal of Marital and Family Therapy,* 9, 119—129.

或是"女性家长作为妻子未能回应丈夫的情绪需要和性需要、作为母亲未能回应女儿的安全需要和情绪需要"（Sheinberg & Fraenkel, 2001[①]）。这种"责备受害者"和"责备母亲"的专业话语来自性别不平等的错误观念，即家庭成员之间不能平等、尊重地互相满足彼此需要，而要求女性对满足每个家庭成员的需要承担全部责任，特别是满足男性家庭成员的需要。侵犯者通常也会用这样性别不平等的观念迫使女孩服从性侵犯并保密。"责备母亲"的话语很容易增加母亲的自责内疚，削弱保护孩子的能力。

在女性主义看来，产生乱伦的根源来自父权家长制的社会没有能力保护受害女童（Barrett, Trepper & Fish, 1990[②]），并在很大程度上削弱了母亲保护女儿的能力。例如，一个在父权家长制家庭中长大的女性从小就被教导要服从男性，她会认为自己不能也不应该保护自己，甚至认为自己无法独立生活。这些都会影响她选择伴侣，影响她在知道女儿被丈夫性侵犯时的反应，包括觉得自己没有能力制止性侵犯继续发生；觉得自己没有能力保护女儿；甚至在得知父女乱伦发生后，选择保护丈夫、放弃女儿等（Sheinberg & Fraenkel，2001[①]）。如果家庭继续用性别不平等的观念来组织家庭生活，就不可能改变促使性侵犯继续发生、无法保护孩子的家庭互动模式，甚至还会持续地影响下一代。

因此，在帮助受害儿童及其家庭时，服务提供者需要运用女性主义理论视角挑战"责备受害者"和"责备母亲"专业话语和公众态度，从而帮助我们更深入地理解受害儿童及其母亲的困境，避免对他们造成再度伤害。

第四节　治疗服务原则

综上所述，关系取向治疗模式的目标是：提升家庭支持和保护儿童疗愈创伤的能力，修复并增强亲子联结，让家庭重新成为一个有利于儿童发展的安全、抚育的地方。为了实现上述治疗目标，服务提供者在向受害儿童及其家庭提供心理支援服务时，需要遵守以下七项原则。

---

① Sheinberg, M. & Fraenkel, P. (2001). *The relational trauma of incest: A family-based approach to treatment*. The Guilford Press.

② Barrett, M. J., Sykes, C, & Byrnes, W. (1986). A systemic model for the treatment of intrafamily child sexual abuse. In T. S. Trepper& M. J. Barrett (Eds.), *Treating incest: A multiple systems perspective*. New York: Haworth.

一、优先保障儿童安全

如前所述，优先保障儿童安全，是提供一切心理支援服务的前提条件！否则，儿童就不可能从心理支援服务中获益，甚至有可能受到更严重的伤害。在这里，"安全"不仅包括人身安全，还包括心理安全感。

人身安全，是指消除有可能使儿童继续受到性侵犯的、客观存在的危险情境，包括：确保性侵犯行为已经停止；保证儿童不与侵犯者住在一起；保证儿童在日常生活中能够有效地得到成人保护，以便不再遇到侵犯者，不会再次遭受性侵犯，不会受到其他人身伤害等。

保证儿童人身安全的责任应该由成人承担。如果性侵犯事件严重，警务部门和儿童保护部门将根据联合调查及刑事调查的结果拘捕犯罪嫌疑人，并把儿童安置在安全的地方。如果性侵犯事件不严重，儿童保护部门将邀请家长、学校共同制定有效的安全措施，确保儿童人身安全。

心理安全感，是指儿童当前觉得是否安全，觉得是否可以在生活中找到能够并愿意保护、照顾、关心、明白自己的、可以依靠的成人，是否感到自己能够调控自己的情绪等。服务提供者的工作重点是，在保证人身安全的前提下，提升儿童的心理安全感。

为此，服务提供者必须有能力辨识"客观存在的危险"和"感到有危险"，并采用不同的方法处理。例如，如果侵犯者没有得到应有的控制，儿童很可能会因为害怕侵犯者继续性侵犯自己而无法入睡，或是因为害怕会在路上遇到侵犯者而不敢出门，或是因为害怕在学校继续遭受性侵犯而不敢上学等，这些都是客观存在的危险。服务提供者必须与警务部门和儿童保护部门合作，与家长、学校共同制定确保安全的有效措施，为儿童创造安全的生活环境。

如果不存在真实的危险，儿童只是觉得不安全，那么，服务提供者可以通过治疗服务，增加儿童的心理安全感。一个人最持久、最深在的安全感主要来自感到自己有能力调控情绪和思维，也来自安全的依附关系。因此，治疗服务要教导儿童学会表达和处理焦虑、恐惧、愤怒等负面情绪；提升自我觉察和自我反思的能力；学会调控情绪的技巧等。服务提供者还要促进亲子关系的改善，指导家长透过安排日常生活而增加儿童的安稳感、掌控感、胜任感、自我价值感和自我效能感。

二、保障儿童利益最大化

女性主义理论关于性别与权力的论述提醒我们，儿童性侵犯，是在权力不平等的关系中发生的人际暴力。终止暴力，是一个伦理问题！因此，服务提供者在整个治疗服务过程中，不可能、也不应该保持所谓的"中立"立场，而要倡导保护儿童最大利益的**伦理立场**。包括以下三点。

1.性侵犯的发生完全是因侵犯者做出错误行为而导致的。所以，无论受害儿童及其没有参与性侵犯的父母在何种情况下、对性侵犯事件做出何种反应，都不是导致发生性侵犯的根本原因。侵犯者必须为性侵犯行为承担全部责任！

2.让侵犯者彻底终止暴力行为（包括性侵犯），是服务提供者的伦理责任。如果性侵犯继续存在，服务提供者就必须首先与警务部门或儿童保护部门密切合作，尽快采取有效措施，终止性侵犯行为继续发生。

3.提供治疗服务需要平衡每个家庭成员的个人需要和家庭的整体需要。如果儿童的最大利益与家庭整体利益相冲突，就需要优先考虑儿童的安全或福祉需要。例如，当保护儿童安全与保存家庭完整相冲突时，服务的首要目标是"让性侵犯不再发生"，而不是保存家庭完整。在家内性侵犯的情况下，这个伦理立场尤为重要。

服务提供者需要在治疗服务过程中，贯彻社会性别视角的理念，明确性侵犯的责任归因，避免责备受害者、责备母亲、责备家庭。**具体做法**包括以下四个方面。

1.服务提供者要意识到性别权力不平等对于评估和服务的影响。在评估家庭互动模式和家庭功能时，应该考虑到家庭身处的社会历史文化背景的影响，特别要考虑每个家庭成员如何看待与性别权力相关的议题，例如他们怎样看待男人、女人、权力、性。还要考虑这些观念如何影响一家人的相处模式和家庭功能。

2.服务提供者需要具有性别敏感意识和儿童权利意识，在治疗服务过程中挑战并转化破坏家庭支持功能的父权观念，特别是男尊女卑的性别歧视观念、不尊重儿童权利的孝道观念。

服务提供者要善用专业身份，进入家庭系统与每个家庭成员保持接触；利用专业知识和技巧，转化维持性侵犯及其负面影响的父权观念，以及由其主导的家庭关系模式。例如，可以帮助受害儿童及其家人认识到，僵化的传统观念如何强化受害儿童及其家人的内疚感、自责感和羞耻感，从而削弱家庭发挥保护儿童免遭性侵犯的功能。应该协助家庭努力建立平等、尊重、关怀的家庭文化，达到终止性侵犯发生的目的。应该邀请男性家庭成员参与治疗，提升母亲在家庭中的权力地位和保护儿童的胜任感，协助家庭建立平等、尊重、支持的父母子系统等（Barrett et al., 1990[①]）。

3.服务提供者永远要把"保护儿童"和"使性侵犯不再发生"作为治疗服务的首要目标，而不应该把"维持家庭系统完整"作为终极目标。如果家庭坚持不保护儿童，那么，就应把儿童带离家庭进行家外安置，这比保持家庭完整更能保护儿童免受伤害。

4.服务提供者的专业培训应该包括多种治疗理论和方法。服务提供者只是掌握家庭系统理论是远远不够的，还要有系统地掌握心理创伤治疗的理论和技能，并且熟悉其他治疗形式（例如个人治疗、家庭治疗和小组治疗）和治疗方法（例如认知行为疗法、表达式艺术治疗、叙事治疗、儿童游戏治疗、合作取向治疗等）。

三、以家庭整体为服务对象，把个人症状放在关系背景中理解

"家庭中心"，是关系取向治疗模式中一个重要内容，强调改善家庭关系这一儿童生活中最重要的人际关系。治疗要以家庭整体为服务对象，目的是提升家庭疗愈的潜力，使家庭有能力承担保护儿童免受暴力伤害的责任。

也就是说，为了有效地帮助受害儿童疗愈创伤，心理支援服务要协助整个家庭发挥支援儿童疗愈创伤、避免再次受害、保护家里每个儿童免受性侵犯的功能。也就是说，不仅要帮助受害儿童个人，还要帮助没有参与性侵犯的家长和兄弟姐妹；不仅要在个人层面做出改变，还要帮助整个家庭关系模式发生建设性改变，特别是修复并增强受害儿童与没有参与性侵犯的父母之间的依附关系。

传统的个人心理治疗模式主要关注对受害儿童进行个人心理治疗，其目的是减轻或消除症状。研究显示，如果治疗服务忽视家庭关系的改善，受害儿童就比较难以从个人症状中恢复过来，即使症状有所改善，效果也难以持久。特别是

---

① Barrett, M. J., Trepper, T. S., & Fish, L. S. (1990). Feminist-informed family therapy for the treatment of intrafamily child sexual abuse. *Journal of Family Psychology*, 4 (2), 151—166. doi: 10.1037/0893-3200.4.2.151

受到性侵犯对不同发展阶段的儿童具有不同的意义。有些儿童的创伤记忆有"延迟效应",到青春期以后才会出现。那时,他/她或许需要找到一位成人帮助自己处理复杂的感受。而关系取向治疗模式可以帮助没有参与性侵犯的家长做好准备,以便有能力在孩子成长过程中出现新的或重复的困扰时提供心理支援。

当然,关系取向治疗模式同样重视减轻或消除儿童的症状,只是要同时考虑创伤的人际关系,强调个人症状的维持或消除也发生在关系层面。因为"症状"是有功能的,是儿童发出的警号——想要联结能够保护自己的成人或/和承担照顾责任的兄长,以便得到支持、安抚和体谅(Sheinberg &Fraenkel, 2001[1])。运用关系取向治疗模式,即使没有专业的认知行为疗法和其他心理治疗资源,也可以有助于减轻儿童的症状(Deblinger & Heflin, 1996[2];Sheinberg &Fraenkel, 2001[1]),有助于儿童疗愈的效果持续到专业支援服务结束之后。

关系取向治疗模式同样会安排与儿童或家长个别会谈,但其中一个重要目的是,分别协助儿童和家长在情绪上和内容上为亲子会谈做准备,用于修复和增强亲子关系。也就是说,治疗服务不是只留在由服务提供者改变儿童的认知和行为,还包括为儿童疗愈情绪伤口准备够安全、能保护的身边成人及依附关系。

四、建立平等、尊重、合作的伙伴关系

心理支援服务是服务提供者与儿童及其家人共同努力的合作旅程。服务提供者有责任协助家长为儿童及其家人制造一个安全、尊重、平等、接纳、体谅的关系环境,并在治疗过程中为儿童及其家庭赋能/充权,从而避免复制性侵犯强加给儿童及其家人的人际经验。这是帮助儿童及其家长修复信任、乐观和自尊的必要条件。

性侵犯经历带给儿童的伤害之一,就是失去自主性,产生无助感,觉得不能掌控自己的生命。在性侵犯关系中,侵犯者为了满足一己之需,不顾儿童及没有参与性侵犯的家人的需要和福祉,违背儿童及其家人的意愿,把个人意愿强加给儿童及其家人,使儿童及其家人感到自己是被人操控和利用的工具。因此,

---

[1] Sheinberg, M. & Fraenkel, P. (2001). *The relational trauma of incest: A family-based approach to treatment*. The Guilford Press.

[2] Deblinger, E., & Heflin, A. H. (1996). *Treating sexually abused children and their nonoffending parents: A cognitive behavioral approach*. Thousand Oaks, CA: Sage.

服务提供者在治疗服务过程中，一定要小心建构一个让儿童及其家人都觉得安全、安心的治疗关系，才有可能与他们共同处理性侵犯造成的创伤经验。

服务提供者需要意识到，自己在治疗关系中所处的权力地位不可避免地高于儿童及其家人，需要小心善用专业权力，尊重儿童及其家人自主决定的权利，增加他们的自我效能感，特别是恢复儿童及其家人的掌控感（感到有能力影响自己生命中发生的事情）。服务提供者这样做，也是在向家长示范如何为儿童充权和赋能，如何向儿童表达尊重和信任。具体做法包括以下四个方面。

（一）尊重儿童及其家人自主决定的权利

在服务初期，儿童尚未建立足够的信任和安全感，因此，服务提供者不要坚持让儿童谈性侵犯经历的细节，而要自始至终地邀请儿童及其家人主动参与到整个治疗过程中，并与他们共同决定：何时、如何提及性侵犯事件？触及性侵犯事件的哪些部分？每次谈什么？邀请谁参加？是否需要其他专业人员参与？如何与其他专业人员合作？何时停止接受服务？何时进行家庭会谈？服务是否有效……

如果儿童或其家人做出的决定不符合他们的最大利益，那么，服务提供者应该用商量的口吻提出专业意见，聆听并协助儿童或其家人解决他们接受专业意见的困难，但最终的决定权还是在儿童及其家人手中。

另外，服务提供者还要积极创造条件，及时得到知情同意，自始至终强化儿童及家人的正面改变，让儿童及其家人在参与决定的过程中有机会展现、培育并运用家庭自己的力量和资源，从而增加个人掌控感和家庭自豪感。

不过，当儿童个人利益与家庭整体利益相冲突时，治疗师的专业责任要求他／她必须坚持"儿童利益优先"的伦理立场。

（二）尊重每个家庭成员的表达，坚持儿童利益最大化的专业意见

服务提供者要承认，在整个服务过程中，同一个人会有很多相互矛盾的复杂感受、想法和行为，要邀请儿童及其家人参与到治疗过程中，充分要聆听并尊重他们的声音和需要，特别强调接纳并肯定儿童和女性的经验，从而恢复儿童及其家人的个人身份感和家庭集体身份感。

至于应该安排家庭会面还是个别会面，则需要聆听每个家庭成员的想法，并了解他们彼此之间是否相互信任和支持。如果父母仍然埋怨子女，就未必适合安排他们与子女一起发表意见，以免对儿童造成压力。

在处理家庭成员之间存在的不同看法时，要先聆听所有家庭成员的观点，然后，询问家庭成员这些观点之间的相同之处和不同之处，推动他们选择保证儿童利益最大化的想法和做法。

在处理服务提供者与家庭的不同看法时，要在聆听受害儿童及其家人的感受和观点后，用"根据我的经验……"或"其他有类似经历的家庭也会……"提出专业意见，让儿童或没有参与性侵犯的家人了解不同选择可能带来的结果，鼓励他们做出选择。其中包括用适当的方式挑战家长认为"儿童对性侵犯发生负有责任"的看法。

（三）用儿童及其家人熟悉的生活语言

在社会建构主义看来，语言是一种权力。治疗师在治疗会谈中，尽量不用专业术语，而用儿童及其家人熟悉的日常生活用语，一方面能表现出尊重儿童及其家人的平等态度，另一方面也方便家庭成员在相互交流时不必经历语言和思想的转换。例如，可以直接询问：什么时候开始发现他侵犯你的女儿？之后家庭生活有什么不同？怎样做才能改变这些不好的影响？

（四）服务提供者的自我反思

治疗师要批判性反思自己的信念和行动如何影响儿童及家庭的反应。例如：自己如何看待社会性别角色对权力与性的影响？这些信念是否影响自己说出的话隐含着"责备受害者"或"责备母亲"的含义，例如责怪受害儿童本人或没有参与性侵犯的父母对性侵犯的发生负有责任？这些信念是否阻止自己理解并接纳没有参与性侵犯的母亲的内心矛盾，例如作为母亲想要保护女儿和作为妻子想要保护丈夫……

五、根据儿童个别化需求制订治疗计划

制订最佳治疗计划应该依据每个受害儿童的个别化治疗需求，而不能根据"性侵犯"这个标签来假定所有遭受性侵犯的儿童都需要同样的治疗服务（Saunders, 2012[①]）。这是出于以下理由。

---

① Saunders, B. E. (2012). Determining best practice for treating sexually victimized children. In P. Goodyear-Brown (Ed.), *Handbook of child sexual abuse: Identification, assessment and treatment* (pp. 173—197). Hoboken, NJ: Wiley Press.

1.并不是所有受害儿童都受到同样严重程度的性侵犯。如今，儿童性侵犯的行为定义范围广泛，不仅包括体腔插入的性侵犯，还包括非体腔插入的性侵犯，甚至包括非身体接触性侵犯和互联网性侵犯。可见，"性侵犯"这个标签并不能涵盖所有受害儿童的创伤经验和治疗服务需求。

2.大部分受害儿童不只遭遇"性侵犯"这个单一创伤事件。研究表明，大多数遭受性侵犯的儿童还在不同情境经历或目睹多重人际暴力创伤事件，例如身体虐待、情绪虐待、疏忽照顾、家庭暴力、同伴欺凌、社区暴力等（Finkelhor, Ormrod, Turner, 2007[1]; 2009[2]）。因此，在制订治疗服务计划时，要考虑儿童的全部创伤经验和临床表现，而不要想当然地假定性侵犯是儿童生命中最严重、最困扰的创伤经历，也不要把儿童所有的表征问题都归因于受到性侵犯这一事件。

3.并不是所有儿童对于性侵犯经历都会产生同样的创伤反应。大量研究表明，在童年或青少年时代遭受性侵犯，是出现严重的情绪问题、行为问题、认知问题、社交问题以及身体健康问题的重大风险因素。不过，性侵犯给受害儿童造成怎样的负面影响，不单只是取决于性侵犯事件本身，还取决于很多其他因素，例如，披露后家人、学校、社区和响应制度能否给儿童提供足够的情绪支持和保护行动？儿童的个人抗逆力如何？儿童是否遭受其他创伤事件？（参阅本书第三章）儿童的创伤反应不同，其所需要的治疗服务也是不同的。

4.并不是所有的受害儿童及其家庭都需要治疗。有研究显示（Grosz et al.,1999[3]），样本中大约24%的受害儿童经过评估和危机干预后，没有显现需要深度心理治疗。如果受害儿童至少有一位支持自己的父母或成人、所受到的性侵犯轻微、能够适应日常生活和满足成长需要，就不一定要接受深度心理治疗。

实际上，任何治疗都有可能产生意料之外的后果。让不需要治疗的儿童接受心理治疗，可能会带来一些副作用。例如：儿童可能会背负羞辱感，要承受时间损失（上学、玩耍、交朋友、参加其他有益身心发展活动）；父母也要承受时间损失（工作、照顾其他孩子、参加其他有益于个人及家庭的活动）；家庭要

[1] Finkelhor, D., Ormrod, R. K., Turner, H. A. (2007). Poly-victimization: a neglected component in child victimization. *Child Abuse & Neglect*, 31 (1), 7—26.

[2] Finkelhor, D., Ormrod, R. K., Turner, H. A. (2009). Lifetime assessment of polyvictimization in a national sample of children and youth. *Child Abuse & Neglect*, 33 (7), 403—411.

[3] Grosz, C. A., Kempe, R. S., & Kelly, M. (1999). Extrafamilial sexual abuse treatment for child victims and their families. *Child Abuse & Neglect*, 24, 9—23.

承受经济成本（治疗费、交通费、误工费），以及适应并处理治疗关系中的依附议题等。另外，即使经过研究验证有效的治疗方法也会对不同的人产生不同的效果——有的更好，有的更差，有的没有改变。而且对于大多数人有效的治疗计划，不一定对每个人都能产生满意的治疗效果（Saunders, 2012[1]）。

六、把个人问题放在特定社会生活背景中理解

从家庭系统理论来看，社会生活背景既可以产生/维持问题，也可以解决问题。因此，服务提供者在帮助受害儿童及其家庭时，需要考虑多层面社会生活背景的影响，并与家庭一起识别：哪些层面的社会生活背景制造压力、干扰个人及整个家庭的疗愈？哪些层面的社会生活背景是促进疗愈的实际资源或潜在资源？这样的探索有助于鼓励家庭善用资源，从而做出建设性的改变。

因此，服务提供者在与儿童及其家人共同制订治疗服务计划时，除了要考虑性侵犯事件本身对儿童造成的负面影响外，还要考虑以下因素的影响。

（一）家庭系统

服务提供者需要探索披露性侵犯后，整个家庭是怎样回应的？没有参与性侵犯的家庭成员的处境和态度如何？他们是否站在受害儿童的立场提供支持？是否让受害儿童感到被没有参与性侵犯的家人所背叛？受害儿童及家中其他儿童是否被安置在安全的地方？

（二）家外系统

服务提供者要意识到，披露后制度和社区如何回应儿童性侵犯事件，将会影响家庭对儿童做出的反应（龙迪，2007[2]）。例如，警务部门、儿童保护部门和司法部门在调查过程和司法过程中是否采取保护措施使儿童免受再度伤害？相关部门是否确保儿童及其家人的人身安全？相关部门是否及时为儿童及其家庭提供所需要的资源和服务？学校、社区对受害儿童及其家庭的态度和反应是什么——是指指点点，还是提供支援？

---

[1] Saunders, B. E. (2012). Determining best practice for treating sexually victimized children. In In P. Goodyear-Brown (Ed.), *Handbook of child sexual abuse: Identification, assessment and treatment* (pp. 173—197). Hoboken, NJ: Wiley Press.

[2] 龙迪 . 2007. 性之耻，还是伤之痛——中国家外儿童性侵犯家庭经验探索性研究 . 桂林：广西师范大学出版社 .

关系取向治疗模式特别关注家庭与制度层面"大系统"的相互影响，服务提供者要与老师、社工等其他专业人员建立合作关系，协助家庭探索并善用个人、家庭、学校、社区等多层面疗愈创伤、促进发展的资源。

（三）社会文化观念

社会阶层、文化、种族和宗教影响家庭成员如何看待男人、女人、儿童、权力、性与家庭，影响他们对于受害儿童的态度和反应。例如：相信女人对男人／男孩负有责任的家长更容易责备受害女孩，而不认为侵犯者应负全部责任；相信"家丑不可外扬"、有强烈贞操耻感的家长不容易相信受害儿童，甚至容易选择"私了"或否认性侵犯发生，或不愿寻求专业帮助（龙迪，2007[①]）。服务提供者需要与家庭共同探索：家庭经过几代人怎样建构出这些意义？这些意义如何塑造家人之间的关系模式？如何影响一家人相互支持共渡难关？如何限制家庭做出改变？

服务提供者的角色就是协助家庭解决各种削弱家庭支持功能的关系冲突，探索可能促使产生不安全感的相关信念。在儿童性侵犯情况下，要协助没有参与性侵犯的家长、受害儿童理清相互矛盾的忠诚，重建并增强安全依附。运用系统思维的具体操作，就是通过改变家庭成员的意义（看法）去改变他们的互动模式，或者通过改变他们的互动模式去改变他们的看法。例如，安排保护儿童安全的具体措施，改变沟通方式，帮助儿童处理具体的行为困难等。

另外，服务提供者还要意识到，他／她的价值观也会影响他／她对受害儿童及其家庭的态度和反应。

七、从"问题取向"转向"资源取向"

受到性侵犯的儿童及其家人通常习惯于从"问题""困难"和"缺陷"的角度，描述和理解自己及其家庭在性侵犯和／或披露性侵犯过程中的不幸经历。这些负面叙述很容易使儿童及其家人忽视自己的优势和资源，从而使儿童相信，自己的唯一身份就是无助、无力、无价值的受害者；使没有参与性侵犯的父母相信，自己的唯一身份就是不能保护孩子的无能、失败的父母。使儿童及其家人

---

① 龙迪. 2007. 性之耻，还是伤之痛——中国家外儿童性侵犯家庭经验探索性研究. 桂林：广西师范大学出版社.

只记得自家的耻辱，却忘记家庭还有值得骄傲、自豪的方面……负面的身份感不仅持续破坏儿童及其家人的个人掌控感，还会负面影响家庭关系。当儿童及其家人局限地看待自己和家庭关系时，就很难做出建设性的改变。

服务提供者可以利用叙事治疗的方法，在充分聆听和理解受害儿童及其家人的现实痛苦和危险处境的前提下，协助儿童及其家人讲述他们的正面经验，带出个人及家庭的优势、力量和资源，从而使他们正面地看待自己，增加个人掌控感和家庭凝聚力。

例如，可以邀请受害儿童谈谈生活中让自己满足、开心和自豪的地方，协助他／她明白，"性侵犯受害者"只是自我身份的一部分，但不是全部。他／她还有很多正面的生活经验，包括用自己的方法减少性侵犯的负面影响，仍然梦想过更好的生活，在学校是受老师和同学尊重的好学生……（Ma and Yau, 2011[①]）

可以邀请父母说说对自己做父母感到自豪的地方。一旦父母知道有人正面地看待自己，就会更有信心面对性侵犯给自己和孩子带来的伤痛。

可以邀请受害儿童和没有参与性侵犯的家人一起说说对家庭的美好回忆和自豪感，或者谈谈家庭对自己的正面影响，或者表达对每个家人的欣赏和感激，从而增加家庭凝聚力，有助于修复性侵犯带来的关系背叛，使一家人更有勇气面对目前的困境。

需要注意的是，服务提供者在带领个人或家庭分享正面经验之前，要先充分聆听性侵犯造成的负面经验，并且要在整个会谈过程中兼听负面经验和正面经验，避免忽视性侵犯造成的痛苦现实和有可能发生性侵犯的客观存在的危险。

另外，本章前述为儿童及其家庭赋能和充权增力的原则，也属于资源取向的服务原则。例如，邀请儿童及其家人在整个治疗过程中参与做决定，表达平等、尊重、合作的态度，创造机会让儿童及其家人展现、培育和善用自己的优势、力量和资源等。

八、应用服务原则举例（Ma and Yau, 2011[①]）

一名10岁女孩披露遭受父亲性侵犯后，经常情绪失控打人，还出现割腕行

---

① Ma, E. Y., and Yau, D. (2011). Working with familial child sexual abuse: A family-based relational approach. In Kitty, Wu., Catherine, S. Tang and Eugenie Y. Leung (ed.). *Healing trauma: A professional guide*. Hong Kong: Hong Kong University Press.

为。服务提供者不能简单地以为这是性侵犯事件造成儿童在情绪调节和控制愤怒方面出现的"行为问题"，而要探索受害儿童披露后的生活处境如何影响儿童的行为问题。

原来，披露后，整个家庭都害怕父亲坐牢使家庭失去经济支柱、害怕家庭破裂和家丑外扬。为了保护家庭整全和父亲在家庭中的角色，母亲及其他家人不相信女儿说的话，指责女儿拆散家庭，并要求女儿否认受到父亲性侵犯，否则就要赶她出家门。女儿持续受到家人不公平的对待甚至惩罚，激发了她的愤怒、内疚、自责等情绪。她的自伤行为正是在表达这些难以承受的情绪。

而家人持有传统性别角色观念，影响他们对于披露性侵犯的反应。例如，他们认为女孩失去贞操就成为次品，不能嫁到好人家。又如，女人应该为家庭牺牲自己等。他们也可能对披露后的现实生活有种种担心。

服务提供者要首先肯定，上述种种问题行为不仅是儿童表达自己情感的方式，还可视为儿童在表达自己看重公平正义的价值观。

然后，一方面教儿童用不伤害自己、不伤害别人的方式去争取公平，并让别人明白自己的感受；另一方面，也要让家人看到，家人带着传统性别观念和各种忧虑做出不支持女儿的反应和纵容侵犯者的行为，对女儿造成新的创伤。女儿需要得到家人支持和保护，才能疗愈创伤。

服务提供者还要协助家人处理他们自己的创伤反应，并与其他专业人员合作，联结可用资源，减轻家人的担忧。

如果家人拒绝支援儿童，甚至放弃她，服务提供者需要联络其他可支援儿童的成人，例如其他家人、亲友、老师，甚至与转移监护权的社工合作，帮助儿童在安全的环境中重建安全依附关系。

第五节　评估与治疗过程

如前所述，性侵犯给每个儿童及其家庭造成的负面影响是不同的，因此，没有统一的"服务菜单"适合所有受害儿童及其家庭。服务提供者需要根据关系取向治疗模式的理论框架和服务原则，组织评估和治疗过程，包括确定服务对象、评估治疗服务需求、选择治疗方法和治疗形式、建立会面流程。

一、确定服务对象

服务提供者接到转介后，不要想当然地以为这个儿童及其家庭一定需要治疗服务，而是要对每个受害儿童及其家庭进行全面、详尽、系统、深入的治疗服务需求评估。

服务提供者需要根据以下情况，确定哪些儿童及其家庭需要治疗服务，需要什么样的治疗服务。提供治疗服务不应拖延，否则可能会使症状加剧或转为慢性，或者导致儿童及其家人抵制治疗服务（Saywitz et al., 2000[1]）。

（一）需要即时心理支援服务的情况

披露性侵犯过程可能会给整个家庭带来极大的压力，因此，需要尽快为儿童及其家人提供即时心理支援服务，即危机干预。即时心理支援服务一般包括1~3次会面，可由参与调查的社工或临床心理学家完成。工作重点是处理儿童及其家人的感受，协助他们明白创伤事件的事实，正常化他们的创伤反应，教导他们一些简单的解决问题技巧等。

（二）不需要持续心理支援服务的情况

有些受害儿童受性侵犯的情况比较轻微，他/她和其家人经过即时心理支援后，没有表现出明显的情绪和行为症状，或者症状轻微并不影响正常生活；而且儿童能够从照顾者那里得到足够的支持，能够从学校或社区得到安全可靠的支持。在这些情况下，受害儿童及其家庭不一定需要持续接受心理支援服务。不过，服务提供者仍应提供心理教育，以纠正儿童及其家人有关性侵犯的误解，了解预防儿童性侵犯的办法，降低受害儿童再次受害的可能性（Saywitz et al., 2000[1]）。

服务提供者还可以提供处理情绪困扰的方法，让家人和儿童知道可以怎样帮助自己。尽管如此，儿童有时只会对成人披露较轻微的性侵犯情况，而不敢及时说出最严重的情况，并且隐藏内心困扰，压抑症状，不向别人透露。因此，服务提供者应该给儿童及家人留下联络办法，邀请他们在日后有需要的时候联系服务机构。

---

[1] Saywitz, K. J., Mannarino, A. P., Berliner, L., & Cohen, J. (2000). Treatment for sexually abused children and adolescents. *American Psychologist*, 55, 1040—1049.

（三）需要短期心理支援服务的情况

在以下情况下，受害儿童及其家庭需要接受短期心理服务，通常是10~20次。

1. 性侵犯的严重程度较轻，儿童出现单一的 PTSD 症状和适应困难症状（不愿上学、发脾气、不能专心、担心未来等）。

2. 照顾者不能为儿童提供情绪支持和精神抚慰，甚至其情绪反应成为受害儿童的压力源，造成亲子关系紧张。例如，感到无力帮助自己的孩子，感到内疚，缺乏来自家人和朋友的人际支持、担心孩子一辈子毁了等。

3. 照顾者想要更好地理解孩子的感受和需要，愿意学习帮助孩子疗愈创伤的方法。

（四）需要长期深度心理创伤治疗的情况

如果儿童长期持续地遭受严重性侵犯（例如，性侵犯行为涉及体腔插入和暴力、侵犯者是儿童信任或关系密切的人），或伴有其他形式的暴力伤害，而且经过短期心理支援服务后仍有发展期创伤障碍/病症的表现，包括紊乱型依附、自我调节失调（情绪调节失调、认知失调、动机和意识失调的解离、身体功能失调）和负面的自我看法，就需要接受长期深度心理治疗（通常一年以上）。

治疗师可采用三阶段治疗模式（Herman, 1992/1997[①]），包括：第一阶段，建立安全感及稳定身心状态和减轻症状；第二阶段，处理创伤记忆；第三阶段，学习整合并适应生活。这种分阶段的治疗模式适合治疗发展期创伤障碍/病症或复杂创伤。

长期深度心理治疗对专业能力要求很高，治疗师需要接受有系统、有深度的心理创伤治疗专业训练，并具有丰富的临床经验。如果服务提供者不具备上述条件，明智的选择就是转介给有经验的心理治疗师或在有经验的心理治疗师督导下进行治疗。

二、评估治疗服务需求

在理想情况下，性侵犯事件被披露后，儿童保护部门与警务部门进行联合调

---

① Herman, J. L. (1992/1997). *Trauma and recovery*. New York: Basic Books.

查，并借助"社会背景调查"评估儿童面临的安全风险和综合服务需求，并根据多专业个案会议的建议，制订跟进服务计划（参见本书第十四章）。当儿童及其家庭被转介来接受心理支援服务时，还需要进行治疗服务需求的评估。

在这里，我们只提出评估治疗服务需求应该考虑的要点。读者若想更深入地学习具体方法，请参阅两本专著（Friedrich, 2002[①]; Gil, 2006[②]），并接受有系统的专业培训。

（一）评估目的

治疗服务需求评估的目的是，通过事先设计的评估方法，评估儿童心理功能、当前存在的问题（症状、课业表现）、创伤影响（如果有的话）、儿童对家长支持的看法、儿童的内在资源（归因、应对策略和自我力量）和生活环境、家长及家庭在支持和保护儿童方面遇到的困难和拥有的资源，从而确定治疗计划，包括可量化的、具体的治疗目标。

另外，评估过程也为儿童及其家庭创造安全、舒适的环境，从而建立可信任、可预测的治疗关系。

（二）评估前的准备

在与儿童及其家人会面之前，服务提供者需要根据联合调查收集的信息进行初步评估，包括性侵犯的形式、性活动的严重性、性侵犯发生的次数或频率、性侵犯持续时间、相关人物与儿童及其家庭的关系、家人在知悉性侵犯事件后的反应等。服务提供者在基本了解性侵犯事件的基础上，确定评估治疗需求的内容和方向。

（三）评估过程

评估是一个循序渐进的专业介入过程，包括处理危机、心理教育和跟进 /转介服务等。"持续的发展性评估"（extended developmental assessment）（Gil, 2006[②]）值得借鉴。此观点强调，所谓的"快速评估"是不合适的。

---

① Friedrich, W. N. (2002). *Psychological assessment of sexually abused children and their families*. London: Sage publications, Thousand Oaks..

② Gil, E. (2006). Guidelines for integrated assessment. In E. Gil, *Helping abused and traumatized children : integrating directive and nondirective Approaches* (pp. 20—51). New York: The Guilford Press.

由于儿童性侵犯具有敏感性和复杂性，大多数受害儿童在被转介到心理支援服务之前，至少已被两名专业人员访谈过，有些儿童有比较严重的创伤反应，他们通常不愿意回答有关性侵犯的提问，也不愿意主动提供有关被指控或被证实的性侵犯信息。因此，持续的发展性评估会安排 10~12 节个别会谈时间，分别与家长/照顾者、儿童及其他家庭成员进行个人会谈。这样的评估能够给受害儿童足够的时间与治疗师建立安全、信任的关系，也让治疗师有机会理解这个儿童及其家庭的独特处境，从而做出全面、准确的治疗服务需求评估，同时进行必要的专业介入（心理教育、情绪处理、危机干预），进而启动进一步的治疗过程。

持续的发展性评估一般分为以下三个阶段。

1. 初期阶段（3~4 次）：本阶段是非指导性的，治疗师除了单独约见家长了解儿童及家庭的情况外，主要是用游戏治疗的方法，帮助儿童感到安全、舒适，从而建立安全、信任的治疗关系。在这个阶段中，儿童不必谈论有关性侵犯的事。

2. 中期阶段（3~4 次）：与儿童建立安全、信任的治疗关系后，治疗师在本阶段开始直接与这名儿童评估性侵犯事件和披露过程对他/她造成的负面影响。治疗师将分别约见儿童和家长，并在评估过程中处理即时危机，并提供相关的心理教育，帮助儿童及其家人理解性侵犯对一家人造成的负面影响，并教导家长如何对受害儿童做出恰当的反应。

3. 后期阶段（3~4 次）：本阶段，治疗师与儿童及其家长讨论评估结果，并确定进一步的治疗计划。如果这名儿童及其家庭都有内在资源和外在资源，并能够从评估过程的专业介入得到足够的帮助，就不再需要进一步的治疗服务。这时可安排结束评估及告别。

（四）评估要点

由于儿童性侵犯事件的披露过程给儿童及其家庭造成的负面影响是复杂的，多层面的。因此，评估治疗服务需求要考虑多个层面的内容（个人及家庭），采用多种评估手段，特别是采用更适合儿童的非语言评估工具。评估贯穿在整个治疗过程中。详见如下五个要点。

1. 在评估儿童及其家人的治疗服务需求时，服务提供者应该明白，性侵犯经历只是影响儿童成长的众多人生经验之一，因此，不能只留意性侵犯可能给他们带来的负面影响，还要全面、完整地了解每个家庭成员（包括受害儿童本人）的身心发展状况和家庭成员的关系模式及家庭功能。不仅评估个人及其家庭目前的困扰和问题，还要评估他们的优势和资源。

2. 在评估性侵犯对受害儿童的负面影响时，服务提供者不能只靠儿童本人提供的信息做判断，还要和家长以及认识儿童的相关人士会面，去了解儿童整体的身心发展状况，因为儿童有可能无法表达或难以分辨这些影响。

3. 服务提供者可以考虑分别与儿童及其家人单独会谈（不包括家人侵犯者），了解他们对性侵犯的反应和担忧，以及对家庭关系的看法。在条件成熟时，可以考虑安排家庭会谈，进一步了解儿童与家人之间的互动关系、交往模式和角色分工等。

4. 评估方法以临床访谈、临床观察为主，辅以标准化的心理评估工具，例如有关儿童行为问题、儿童创伤症状、儿童性侵犯的评估工具等。需要设计有关儿童访谈的一般性会谈指引和预先设计好的临床访谈指引。

有研究者（Gil, 2006[①]）极力建议，应对儿童使用游戏治疗等表达性艺术治疗的手法进行治疗性评估，例如自画像、沙盘游戏、为自己的感受填色、游戏家谱图、家庭绘画、木偶表演、讲故事、戏剧表演等。这是因为儿童在治疗之前，已经经历过初步询问和调查会谈，常常会抗拒讲话，因此，评估最好不依赖语言工具。

还需要为儿童提供特定的活动，以观察儿童的身体功能运作、对家长/照顾者的依附程度、对性的理解和兴趣（例如是否出现对性过分担忧、过分关注）、行为（例如是否做出性发泄行为）和一般表达中是否出现解离特征等。

5. 针对受害儿童的心理评估贯穿于整个治疗过程始终。治疗师需要在整个治疗过程中对治疗计划做相应的调整，使之更切合受害儿童及其家庭的个别化治疗服务需要。

（五）评估内容

全面的评估内容应该包括评估儿童安全、儿童状态、家长状态、兄弟姐妹状态，和家庭关系及家庭功能，才能呈现儿童及其家庭多层面的治疗服务需求。

---

① Gil, E. (2006). Guidelines for integrated assessment. In E. Gil, *Helping abused and traumatized children : integrating directive and nondirective Approaches* (pp. 20—51). New York: The Guilford Press.

1. 评估儿童安全

除了在社会背景调查中评估安全风险的内容外，还要了解：是否存在家庭暴力，儿童及其他家庭成员是否有自杀或自我伤害的想法和行动、危险行为（在外游荡、攻击他人、性行为问题、极端失控行为导致父母无力管教等）。如果服务提供者发现存在这些危险的可能性很大，就要立即对没有参与性侵犯的父母（照顾者）做相关的心理教育，与他们一起制订安全计划，以保障儿童及家人的安全。

2. 评估儿童状态

评估受害儿童不仅要了解其受性侵犯的经历，还要评估他们全部的创伤经历和成长经历，包括：儿童的成长历程、心理素质（例如自我概念、世界观、性向、智能、情感表达、解难能力、适应性）；儿童在受到性侵犯之前的生活状况（例如饮食、睡眠、情绪、行为、学业、人际关系、闲暇生活表现等）；披露性侵犯的过程；披露后儿童的反应；目前的生活背景（家庭生活和学校生活）。除此之外，还需要了解儿童对性侵犯经历的看法或理解、对家人反应和家庭关系的看法，特别是儿童如何看待性侵犯发生的责任归因，是否感受到家人的支持。这些都是性侵犯经历对儿童产生影响的重要因素之，也是心理支援服务的重点。

3. 评估家长状态

了解没有参与性侵犯的家长的需要，是为了评估他们是否可以在后续心理支援服务中发挥作用。评估内容包括：家长的心身发展经验（例如性格、价值取向、情绪调控、解决问题能力等）、成长经历（例如与原生家庭的互动、是否是童年性侵犯的幸存者等）；对儿童披露性侵犯的最初反应和目前反应；对侵犯者的最初反应和目前反应；对孩子受到性侵犯的看法或理解，特别是他们如何看待性侵犯发生的责任归因；与受害儿童的依附关系质量；对侵犯者的依附或忠诚；是否有支持和保护孩子的意愿和能力等。

4. 评估兄弟姐妹状态

兄弟姐妹作为家庭系统中的一员，不可避免地会受到性侵犯事件及披露过程的影响。他们的反应也成为受害儿童性侵犯经验的一部分。因此，服务提供者在制订后续心理支援服务计划时，需要掌握兄弟姐妹在整个性侵犯事件中的角色及经历。例如：兄弟姐妹是否目睹事件的经过或是否参与其中；他们对性侵犯事件及受害儿童的理解、看法或归因；他们自己的心身反应；他们自己是否有可能受到性侵犯等。

5. 评估家庭关系及家庭功能

评估家庭关系及家庭功能包括：家庭运作的一般情况；促使儿童疗愈的家庭关系动力（例如父母合作）；阻碍儿童疗愈的家庭关系动力（例如保密、过分保护、保护不足）；家庭的资源和优势等。

（六）制订治疗计划

服务提供者要在整个治疗过程中，根据上述评估结果，与儿童及其家长共同制订并调整回应个别化治疗服务需求的治疗计划。在确定治疗计划时，应该重点考虑以下问题。

1. 这位儿童及其家庭是否需要治疗服务？

2. 如果需要，哪种治疗服务最适合处理这位儿童及其家庭的哪些困难？满足儿童的哪些心理需要？

3. 现有专业资源能够提供哪些治疗服务（包括转介）？

4. 如果缺乏专业资源，怎样从儿童日常生活环境中寻找其他替代的办法？

治疗计划的**首要目标**是处理儿童当前出现的心理行为问题，包括以下要点。

1. 处理外化问题（行为问题）。为了保证儿童安全，需要优先处理使儿童处于危险情境的行为，例如酗酒、吸毒、违规/犯罪、自杀、有危险的性行为等。其次，需要优先处理严重的破坏/攻击行为、性发泄行为，因为这些行为容易让儿童身边的成人（照顾者、老师）受挫，儿童有可能因此受到更多的惩罚，甚至失去上学、寄养安置的机会。改变这些行为可以赢得儿童身边成人持续参与帮助受害儿童的信心，还会保护儿童的同伴关系。

2. 处理内化问题（情绪问题）。在处理儿童的行为问题同时，也要处理内疚、羞耻、自责、抑郁、PTSD 等内化问题。这是因为处理内化问题有助于改进行为问题。处理 PTSD 的方法也对缓解抑郁症状有效。

预防未来可能出现的相关问题，是治疗计划的**次级目标**，是儿童当前问题得到处理后的工作重点。服务提供者通常在治疗过程后期与家庭共同制订针对这位儿童的预防计划：现在做些什么可以预防未来可能出现的各种问题，包括预防未来可能发生的性侵犯。

需要特别强调的是，制订并实施有效的治疗计划，其前提是已与儿童及其家庭建立安全、信任的治疗关系。

三、建立会面流程

关系取向治疗模式强调同时帮助儿童及其家庭，以确保儿童能够得到来自家人的持续支持。因此，服务提供者需要根据需要，或单独约见儿童及其家人会谈，或约一家人进行家庭会谈。为了避免家庭成员在情绪不稳定的情况下相互伤害，建议按照以下次序安排会谈（Gil, 2006[1]; Sheinberg &Fraenkel, 2001[2]）。

（一）初次约见没有参与性侵犯的家长

在约见受害儿童之前，要先单独约见至少一位没有参与性侵犯的家长。在父女乱伦的情况下，要先约见母亲。如果父母被剥夺监护权，要约见法定监护人，例如，其他家庭成员，或寄养家庭的家长，或社工。

初次会谈的目的是，与家长建立信任的合作关系，了解儿童的基本情况，了解家长对孩子受到性侵犯和披露过程的看法和反应，协助家长处理自己的危机处境和情绪困扰，指导家长对孩子做出恰当的反应，并向家长说明多部门跨专业的工作程序。会谈大约持续一小时左右。

1.处理危机处境和情绪困扰

一般来说，家长得知孩子遭受性侵犯后，通常在情绪上会受到很大冲击，做出震惊、否认、不相信、想要保护等反应，并在内疚、自责、愤怒、羞耻和绝望等一系列复杂情绪中挣扎，甚至出现 PTSD 等创伤反应（详见本书第四章）。因此，在见儿童之前，先给家长单独时间提供情绪支持，给他/她机会表达对性侵犯事件发生和披露、对受害儿童、对侵犯者的复杂感受，理解他/她披露后所经历的对关系和对自我的看法改变，协助他们渡过危机。

如果初次约谈不够，还可以利用以后每周一次儿童会谈的前后时间给家长情绪支持。有些家长还需要转介去接受针对家长的个别心理治疗或小组治疗。

2.指导家长对孩子做出恰当的反应

初次约谈还需要通过心理教育，指导家长对孩子做出恰当的反应，恢复家长的掌控感和胜任感，支援他们保护并培育儿童自我疗愈的能力。

---

[1] Gil, E. (2006). Guidelines for integrated assessment. In E. Gil, *Helping abused and traumatized children : integrating directive and nondirective Approaches.* New York: The Guilford Press.

[2] Sheinberg, M. & Fraenkel, P. (2001). *The relational trauma of incest: A family-based approach to treatment.* The Guilford Press.

可以善用本书其他章节的知识，让家长理解孩子受到性侵犯后的反应和需要，并回应家长的疑虑。例如：性侵犯为何发生？如何发生？为什么孩子在性侵犯发生很长时间还不告诉自己？为什么触摸身体或搂抱身体也是性侵犯？家长表现出"忘记"性侵犯事件或者根本不提这件事，是否对孩子更好？孩子主动提出这个话题时，家长应该具体说什么？做什么？如果侵犯者是家人或家庭信任的亲戚和朋友，家长怎样告诉其他家庭成员？如果是兄弟姐妹乱伦，如何处理想要保护一个孩子的同时还想要惩罚另一个孩子的矛盾心理？

3. 鼓励家长带孩子接受评估

需要指导家长如何向孩子介绍治疗师，不仅增加家长的胜任感，同时也有助于消除儿童对于治疗服务感到紧张而抗拒。例如，可以鼓励家长告诉孩子：他们将要带孩子去见心理治疗师或心理咨询师，就像生病要去见医生一样。做儿童工作的治疗师或咨询师需要了解儿童有什么担心或害怕的事情，帮助他们解决这些担心和害怕。父母可以鼓励孩子：想说多少就说多少，也可以用一些游戏或玩具来表达和安慰自己。

4. 向家长说明多部门跨专业的工作程序，说明由于要与其他专业人员交换相关信息，保密是有限度的。

（二）与受害儿童单独会面

首次单独约见儿童，主要目的并不是评估和治疗，而是给儿童表达复杂感受的机会，并与儿童建立相互信任、尊重的合作关系，在儿童感到安全信任的基础上，开始展开评估。

受害儿童需要单独会谈。披露后，家长表现出来的愤怒、悲伤或忧虑情绪会在孩子的心中放大，他们经常误以为，为了避免让家长痛苦，最好回避谈论有关性侵犯的话题。然而，受害儿童经历过性侵犯事件和披露过程，通常要面对一系列复杂的内心挣扎。

例如，受到性侵犯时，是否要尝试抵抗性侵犯自己的那个人？自己是否能够承受抵抗的代价？如果无法抵抗，那么用什么方法让自己做到身在心不在，以减轻痛苦？

当侵犯者威胁她"说出去会拆散家庭／伤害母亲和弟弟"时，她是多么需要得到保护，可是又不希望家庭破裂。她说还是不说？如果她打算说出来，她要好好掂量：告诉没有参与性侵犯的父母是不是最好的选择？她担心父母承受不了，更担心父母会责备她、对她生气，或者会站在侵犯者的一边，甚至根本不相信她！如果告诉别人，是否也会让家长生气……

她要如何理解性侵犯自己的那个人？那个人在生活其他方面好像是爱她的，给她关心和照顾，不过，同时也背叛她的信任，伤害她的身体和感情。她要如何理解自己对侵犯者（尤其是家人侵犯者）爱恨交加的矛盾感受？

没有参与性侵犯的家长过去没能阻止性侵犯发生，她怎么能相信他们有能力保护自己将来不再受到性侵犯？她该如何看待自己的家——是善良、安全的，还是危险、伤人的？

她要怎样看待自己这个人？她参与了成人的性行为，那她还是自己这个年龄的女孩吗？她要怎样理解自己在性侵犯过程中复杂的身体感受？她还是一个值得爱、配受尊重的好孩子吗？她该如何处理自己一系列复杂情绪——内疚、自责、羞愧、恐惧和愤怒（对侵犯者、对未能保护自己的父母、对自己）？

……

这些复杂、混乱的感受和想法远远超出儿童靠自己所能理解和消化的范围。当儿童没有机会表达和理解这些感受和想法时，通常就会以问题行为表达出来，例如攻击行为、性发泄行为、自杀行为等。因此，受害儿童需要有空间表达和理解这些复杂感受——向一位自己信任的成人。

需要安排单独时间与受性侵犯的儿童会面（与其父母／照顾者分开），至少在治疗过程中安排一部分时间。当受害儿童与治疗师在一起感到安心时，他们就更容易提问，并借助语言和非语言方式表达自己的见解、想法和感受，从而舒缓他们的情绪压力。治疗师可以提出适合儿童性别、年龄发展阶段和民族文化的建设性回应。

随着儿童的安全感、信任感增加，治疗师开始了解儿童对性侵犯事件和披露过程的看法和感受，如何看待家人能否支持自己，性侵犯对儿童的负面影响等。当儿童情绪稳定时，治疗师可以考虑安排首次家庭会谈（受害儿童与没有参与性侵犯的家长会谈）。

对于有需要的儿童来说，单独会面可能不止一次。通常每周一次，治疗师可以根据需要调整节奏。

与儿童单独会面，适合使用游戏治疗等非语言的表达艺术治疗方法。因为受虐儿童（特别是受到性侵犯的儿童）通常不会自己寻求治疗服务，而是在披露后被转介而来，或因父母或专业人员发现儿童出现情绪问题或行为问题带儿童接受治疗服务。儿童可能会在谈论遭受性侵犯方面遇到很多障碍，包括语言限制或发展限制，曾经受到侵犯者的威胁，害怕惩罚，或者有羞耻或内疚等情绪困难；或者经历过不同专业人员的多次调查……他们会抵制说话！因此，邀请儿童运用绘画、游戏、讲故事、用比喻和微缩玩具表达自己，不仅有助于呈现大量有关他们当前的心理功能、担忧和疑惑，而且也有助于他们重新理解个人经验（Gil, 2006[①]）。

（三）家庭会谈（受害儿童和没有参与性侵犯的家长）

经过前面两个步骤，家长和儿童都得到一定的情绪支持，家长对儿童有更多的理解，开始与治疗师建立基本信任。他们在治疗师的鼓励下，感到参加家庭会谈是非常必要的，并愿意和治疗师讨论在家庭会谈中说什么。治疗师帮助儿童及其家人准备后，可以考虑安排首次家庭会谈，支援家长和儿童初步表达彼此相互支持的态度，并共同决定如何解决当下的困难。在家庭会谈中，治疗师工作的重点是，观察亲子互动模式，通过与家长谈论孩子的正面特征而把批评转为正面描述，从而修复亲子联结。家庭会谈可能不止一次，治疗师可以根据需要与家庭共同调整。

（四）为儿童和没有参与性侵犯的家长分别提供治疗

如果儿童及其家人需要更深入的心理治疗，应该安排他们并行地接受个人治疗或小组治疗，从而协助受害儿童及其没有参与性侵犯的家长分别处理各自的复杂情绪，疗愈个人创伤，促进重建亲子联结。举例如下。

1.协助受害儿童做准备，包括：协助受害儿童处理负面情绪（内疚、自责、羞耻，对没有性侵犯的家长恐惧、愤怒、担忧，对侵犯者爱恨交加等情绪）和负面看法（对自己、对没有参与性侵犯的家人）、学习情绪调节技巧、提升个人掌控感，为在家庭会谈中能够向没有参与性侵犯的家长表达自己的看法和感受做心理上和内容上的准备。

2.协助家长做准备。包括：协助没有参与性侵犯的家长处理复杂情绪（内疚、愤怒、无力、无助、羞耻）和负面看法（对受害儿童、对侵犯者、对自己）、学习处理儿童行为问题的方法（PCIT[②]）、学习理解和回应受害儿童需要的

---

① Gil, E. (2006). *Helping abused and traumatized children : integrating directive and nondirective Approaches.* New York: The Guilford Press.

② Urquiza, A. J. and Blacker, D. (2012). Parent-child interaction therapy for sexually abused children. In P. Goodyear-Brown (Ed.), *Handbook of child sexual abuse: Identification, assessment and treatment* (pp. 279—296). Hoboken, NJ: Wiley Press.

方法（CPIT[①]），为在家庭会谈中能够向受害儿童表达相信、肯定、支持、体谅做心理上和内容上的准备，特别是向儿童保证落实保护儿童免受性侵犯的计划。

3. 协助其他兄弟姐妹处理负面情绪和看法。

（五）家庭联合会谈（受害儿童、没有参与性侵犯的家长、兄弟姐妹）

当儿童和没有参与性侵犯的家长在各自的个人治疗中稳定下来时，服务提供者可以考虑邀请全家一起会面，其目标是继续协助儿童和没参与性侵犯的家长建立安全依附，重建与兄弟姐妹的联结，促使一家人在日常生活中共同增强关系上的安全及互信。主要内容包括：鼓励儿童直接向家长表达需要和愿望；指导家长做出正面的回应（体谅、支持、肯定、保护）；让儿童知道家长会保护自己，自己可以随时向家长求助；指导兄弟姐妹之间相互理解和支持。

（六）安排侵犯者加入家庭会谈（家人性侵犯）

如果侵犯者是家人，那么，有时需要安排侵犯者加入家庭会谈。通常是安排在心理支援服务的后期。不过，并不是每个家庭都能进行这样的家庭会谈，需要考虑很多因素。

安排侵犯者加入家庭会谈的主要目的是，受害儿童需要有机会听到侵犯者承担全部责任、道歉，承诺做些什么帮助自己不会再犯。这样的家庭会谈并不是要求儿童原谅侵犯者，也不是让侵犯者返回家庭。虽然这并不表示儿童或其家人必定会和侵犯者重建家庭关系，但如果侵犯者真正有悔改之意，安排侵犯者加入家庭会谈对儿童的康复会有正面的影响。

服务提供者要与治疗侵犯者的治疗师密切合作，事先接触性侵犯者，并小心判断侵犯者是否愿意并能够为其性侵犯行为负上全部责任，包括：侵犯者是否充分理解自己利用在家中的地位和权力做出性侵犯行为，已给儿童带来的伤害？他/她是否对儿童有足够的同理心？是否已经清楚并愿意有担当地采取一切行动，保证自己不会再犯？是否已接受相应的治疗服务，改变自己的思想和行为？

同时，服务提供者还要小心地评估儿童是否愿意并已有足够能力与侵犯者做家庭会谈。应该允许儿童充分参与决定自己是否觉得需要有这次会谈、是否原

---

① Bratton, S. C., Ceballos, P. L., Landreth, G. L., and Costas, M. B. (2012). Child-Parent Relationship Therapy with nonoffending parents of sexually abused children. In P. Goodyear-Brown (Ed.), *Handbook of child sexual abuse: Identification, assessment and treatment* (pp. 321—329). Hoboken, NJ: Wiley Press.

谅侵犯者等。假如还未具备以上条件，就不应安排侵犯者加入家庭会谈。

服务提供者还要确保每个参与会谈的家庭成员都明白并同意上述会面的目的，而且愿意讨论如何建立安全的家庭关系。

服务提供者和家庭成员都需要明白，会谈的目的并不是要求儿童原谅侵犯者！不应让儿童因感到有压力而要原谅侵犯者。无论儿童是否已经准备好原谅侵犯者，侵犯者都应承担自己应负的全部责任，并应该负责任地改变自己的行为。

在安排这次会谈时，服务提供者还要留意并确保侵犯者没有诱导或强迫儿童同情他／她或原谅他／她，或要求儿童答应家庭重聚等。

四、选择小组治疗

由于性侵犯给儿童及其家人带来强烈的羞耻感、无力感、孤立感，因此，针对受害儿童及其家长的小组治疗是有益的。

（一）受害儿童治疗小组

研究显示，有特定目标的结构化短期治疗小组可以有效地消除受害儿童的孤立感、羞辱感，使儿童正常化自己的反应（Gil, 2006[①]）。

例如，带领者带领有相似经历的儿童共同讨论：他们认为性侵犯为何发生？是谁让性侵犯发生的？为什么成人或者大孩子会性侵犯年幼的孩子？受害儿童会有怎样的感受？……这样，受害儿童有机会与同伴一同理解有关儿童性侵犯的事实，同时听到或看到其他有类似经历的同伴也有类似的担忧和烦恼，很快就会相信受到性侵犯的经历／经验不是自己独有的，自己的反应并不奇怪——不是"有病""疯癫"，而是对不正常的事件做出的正常反应，从而破除他们的孤立感和羞辱感。否则，这些负面感受未经理解和挑战，可能会变成僵化的负面信念或扭曲认知。

不过，受害儿童在以下情况下不适合参加治疗小组，而需要个别治疗。

1. 本人正在经历 PTSD 症状。小组成员分享各自受性侵犯的信息可能会给他们过多刺激，使情况恶化。

---

① Gil, E. (2006). *Helping abused and traumatized children : integrating directive and nondirective Approaches.* New York: The Guilford Press.

2. 本人正在进入司法程序。 他们参加治疗小组会接触到其他儿童分享的性侵犯信息，可能会被法官认为"污染证据"。

3. 本人行为失调严重，不能在小组治疗中合作参与。 他们应该继续进行个人治疗，处理情绪调节和行为问题，直到让情绪稳定下来，有能力参与小组活动。

4. 不能确认性侵犯确实发生。 这样的儿童不适合参加专门针对儿童性侵犯的治疗小组，不过，可以从处理具体行为问题的小组中获益（例如处理愤怒或提升社交技能等）。

（二）儿童性反应行为治疗小组

还有一类治疗小组专门处理受害儿童的性行为问题。 这类问题最令家长担忧和困扰。

如前所述，性侵犯似乎会促使儿童做出有性含义的行为和攻击行为，表现为对性的过度关注或过度回避。 这些行为会激起家长、老师及其他人的负面反应，还可能威胁到同伴会接触不当行为、语言或信息。

服务提供者需要明白，受害儿童出现性行为是因为他们在尚未性成熟时接收了自己无法理解和处理的性刺激，同时在性与攻击、性与权力／操控之间建立了负面联系。 有些儿童通过性的攻击行为来表达受害经历、处理痛苦情绪。

因此，他们需要非常具体的辅导，去纠正他们的问题行为，并用健康行为取代问题行为。 他们也需要找到合适的方法去平静自己的焦虑或冲动。

小组内容需要针对儿童的具体行为，例如过多自慰、当众自慰、公然说出性挑逗的话、画出与性有关的图像等。 小组工作形式包括心理教育、布置家庭作业、指导父母监督等（详细内容参阅 Gil & Johnson [1993] [①] 一书）。

（三）家长支持小组

对没有参与性侵犯的家长提供支持和指导是非常重要的。 家长支持小组可以是心理教育小组，也可以是单纯的情绪支持小组。 两种小组都能使有类似经历的家长／照顾者相互支持共渡难关，从而消除他们的孤立感、耻辱感和无力感。

需要说明的是，心理教育小组要带领家长／照顾者讨论有关儿童性侵犯的知识，包括性侵犯的定义、发生率、性侵犯类型、侵犯者侵犯孩子的原因、对儿童

---

① Gil, E.,&Johnson, T. C. (1993). *Sexualized children: Assessment and treatment of sexualized children and children who molest*. Royal Oak, MI: Self-Esteem Shop.

及家庭关系造成的负面影响和长期后果。带领者还要向家长介绍多部门跨专业的工作模式。

协助家长 / 照顾者了解有关儿童性侵犯的知识和相关的专业支援服务，可以增加家长 / 照顾者的力量感，有助于他们围绕保护儿童安全、照顾家庭需要和增强家庭支持功能做出或坚持一些重要的决定和选择。

五、治疗兄弟姐妹之间的性侵犯

当性侵犯的受害者和侵犯者都是自己的孩子时，家长会在自责、羞耻中变得更加紧张和脆弱。对家长来说，两个孩子的身心健康发展同样重要，他们要同时给两个孩子支持和保护。家长、受害儿童、加害儿童都需要治疗服务。

首先要终止性侵犯继续发生，保证受害儿童的人身安全，以便有条件接受治疗服务。

加害的儿童需要立即被隔离一段时间，必要时要进行家外安置，并尽快接受治疗服务。一般来说，为侵犯者提供治疗服务难度更大，要求更高的专业能力。

每个家庭成员都需要接受个人治疗，使他们有机会在一个安全的环境中表达、理解、处理自己的情绪困扰和创伤反应。在那里，他们不会感到被评判，不必担心有人会因此而感到不安等。

服务提供者需要为每个家人提供安全表达的环境，为他们提供适合特定年龄发展阶段的相关信息，帮助他们理解自己的感受和需要。

当时机成熟的时候，服务提供者可以邀请一家人在家庭会谈中重聚。家庭重聚会谈的前提是，每个家庭成员都完全理解性侵犯者应该为他的行为承担责任。目的是支持家庭重建信任，这是重建健康家庭关系的核心任务。不过，这通常是一个漫长、崎岖的过程！

六、治疗要点总结

基于儿童性侵犯现象敏感、复杂，服务提供者在帮助受到性侵犯的儿童及其家庭时必须注意以下事项。

1.把性侵犯看作是儿童众多成长经历之一，而不是唯一经历。因为有很多因素会影响受性侵犯的经历在儿童的生命中产生影响。因此，服务提供者需要敏锐、熟练地了解各因素之间的相互影响，从而立体、全面地去理解性侵犯对儿童及其家人的负面影响，以及儿童及其家庭所拥有的个人资源和关系资源。

2.在运用关系取向治疗模式时，服务提供者既要了解并回应儿童个人层面的治疗服务需求，也要了解并回应没有参与性侵犯的每个家人个人层面的治疗服务需求，更要了解并转化阻碍家人相互支持的家庭互动模式，从而促进儿童和家庭的创伤疗愈。

3.要充分掌握儿童性侵犯事件对受害儿童、家人（没有参与性侵犯的父母、兄弟姐妹等），以及周围人的负面影响，包括心理反应、需要解决的困难、治疗服务需求，以及三者之间的互动关系，从而有系统地评估受害儿童及其家人的个别化治疗服务需求，制订最佳治疗计划。

4.要常抱平等、尊重、关怀的专业态度，与儿童及其家庭建立安全、互信、合作的工作伙伴关系。

5.保持社会性别敏感和儿童权利优先的态度，时常反思自己对于性别角色和儿童权利的看法，以及这些看法如何影响自己对于儿童及其家人的看法和反应，避免责备受害者、责备母亲、责备家庭。

6.不要责备没有参与性侵犯的家长，无论他／她对性侵犯的反应如何。

7.不要尝试取代家长的角色，而是要为家长充权／赋能，协助他们找到自己作为家长的角色、位置和力量，提升他们理解、支持和保护孩子的能力。

8.不要妖魔化侵犯者，因为在儿童及其家人的眼中，这个人可能在其他方面是称职的。

9.治疗师若要为有发展期创伤障碍／病症或复杂创伤的儿童提供长期深度心理治疗，需要考虑加入分阶段的治疗模式。

（1）一般而言，对儿童的个人治疗、对没有参与性侵犯的家长或其他家庭成员的个人治疗，以及后续安排儿童与其家人的家庭会谈，都可被视为第一治疗阶段，其重点是帮助儿童稳定身心状态和减轻症状，增强他们与家长的安全依附。

（2）第二治疗阶段的重点是处理创伤记忆，特别是要对那些经历严重／长期虐待的儿童，根据发展阶段采取不同的治疗方法。详细讨论这部分内容并不是本章的任务。读者可参阅其他相关著作或接受相应的专业培训。

（3）最后，与侵犯者的家庭会面应该是第三治疗阶段的部分内容。那时，儿童已恢复正常生活运作的功能，能够从家庭、学校、社区得到足够的支持，并且已处理创伤记忆。切记：如果儿童不能稳定身心状态和减轻症状、没有整合过往的经历、没有处理创伤记忆，那么与侵犯者接触可能会触发他们的创伤反应和创伤记忆。

第六节　自我照顾与专业成长

为受过性侵犯的儿童及其家庭提供心理支援服务，是一项非常复杂、要求很高的专业工作，充满了艰辛和挑战，对服务者个人的心理健康更是严峻的考验。服务提供者需要照顾自己的心身需要和专业成长，防止出现身心耗竭和创伤反应。

一、自我照顾

服务提供者要有能力提供安全的治疗环境，能够承载自己的各种感受和受助者的复杂感受。因此，需要主动联结治疗服务之外的生活。除了增加有益身心健康的生活内容外，还要修习正念生活，多接触美善的人、事、物，学习培育内心和平喜悦，照顾和平衡自己的心身需要。平时要安排时间去接触能带来内心和平喜悦的朋友和活动，特别是与家人在一起做培育和平喜悦的活动。这些来自人际支持的力量更有利于消除疏离感，从而保护自己在助人过程中不受创伤。

服务提供者要诚实地觉察自己的发展期创伤，小心探索自己的成长经验和价值观对于受助儿童及其家庭的影响，避免因反向移情而把自己的情感和信念投射给他们。必要时，服务提供者需要接受个人心理治疗。

二、专业成长

有力的专业支持，也是保护自己不受创伤的重要工具。提升自己的专业能力，可以大大地增强治疗师的自我效能感、成就感和生命意义感，从而提升心理效能和心理能量。具体建议如下。

1.服务提供者需要有系统地接受长期深入的专业培训和定期督导，娴熟地掌握治疗服务所需的专业知识和专业技能，并在工作团队中学会自我照顾和建立团队支持。

2.可以通过阅读、参加专业学术会议和培训课程、成为专业团体会员、参加专业支持小组等多种方式，广泛了解儿童性侵犯及其相关领域的研究进展和争议，及时更新相关的专业知识。要精通儿童性侵犯领域中各种儿童治疗和家庭治疗的方法，掌握多部门跨专业协作的理念和工作方法，保证专业水准。

3.需要定期接受督导，及时向专业顾问征询专业意见。

本章小结

———❖———

    儿童性侵犯，是一种侵犯儿童权利、危害公共健康的人际暴力行为，甚至是暴力犯罪。它给儿童造成的负面影响本质上是心理／心灵伤害，甚至是长期的心理创伤，具有明显的关系特征和发展特征。因此，大多数受害儿童需要关系取向治疗模式的心理支援服务。

    为受虐儿童（包括受性侵犯的儿童）提供心理支援服务不同于一般的心理治疗／心理咨询。治疗师要在多部门跨专业协作的联动工作机制下，善巧地运用关系取向治疗模式（儿童为本、家庭中心、社区为基础），整合多种治疗方法和治疗形式，从而回应儿童及其家庭的个别化治疗服务的需求。

    评估和治疗过程应该贯穿两项最根本的原则，即儿童权利优先（保障儿童安全、保障儿童利益最大化）和促进性别平等及公正。治疗师在帮助儿童及其家庭疗愈创伤的过程中，同时也在转化集体意识中的文化暴力，做一个促进社会公平、正义的行动者！

第四篇
认识性侵犯儿童者

为了防治儿童性侵犯，我们不能忽视问题的另一面——侵犯者。因为性侵犯行为是侵犯者做出来的，所以，只是针对受害儿童的防治措施是远远不够的。美国的研究表明，减少一个性侵犯者，就会有可能减少数十甚至数百名受害儿童。认识儿童性侵犯者不仅有助于理解受害儿童的困难，还可以从防治性侵犯者的角度预防儿童性侵犯的发生，即阻断培养潜在侵犯者的条件，通过监禁、治疗和预防等多种途径使侵犯者不再性侵犯儿童。

第十六章

认识性侵犯儿童者

本章将从 6 个方面认识侵犯者，包括：性侵犯儿童者的类型及特点；性侵犯儿童的行为倾向是怎样形成的；实施性侵犯的特点、手段和步骤；合理化儿童性侵犯的歪曲想法；性侵犯者拒不认错的反应；防止再犯及治疗（Levenson & Morin, 2006[①] ）。

第一节　性侵犯儿童者的类型及特点

性侵犯者是什么样的人？其实，性侵犯者并不像我们想象的那样，是没教养、没知识的街头二流子！

任何人，不论男或女，都有机会成为性侵犯者。很多性侵犯者的生活很正常，有正常的职业，礼貌待人，我们无法从外貌、学历、性别、年龄上识别他们。很多时候，他们是我们熟悉的人，可能是我们的亲人、朋友、同事、邻居，也可能是大学教授、老师、医护人员、律师、警察、心理咨询师、社工、精神科医生、体育教练，甚至宗教人士。儿童性侵犯通常是在非常隐秘的条件下发生的，人们很少猜出谁是性侵犯者。

---

① Levenson, J. S. & Morin, J. W. (2006). Risk Assessment in Child Sexual Abuse Cases. *Child Welfare*; 85 (1), 59.

性侵犯者的样貌看起来很像正常人，但在性侵犯儿童方面却有各自不同的特点。比较常见的包括但不限于以下 7 种类型：恋童癖患者、猥亵（狎弄）男童者、非恋童癖侵犯者、乱伦者、心理变态侵犯者、少年性侵犯者、女性侵犯者。除了女性侵犯者之外，其余 6 种性侵犯者均为男性居多。

一、恋童癖患者

恋童癖是一种性变态，属于心理变态，但表面上看不出来。不是每一个性侵犯儿童者都是恋童癖患者（Pedophiles）。

他对儿童，尤其未发育的女童，有强烈的性反应，渴望有儿童满足他的性欲。一般人见到小孩不会有性反应，但他却满脑子都想着怎么跟小孩有性接触，对成人的身体和性特征反而没有兴趣，甚至感到恶心、抗拒。他整天盯着小孩，跟踪小孩，甚至试图去引诱小孩——用礼物、金钱和编造故事哄骗儿童相信他，愿意跟他回家。他一般不使用暴力，但会用言语恐吓和操控儿童。他在自己的地方教小孩儿性游戏或性活动，进一步就性侵犯小孩，包括性交和肛交。

他在儿童家长面前表现很好，努力在儿童和家长面前建立值得信任的形象。他的目标就是多接触几个孩子，寻找单独相处的机会，用很多办法使孩子同意他触摸身体甚至性交。他摆布儿童成为他的泄欲工具。

他性格比较内向和孤独，会通过互联网下载收集儿童照片，或尝试用自己的手机或摄录机拍摄。他的电脑里可能存有成千上万张儿童裸体照片或视频影像，小心分类、整理，供自己观赏。他也会找一些小孩到他那里拍裸体照片，甚至还会拍下性侵犯的过程，然后把这些照片上传网络，与世界各地恋童癖患者共享。

他无法停止寻找儿童泄欲，好像中了毒瘾，成天想着"一定得做这个"，连自己都很奇怪：我怎么这么变态？不过，当他发现有人与自己有同样的癖好，就安心了。他特别渴望与这样的人分享恋童瘾。即使被警察抓住，也渴望警察和律师会认同他"喜欢小孩"的心态。他觉得自己心态不正常，又非常想告诉别人他的经历。他会扭曲伤害儿童的事实，说服自己：这样做是爱儿童的表现。

他愿意被抓起来，以便得到治疗，因为他自己停不了。他认为，警察抓住自己，是帮自己停下来。

二、猥亵男童者

猥亵男童者（Boy Molesters）是恋童癖患者中的一种，专门猥亵男童，偶尔也会猥亵女童。他较多使用暴力。如果男孩拒绝，他就会用暴力让孩子就范。

他不止侵犯一个或几个孩子，而是数十甚至数以百计，持续时间通常是数年。他性侵犯男童一点儿也不是一时冲动，而是习惯或蓄谋已久。到了老年，他还会找男童性侵犯。

他不是同性恋者，甚至很抗拒同性恋。有研究发现，这种人在童年可能受到性侵犯，长大后就用同样方式侵犯其他儿童。

这种人治愈的概率比较小，比较难康复。无论是否接受治疗，再犯机会都比一般侵犯女童者高很多倍。

三、非恋童癖侵犯者

非恋童癖侵犯者（Non-pedophilic Child Molesters）不是性变态，性反应与一般人无异，可能已结婚，有亲密朋友，与异性有正常的性关系，但他还是会突然找孩子性侵犯，甚至以暴力强奸。

他本来对儿童没有特别的兴趣，性侵犯儿童多数是在自己不开心的时候，比如同妻子吵架，或者生活不如意，就想找个人欺负一下，发泄挫败感、自卑感、孤独感、失败感。

他经常感到非常孤独，感到没人理他，没人听他说话，很自卑。他害怕面对成人，也害怕与成人分担忧虑。

于是，很多时候，他就找儿童来说话，试图跟儿童多接触，因为儿童不会挑剔他。在这个过程中，他发现小孩子很容易被摆布，很愿意给他守密。他的负面情绪触动了自私或侵略的欲望，他开始用性侵犯的方式欺负儿童。

通常，他的学生和家中小孩会首先成为受害者。他借助老师、长辈的权威，容易使学生和小孩就范。

四、乱伦者

乱伦者（Incest Offenders）多数是非恋童癖侵犯者。侵犯者与有血缘关系的人性交，形成乱伦关系。比如，爸爸侵犯女儿，妈妈侵犯儿子，兄长侵犯妹妹，

或者爷爷侵犯孙女。 他／她本来有正常的性兴趣。 在他／她不开心的时候，通常
会性侵犯家里一个容易被侵犯的人，因为侵犯自己的子女非常方便。

乱伦者对亲人的性欲通常不是偶发的，而是用较长时间养成的。 疏离的亲
子关系，例如父亲极少参与照顾年幼的儿女，有可能造成情感隔膜，削弱保护儿
女的意识。 也有不少乱伦侵犯者长期生活在苦闷或孤独当中，正常性活动受阻。
他／她的性欲不能通过其他途径解决，就逐渐把关注点转移到自己的亲人身上。
不经意的身体接触有可能引起性反应，加上性好奇和多次合适的机会，便容易弄
成对亲人的性侵犯。

在儿童性侵犯者中，乱伦者侵犯儿童的数目最少，通常是一至两个人，但对
受害儿童的心理伤害最严重，因为最信任的父母或家人伤害自己。 作为有家长
身份保护的隐形侵犯者，他／她通常会选一个子女性侵犯，逐渐变成一个心瘾，
长期侵犯同一子女长达数年之久。 受害儿童很难开口讲出来。 他／她也有可能
侵犯家中其他儿童。 少数乱伦者同时侵犯家外儿童。

他通常会接受治疗。 无论是否接受治疗，判罪后一般不会再犯。 少数乱伦
者有恋童癖会再犯。

五、心理变态侵犯者

心理变态侵犯者（Psychopathic Offenders）没有良知，是最残忍、最危险的
一类——折磨甚至杀害受害者，造成很大伤害。 所幸这种性侵犯者并不多。

他从小到大有严重的性格缺陷，也反映脑部不健全。 他对人完全没有同情
心，非常自私自利，损人利己，完全不理会他人的感受，别人的痛苦会使自己感
到快乐。 他见人就欺负，无论成人或孩子，一有机会就会伤害或剥削别人。 性
侵犯别人只是他害人取乐的形式之一。

他性侵犯儿童时会用暴力威逼对方就范，折磨甚至虐杀儿童。 他从不遵纪
守法，有多种犯罪经历。 任何人都有可能受他欺负或暴力伤害，包括陌生的儿
童。 这些心理变态的侵犯者甚少认真知错和改过。

六、少年性侵犯者

青少年性侵犯其他少年或儿童的现象并不少见。 未成年人性侵犯很多时候
与互联网性侵犯和同辈欺凌有关。 如果青少年性侵犯行为涉及欺凌和暴力，就

会反映出其背后存在的严重问题。

有可能这个少年性侵犯者（Juvenile Sex Offenders）自己正在受到别人的性侵犯。他在模仿别人侵犯他的行为去侵犯别的孩子。

有可能这个孩子的家庭存在很多问题，比如家庭暴力、生活压力、疏忽照顾等。有可能这个孩子存在管教问题。也有的青春期少年对性产生强烈好奇而尝试越轨性行为。

我们需要了解这个孩子的家庭背景。小孩子性侵犯行为的原因与成人侵犯者不同。通常他们是从不良网上信息、性侵犯者或者家庭暴力那里学到的。

如果少年性侵犯者只得到惩罚和监禁，却没有得到适当的辅导，以后就会有更严重的性侵犯行为。而尽早治疗，可以有助于降低性侵犯行为的发生。治疗应针对问题的根源，需要家长参与。少年的性侵犯行为会随着成长和治疗而减退。

七、女性侵犯者

女性侵犯者（Female Child Molesters）可能侵犯男童，也可能侵犯女童，甚至侵犯自己的子女。国外的研究结论是，10%~20% 性侵犯儿童者是女性。在某些国家，女性侵犯者的比例正在上升（详见本书第二章）。

大多数女性侵犯者童年曾受到性侵犯，或者其他形式的虐待。可能是被人性侵犯、可能是受多人性侵犯，甚至被家人性侵犯。于是，她就用同样的方式侵犯其他儿童。她没有得到父母的指导，存在心灵、性格发展缺陷，特别是性发展障碍，难以享受成人间的性亲密。另一类女性侵犯者是欺凌者，她们以集体行动为多，性侵犯儿童只是她们欺凌他人的手法之一。

少数女性侵犯者在童年从未受到侵犯，是因为青年期的性好奇或自卑因素，尝试性侵犯儿童来发泄情绪或获得他人（包括其他侵犯者）的认同。她们都需要治疗。

第二节　性侵犯儿童的行为倾向是怎样形成的

一个人为什么会变成性侵犯者呢？侵犯者怎么会对小孩有性兴趣呢？

国外有研究表明，那些没有性侵犯儿童的成人承认，他们对儿童也曾有性反应，但是他们懂得怎么控制自己。所不同的是，侵犯者见到儿童产生性反应时，他会让这种反应持续膨胀，开始享受，想去尝试，最后形成偏好。

一、被儿童的特质所吸引

侵犯者喜欢儿童"什么都想试一下"的好奇天性，也喜欢儿童天真活泼，纯洁干净，没有性病，很开心，很悠闲，很友善，很甜蜜，新鲜健康……正常人也会喜欢儿童的这些特点。但性侵犯者的自控能力较差，他享受跟小朋友性接触所产生的优越感和征服感，觉得小朋友容易受他的控制，非常听话，仰慕和尊敬他，并且很容易答应保守秘密，不说出去。他很享受让小朋友满足他的性需要，他觉得轻松自在，甜美幸福，甚至有性快感。

二、重复性侵犯儿童带给他们好的感觉

重复性侵犯儿童带给他们各种好的感觉，例如优越感、控制感、尊重感、性快感、安全感、征服感、复仇感、刺激感、被爱感、安慰感、甜美感、满足感……当儿童尊敬他、仰慕他、崇拜他时，他会感到飘飘然。这些是他与成人交往时得不到的感觉。相反，成人对他不友善又把他看低。于是，他就继续找小朋友，一有机会接触就性侵犯，形成心瘾。

三、层层突破心理围墙的过程

实际上，一个人不是突然变成性侵犯者的。侵犯者在第一次性侵犯儿童之前，静静地经历一个很长的心理过程。

最初，侵犯者可能无意中发现，自己看到或接触小朋友的身体时，有"自然的"性反应。他觉得有点儿奇妙，开始产生好奇，不过也有矛盾心理："不得了！我怎么会这样呢？"这就是第一道坚硬的心理围墙，一般人不会尝试突破，但性侵犯者会去尝试。

后来（早期），当他心情烦闷、寻找收拾自己心情的方法时，想起那次与小孩接触的感受：得到很纯洁、漂亮的小孩喜爱……他开始用这些回忆和幻想解闷，就突破了第一道心理围墙。他开始沉醉在与小孩身体接触的快慰感觉，有

时还会加插一些性幻想。渐渐地，他再度突破心理围墙，不但不劝阻自己停止幻想，反而养成用性幻想快感解闷的习惯。每当他烦闷时，就会让性快感来安慰自己。如果他手边有儿童色情照片，还会自慰。在他的幻想中，不再需要有成人出现。

再后来（中期），当他越来越习惯于恋童幻想时，就会为自己的幻想合理化，觉得如果接触小朋友，也不会是什么大事，因为"我又没有用暴力伤害他们"。心理围墙变得越来越薄弱，越来越容易突破。于是，他鼓励自己尝试，寻找机会轻微接触小朋友身体，看看对方有什么反应。

再后来（后期），在第一次轻微性接触成功后，他很开心，发现儿童不但没有抗拒，反而乐意接受。儿童通常不会告诉别人，性侵犯者会有很强烈的成功感。他回味那些重现的"好"感觉，用自欺欺人的想法安慰自己。层层的心理围墙不再成为障碍，自责也减少，从而有了第二次、第三次。他就这样不断循环往复，慢慢形成恋童癖倾向，最终形成性侵犯儿童的习惯。再次遇到儿童时，侵犯者很自然地启动上述心理程序。一般来说，形成这个程序通常至少要经过几个月的时间。

第三节　侵犯者实施性侵犯的特点、手段和步骤

一、实施特点

同一侵犯者通常是长期多次侵犯多名儿童。儿童性侵犯不止发生一次，而是持续相当长的时间。美国的研究结果表明，三分之二的侵犯者长期侵犯同一名儿童，并同时侵犯多名儿童。

侵犯者在实施性侵犯之前，会用相当长的时间接近并引诱受害儿童。侵犯者会利用或寻找各种机会，侵犯自己熟悉的儿童。其中，家内性侵犯者会利用自己照顾儿童的地位和特权，直接接近和操控儿童。而家外性侵犯者，特别是陌生人（仅占 6.5%），则用各种手段，取得儿童及家人的好感，变成"最信任的人"，甚至"自家人"，为实施性侵犯制造便利条件。

二、操控手段

相当数量的侵犯者会有意识地选择那些有机会接近及性侵犯儿童的职业或工作。比如，进入学校、幼儿园、文体活动机构、服务儿童的机构、社会服务机构工作。

侵犯者利用职务之便，制造与受害儿童单独在一起的机会，获得儿童及家长的信任。比如，放学后、营会后、活动后等。

侵犯者通过给家长留下"大好人"的印象，降低监护人的警惕性。他们通常接近受害儿童的家庭，主动帮忙，特别愿意帮忙照看孩子、补习功课等。他们特别看好留守家庭和单亲家庭，甚至借助与单亲妈妈结婚或同居，制造性侵犯儿童的机会。在家长们看来，侵犯者"对孩子好"，俨然是一位替代父亲，也是家庭的朋友和伙伴，根本没有防范的必要。

侵犯者会选择显得脆弱的孩子作为性侵犯的目标。他们会识别脆弱的孩子，包括生活于留守家庭、离婚家庭的孩子，年幼、需要帮助、情绪低落、不开心、缺乏自信、低自尊、有家庭问题、缺乏监护、流落街头的孩子……因为这些孩子比较依赖成人的帮助。侵犯者之所以这样选择，是因为他们知道，活泼外向的儿童较难守秘，容易透露性侵犯行为。

三、实施步骤

在过去 25 年中，美国对于性侵犯儿童者的研究表明，儿童性侵犯不是一下子发生的，而是一个长期形成的动态关系过程。侵犯者对儿童实施性侵犯，通常要经历以下四个步骤。家内性侵犯者和家外性侵犯者相差无几，只不过家内性侵犯者更容易、更方便完成整个过程。四个步骤组成错综复杂的关系过程，把儿童置于不可避免地遭受心理绑架的位置，既无法阻止性侵犯的发生，也无力说出性侵犯的秘密。更重要的是，这四个步骤逐渐把儿童从身边人中隔离出来，很难得到周围人的信任和支持。

（一）循序渐进地亲近儿童

在第一次性接触之前，侵犯者通常会花足够的时间亲近儿童，甚至长达一年以上。这段时间足以形成儿童对成人的情感依附，特别是幼儿。

无论是家内性侵犯者还是家外性侵犯者，他们在与儿童进行任何身体接触之前，都会试图亲近孩子——制造机会与儿童单独相处、网上聊天、打电话、问些私人问题、辅导功课、送礼物、给钱、做儿童开心的事、给特权、给优待……用以表达关心、关注和欣赏，从而获得儿童的仰慕和信任。有时，他们还会引诱儿童接触酒精和色情图片或表演。

侵犯者提供上述种种优待，很容易逐渐成为培育受害儿童内疚和自责的温床，阻止儿童主动透露性侵犯。

（二）淡化儿童对性接触的警觉

侵犯者通常是循序渐进地进入性接触或性话题。他们会伺机在儿童面前试探性地做些涉性行为，比如，在儿童面前换衣服、上厕所、表现成人之间的亲昵动作、在孩子上厕所或洗澡时假装无意之间闯入、看色情方面的读物，甚至自慰……为的是让孩子以为，侵犯者与儿童之间的性接触和性话题很正常，降低儿童对性侵犯的警觉和防卫。

侵犯者还会想方设法地接触儿童的身体，试探儿童的反应，比如，偷看儿童的身体。如果儿童不介意、不抗拒，侵犯者就更有信心地盯着这个孩子，继续身体接触，直至性侵犯儿童。

"亲近儿童"和"淡化对性接触的警觉"这两个步骤结合起来，给侵犯者提供了实施性侵犯的"双保险"。如果儿童在性侵犯早期阶段向第三方透露身体接触的事实，侵犯者就会说，他/她与儿童的身体接触只是表达感情，没有性的含义。而性侵犯实施之后，侵犯者又会说服儿童，他/她与儿童的性活动是无害的，是道德的，甚至是"性教育"或是"爱的表达"。

（三）随心所欲地实施性侵犯

侵犯者在"亲近"和"淡化"的基础上，利用儿童的信任、仰慕和正常的好奇心，开始示范，动员孩子参与性活动。侵犯者借助成人与儿童之间的年龄、地位、权力的差异，不必明显地使用武力，就可以成功地实施性侵犯。

不过，如果儿童表现出警觉、勉强、抗拒的反应，侵犯者就会用哄骗、威胁的手段，诱使儿童就范。如果哄骗或威胁无效，侵犯者就会诉诸武力，强制儿童就范。

（四）阻止儿童说出去

进行明显的性活动后，侵犯者威胁孩子不能说出去。如果说出去，会导致严重的后果，例如要将该儿童的性活动照片发布，或警告儿童会失去从性侵犯关系中到的好处，或会伤害儿童的亲人和朋友等。

四、科技普及带来的儿童性侵犯罪案

近年来，互联网和手机的普及带动性侵犯儿童的新方法。表现在以下三个方面。

第一，恋童者可能从互联网上购买或下载数量庞大的儿童色情物品(照片、影片或文章)给自己享用或做非法用途。

虽然使用者表面上没有亲身接触任何儿童，实际上，这些儿童色情物品都可能是某人性侵犯儿童行为的罪证。而投入地享用儿童色情物品有强化恋童倾向的效果，使用者会相信儿童色情十分普遍或正常，甚至美化和合理化与儿童的性活动。

侵犯儿童者不但会享用儿童色情物品，还会幻想自己参与其中的性行为。使用者会促使自己去找寻儿童，去制作类似的色情物品给自己或别人观赏。另有侵犯者会展示这些色情物品给儿童，促使他们模仿或习惯其中的情节，以便为实施性侵犯行为做准备。

第二，互联网的普及促使儿童性交易或"援交"（援助交际）活动。而这些活动部分是受卖淫集团控制，直接或间接扩展至其他罪行。例如，人口贩卖或滥用药物或毒品。而经互联网安排的"援交"活动也逐渐变成指向个人，吸引不少无知少男少女自行参与。这些少男少女在赚取金钱和短暂享乐的同时，却被恋童者用作泄欲工具，或成为强奸、鸡奸或其他变态性行为的对象。

第三，儿童利用手机自我拍摄裸露身体或性动作，以为只作私人用途，但因意外或非意外流传出去，成为同学的笑柄或不法分子的勒索工具。而最可悲的是，这些流留传出去的自拍裸照或色情片段可能会永远在互联网上流传，并且成为恋童者的收藏品或犯案工具，不断使这名儿童尴尬和羞耻，影响一生安宁。

第四节 合理化儿童性侵犯的歪曲想法

理论上，我们每个人都有成为性侵犯儿童的潜质，即都会对儿童有一点儿性反应。不过，一般人会及早通过内疚、自责和良心谴责，阻止进一步幻想，不会形成性侵犯儿童的意念和行动。然而，性侵犯者一次次地用五花八门的扭曲思想为自己辩解，破除必要的内疚和自责，合理化、正常化自己对儿童的性反应。

侵犯者长期相信一些错误想法。这些想法让他们减轻良心谴责，使性侵犯儿童的行为合理化，帮助侵犯者跨越道德约束的围墙。

以下是性侵犯者常有的歪曲想法。

1. 没什么了不起的，我不就是想想嘛，这很正常啊！

2. 我小时候也经历过这样的性接触，没什么影响。与小孩子有性接触没有不当之处。

3. 性接触儿童没用暴力，因此，对儿童没有严重伤害。

4. 儿童很快就会忘记这件事，因此，对儿童没有严重伤害。

5. 是儿童主动要求做的，我只是好心满足他。

6. 儿童对性好奇，我这样做，是对儿童进行性教育，有益于儿童身心健康。

7. 儿童和我有性接触时，她/他也有性反应，说明她/他也有性欲望，很喜欢我。

8. 儿童接受我的礼物，说明她/他很开心做这件事，不抗拒我。

9. 性接触时，儿童不做声，没反抗，说明她/他同意、喜欢我这样做。

10. 儿童一直为我们之间的事保密，说明她/他也爱我，很想和我继续下去。

11. 网上儿童色情泛滥，其实很普遍、很正常。

12. 我跟小朋友的性爱是纯洁的，应该与孩子分享。你们专业人士有毛病！

13. 法律过时了，小朋友很早熟，已经有性爱了。她/他是自由的，我跟她/他做那事是正常的。

14. 女儿/儿子是属于我的，我想做什么是我的权利，你管不着。

15. 我女儿的童贞是属于我的，要给自己享用，不能留给外面的不良少年。

16. 童贞有益身心，可以滋阴补阳/可治阳痿。和孩子性接触，给自己补补身子。

……

可见，性侵犯不是疾病！性侵犯不是先天的缺陷，也不是精神病的病征，而是侵犯者在成长过程中潜移默化学习得来的犯罪思想和行为，逐渐成为个人的信念和习惯。如果长时间沉迷于此，就容易恶化成为心理病态：一方面深感不安或内疚，另一方面又难以控制自己的冲动，于是就开始伤害儿童。

第五节　性侵犯者拒不认错的反应

有一系列错误想法的支持，有至少几个月强化习惯形成的"心瘾"准备，大多数性侵犯儿童者都不认为自己做错了什么。当性侵犯儿童的事件被揭发时，性侵犯者面对警察、法官、临床心理学家表现出一般人难以理解的"理直气壮""百般委屈""强词夺理"。有的性侵犯者即使觉得"我怎么会做这么糊涂的事儿呢"也会随即否认、自我辩解、推脱责任。

你可以想象一下，如果让受害儿童面对这样的人出庭作证，儿童会受到怎样的伤害！

性侵犯儿童者"拒不认错"的表现包括五个方面。

一、承认事实，但拒不认错

被别人告发时，大多数性侵犯者会觉得很难受、很羞耻，也有些人是没有反应的。他可能会否认，不过，大多数人会坦白承认已有证据的事实，却不认为有何不妥。

他会说："这是我做的，但我没有错啊。我这样做，有益于自己的身心健康，对孩子并没有伤害。"性侵犯者头脑中有一大堆错误想法，他真心相信，性侵犯对儿童是无害的。

二、否认

有的性侵犯者会极力否认，表示自己没做过，告发是"诬陷""编造""误解""夸张"等。他们会说：

"这是小孩子诬告我。我跟他做的不是性侵犯，只是吓唬他一下。"

"根本没有这回事，是孩子自己编出来的。他在诬告我。"

"我没有性侵犯他呀！我只是在跟他玩啊！"

"我在教他游泳。没有性的含义，是小孩在误解，在夸张。"

"我没有犯罪，只是喝醉了酒，我都不知道自己做了什么。"

"是药物的副作用。吃了药，我就糊涂了，不知道发生了什么。"

三、自我辩解

大多数性侵犯者在确凿的证据面前，会不得不承认自己性侵犯儿童的事实。不过，他们会千方百计地自我辩解。绝大部分自我辩解的性侵犯者既不否认，也不承认。即使部分承认，也会"轻微化"性侵犯儿童的行为，包括：淡化性侵犯的程度和次数、合理化、正常化等。他们会说：

"我只是做了两次，没有做 50 次呀。"

"我并没有强奸她啊，我只不过是摸她几下嘛。我没有那么残酷！"

"我们这里很多人都这样做，我只不过是其中一个而已。"

"别人都这么做，我怎么不能做啊？"

"我这么做很正常啊，我是在给孩子做性教育。"

"我是在教女儿怎么跟男人相处。"

"孩子到了这个年龄一定要学这些知识。如果不学就落后啦。"

四、推卸责任

大多数性侵犯者会找各种各样的合理化理由来推卸责任。他们认为，发生性侵犯事件是儿童的责任、别人的责任，是酒精和药物造成的一时失控，甚至是社会的责任。反正他自己没有多大责任。他们会说：

"是孩子引诱我，勾引我。"

"是她／他让我跟她／他有性接触的，是她／他自己对我有性需求，我没有办法（或不忍心）抵挡。"

"我老婆生病了，没有办法和我过夫妻生活。所以，我没办法，就找别人。"

"女孩子都欺负我。我要报仇，找这个女孩教训教训。"

"我喝了酒／吃了药，一时失控，做了糊涂事。其实，我平常是很好的人呀。"

"现在的社会腐败，网上到处性泛滥，把我弄糊涂了。"

"我做这样的事，是释放累积的压力。多谢你们把我抓起来，我现在就解脱了，可以放下坏习惯。"

五、其他反应

大多数性侵犯者坚信这些错误想法，不清楚法律权益和程序，因此，被指控后，会感到没有被公平对待，难以接受审判结果和惩治。被告发后，性侵犯者不可避免地承受来自各方的强大压力。一方面，他们会以上述"拒不认错"的心理防御来保护自己，不容易很快承担全部责任；另一方面，强烈的自责容易引发自杀念头。

因此，法律要对性侵犯者做出适当的处罚，才能帮助性侵犯者承担责任，改正性侵犯儿童的歪曲想法和做法。"适当的处罚"，既不是"轻微处罚"，也不是"严厉处罚"，而是"公平处罚"。

第六节　防止再犯及治疗

性侵犯者通常不会自动停止的。防止性侵犯者再次性侵犯儿童，需要采取强制手段让他们停下来，并且接受治疗。

一、通过治疗防止再犯

首先，需要揭发儿童性侵犯的事实，让警方介入，强制侵犯者停止性侵犯儿童的罪行。

然后，通过刑事司法程序，监禁性侵犯者。一方面，监狱可以监管性侵犯者的行为，使他们没有接触并性侵犯儿童的基础；另一方面，也要为侵犯者提供自愿或强制的心理治疗，帮助他们改变歪曲想法和性幻想的习惯。

如果侵犯者在监狱里没有机会接受心理治疗，没人帮助他们改变错误想法，他们就会在监狱里日夜幻想性侵犯情节，性侵犯的欲望不但没有减少，反而增强。他们从监狱出来后，会伤害更多的儿童。

为侵犯者提供的心理治疗通常是在他们服刑期间在监狱由监狱系统的专职临

床心理学家进行。侵犯者刑满出狱后，转为门诊治疗和社区跟进。

二、治疗侵犯者值得吗

临床经验显示，只是监禁侵犯者不但不能改变他们的错误观念，反而可能更强化他们的思想偏差。多数侵犯者重投社会后，会增加暴力犯罪的风险，包括性侵犯。

另外，有些性侵犯者在童年曾被别人性侵犯，他/她自己也是儿童性侵犯的受害者。由于没有及时得到治疗和辅导，他/她长大后可能会侵犯别的孩子。如此形成儿童性侵犯恶性循环，演化成文化暴力循环，侵蚀着我们的家庭、学校、职场、医院……

另外，家内性侵犯的受害儿童可能并不一定想与侵犯者断绝关系，而是想侵犯者能悔过自新，重新投入新的家庭关系、承担责任。但在未肯定侵犯者是否真的悔过之前，不应让侵犯者随便接触或影响受害儿童。

因此，及早为儿童性侵犯的侵犯者提供治疗、辅导服务，是预防儿童性侵犯、保护儿童免受暴力伤害的重要一环。

尽管在监狱中提供全面的性侵犯者治疗需要增加监狱开支，但成功地治疗性侵犯者可以成倍地减少受害人数目，消减治疗受害人及其家庭的开支，并且大大减少执法和司法的开支，是非常值得的！

三、阉割性罪犯并非有效

目前，的确可以通过药物去雄。不过，阉割的方法并不能全面降低性侵犯者的重犯机会。理由如下。

1. 性侵犯的原因不仅在于性冲动，更源于侵犯者的错误想法，以及用偏差方法处理压力和情绪。

2. 性侵犯儿童不必使用性器官，甚至不需要接触身体。

3. 去雄后，侵犯者的心理或性格偏差因素仍然存在，仍然会用其他手段伤害别人。

4. 去雄还涉及医学上的风险因素和副作用。

四、性侵犯行为可被治愈吗

性侵犯行为实在很难根治，但是，性侵犯者可透过特别治疗，降低再犯的机会。比如，认识并承认自己性侵犯的行为造成的危害，强化自己的良知和责任感，挑战并取替性侵犯的错误想法，学习抑制和改变自己的不良习惯，提高情绪管理和社交能力。

近年在北美洲的大规模研究显示，全面、全期的认知行为治疗可有效降低40% 再犯率。可是，并非对所有侵犯者都同样有效。

另外，合理的法律制裁可加强性侵犯行为的心理治疗效果。侵犯者在治疗后的生活改善也有助于降低再犯机会。

五、心理治疗如何发挥疗效

心理治疗过程可以改变性侵犯者的错误想法，找回他们的责任感，让他们承认性侵犯儿童是他们的错，而不是别人错，更不是儿童的错。

例如，监狱里的临床心理学家要根据侵犯者的辩解理由、错误看法和认错能力，重申：性侵犯是你自己做出来，不是社会做的，也不是儿童做的，这是你自己的错，你不能和别人比较。社会也绝对不能容忍！

侵犯者只有改变自己的错误思想和对儿童性幻想的习惯，才会有动机改变性侵犯的行为。

要破解侵犯者多年形成的歪曲信念，需要受过专门训练的临床心理学家花时间、下工夫，但还是有办法的。在侵犯者这些歪曲信念被破解后，他们会理解性侵犯给儿童带来的痛苦，认识到自己的所作所为对儿童造成伤害，就会负起责任，不再性侵犯儿童。

也就是说，狱中的心理治疗通过改变侵犯者的错误思想，提升他们的共情能力和责任感，帮助他们建立、提高道德约束围墙的坚固性，降低他们重犯的机会。

六、治疗原则

应尽早进行再犯风险评估和临床评估，并建议尽早治疗，以防侵犯者私自强化未改正的偏差思想或性犯罪幻想。

1. 个别化原则：根据每个侵犯者的具体情况，制定和实施治疗策略。

2. 所有治疗人员用自己的言行为侵犯者树立榜样——对人的尊重。

3. 帮助侵犯者承认：他 / 她永远都存在再犯的风险。只有下工夫改变自己，才能降低再犯的机会。

4. 协助侵犯者承担处理危机的责任。

5. 采用已证实有效的治疗方法，比如认知行为疗法和家庭治疗（少年侵犯者）。

6. 全面、充分地落实治疗程序，提供足够的跟进支持。时常与侵犯者保持互信关系，时常把握并加强侵犯者的治疗动机，治疗后应时常协助侵犯者保持自我改善的动机，并不时检讨疗效，还可以邀请即将完成治疗的侵犯者协助新参加治疗的侵犯者投入治疗过程。

7. 开展心理治疗的临床心理学家要与执法人员密切配合。

七、认知行为疗法的运用

运用认知作为疗法有助于促使性侵犯者在如下方面做出改变。

1. 减少侵犯者对于心理治疗的抗拒感。

2. 认识自己的优点、弱点、价值观、尊严、希望、情绪。

3. 强化侵犯者接受治疗的动机。

4. 面对自己的犯罪思想、犯罪感觉、犯罪锁链、犯罪诱惑、犯罪后果。

5. 学习承担罪责。

6. 学习挑战偏差的性观念。

7. 学习改变性兴趣。

8. 培养共情力。

9. 学习面对犯罪诱惑的新方法，及早打断犯罪锁链。

10. 改善生活习惯及环境。

……

本章小结

————◆◆◆————

　　从以上临床经验所见，性侵犯儿童者并非属同一类人。侵犯倾向并非先天定定，亦非突然形成，而是潜移默化地演变而形成不良习惯和思维模式。除了少数心理变态犯案者外，多数性侵犯儿童者还有良知，或者可以发掘和重建他们的良知。单靠惩罚未必能够帮助侵犯儿童者消除自己的不良欲念。而引导侵犯者认清自己的弱点和自尊，处理好自己的情绪，认真检视自己的偏差想法和罪责，能更有效地降低再犯的风险。

中国政府签署并承诺
与保护儿童权利相关的国际共识及行动

钟丽珊

　　儿童性侵犯的实质是对儿童权利的侵犯，伤害了儿童的福祉。多年以来，透过多个儿童权利和性别暴力相关的国际公约，逐步清晰了对儿童性侵犯的理解和共识。与此同时，消除基于性别暴力或消除针对妇女及女童暴力，以及消除不同形式针对儿童的暴力越来越得到更多的关注，形成国际社会的一股共识趋势。中国曾参与过以下国际公约及共识文件的起草和缔约签署，并做出同样的承诺。

　　最早涉及儿童性侵犯或性暴力的国际公约，是 1979 年联合国通过的《消除对妇女一切形式歧视公约》。该公约聚焦消除对妇女和女童的不公平和歧视，确保女性的基本权利，其中包括列明童年订婚和童婚不具法律效力。针对妇女和女童暴力其实是性别不公正和歧视的一种表现。中国在 1981 年签署了该公约，是第一批缔约国之一。

　　1989 年联合国通过的《儿童权利公约》以人权框架比较全面地阐释儿童的不同权利，可以归纳为儿童的生存权、受保护权、发展权和参与权。其中条文明确规定：禁止儿童性暴力，并确立国家和公权力的责任。详见表格。

　　1993 年 12 月联合国大会通过的具有里程碑意义的《消除对妇女的暴力行为宣言》指出，对妇女的暴力包括（但不限于）家庭和社区中发生的及国家施行或容忍的对妇女的身心和性方面的暴力行为。其中家庭中对女童的性凌虐、因嫁妆引起的暴力行为、配偶强奸、阴蒂割除和其他有害于妇女和女童的传统习俗，均属于对妇女的暴力。

秉承对针对妇女及儿童暴力的关注，1994 年在开罗召开的世界人口与发展大会，以及 1995 年在北京召开的第四届世界妇女大会提出建议，采取措施处理针对妇女和女童的暴力。第四届世界妇女大会通过《北京行动纲领》，其中女童是十二重大关切的领域之一，进一步强调预防和消除针对儿童的暴力行为，如溺杀女婴、乱伦、童婚、性侵犯等，并消除对女童有害的风俗习惯。

鉴于拐卖儿童和针对儿童性暴力态势严重，随着互联网的广泛应用，出现了新的性侵犯儿童的形式。2000 年，联合国在《儿童权利公约》的基础上，制定并通过了《关于贩卖儿童、儿童卖淫和儿童色情制品问题的任择议定书》。超过 190 个国家签署了此协议书。

近年来，消除针对妇女与女童暴力已经成为国际与多国高度关注的问题，甚至列入世界发展的议程之一。在 2015 年联合国通过的《可持续发展目标》中，目标五"达致性别平等及充权所有妇女与女童"下，设有 5.2"消除一切形式在公私领域中针对妇女及女童的暴力，包括拐卖、性和其他形式的剥削"，及 5.3"消除所有有害的风俗习惯，例如童婚、早婚和强迫婚姻，及女性割礼"。

公约／法律	儿童性侵犯相关内容
儿童权利公约 1989 年联合国大会通过 1990 年 8 月中国签署 1992 年 4 月 2 日在中国生效	**第十九条** 1. 缔约国应采取一切适当的立法、行政、社会和教育措施，保护儿童在受父母、法定监护人或其他任何负责照看儿童的人的照料时，不致受到任何形式的身心摧残、伤害或凌辱、忽视或照料不周、虐待或剥削，包括性侵犯。 2. 这类保护性措施应酌情包括采取有效程序以建立社会方案，向儿童和负责照看儿童的人提供必要的支援和帮助，采取其他预防形式，查明、报告、查询、调查、处理和追究前述的虐待儿童事件，以及在适当时进行司法干预。 **第三十四条** 缔约国承担保护儿童免遭一切形式的色情剥削和性侵犯之害，为此目的，缔约国尤应采取一切适当的国家、双边和多边措施，以防止： （A）引诱或强迫儿童从事任何非法的性生活； （B）利用儿童卖淫或从事其他非法的性行为； （C）利用儿童进行淫秽表演和充当淫秽题材。 **第三十五条** 缔约国应采取一切适当的国家、双边和多边措施，以防止为任何目的或以任何形式诱拐、买卖或贩运儿童。 **第三十九条** 缔约国应采取一切适当措施，促使遭受下述情况之害的儿童身心得以康复并重返社会：任何形式的忽视、剥削或凌辱虐待；酷刑或任何其他形式的残忍、不人道或有辱人格的待遇或处罚；或武装冲突。此种康复和重返社会应在一种能促进儿童的健康、自尊和尊严的环境中进行。
《儿童权利公约关于贩卖儿童、儿童卖淫和儿童色情制品问题的任择议定书》 2000 年联合国大会通过 中国同年签署	在儿童权利公约基础上，进一步为贩卖儿童、儿童卖淫和儿童色情制品作出详细定义，并要求国家将这些违反儿童权利的行为定为刑事罪行，并为受害儿童提供足够的支援服务。

附录二 | # 关于保护儿童免遭性侵犯的
中国法律法规和政策

张雪梅　北京青少年法律援助与研究中心研究员

儿童身心发育尚未成熟，易受犯罪侵害，特别是遭受性侵害现象尤为突出，这是当前世界各国共同面临的严峻问题。对儿童实施性侵害给儿童身心健康造成严重伤害，在社会上也造成了极为恶劣的影响。

儿童保护工作者有必要了解预防与惩治儿童遭受性侵害方面的法律政策，以便在为儿童提供保护和服务的过程中，主动遵守这些规定，预防儿童遭受性侵害，并积极为儿童及其家长提供相应帮助。

一、有关预防和禁止的政策法规

以儿童权利为核心内容的《未成年人保护法》做出规定："禁止对儿童实施性侵害。"

《教师法》及教师管理的相关政策规定，故意犯罪受到有期徒刑以上刑事处罚的人不能取得教师资格，教师不得对学生实施性骚扰、性侵害等行为。

《学生伤害事故处理办法》《中小学幼儿园安全管理办法》要求学校、幼儿园建立安全制度，加强对未成年人的安全教育，采取措施保障未成年人的人身安全。

教育部、公安部、司法部于 2003 年发布《关于辽宁等地相继发生教师强奸猥亵学生事件的情况通报》，规定了教师强制报告制等预防校园性侵害的制度和内容。

2013 年，教育部、公安部、团中央和全国妇联联合发布《关于做好预防少年儿童遭受性侵工作的意见》，要求各部门加强协同配合，努力构建教育、公安、共青团、妇联、家庭、社会六位一体的保护中小学生工作机制，做到安全监管全覆盖。

最高人民法院、最高人民检察院、公安部、民政部于 2014 年 12 月联合发布的《关于依法处理监护人侵害未成年人权益行为若干问题的意见》，以及全国人大于 2015 年 12 月发布、2016 年 3 月实施的《反家庭暴力法》，都规定了强制报告制度，对预防、早期发现和报告儿童遭受家庭性侵害等暴力行为做出重要规定。

二、有关惩治的政策法规

在惩治方面，《治安管理处罚法》《刑法》规定了对儿童实施性侵害的处罚措施。根据《刑法》，对儿童实施性侵害，视具体情况可能构成强奸罪、猥亵儿童罪、猥亵他人罪、传播淫秽物品罪等多种犯罪，将面临拘役、管制、有期徒刑、无期徒刑直至死刑的刑罚。

尤其是 2015 年 8 月 29 日第十二次全国人民代表大会常务委员会第十六次会议通过《刑法修正案（九）》，废除了嫖宿幼女罪，要求以强奸罪从重处罚，体现了对幼女的尊重和保护；同时将原来的"强制猥亵妇女罪"修改为"强制猥亵他人罪"，扩大了保护主体范围，打破了被害人性别的限制，并将"有其他恶劣情节的"纳入到加重量刑的情节中，弥补了对男童的保护缺失，并加强对威胁犯罪被害人的保护力度。

三、保护未成年人的政策法规

为实施和加强对遭受性侵害未成年人的保护，《刑法修正案（九）》废除了嫖宿幼女罪，修改强制猥亵妇女罪为强制猥亵他人罪，将男童纳入保护范围。

2013 年 10 月，最高人民法院、最高人民检察院、公安部以及司法部针对未成年人遭受性侵害案件还联合发布了专门的政策——《关于依法惩治性侵害未成年人犯罪的意见》，该意见从实体和程序两方面加大了对遭受性侵害的未成年人的保护，例如，规定对于以金钱财物等方式引诱幼女与自己发生性关系的，以及对于已满 14 周岁的未成年人，利用监护以及保护等优势地位或者特殊职责迫使被害人就范发生性关系等，均以强奸罪论处，明确了未成年人遭受性侵害案件的赔偿范围，强调了学校、幼儿园教育机构等的赔偿责任。在程序方面，规定了公安机关及时受理、保护未成年人免受再度伤害、专门机构或者人员办理案件等特殊保护程序要求。专门政策的出台，为惩治犯罪人、保护未成年被害人提供了重要的指导。

如需了解具体法律法规和政策，请阅读下文。

保护儿童免遭性侵犯相关问题法律法规和政策

目　录

1. 未成年人保护法

2. 教师法

3. 治安管理处罚法

4. 刑法

5. 教师资格条例

6. 中小学教师违反职业道德行为处理办法

7. 学生伤害事故处理办法

8. 中小学幼儿园安全管理办法

9. 关于辽宁等地相继发生教师强奸猥亵学生事件的情况通报

10. 关于做好预防少年儿童遭受性侵工作的意见

11. 关于依法惩治性侵害未成年人犯罪的意见

12. 关于依法处理监护人侵害未成年人权益行为若干问题的意见

13. 检察机关加强未成年人司法保护八项措施

14. 中华人民共和国反家庭暴力法

1. 未成年人保护法

中华人民共和国未成年人保护法（摘录）

第十五条 父母或者其他监护人不得允许或者迫使未成年人结婚，不得为未成年人订立婚约。

第三十二条 国家鼓励新闻、出版、信息产业、广播、电影、电视、文艺等单位和作家、艺术家、科学家以及其他公民，创作或者提供有利于未成年人健康成长的作品。出版、制作和传播专门以未成年人为对象的内容健康的图书、报刊、音像制品、电子出版物以及网络信息等，国家给予扶持。

国家鼓励科研机构和科技团体对未成年人开展科学知识普及活动。

第三十四条 禁止任何组织、个人制作或者向未成年人出售、出租或者以其他方式传播淫秽、暴力、凶杀、恐怖、赌博等毒害未成年人的图书、报刊、音像制品、电子出版物以及网络信息等。

第三十六条 中小学校园周边不得设置营业性歌舞娱乐场所、互联网上网服务营业场所等不适宜未成年人活动的场所。

营业性歌舞娱乐场所、互联网上网服务营业场所等不适宜未成年人活动的场所，不得允许未成年人进入，经营者应当在显著位置设置未成年人禁入标志；对难以判明是否已成年的，应当要求其出示身份证件。

第四十一条 禁止拐卖、绑架、虐待未成年人，禁止对未成年人实施性侵害。

禁止胁迫、诱骗、利用未成年人乞讨或者组织未成年人进行有害其身心健康的表演等活动。

第五十六条 讯问、审判未成年犯罪嫌疑人、被告人，询问未成年证人、被害人，应当依照刑事诉讼法的规定通知其法定代理人或者其他人员到场。

公安机关、人民检察院、人民法院办理未成年人遭受性侵害的刑事案件，应当保护被害人的名誉。

第六十四条 制作或者向未成年人出售、出租或者以其他方式传播淫秽、暴力、凶杀、恐怖、赌博等图书、报刊、音像制品、电子出版物以及网络信息等的，由主管部门责令改正，依法给予行政处罚。

第六十六条 在中小学校园周边设置营业性歌舞娱乐场所、互联网上网服务营业场所等不适宜未成年人活动的场所的，由主管部门予以关闭，依法给予行政处罚。

营业性歌舞娱乐场所、互联网上网服务营业场所等不适宜未成年人活动的场所允许未成年人进入，或者没有在显著位置设置未成年人禁入标志的，由主管部门责令改正，依法给予行政处罚。

2. 教师法

中华人民共和国教师法（摘录）

第十四条　受到剥夺政治权利或者故意犯罪受到有期徒刑以上刑事处罚的，不能取得教师资格；已经取得教师资格的，丧失教师资格。

第三十七条　教师有下列情形之一的，由所在学校、其他教育机构或者教育行政部门给予行政处分或者解聘：

（一）故意不完成教育教学任务给教育教学工作造成损失的；

（二）体罚学生，经教育不改的；

（三）品行不良、侮辱学生，影响恶劣的。

教师有前款第（二）项、第（三）项所列情形之一，情节严重，构成犯罪的，依法追究刑事责任。

3. 治安管理处罚法

中华人民共和国治安管理处罚法（摘录）

第四十二条　有下列行为之一的，处五日以下拘留或者五百元以下罚款；情节较重的，处五日以上十日以下拘留，可以并处五百元以下罚款：

（一）写恐吓信或者以其他方法威胁他人人身安全的；

（二）公然侮辱他人或者捏造事实诽谤他人的；

（三）捏造事实诬告陷害他人，企图使他人受到刑事追究或者受到治安管理处罚的；

（四）对证人及其近亲属进行威胁、侮辱、殴打或者打击报复的；

（五）多次发送淫秽、侮辱、恐吓或者其他信息，干扰他人正常生活的；

（六）偷窥、偷拍、窃听、散布他人隐私的。

第四十四条　猥亵他人的，或者在公共场所故意裸露身体，情节恶劣的，处五日以上十日以下拘留；猥亵智力残疾人、精神病人、不满十四周岁的人或者有其他严重情节的，处十日以上十五日以下拘留。

第六十六条　卖淫、嫖娼的，处十日以上十五日以下拘留，可以并处五千元以下罚款；情节较轻的，处五日以下拘留或者五百元以下罚款。

在公共场所拉客招嫖的，处五日以下拘留或者五百元以下罚款。

第六十七条　引诱、容留、介绍他人卖淫的，处十日以上十五日以下拘留，可以并处五千元以下罚款；情节较轻的，处五日以下拘留或者五百元以下罚款。

第六十八条　制作、运输、复制、出售、出租淫秽的书刊、图片、影片、音像制品等淫秽物品或者利用计算机信息网络、电话以及其他通讯工具传播淫秽信息的，处十日以上十五日以下拘留，可以并处三千元以下罚款；情节较轻的，处五日以下拘留或者五百元以下罚款。

第六十九条　有下列行为之一的，处十日以上十五日以下拘留，并处五百元以上一千元以下罚款：

（一）组织播放淫秽音像的；

（二）组织或者进行淫秽表演的；

（三）参与聚众淫乱活动的。

明知他人从事前款活动，为其提供条件的，依照前款的规定处罚。

4. 刑法

中华人民共和国刑法（摘录）

第二百三十六条　以暴力、胁迫或者其他手段强奸妇女的，处三年以上十年以下有期徒刑。

奸淫不满十四周岁的幼女的，以强奸论，从重处罚。

强奸妇女、奸淫幼女，有下列情形之一的，处十年以上有期徒刑、无期徒刑或者死刑：

（一）强奸妇女、奸淫幼女情节恶劣的；

（二）强奸妇女、奸淫幼女多人的；

（三）在公共场所当众强奸妇女的；

（四）二人以上轮奸的；

（五）致使被害人重伤、死亡或者造成其他严重后果的。

第二百三十七条 以暴力、胁迫或者其他方法强制猥亵他人或者侮辱妇女的，处五年以下有期徒刑或者拘役。

聚众或者在公共场所当众犯前款罪的，或者有其他恶劣情节的，处五年以上有期徒刑。

猥亵儿童的，依照前两款的规定从重处罚。

第二百四十条 拐卖妇女、儿童的，处五年以上十年以下有期徒刑，并处罚金；有下列情形之一的，处十年以上有期徒刑或者无期徒刑，并处罚金或者没收财产；情节特别严重的，处死刑，并处没收财产。……

……

（三）奸淫被拐卖的妇女的；

（四）诱骗、强迫被拐卖的妇女卖淫或者将被拐卖的妇女卖给他人迫使其卖淫的；

……

拐卖妇女、儿童是指以出卖为目的，有拐骗、绑架、收买、贩卖、接送、中转妇女、儿童的行为之一的。

第二百四十一条 收买被拐卖的妇女、儿童的，处三年以下有期徒刑、拘役或者管制。收买被拐卖的妇女，强行与其发生性关系的，依照本法第二百三十六条的规定定罪处罚。……

第二百八十七条 利用信息网络实施下列行为之一，情节严重的，处三年以下有期徒刑或者拘役，并处或者单处罚金：

（一）设立用于实施诈骗、传授犯罪方法、制作或者销售违禁物品、管制物品等违法犯罪活动的网站、通讯群组的；

（二）发布有关制作或者销售毒品、枪支、淫秽物品等违禁物品、管制物品或者其他违法犯罪信息的；

……

单位犯前款罪的，对单位判处罚金，并对其直接负责的主管人员和其他直接责任人员，依照第一款的规定处罚。

有前两款行为，同时构成其他犯罪的，依照处罚较重的规定定罪处。

第三百零一条 聚众进行淫乱活动的，对首要分子或者多次参加的，处五年以下有期徒刑、拘役或者管制。

引诱未成年人参加聚众淫乱活动的，依照前款的规定从重处罚。

　　第三百五十八条　组织、强迫他人卖淫的，处五年以上十年以下有期徒刑，并处罚金；情节严重的，处十年以上有期徒刑或者无期徒刑，并处罚金或者没收财产。

　　组织、强迫未成年人卖淫的，依照前款的规定从重处罚。犯前两款罪，并有杀害、伤害、强奸、绑架等犯罪行为的，依照数罪并罚的规定处罚。

　　为组织卖淫的人招募、运送人员或者有其他协助组织他人卖淫行为的，处五年以下有期徒刑，并处罚金；情节严重的，处五年以上十年以下有期徒刑，并处罚金。

　　第三百五十九条　引诱、容留、介绍他人卖淫的，处五年以下有期徒刑、拘役或者管制，并处罚金；情节严重的，处五年以上有期徒刑，并处罚金。

　　引诱不满十四周岁的幼女卖淫的，处五年以上有期徒刑，并处罚金。

　　第三百六十三条　以牟利为目的，制作、复制、出版、贩卖、传播淫秽物品的，处三年以下有期徒刑、拘役或者管制，并处罚金；情节严重的，处三年以上十年以下有期徒刑，并处罚金；情节特别严重的，处十年以上有期徒刑或者无期徒刑，并处罚金或者没收财产。

　　为他人提供书号，出版淫秽书刊的，处三年以下有期徒刑、拘役或者管制，并处或者单处罚金；明知他人用于出版淫秽书刊而提供书号的，依照前款的规定处罚。

　　第三百六十四条　传播淫秽的书刊、影片、音像、图片或者其他淫秽物品，情节严重的，处二年以下有期徒刑、拘役或者管制。

　　组织播放淫秽的电影、录像等音像制品的，处三年以下有期徒刑、拘役或者管制，并处罚金；情节严重的，处三年以上十年以下有期徒刑，并处罚金。

　　制作、复制淫秽的电影、录像等音像制品组织播放的，依照第二款的规定从重处罚。

　　向不满十八周岁的未成年人传播淫秽物品的，从重处罚。

　　第三百六十五条　组织进行淫秽表演的，处三年以下有期徒刑、拘役或者管制，并处罚金；情节严重的，处三年以上十年以下有期徒刑，并处罚金。

　　第三百六十六条　单位犯本节第三百六十三条、第三百六十四条、第三百六十五条规定之罪的，对单位判处罚金，并对其直接负责的主管人员和其他直接责任人员，依照各该条的规定处罚。

　　第三百六十七条　本法所称淫秽物品，是指具体描绘性行为或者露骨宣扬色情的淫秽性的书刊、影片、录像带、录音带、图片及其他淫秽物品。

　　有关人体生理、医学知识的科学著作不是淫秽物品。

　　包含有色情内容的有艺术价值的文学、艺术作品不视为淫秽物品。

5. 教师资格条例

中华人民共和国教师资格条例（摘录）

第十八条 依照教师法第十四条的规定丧失教师资格的，不能重新取得教师资格，其教师资格证书由县级以上人民政府教育行政部门收缴。

6. 中小学教师违反职业道德行为处理办法

中小学教师违反职业道德行为处理办法（摘录）

第四条 教师有下列行为之一的，视情节轻重分别给予相应处分：

（一）在教育教学活动中有违背党和国家方针政策言行的；

（二）在教育教学活动中遇突发事件时，不履行保护学生人身安全职责的；

（三）在教育教学活动和学生管理、评价中不公平公正对待学生，产生明显负面影响的；

（四）在招生、考试、考核评价、职务评审、教研科研中弄虚作假、营私舞弊的；

（五）体罚学生的和以侮辱、歧视等方式变相体罚学生，造成学生身心伤害的；

（六）对学生实施性骚扰或者与学生发生不正当关系的；

（七）索要或者违反规定收受家长、学生财物的；

（八）组织或者参与针对学生的经营性活动，或者强制学生订购教辅资料、报刊等谋取利益的；

（九）组织、要求学生参加校内外有偿补课，或者组织、参与校外培训机构对学生有偿补课的；

（十）其他严重违反职业道德的行为应当给予相应处分的。

第九条 教师有第四条列举行为受到处分的，符合《教师资格条例》第十九条规定的，由县级以上教育行政部门依法撤销其教师资格。教师受处分期间暂缓教师资格定期注册。依据《中华人民共和国教师法》第十四条规定丧失教师资格的，不能重新取得教师资格。教师受降低专业技术职务等级处分期间不能申报高一级专业技术职务。教师受撤销专业技术职务处分期间不能重新申报专业技术职务。

7. 学生伤害事故处理办法

学生伤害事故处理办法（摘录）

第五条 学校应当对在校学生进行必要的安全教育和自护自救教育；应当按照规定，建立健全安全制度，采取相应的管理措施，预防和消除教育教学环境中存在的安全隐患；当发生伤害事故时，应当及时采取措施救助受伤害学生。

学校对学生进行安全教育、管理和保护，应当针对学生年龄、认知能力和法律行为能力的不同，采用相应的内容和预防措施。

第十四条 因学校教师或者其他工作人员与其职务无关的个人行为，或者因学生、教师及其他个人故意实施的违法犯罪行为，造成学生人身损害的，由致害人依法承担相应的责任。

第三十二条 发生学生伤害事故，学校负有责任且情节严重的，教育行政部门应当根据有关规定，对学校的直接负责的主管人员和其他直接责任人员，分别给予相应的行政处分；有关责任人的行为触犯刑律的，应当移送司法机关依法追究刑事责任。

第三十三条 学校管理混乱，存在重大安全隐患的，主管的教育行政部门或者其他有关部门应当责令其限期整顿；对情节严重或者拒不改正的，应当依据法律法规的有关规定，给予相应的行政处罚。

第三十四条 教育行政部门未履行相应职责，对学生伤害事故的发生负有责任的，由有关部门对直接负责的主管人员和其他直接责任人员分别给予相应的行政处分；有关责任人的行为触犯刑律的，应当移送司法机关依法追究刑事责任。

8. 中小学幼儿园安全管理办法

中小学幼儿园安全管理办法（摘录）

第七条 教育行政部门对学校安全工作履行下列职责：

（一）全面掌握学校安全工作状况，制定学校安全工作考核目标，加强对学校安全工作的检查指导，督促学校建立健全并落实安全管理制度；

（二）建立安全工作责任制和事故责任追究制，及时消除安全隐患，指导学校妥善处理学生伤害事故；

（三）及时了解学校安全教育情况，组织学校有针对性地开展学生安全教育，不断提高教育实效；

（四）制定校园安全的应急预案，指导、监督下级教育行政部门和学校开展安全工作；

（五）协调政府其他相关职能部门共同做好学校安全管理工作，协助当地人民政府组织对学校安全事故的救援和调查处理。

教育督导机构应当组织学校安全工作的专项督导。

第八条　公安机关对学校安全工作履行下列职责：

（一）了解掌握学校及周边治安状况，指导学校做好校园保卫工作，及时依法查处扰乱校园秩序、侵害师生人身、财产安全的案件；

（二）指导和监督学校做好消防安全工作；

（三）协助学校处理校园突发事件。

第十三条　文化、新闻出版、工商等部门应当对校园周边的有关经营服务场所加强管理和监督，依法查处违法经营者，维护有利于青少年成长的良好环境。

司法行政、公安等部门应当按照有关规定履行学校安全教育职责。

第十五条　学校应当遵守有关安全工作的法律、法规和规章，建立健全校内各项安全管理制度和安全应急机制，及时消除隐患，预防发生事故。

第十六条　学校应当建立校内安全工作领导机构，实行校长负责制；应当设立保卫机构，配备专职或者兼职安全保卫人员，明确其安全保卫职责。

第十七条　学校应当健全门卫制度，建立校外人员入校的登记或者验证制度，禁止无关人员和校外机动车入内，禁止将非教学用易燃易爆物品、有毒物品、动物和管制器具等危险物品带入校园。

学校门卫应当由专职保安或者其他能够切实履行职责的人员担任。

第二十四条　学校应当建立学生安全信息通报制度，将学校规定的学生到校和放学时间、学生非正常缺席或者擅自离校情况以及学生身体和心理的异常状况等关系学生安全的信息，及时告知其监护人。

对有特异体质、特定疾病或者其他生理、心理状况异常以及有吸毒行为的学生，学校应当做好安全信息记录，妥善保管学生的健康与安全信息资料，依法保护学生的个人隐私。

第二十五条　有寄宿生的学校应当建立住宿学生安全管理制度，配备专人负责住宿学生的生活管理和安全保卫工作。

学校应当对学生宿舍实行夜间巡查、值班制度，并针对女生宿舍安全工作的特点，加强对女生宿舍的安全管理。

学校应当采取有效措施，保证学生宿舍的消防安全。

第二十六条 学校购买或者租用机动车专门用于接送学生的，应当建立车辆管理制度，并及时到公安机关交通管理部门备案。接送学生的车辆必须检验合格，并定期维护和检测。

接送学生专用校车应当粘贴统一标识。标识样式由省级公安机关交通管理部门和教育行政部门制定。

学校不得租用拼装车、报废车和个人机动车接送学生。

接送学生的机动车驾驶员应当身体健康，具备相应准驾车型三年以上安全驾驶经历，最近三年内任一记分周期没有记满 12 分记录，无致人伤亡的交通责任事故。

第三十一条 小学、幼儿园应当建立低年级学生、幼儿上下学时接送的交接制度，不得将晚离学校的低年级学生、幼儿交与无关人员。

第三十二条 学生在教学楼进行教学活动和晚自习时，学校应当合理安排学生疏散时间和楼道上下顺序，同时安排人员巡查，防止发生拥挤踩踏伤害事故。

晚自习学生没有离校之前，学校应当有负责人和教师值班、巡查。

第三十四条 学校不得将场地出租给他人从事易燃、易爆、有毒、有害等危险品的生产、经营活动。

学校不得出租校园内场地停放校外机动车辆；不得利用学校用地建设对社会开放的停车场。

第三十五条 学校教职工应当符合相应任职资格和条件要求。学校不得聘用因故意犯罪而受到刑事处罚的人，或者有精神病史的人担任教职工。

学校教师应当遵守职业道德规范和工作纪律，不得侮辱、殴打、体罚或者变相体罚学生；发现学生行为具有危险性的，应当及时告诫、制止，并与学生监护人沟通。

第三十八条 学校应当按照国家课程标准和地方课程设置要求，将安全教育纳入教学内容，对学生开展安全教育，培养学生的安全意识，提高学生的自我防护能力。

第三十九条 学校应当在开学初、放假前，有针对性地对学生集中开展安全教育。新生入校后，学校应当帮助学生及时了解相关的学校安全制度和安全规定。

第四十条 学校应当针对不同课程实验课的特点与要求，对学生进行实验用品的防毒、防爆、防辐射、防污染等的安全防护教育。

学校应当对学生进行用水、用电的安全教育，对寄宿学生进行防火、防盗和人身防护等方面的安全教育。

第四十一条第一款 学校应当对学生开展安全防范教育，使学生掌握基本的自我保护技能，应对不法侵害。

第四十四条 教育行政部门应当组织负责安全管理的主管人员、学校校长、幼儿园园长和学校负责安全保卫工作的人员，定期接受有关安全管理培训。

第四十五条 学校应当制定教职工安全教育培训计划，通过多种途径和方法，使教职工熟悉安全规章制度、掌握安全救护常识，学会指导学生预防事故、自救、逃生、紧急避险的方法和手段。

第四十六条 学生监护人应当与学校互相配合，在日常生活中加强对被监护人的各项安全教育。

学校鼓励和提倡监护人自愿为学生购买意外伤害保险。

第四十七条 教育、公安、司法行政、建设、交通、文化、卫生、工商、质检、新闻出版等部门应当建立联席会议制度，定期研究部署学校安全管理工作，依法维护学校周边秩序；通过多种途径和方式，听取学校和社会各界关于学校安全管理工作的意见和建议。

第四十九条 公安机关应当把学校周边地区作为重点治安巡逻区域，在治安情况复杂的学校周边地区增设治安岗亭和报警点，及时发现和消除各类安全隐患，处置扰乱学校秩序和侵害学生人身、财产安全的违法犯罪行为。

第五十一条 公安机关和交通部门应当依法加强对农村地区交通工具的监督管理，禁止没有资质的车船搭载学生。

第五十二条 文化部门依法禁止在中学、小学校园周围 200 米范围内设立互联网上网服务营业场所，并依法查处接纳未成年人进入的互联网上网服务营业场所。工商行政管理部门依法查处取缔擅自设立的互联网上网服务营业场所。

第五十三条 新闻出版、公安、工商行政管理等部门应当依法取缔学校周边兜售非法出版物的游商和无证照摊点，查处学校周边制售含有淫秽色情、凶杀暴力等内容的出版物的单位和个人。

第六十三条 校外单位或者人员违反治安管理规定、引发学校安全事故的，或者在学校安全事故处理过程中，扰乱学校正常教育教学秩序、违反治安管理规定的，由公安机关依法处理；构成犯罪的，依法追究其刑事责任；造成学校财产损失的，依法承担赔偿责任。

9. 关于辽宁等地相继发生教师强奸猥亵学生事件的情况通报

教育部、公安部、司法部
关于辽宁等地相继发生教师强奸猥亵学生事件的情况通报

（教师 [2003] 1 号）

各省、自治区、直辖市教育厅（教委）、公安厅（局）、司法厅（局），新疆生产建设兵团教委、公安局、司法局：

最近陆续发生了多起教师强奸学生的恶性犯罪事件。辽宁省沈阳市苏家屯区八一镇武镇营子村小学教师程世俊在 2001 年 3 月至 2002 年 11 月期间，以辅导批改作业为名，在教室对班级中的 6 名女学生进行多次猥亵、强奸。2002 年 11 月案发被公安部门依法逮捕，2003 年 5 月程世俊被依法判处死刑。辽宁省教育厅责成沈阳市有关部门对相关责任人作了严肃处理，免去了沈阳市苏家屯区教育局党委书记、局长职务，八一镇镇党委书记职务，撤销了区教育局人事科科长、中心小学校长、分校主任职务。吉林省通化市二道江区二道江乡中心校教师栗锋在 1998 年 8 月至 2002 年 8 月期间，强奸、猥亵女学生 19 人。2002 年 9 月案发被公安部门依法逮捕，同月栗锋被依法判处死刑。吉林省教育厅责成通化市教育局对相关责任人作了严肃处理，免去了二道江乡中心校校长兼党支部书记职务，中心校副校长职务。

程世骏、栗锋等败类虽属教师队伍中的极少数，但犯罪性质严重，社会影响恶劣，危害学生终身，严重损害人民教师的社会形象，应当引起我们的高度重视。据了解，类似的犯罪事件在其他一些地方也有发生。各地对已经发生的教师性犯罪事件一定要从速处理，严厉打击罪犯，严肃处理相关责任人。为了坚决杜绝此类事件的再度发生，纯洁教师队伍，切实保护学生的合法权益，特此予以通报，并提出要求如下：

一、坚决依法打击教师队伍中的性犯罪分子，严惩不贷。根据《中华人民共和国刑法》第 236 条和第 237 条的规定，奸淫不满十四周岁幼女的，以强奸论，从重处罚；猥亵儿童的，依照强制猥亵、侮辱妇女罪的规定从重处罚。中国具有尊师重教的优良传统，家长和学生对教师怀有善良的崇敬心情，教师利用这种条件，利用职务之便，强奸猥亵女学生，尤其令人不能容忍。对于像程世骏、栗锋之类的犯罪分子，要坚决依法从重、从快打击，严惩不贷。

二、对事件相关责任人要严肃处理，决不姑息。学校对学生负有保护责任。校长是学校的第一责任人，负领导责任。学校管理松懈，发生教师性犯罪事件的，要坚决依法追究校长、教育行政部门领导和相关管理人员的责任，严重的要撤销行政职务和开除公职。学校发生危害学生的性犯罪案件时，要立即向上级和公安部门报告，积极协助公安、司法部门尽快侦破案件，惩办罪犯。对推卸责任、延缓上报的要追究学校领导的行政责任，对包庇罪犯、隐瞒不报的要坚决依法追究有关领导及相关责任人的法律责任。

对于违反教师资格制度，造成被录用的不具备教师资格的人对学生进行性犯罪的，要从严从重查处徇私舞弊的相关责任人。

学校每个教职工对学生人身安全都负有保护责任。对教师性犯罪知情不报的教师，丧失了作为教师的基本职业道德，要开除出教师队伍，永不录用。

三、严格管理，从严治教，从制度上杜绝教师性犯罪伤害学生案件的发生。各级教育行政部门和学校要建立严格的考核、责任制度，加强对学校工作和校园安全的日常管理和检查，并使之规范化、经常化；建立学校性犯罪案件报告制度，学校要定期向主管教育行政部门报告；各省级教育行政部门每年向教育部报告本地当年学校教师性犯罪案件情况；建立健全家长、社区对学校的监督制度。学校要加强与家长、社区的联系，建立家长委员会，与他们共商防范措施，将问题消灭在萌芽状态。教育行政部门要将家长委员会和社区的意见作为对学校工作考核的重要依据；健全法制副校长制度，将学校的法制副校长制度落实到位。加强教育部门与公安部门的合作，加大工作力度，通过警民共建，切实保障校园及周边安全和师生安全。

四、加强法制教育和师德教育。各级教育行政部门要进一步提高认识，与公安、司法行政部门密切配合，加大对全社会，特别是教师、学生和家长的法制宣传教育工作力度。要结合落实法制副校长制度，把法制教育放在学校工作的突出位置，要按照教育部等四部委下发的《关于加强青少年学生法制教育工作的若干意见》的有关要求，对教师的普法教育坚持常抓不懈，做到有标准、有要求、有措施、有考核。新任教师上岗前必须接受法制教育，使广大教师在学法、守法、用法等各个方面都能为人师表。每一个教育工作者，都要充分认识到保护青少年健康成长的责任和义务。学校要通过多种方式开展对学生及其家长的法制教育，使学生和家长了解《未成年人保护法》及有关保护青少年学生的相关法规的内容，要根据不同学龄阶段学生的生理、心理特点和接受能力，进一步加强青少年学生的法制教育和性教育，增强他们的法律意识和法制观念，敢于揭发性犯罪行为，提高学生的自我保护意识和抵御不法侵害、依法维护自身合法权益的能力。各地要结合实际，利用广播、电视、报刊、网络等各种媒体，在教育系统广泛开展法制宣传教育，提高全体教师、学生和教育行政干部的法律意识，为从根本上预防和消除教师性犯罪现象营造良好的社会环境。

各级教育行政部门和中小学校要建立健全师德建设的各项规章制度，根据本地、本校的实际，提出师德建设的目标、要求及有效措施。建立以教育为基础，以制度建设为核心，以督导评估为手段的师德建设工作机制，使师德建设工作步入经常化、制度化轨道，大力提高教师队伍的师德水平。

五、结合本通报，集中进行一次学习和教育活动。在今年秋季开学前，各中小学校要组织全体教师学习本通报和《未成年人保护法》，对教师集中进行一次法制学习和教育活动，增强广大教师保护学生的责任感和使命感。

各省级教育行政部门要根据本通报的要求，认真做好本地区教师学习和教育的落实工作，并于 2003 年 9 月底之前，将本地区组织落实教师学习和教育活动的情况上报教育部。

联系单位：教育部师范教育司

联系电话：（010）66096546

教育部

公安部

司法部

二〇〇三年七月二十八日

10. 关于做好预防少年儿童遭受性侵工作的意见

教育部 公安部 共青团中央 全国妇联
关于做好预防少年儿童遭受性侵工作的意见

教基一 [2013] 8 号

各省、自治区、直辖市教育厅（教委）、公安厅（局）、团委、妇联，新疆生产建设兵团教育局、公安局、团委、妇联：

近年来，在党中央、国务院的正确领导下，在各级党委政府及教育、公安、共青团、妇联等有关部门的共同努力下，少年儿童保护工作取得积极进展，少年儿童安全事故数量和非正常死亡人数逐年下降。但是，少年儿童保护工作也出现了一些新情况、新问题，亟待加以研究解决，如寄宿制学校增多导致学校日常安全管理难度加大，留守儿童由于缺乏父母监管容易出现安全问题，社会不良风气影响少年儿童身心发展，特别是今年以来媒体集中曝光的个别地方出现的少年儿童被性侵犯案件，引发社会各界高度关注。为切实预防性侵犯少年儿童案件的发生，进一步加强少年儿童保护工作，确保教育系统和谐稳定，现提出以下意见。

一、科学做好预防性侵犯教育。各地教育部门、共青团、妇联组织要通过课堂教学、讲座、班队会、主题活动、编发手册等多种形式开展性知识教育、预防性侵犯教育，提高师生、家长对性侵犯犯罪的认识。广泛宣传"家长保护儿童须知"及"儿童保护须知"，教育学生特别是女学生提高自我保护意识和能力，了解预防性侵犯的知识，知晓什么是性侵犯，遭遇性侵犯后如何寻求他人帮助。教育学生特别是女学生提高警觉，外出时尽量结伴而行，离家时一定要告诉父母返回时间、和谁在一起、联系方式等，牢记父母电话及报警电话。要运用各类媒体普及有关知识，有条件的地方可设立学生保护热线和网站。

二、定期开展隐患摸底排查。各地教育部门要定期组织力量对中小学校进行拉网式排查，全面检查学校日常安全管理制度是否存在漏洞，重点检查教职工、学生是否有异常情况，特别是要关注班级内学生尤其是女学生有无学习成绩突然下滑、精神恍惚、无故旷课等异常表现及产生的原因。要加强对边远地区、山区学校、教学点的排查，切实做到县不漏校，校不漏人。对排查中发现的安全隐患要及时整改，发现的性侵犯事件线索和苗头要认真核实，涉及违法犯罪的要及时报警并报告上级部门。

三、全面落实日常管理制度。各地教育部门要坚持"谁主管、谁负责，谁开办、谁负责"的原则，落实中小学校长作为校园内部安全管理和学生保护第一责任人的责任。要指导学校建立低年级学生上下学接送交接制度，不得将晚离校学生交与无关人员。健全学生请假、销假制度，严禁学生私自离校。加强人防、物防和技防建设，完善重点时段和关键部位的安全监管。严格落实值班、巡查制度，加强校园周边治安综合治理。严格实行外来人员、车辆登记制度和内部人员、车辆出入证制度。

四、从严管理女生宿舍。各地教育部门和寄宿制学校要对所有女生宿舍实行"封闭式"管理，尚未实现"封闭式"管理的要抓紧时间改善宿舍条件。女生宿舍原则上应聘用女性管理人员。未经宿管人员许可，所有男性，包括老师和家长，一律不得进入女生宿舍。宿舍管理人员发现有可疑人员在女生宿舍周围游荡，要立即向学校报告并采取相应防范措施。学生临时有事离校回家必须向学校请假并电话告知家长，经宿舍管理人员同意并登记后方可离校。做好学生夜间点名工作，发现有无故夜不归宿者要及时报告。

五、切实加强教职员工管理。各地教育部门要把好入口关，落实对校长、教师和职工从业资格有关规定，加强对临时聘用人员的准入资质审查，坚决清理和杜绝不合格人员进入学校工作岗位，严禁聘用受到剥夺政治权利或者故意犯罪受到刑事处罚人员、有精神病史人员担任教职员工。要将师德教育、法制教育纳入教职员工培训内容及考核范围，加强考核和评价，落实管理职责。要加强对教职员工的品行考核，对品行不良、侮辱学生、影响恶劣的，由县级以上教育行政部门撤销其教师资格。要关注教职员工队伍心理状况及工作状况，加强心理辅导，防止个别教职员工出现极端心理问题，及时预防个别教职员工出现的不良行为。

六、密切保持家校联系。各地教育部门、妇联组织要通过开展家访、召开家长会、举办家长学校等方式，提醒家长尽量多安排时间和孩子相处交流，切实履行对孩子的监护责任，特别要做好学生离校后的监管看护教育工作。要让家长了解必要的性知识和预防性侵犯知识，并通过适当方式向孩子进行讲解。学校要同家庭随时保持联系，特别要关注留守儿童家庭，及时掌握孩子情况，特别是发现孩子有异常表现时，家校双方要及时沟通，深入了解孩子表现情况，共同分析异常原因，及时采取应对措施。学校家长委员会、家长学校要与社区家长学校密切联系，构筑学校、家庭、社区有效衔接的保护网络。

七、妥善处置中小学生性侵犯事件。各地教育部门要建立中小学生性侵犯案件及时报告制度，一旦发现学生在学校内遭受性侵犯，学校或家长要立即报警并彼此告知，同时学校要及时向上级教育主管部门报告，报告时相关人员有义务保护未成年人合法权益，严格保护学生隐私，防止泄露有关学生个人及其家庭的信息，避免再次伤害。教育部门和学校要与共青团、妇联、家庭和医院等积极配合，向被性侵犯的学生及其家人提供帮助，及时开展相应的心理辅导和家庭支持，帮助他们尽快走出心理阴影。被性侵犯的学生有转学需求的，教育部门和学校应予以安排。对性侵学生者，各地要依法严惩，决不姑息。

八、努力营造良好社会环境和舆论氛围。各地教育部门、公安机关要分析学校及周边安全形势，掌握治安乱点和突出问题，大力整治学校及周边安全隐患。各地公安机关要重点排查民办学校、城乡结合部学校、寄宿制学校内部及周边的安全隐患，严厉打击对少年儿童性侵犯的违法犯罪活动。要加强校园周边巡逻防控，防止发生社会人员性侵犯在校女学生案件。各地教育部门要协调有关部门进一步加强对学生保护工作的正面宣传引导，防止媒体过度渲染报道性侵犯学生案件，营造全社会共同关心、关爱学生健康成长的良好氛围。

九、积极构建长效机制。各地教育部门要将预防性侵犯教育作为安全教育的重要内容，在开学后、放假前等重点时段集中开展，纳入对新上岗教职工和新入学学生的培训教育中。共青团组织要将预防性侵犯教育作为青少年自护教育活动的重要方面，依托各地 12355 青少年服务台，开设自护教育热线，组织专业社工、公益律师、志愿者开展有针对性的自护教育、心理辅导和法律咨询。妇联组织要将预防性侵犯教育纳入女童尤其是农村留守流动女童家庭教育指导服务重点内容，维护女童合法权益。要加强协同配合，努力构建教育、公安、共青团、妇联、家庭、社会六位一体的保护中小学生工作机制，做到安全监管全覆盖。

教育部 公安部

共青团中央 全国妇联

2013 年 9 月 3 日

11. 关于依法惩治性侵害未成年人犯罪的意见

最高人民法院 最高人民检察院 公安部 司法部
关于依法惩治性侵害未成年人犯罪的意见

2013 年 10 月

为依法惩治性侵害未成年人犯罪，保护未成年人合法权益，根据刑法、刑事诉讼法和未成年人保护法等法律和司法解释的规定，结合司法实践经验，制定本意见。

一、基本要求

1. 本意见所称性侵害未成年人犯罪，包括刑法第二百三十六条、第二百三十七条、第三百五十八条、第三百五十九条、第三百六十条第二款规定的针对未成年人实施的强奸罪，强制猥亵、侮辱妇女罪，猥亵儿童罪，组织卖淫罪，强迫卖淫罪，引诱、容留、介绍卖淫罪，引诱幼女卖淫罪，嫖宿幼女罪等。

2. 对于性侵害未成年人犯罪，应当依法从严惩治。

3. 办理性侵害未成年人犯罪案件，应当充分考虑未成年被害人身心发育尚未成熟、易受伤害等特点，贯彻特殊、优先保护原则，切实保障未成年人的合法权益。

4. 对于未成年人实施性侵害未成人犯罪的,应当坚持双向保护原则,在依法保护未成年被害人的合法权益时,也要依法保护未成年犯罪嫌疑人、未成年被告人的合法权益。

5. 办理性侵害未成年人犯罪案件,对于涉及未成年被害人、未成年犯罪嫌疑人和未成年被告人的身份信息及可能推断出其身份信息的资料和涉及性侵害的细节等内容,审判人员、检察人员、侦查人员、律师及其他诉讼参与人应当予以保密。

对外公开的诉讼文书,不得披露未成年被害人的身份信息及可能推断出其身份信息的其他资料,对性侵害的事实注意以适当的方式叙述。

6. 性侵害未成年人犯罪案件,应当由熟悉未成年人身心特点的审判人员、检察人员、侦查人员办理,未成年被害人系女性的,应当有女性工作人员参与。

人民法院、人民检察院、公安机关设有办理未成年人刑事案件专门工作机构或者专门工作小组的,可以优先由专门工作机构或者专门工作小组办理性侵害未成年人犯罪案件。

7. 各级人民法院、人民检察院、公安机关和司法行政机关应当加强与民政、教育、妇联、共青团等部门及未成年人保护组织的联系和协作,共同做好性侵害未成年人犯罪预防和未成年被害人的心理安抚、疏导工作,从有利于未成年人身心健康的角度,对其给予必要的帮助。

8. 上级人民法院、人民检察院、公安机关和司法行政机关应当加强对下指导和业务培训。各级人民法院、人民检察院、公安机关和司法行政机关要增强对未成年人予以特殊、优先保护的司法理念,完善工作机制,提高办案能力和水平。

二、办案程序要求

9. 对未成年人负有监护、教育、训练、救助、看护、医疗等特殊职责的人员(以下简称负有特殊职责的人员)以及其他公民和单位,发现未成年人受到性侵害的,有权利也有义务向公安机关、人民检察院、人民法院报案或者举报。

10. 公安机关接到未成年人被性侵害的报案、控告、举报,应当及时受理,迅速进行审查。经审查,符合立案条件的,应当立即立案侦查。

公安机关发现可能有未成年人被性侵害或者接报相关线索的,无论案件是否属于本单位管辖,都应当及时采取制止违法犯罪行为、保护被害人、保护现场等紧急措施,必要时,应当通报有关部门对被害人予以临时安置、救助。

11. 人民检察院认为公安机关应当立案侦查而不立案侦查的,或者被害人及其法定代理人、对未成年人负有特殊职责的人员据此向人民检察院提出异议的，人民检察院应当要求公安机关说明不立案的理由。人民检察院认为不立案理由不成立的，应当通知公安机关立案，公安机关接到通知后应当立案。

12. 公安机关侦查未成年人被性侵害案件，应当依照法定程序，及时、全面收集固定证据。及时对性侵害犯罪现场进行勘查，对未成年被害人、犯罪嫌疑人进行人身检查，提取体液、毛发、被害人和犯罪嫌疑人指甲内的残留物等生物样本，指纹、足迹、鞋印等痕迹，衣物、纽扣等物品；及时提取住宿登记表等书证，现场监控录像等视听资料；及时收集被害人陈述、证人证言和犯罪嫌疑人供述等证据。

13. 办案人员到未成年被害人及其亲属、未成年证人所在学校、单位、居住地调查取证的，应当避免驾驶警车、穿着制服或者采取其他可能暴露被害人身份、影响被害人名誉、隐私的方式。

14. 询问未成年被害人，审判人员、检察人员、侦查人员和律师应当坚持不伤害原则，选择未成年人住所或者其他让未成年人心理上感到安全的场所进行，并通知其法定代理人到场。无法通知、法定代理人不能到场或者法定代理人是性侵害犯罪嫌疑人、被告人的，也可以通知未成年被害人的其他成年亲属或者所在学校、居住地基层组织、未成年人保护组织的代表等有关人员到场，并将相关情况记录在案。

询问未成年被害人，应当考虑其身心特点，采取和缓的方式进行。对与性侵害犯罪有关的事实应当进行全面询问，以一次询问为原则，尽可能避免反复询问。

15. 人民法院、人民检察院办理性侵害未成年人案件，应当及时告知未成年被害人及其法定代理人或者近亲属有权委托诉讼代理人，并告知其如果经济困难，可以向法律援助机构申请法律援助。对需要申请法律援助的，应当帮助其申请法律援助。法律援助机构应当及时指派熟悉未成年人身心特点的律师为其提供法律帮助。

16. 人民法院、人民检察院、公安机关办理性侵害未成年人犯罪案件，除有碍案件办理的情形外，应当将案件进展情况、案件处理结果及时告知被害人及其法定代理人，并对有关情况予以说明。

17. 人民法院确定性侵害未成年人犯罪案件开庭日期后，应当将开庭的时间、地点通知未成年被害人及其法定代理人。未成年被害人的法定代理人可以陪同或者代表未成年被害人参加法庭审理，陈述意见，法定代理人是性侵害犯罪被告人的除外。

18. 人民法院开庭审理性侵害未成年人犯罪案件，未成年被害人、证人确有必要出庭的，应当根据案件情况采取不暴露外貌、真实声音等保护措施。有条件的，可以采取视频等方式播放未成年人的陈述、证言，播放视频亦应采取保护措施。

三、准确适用法律

19. 知道或者应当知道对方是不满十四周岁的幼女，而实施奸淫等性侵害行为的，应当认定行为人"明知"对方是幼女。

对于不满十二周岁的被害人实施奸淫等性侵害行为的，应当认定行为人"明知"对方是幼女。

对于已满十二周岁不满十四周岁的被害人，从其身体发育状况、言谈举止、衣着特征、生活作息规律等观察可能是幼女，而实施奸淫等性侵害行为的，应当认定行为人"明知"对方是幼女。

20. 以金钱财物等方式引诱幼女与自己发生性关系的；知道或者应当知道幼女被他人强迫卖淫而仍与其发生性关系的，均以强奸罪论处。

21. 对幼女负有特殊职责的人员与幼女发生性关系的，以强奸罪论处。

对已满十四周岁的未成年女性负有特殊职责的人员，利用其优势地位或者被害人孤立无援的境地，迫使未成年被害人就范，而与其发生性关系的，以强奸罪定罪处罚。

22. 实施猥亵儿童犯罪，造成儿童轻伤以上后果，同时符合刑法第二百三十四条或者第二百三十二条的规定，构成故意伤害罪、故意杀人罪的，依照处罚较重的规定定罪处罚。

对已满十四周岁的未成年男性实施猥亵，造成被害人轻伤以上后果，符合刑法第二百三十四条或者第二百三十二条规定的，以故意伤害罪或者故意杀人罪定罪处罚。

23. 在校园、游泳馆、儿童游乐场等公共场所对未成年人实施强奸、猥亵犯罪，只要有其他多人在场，不论在场人员是否实际看到，均可以依照刑法第二百三十六条第三款、第二百三十七条的规定，认定为在公共场所"当众"强奸妇女，强制猥亵、侮辱妇女，猥亵儿童。

24. 介绍、帮助他人奸淫幼女、猥亵儿童的，以强奸罪、猥亵儿童罪的共犯论处。

25. 针对未成年人实施强奸、猥亵犯罪的，应当从重处罚，具有下列情形之一的，更要依法从严惩处：

(1) 对未成年人负有特殊职责的人员、与未成年人有共同家庭生活关系的人员、国家工作人员或者冒充国家工作人员，实施强奸、猥亵犯罪的；

(2) 进入未成年人住所、学生集体宿舍实施强奸、猥亵犯罪的；

(3) 采取暴力、胁迫、麻醉等强制手段实施奸淫幼女、猥亵儿童犯罪的；

(4) 对不满十二周岁的儿童、农村留守儿童、严重残疾或者精神智力发育迟滞的未成年人，实施强奸、猥亵犯罪的；

(5) 猥亵多名未成年人，或者多次实施强奸、猥亵犯罪的；

(6) 造成未成年被害人轻伤、怀孕、感染性病等后果的；

(7) 有强奸、猥亵犯罪前科劣迹的。

26. 组织、强迫、引诱、容留、介绍未成年人卖淫构成犯罪的，应当从重处罚。强迫幼女卖淫、引诱幼女卖淫的，应当分别按照刑法第三百五十八条第一款第（二）项、第三百五十九条第二款的规定定罪处罚。

对未成年人负有特殊职责的人员、与未成年人有共同家庭生活关系的人员、国家工作人员，实施组织、强迫、引诱、容留、介绍未成年人卖淫等性侵害犯罪的，更要依法从严惩处。

27. 已满十四周岁不满十六周岁的人偶尔与幼女发生性关系，情节轻微、未造成严重后果的，不认为是犯罪。

四、其他事项

28. 对于强奸未成年人的成年犯罪分子判处刑罚时，一般不适用缓刑。

对于性侵害未成年人的犯罪分子确定是否适用缓刑，人民法院、人民检察院可以委托犯罪分子居住地的社区矫正机构，就对其宣告缓刑对所居住社区是否有重大不良影响进行调查。受委托的社区矫正机构应当及时组织调查，在规定的期限内将调查评估意见提交委托机关。

对于判处刑罚同时宣告缓刑的，可以根据犯罪情况，同时宣告禁止令，禁止犯罪分子在缓刑考验期内从事与未成年人有关的工作、活动，禁止其进入中小学校区、幼儿园园区及其他未成年人集中的场所，确因本人就学、居住等原因，经执行机关批准的除外。

29. 外国人在我国领域内实施强奸、猥亵未成年人等犯罪的，应当依法判处，在判处刑罚时，可以独立适用或者附加适用驱逐出境。对于尚不构成犯罪但构成违反治安管理行为的，或者因实施性侵害未成年人犯罪不适宜在中国境内继续停留居留的，公安机关可以依法适用限期出境或者驱逐出境。

30. 对于判决已生效的强奸、猥亵未成年人犯罪案件，人民法院在依法保护被害人隐私的前提下，可以在互联网公布相关裁判文书，未成年人犯罪的除外。

31. 对于未成年人因被性侵害而造成的人身损害，为进行康复治疗所支付的医疗费、护理费、交通费、误工费等合理费用，未成年被害人及其法定代理人、近亲属提出赔偿请求的，人民法院依法予以支持。

32. 未成年人在幼儿园、学校或者其他教育机构学习、生活期间被性侵害而造成人身损害，被害人及其法定代理人、近亲属据此向人民法院起诉要求上述单位承担赔偿责任的，人民法院依法予以支持。

33. 未成年人受到监护人性侵害，其他具有监护资格的人员、民政部门等有关单位和组织向人民法院提出申请，要求撤销监护人资格，另行指定监护人的，人民法院依法予以支持。

34. 对未成年被害人因性侵害犯罪而造成人身损害，不能及时获得有效赔偿，生活困难的，各级人民法院、人民检察院、公安机关可会同有关部门，优先考虑予以司法救助。

12. 关于依法处理监护人侵害未成年人权益行为若干问题的意见

最高人民法院 最高人民检察院 公安部 民政部
关于依法处理监护人侵害未成年人权益行为若干问题的意见（摘录）
2014 年 12 月

1. 本意见所称监护侵害行为，是指父母或者其他监护人（以下简称监护人）性侵害、出卖、遗弃、虐待、暴力伤害未成年人，教唆、利用未成年人实施违法犯罪行为，胁迫、诱骗、利用未成年人乞讨，以及不履行监护职责严重危害未成年人身心健康等行为。

35. 被申请人有下列情形之一的，人民法院可以判决撤销其监护人资格：

（一）性侵害、出卖、遗弃、虐待、暴力伤害未成年人，严重损害未成年人身心健康的；

（二）将未成年人置于无人监管和照看的状态，导致未成年人面临死亡或者严重伤害危险，经教育不改的；

（三）拒不履行监护职责长达六个月以上，导致未成年人流离失所或者生活无着的；

（四）有吸毒、赌博、长期酗酒等恶习无法正确履行监护职责或者因服刑等原因无法履行监护职责，且拒绝将监护职责部分或者全部委托给他人，致使未成年人处于困境或者危险状态的；

（五）胁迫、诱骗、利用未成年人乞讨，经公安机关和未成年人救助保护机构等部门三次以上批评教育拒不改正，严重影响未成年人正常生活和学习的；

（六）教唆、利用未成年人实施违法犯罪行为，情节恶劣的；

（七）有其他严重侵害未成年人合法权益行为的。

40. 人民法院经审理认为申请人确有悔改表现并且适宜担任监护人的，可以判决恢复其监护人资格，原指定监护人的监护人资格终止。

申请人具有下列情形之一的，一般不得判决恢复其监护人资格：

（一）性侵害、出卖未成年人的；

（二）虐待、遗弃未成年人六个月以上、多次遗弃未成年人，并且造成重伤以上严重后果的；

（三）因监护侵害行为被判处五年有期徒刑以上刑罚的。

13. 检察机关加强未成年人司法保护八项措施

检察机关加强未成年人司法保护八项措施（摘录）

2015 年 5 月

一、严厉惩处各类侵害未成年人的犯罪。对成人性侵害、拐卖、绑架、遗弃、伤害、虐待未成年人以及教唆、胁迫、诱骗、利用未成年人犯罪等严重侵害未成年人身心健康和合法权益犯罪，坚持零容忍态度，依法从严从快批捕、起诉，加大指控犯罪力度，充分发挥法律威慑和震慑作用，坚决斩断伸向未成年人的黑手。同时，加大对侵害未成年人权益、怠于落实未成年人保护制度方面职务犯罪的查处力度，依法严惩侵吞、挪用、违法发放未成年人专项救助、救济资金等贪污犯罪，对国家工作人员发现或者应当发现未成年人权益受到侵害或可能受到侵害，应当采取措施而未采取措施，导致未成年人重伤或者死亡等严重后果的，应当依法及时查办，保证国家对未成年人保护的法律规定、福利政策落实到位。

二、努力保护救助未成年被害人。依法保障未成年被害人及其法定代理人参与权、知情权等各项诉讼权利，保护未成年被害人的名誉权、隐私权等合法权利，避免在办案中造成"二次伤害"。对于性侵未成年人等刑事案件，有条件的地方检察机关可以会同公安机关建立询问未成年被害人同步录音录像制度。同时，要注重加强与司法、民政、教育、卫生等相关部门和未成年人保护组织的联系和协作，推动落实法律援助、司法救助、身体康复、心理疏导、转移安置、技能培训、经济帮扶等综合救助工作，努力帮助未成年被害人恢复正常的生活和学习。

......

14. 中华人民共和国反家庭暴力法

2015 年 12 月 27 日第十二届全国人民代表大会常务委员会第十八次会议通过

中华人民共和国主席令（第三十七号）

《中华人民共和国反家庭暴力法》已由中华人民共和国第十二届全国人民代表大会常务委员会第十八次会议于 2015 年 12 月 27 日通过，现予公布，自 2016 年 3 月 1 日起施行。

中华人民共和国主席 习近平

2015 年 12 月 27 日

目 录

第一章 总则

第一条 为了预防和制止家庭暴力，保护家庭成员的合法权益，维护平等、和睦、文明的家庭关系，促进家庭和谐、社会稳定，制定本法。

第二条 本法所称家庭暴力，是指家庭成员之间以殴打、捆绑、残害、限制人身自由以及经常性谩骂、恐吓等方式实施的身体、精神等侵害行为。

第三条 家庭成员之间应当互相帮助，互相关爱，和睦相处，履行家庭义务。

反家庭暴力是国家、社会和每个家庭的共同责任。

国家禁止任何形式的家庭暴力。

第四条 县级以上人民政府负责妇女儿童工作的机构，负责组织、协调、指导、督促有关部门做好反家庭暴力工作。

县级以上人民政府有关部门、司法机关、人民团体、社会组织、居民委员会、村民委员会、企业事业单位，应当依照本法和有关法律规定，做好反家庭暴力工作。

各级人民政府应当对反家庭暴力工作给予必要的经费保障。

第五条 反家庭暴力工作遵循预防为主，教育、矫治与惩处相结合原则。

反家庭暴力工作应当尊重受害人真实意愿，保护当事人隐私。

未成年人、老年人、残疾人、孕期和哺乳期的妇女、重病患者遭受家庭暴力的，应当给予特殊保护。

第二章 家庭暴力的预防

第六条 国家开展家庭美德宣传教育，普及反家庭暴力知识，增强公民反家庭暴力意识。

工会、共产主义青年团、妇女联合会、残疾人联合会应当在各自工作范围内，组织开展家庭美德和反家庭暴力宣传教育。

广播、电视、报刊、网络等应当开展家庭美德和反家庭暴力宣传。

学校、幼儿园应当开展家庭美德和反家庭暴力教育。

第七条 县级以上人民政府有关部门、司法机关、妇女联合会应当将预防和制止家庭暴力纳入业务培训和统计工作。

医疗机构应当做好家庭暴力受害人的诊疗记录。

第八条 乡镇人民政府、街道办事处应当组织开展家庭暴力预防工作，居民委员会、村民委员会、社会工作服务机构应当予以配合协助。

第九条 各级人民政府应当支持社会工作服务机构等社会组织开展心理健康咨询、家庭关系指导、家庭暴力预防知识教育等服务。

第十条 人民调解组织应当依法调解家庭纠纷，预防和减少家庭暴力的发生。

第十一条 用人单位发现本单位人员有家庭暴力情况的，应当给予批评教育，并做好家庭矛盾的调解、化解工作。

第十二条 未成年人的监护人应当以文明的方式进行家庭教育，依法履行监护和教育职责，不得实施家庭暴力。

第三章　家庭暴力的处置

第十三条　家庭暴力受害人及其法定代理人、近亲属可以向加害人或者受害人所在单位、居民委员会、村民委员会、妇女联合会等单位投诉、反映或者求助。有关单位接到家庭暴力投诉、反映或者求助后，应当给予帮助、处理。

家庭暴力受害人及其法定代理人、近亲属也可以向公安机关报案或者依法向人民法院起诉。

单位、个人发现正在发生的家庭暴力行为，有权及时劝阻。

第十四条　学校、幼儿园、医疗机构、居民委员会、村民委员会、社会工作服务机构、救助管理机构、福利机构及其工作人员在工作中发现无民事行为能力人、限制民事行为能力人遭受或者疑似遭受家庭暴力的，应当及时向公安机关报案。公安机关应当对报案人的信息予以保密。

第十五条　公安机关接到家庭暴力报案后应当及时出警，制止家庭暴力，按照有关规定调查取证，协助受害人就医、鉴定伤情。

无民事行为能力人、限制民事行为能力人因家庭暴力身体受到严重伤害、面临人身安全威胁或者处于无人照料等危险状态的，公安机关应当通知并协助民政部门将其安置到临时庇护场所、救助管理机构或者福利机构。

第十六条　家庭暴力情节较轻，依法不给予治安管理处罚的，由公安机关对加害人给予批评教育或者出具告诫书。

告诫书应当包括加害人的身份信息、家庭暴力的事实陈述、禁止加害人实施家庭暴力等内容。

第十七条　公安机关应当将告诫书送交加害人、受害人，并通知居民委员会、村民委员会。

居民委员会、村民委员会、公安派出所应当对收到告诫书的加害人、受害人进行查访，监督加害人不再实施家庭暴力。

第十八条　县级或者设区的市级人民政府可以单独或者依托救助管理机构设立临时庇护场所，为家庭暴力受害人提供临时生活帮助。

第十九条　法律援助机构应当依法为家庭暴力受害人提供法律援助。

人民法院应当依法对家庭暴力受害人缓收、减收或者免收诉讼费用。

第二十条　人民法院审理涉及家庭暴力的案件，可以根据公安机关出警记录、告诫书、伤情鉴定意见等证据，认定家庭暴力事实。

第二十一条 监护人实施家庭暴力严重侵害被监护人合法权益的，人民法院可以根据被监护人的近亲属、居民委员会、村民委员会、县级人民政府民政部门等有关人员或者单位的申请，依法撤销其监护人资格，另行指定监护人。

被撤销监护人资格的加害人，应当继续负担相应的赡养、扶养、抚养费用。

第二十二条 工会、共产主义青年团、妇女联合会、残疾人联合会、居民委员会、村民委员会等应当对实施家庭暴力的加害人进行法治教育，必要时可以对加害人、受害人进行心理辅导。

第四章 人身安全保护令

第二十三条 当事人因遭受家庭暴力或者面临家庭暴力的现实危险，向人民法院申请人身安全保护令的，人民法院应当受理。

当事人是无民事行为能力人、限制民事行为能力人，或者因受到强制、威吓等原因无法申请人身安全保护令的，其近亲属、公安机关、妇女联合会、居民委员会、村民委员会、救助管理机构可以代为申请。

第二十四条 申请人身安全保护令应当以书面方式提出；书面申请确有困难的，可以口头申请，由人民法院记入笔录。

第二十五条 人身安全保护令案件由申请人或者被申请人居住地、家庭暴力发生地的基层人民法院管辖。

第二十六条 人身安全保护令由人民法院以裁定形式作出。

第二十七条 作出人身安全保护令，应当具备下列条件：

（一）有明确的被申请人；

（二）有具体的请求；

（三）有遭受家庭暴力或者面临家庭暴力现实危险的情形。

第二十八条 人民法院受理申请后，应当在七十二小时内作出人身安全保护令或者驳回申请；情况紧急的，应当在二十四小时内作出。

第二十九条 人身安全保护令可以包括下列措施：

（一）禁止被申请人实施家庭暴力；

（二）禁止被申请人骚扰、跟踪、接触申请人及其相关近亲属；

（三）责令被申请人迁出申请人住所；

（四）保护申请人人身安全的其他措施。

第三十条　人身安全保护令的有效期不超过六个月，自作出之日起生效。人身安全保护令失效前，人民法院可以根据申请人的申请撤销、变更或者延长。

第三十一条　申请人对驳回申请不服或者被申请人对人身安全保护令不服的，可以自裁定生效之日起五日内向作出裁定的人民法院申请复议一次。人民法院依法作出人身安全保护令的，复议期间不停止人身安全保护令的执行。

第三十二条　人民法院作出人身安全保护令后，应当送达申请人、被申请人、公安机关以及居民委员会、村民委员会等有关组织。人身安全保护令由人民法院执行，公安机关以及居民委员会、村民委员会等应当协助执行。

第五章　法律责任

第三十三条　加害人实施家庭暴力，构成违反治安管理行为的，依法给予治安管理处罚；构成犯罪的，依法追究刑事责任。

第三十四条　被申请人违反人身安全保护令，构成犯罪的，依法追究刑事责任；尚不构成犯罪的，人民法院应当给予训诫，可以根据情节轻重处以一千元以下罚款、十五日以下拘留。

第三十五条　学校、幼儿园、医疗机构、居民委员会、村民委员会、社会工作服务机构、救助管理机构、福利机构及其工作人员未依照本法第十四条规定向公安机关报案，造成严重后果的，由上级主管部门或者本单位对直接负责的主管人员和其他直接责任人员依法给予处分。

第三十六条　负有反家庭暴力职责的国家工作人员玩忽职守、滥用职权、徇私舞弊的，依法给予处分；构成犯罪的，依法追究刑事责任。

第六章　附则

第三十七条　家庭成员以外共同生活的人之间实施的暴力行为，参照本法规定执行。

第三十八条　本法自 2016 年 3 月 1 日起施行。

刘文利

北京师范大学刘文利老师带领的团队研发了小学一至六年级性教育课程内容。自 2010 年，北京师范大学出版社陆续出版了《珍爱生命——小学生性健康教育读本》，每个年级分上、下册。性教育主题列表如下：

小学性教育教材主题

单元		家庭与朋友	生活与技能	性别与权利	身体发育	性与健康行为	性与生殖健康
一年级	主题1	热爱家庭	学做决定	性别	认识身体	探索身体奥秘	关爱身体
	主题2	珍视朋友	寻求帮助	书刊与成长	珍爱生命	养成良好的卫生习惯	爱护生殖器官
二年级	主题1	家庭是爱的港湾	学会交流	性别平等	人的诞生	身体接触	健康与疾病
	主题2	友谊是常青藤	正确对待同伴影响	电视与成长	不同与平等	身体的隐私部位	拥有健康

续表

三年级	主题1	结婚与离婚	认识自我与他人	社会性别	青春期的身体变化	青春期的困惑	认识传染病
	主题2	宽容、接纳与尊重	学会协商	电脑、网络与成长	青春期来了	生命周期与性	预防传染病
四年级	主题1	家庭成员的角色和责任	倾听、表达和理解	儿童权利	外貌形象	青春期性萌动	认识性传播感染
	主题2	认识人际关系	寻求帮助的渠道	儿童性权利	身体关注和接触	青春期性幻想与性梦	预防和应对性传播感染
五年级	主题1	建立并增进健康的友谊	学会做负责任的决定	预防儿童性侵害	生殖器官的结构和功能	自慰	认识艾滋病病毒与艾滋病
	主题2	消除歧视	学会拒绝	应对儿童性侵害	月经和遗精	青春期的爱情	预防和应对艾滋病病毒与艾滋病
六年级	主题1	认识婚姻	认识价值观	性倾向	卫生保健	健康的性行为	青少年怀孕
	主题2	养育子女	了解社会规范	性信息	性生理反应及对策	健康生育	预防青少年怀孕

在性教育内容中，有许多和人际关系、身体保护、性别平等、儿童权利、生活技能相关的主题。

一至五年级有"认识身体""珍爱生命""探索身体奥秘""身体接触""身体的隐私部位""预防儿童性侵害""应对儿童性侵害"等主题，希望通过教育，学生能够了解自己的身体，正确命名生殖器官名称，认识身体的隐私部位，了解人与人接触的身体界限，知道哪些是舒服的身体接触，哪些是不舒服的身体接触，对自己的身体和生殖器官有正面的态度和感受，懂得什么是儿童性侵害，如何辨别危险场所，如果遭遇性侵害如何应对等。

一至三年级有"性别""性别平等""社会性别""不同与平等"等主题，希望通过教育，学生能够了解每个人都需要受到公正、平等对待，无论是什么性别。

四至五年级有"认识人际关系""儿童权利""儿童性权利""消除歧视"等主题，希望通过教育，学生能够理解生存权、发展权、受保护权和参与权是儿童的天赋人权，每个人都值得尊重、得到保护和支持，每个人都有责任和义务保护他人不遭受暴力；能够尊重不同，明确什么样的关系是健康的，建立和谐的人际关系，旗帜鲜明地反对歧视、欺凌和暴力。

一至六年级有"学做决定""寻求帮助""学会交流""学会协商""倾听、表达和理解""寻求帮助的渠道""学会做负责任的决定""学会拒绝""认识价值观""了解社会规范"等主题，希望通过教育，学生能够掌握交流、协商、拒绝、做决策的技能，了解在人际互动时需要遵守的社会规范和秉持的价值观念。

通过全面性教育，传递科学的性知识，注重培养学生独立思考、善于交流、勇于表达、做出负责任决策等能力，鼓励学生秉持尊重、平等、公平、正义、自由、民主、多元、包容等价值观念。如果一个学生在小学六年的学习生涯中，有机会接受全面性教育，完成72课时的性教育课程，在上述方面受到良好的教育和训练，可以预期在预防和应对儿童性侵害方面所具备的能力。

参考文献

刘文利 . 2017. 珍爱生命——小学生性健康教育读本 . 六年级下册 . 北京：北京师范大学出版社 .

刘文利 . 2016. 珍爱生命——小学生性健康教育读本 . 六年级上册 . 北京：北京师范大学出版社 .

刘文利 . 2015. 珍爱生命——小学生性健康教育读本 . 五年级下册 . 北京：北京师范大学出版社 .

刘文利 . 2015. 珍爱生命——小学生性健康教育读本 . 五年级上册 . 北京：北京师范大学出版社 .

刘文利 . 2014. 珍爱生命——小学生性健康教育读本 . 四年级下册 . 北京：北京师范大学出版社 .

刘文利 . 2014. 珍爱生命——小学生性健康教育读本 . 四年级上册 . 北京：北京师范大学出版社 .

刘文利 . 2014. 珍爱生命——小学生性健康教育读本 . 三年级下册 . 北京：北京师范大学出版社 .

刘文利 . 2014. 珍爱生命——小学生性健康教育读本 . 三年级上册 . 北京：北京师范大学出版社 .

刘文利 . 2014. 珍爱生命——小学生性健康教育读本 . 二年级下册 . 北京：北京师范大学出版社 .

刘文利 . 2014. 珍爱生命——小学生性健康教育读本 . 二年级上册 . 北京：北京师范大学出版社 .

刘文利 . 2014. 珍爱生命——小学生性健康教育读本 . 一年级下册 . 北京：北京师范大学出版社 .

刘文利 . 2014. 珍爱生命——小学生性健康教育读本 . 一年级上册 . 北京：北京师范大学出版社 .

后 记

这本书在很多人的期待和努力中得以面世，实在值得庆贺！不过，要想让保护儿童免受暴力伤害的现实在中国落地生根，尚需各相关部门的专业人员在工作实践中善用本指南，探索建立适合本地区的多部门跨专业协作联动的工作机制，特别是提升专业支援服务的能力。

虐待儿童（包括儿童性侵犯），作为一种针对儿童的暴力伤害，是一个侵犯儿童权利、危害公共健康的社会问题，常常涉及违法犯罪。因此，处理虐儿事件（特别是儿童性侵犯）及其负面影响极具挑战性。

为受害儿童及其家庭提供有效的专业服务，并不是一般意义上的心理治疗/心理咨询或社工服务，而是需要多部门协作、多层面综合，通常涉及复杂的司法程序，包括接受举报、联合调查、跟进服务（包括心理支援服务）等。

有效的专业支援服务需要政府牵头，建立多部门跨专业协作的联动工作机制，让执法部门（警察）、司法部门（法官、检察官、律师）、儿童保护部门、医疗部门、社会服务部门（社工、心理治疗师）和教育部门的专业人员在多部门跨专业协作团队中，清楚并扩展各自的专业角色，从而实现保障儿童安全、避免儿童遭受再度伤害、保障儿童利益最大化的目标。

无疑，这本书最适合的读者就是上述部门的专业人员。

　　本指南用"专业支援服务"取代人们惯常使用的"专业干预"或"专业介入"，希望表达专业人员应有的专业态度：受害儿童及其没有参与性侵犯的家人因"伤"而需要专业服务的支援，进而启动他们自我疗愈的能力。他们不需要因"错"要受到权威的评判、修理或责罚！

　　祝愿每一位读者能从本书中获益，让我们共同努力，增强为受害儿童及其家庭提供专业支援服务的专业信心和专业能力！

2017 年 7 月 25 日北京

这是一部综合防治儿童性侵犯的专业工具书。作者基于丰富的研究文献、国际经验和本土实践，以儿童权利和性别公正为框架，破解关于儿童性侵犯的社会迷思，从预防、制止和专业支援服务三个方面，系统、深入探讨设计和落实多部门跨专业工作机制的专业理念和实务工作技巧。专业助人者（社工、心理咨询师）、儿童保护工作者、律师、警察、检察官、法官、学校老师、医生等儿童权利相关责任人都可从本书中得到保护儿童免受暴力伤害的专业指引。

图书在版编目（CIP）数据

综合防治儿童性侵犯专业指南 / 龙迪著 . — 北京：化学工业出版社 , 2017.8（2017.12重印）
ISBN 978-7-122-30038-6

Ⅰ . ①综… Ⅱ . ①龙… Ⅲ . ①性犯罪 – 预防犯罪 – 儿童教育 – 指南 Ⅳ . ① D924.345

中国版本图书馆 CIP 数据核字 (2017) 第 132911 号

责任编辑：张 曼 龚风光　　　　内文设计：今亮后声 HOPESOUND pankouyugu@163.com
责任校对：王 静　　　　　　　　封面设计：知雨林

出版发行：化学工业出版社（北京市东城区青年湖南街 13 号 邮政编码 100011）
印　　装：三河航远印刷有限公司
710mm×1000mm 1/16 印张 25$^{1}/_{4}$ 字数 400 千字 2017 年 12 月北京第 1 版第 3 次印刷

购书咨询：010-64518888（传真：010-64519686） 售后服务：010-64518899
网　　址：http://www.cip.com.cn
凡购买本书，如有缺损质量问题，本社销售中心负责调换。

定　价：78.00 元